The Last Medici

メディチ家の黄昏

Harold Acton
ハロルド・アクトン

柴野均［訳］

白水社

メディチ家の黄昏

The Last Medici by Harold Acton
The revised edition 1958 published by Methuen and Co Ltd

装丁　奥定泰之
カバー装画　プファルツ選帝侯ヨハン・ヴィルヘルムと侯妃アンナ・マリーア・ルイーザ・デ・メディチ

本文図版　p.67　Bridgeman Art Library / PPS 通信社
p.383　akg-images / PPS 通信社

父と母に

凡例

＊本文中の〔　〕は訳者による注を表す。
＊本文中の単位はメートル法に換算せず、原書のまま表記した。
一マイル＝約一・六〇九キロメートル
一ヤード＝約〇・九一四メートル
一フィート＝約〇・三〇四メートル
一オンス＝約二八・三五グラム

メディチ家の黄昏　目次

はじめに……13

第1章……23
コジモ三世の誕生――フェルディナンド二世の性格――彼の情熱――科学の発展

第2章……48
思春期前期のコジモ三世――フィレンツェの宮廷――ジャン・カルロ枢機卿――コジモの結婚をめぐる計画――マルグリット・ルイーズ・ドルレアン

第3章……70
コジモの結婚のための交渉――結婚契約の調印――代理人による王女の結婚とフィレンツェへの旅

第4章……83
コジモとマルグリット・ルイーズ・ドルレアンの結婚式

第5章……91
結婚の祝祭――聖ヨハネの祭日――『祝祭の世界』――『テーバイのヘラクレス』

第6章……105
コジモの家庭内の悩みが始まる――ジャン・カルロ枢機卿の死――フェルディナンド公子の誕生（一六六三年）

第7章……115
諍い――マルグリット・ルイーズの「最悪」の隔離――機嫌をとろうとする試みに反発する彼女の頑固さ
第8章……127
最初の和解――公女アンナ・マリーア・ルイーザの誕生――新たな諍い――コジモ旅に出る（一六六七年）――二度目の和解――大公フェルディナンド二世の死
第9章……140
コジモ三世の即位――一六七一年のジョヴァンニ（ジャン）・ガストーネ公子の誕生――大公妃によるフランス帰還の最初の企て――デュ・ドファン夫人――ポッジョ・ア・カイアーノへの大公妃の自発的追放
第10章……161
大公妃はルイ十四世に帰還を懇願する――ルイはマルセイユ司教を差し向ける――彼女を宥める企ての失敗
第11章……171
ルイ十四世は別居に反対し、そして一六七四年に不本意ながら同意する――大公妃の隠遁のためにモンマルトルの修道院が選ばれる――一六七五年、大公妃の出発

第12章……183
妻の出発に対するコジモ三世の反応――神学というはけ口、ユダヤ人の迫害、政治的野心――パリへ帰還した大公妃
第13章……197
モンマルトルのトスカーナ大公妃――コジモの大病と回復――アルカンタラ派修道会
第14章……209
ウィーン包囲――トルコ軍打倒の祝い――バーネットによる一六八五年のフィレンツェの印象――継承者フェルディナンドと彼の結婚の計画――大公妃の負債
第15章……226
フェルディナンド公子とバイエルンのヴィオランテ・ベアトリーチェ公女の婚約――一六八九年の彼らの結婚――祝祭、謝肉祭と四旬節
第16章……239
大公妃はコジモに金をせびり、フェルディナンド公子に助けを求める――フィレンツェの経済状況――アンナ・マリーア公女の結婚――「王としての処遇」――「徳高き者の非道」――税金――クレーシとオンニオーネの聖遺物――正義と教育
第17章……264

大公妃はサン・マンデに移る――ヴィオランテの不妊――ジャン・ガストーネのふさぎ込む性格――コジモの中立政策――ささやかな逸話集――民衆の不満
第18章……276
娼婦と僧侶――寡婦である大公母の死――公子ジャン・ガストーネの結婚のプラン――ロレートとヴェネツィア
第19章……287
ジャン・ガストーネとザクセン＝ラウエンブルク女公の結婚――ライヒシュタットの暮らし――レイスウェイクの講和――パリへの公子の脱出、プラハでの放蕩――自分のトラブルについてコジモに書き送ったあらまし
第20章……302
世紀末――大公は聖年を祝うためローマに行き、ラテラーノ聖堂参事会員となる――教皇インノケンティウス十二世の死――スペインのカルロス二世とその遺言――クレメンス十一世の選出――フランチェスコ・マリーア枢機卿とラッペッジ
第21章……315
フランチェスコ・マリーア枢機卿がフランスとスペインの守護者となる――コジモはフェリペ五世を承認する――ジャン・ガストーネの結婚生活――リヴォルノのスペイン王――ジャン・ガストーネの帰還――コジモ三世に関するラバ神父の報告

第22章……332
一七〇八年、ジャン・ガストーネは妻をともなわずにフィレンツェに戻る――フランチェスコ・マリーアがエレオノーラ・ディ・グァスタッラと結婚するために聖職を放棄する――デンマーク王のフィレンツェ訪問――一七一一年、フランチェスコ・マリーアの死

第23章……345
最終局面――トスカーナの継承問題――一七一三年、継承権を持つ公子フェルディナンドの死その事績――最終的に選帝侯妃アンナ・マリーアが継承することを期待するとコジモ三世は表明する

第24章……362
選帝侯妃アンナ・マリーアがフィレンツェに戻る――トスカーナの継承問題は解決されない状態が続く――三国同盟と四国同盟――聖ヨゼフ――同時代人たちが描き出した晩年のコジモ三世――トスカーナの衰退――マルグリット・ルイーズの晩年と死（一七二一年）――ヨーロッパ列強に対するコジモの最後の抗議と一七二三年の死

第25章……382
ジャン・ガストーネの大公位継承――フィレンツェの状況に関するモンテスキューの観察――大公の「レッセ・フェール」――ウィーン、ハノーファー、セビリアの諸条約

——ジャン・ガストーネ、ベッドに引きこもる——ジュリアーノ・ダーミと「ルスパンテ」たち

第26章……400
遠出は稀になる——第二のウィーン条約——ヴィオランテの死——一七三一年、ドン・カルロスのフィレンツェ訪問——寝たきりの大公——ポーランド継承戦争——ロレーヌ公によるトスカーナ継承——一七三七年、ジャン・ガストーネの死

第27章……419
ジャン・ガストーネ統治下での諸改革——ホレス・マンと新体制——選帝侯妃アンナ・マリーアの晩年と一七四三年の死——「そして鳥は一羽も歌わない」

訳者あとがき……431
参考文献……18
原註……11
索引……1

はじめに

この本が世に出てからすでに四半世紀が経過した。この本を書き終えたときわたしは二十五歳だった。それはイギリスにおいてイタリアに関する本を出版するのには、決して好都合な時期ではなかった〔一九三〇年に私家版としてフィレンツェで刊行された〕。エドワード七世時代〔一九〇一～一九一〇年在位〕にその種の本がうんざりするほど刊行されていたし、そうした飽き飽きした空気に続いてある種の嫌悪感が訪れていたからである。その嫌悪感は意識的にしろ無意識のうちにしろ、政治的な理由に由来していた。かくも輝かしいリソルジメントがムッソリーニにつながっていたとは！　マッツィーニやガリバルディの英国人の友人たちなら、何と言ったであろうか？　ブラウニング夫人〔一八〇六～一八六一年〕ですら彼女が生きた時代に、次のように疑問を表明していた。

だが、イタリアよ、わたしのイタリアよ
　その輝きは続くのだろうか？
イタリアは生き続け、強くなれるのか？

あるいはそれはまた別の夢なのか。
われわれが長く夢見たその他のものと同じように

イタリアが生き延びて強くなることは確実であったが、その時期の当面の見通しは暗く、情熱を込めてイタリアを愛した人々は、深く感傷的な気持に浸りながらも、欺され、裏切られた気分になっていた。彼らは憂鬱そうに、何度も読み返したオーガスタス・ヘアやトレヴェリアンの本を埃っぽい本棚の片隅に押し込み、新たに刊行される本については（美術に関するものを除いて）ボイコットしていた。ウルトラ感傷派はファシストになったので、ヴィクトリア時代から生き残った多くの知人の英国婦人たちがそうであったように、ブラウニング夫人でさえドゥーチェやローマ進軍に喝采を送っていたかもしれない、とわたしはよく考えたものだった。

一方、イタリアでわたしの本は公的な向きに不快感を与えた。というのも、その当時は、過去の英雄的な事績のみが回想に値するものとされ、古代ローマ以来大胆な生き方をした人々こそが大いなる（いささか単調な）賞賛の対象とされていたからである。デカダンスの物語に耳を傾けてもらうチャンスをどれほど得られただろう？「生の聖域においてしぼんだ花冠を掲げてはならない」とニーチェは書いた。彼の同種のアフォリズムは、地域ごとに多少の変更はあっても、その時期のイタリアのあらゆる壁に書きつけられていた。「幸福な生活の秘訣は、危険に生きることにある」。そのころわたしはもうひとつのしぼんだ花冠を生の聖域に掲げていたのではなかっただろうか？

というわけで一九三二年には『メディチ家の黄昏』によって、イギリスとイタリアのどちらの国においてもわたしが人気を得られる見込みはなかった。だが、若いということは意固地なものであり、人は自分の楽しみのために書くものである。率直に言えば、その頃のわたしは十七世紀イタリアの美術と同じぐらい、その目を見張るような豪奢さに魅せられていた。そうしたものの価値は、例によって長いあいだ無視されたあと、再発見されはじめていた。改宗者の熱狂をもって、いまだに論議の対象となっている、バロックを擁護する側にわたしは馳せ参じた。そしてわたしは文学のバロック的作品――この表現は今は当時より陳腐になってしまったが、ほかに代わる言葉を見出せない――を生み出すことを願った。そのためにはメディチ家の衰退と崩壊が完璧な題材を提供しているように思えたし、それについて知られていたのはごくわずかなことだけだった。

歴史を学ぶすべての学生は、初期のメディチ家について多少はなじみがある。フィレンツェを訪れる者はみな、ベノッツォ・ゴッツォーリの手になる「東方三博士のベツレヘムへの旅」のフレスコ画を見て、三博士のはっきりとわかる特徴と壮麗さから消え去ることのない強い印象を受けるであろう。

ウィリアム・ロスコーが書いたロレンツォ・イル・マニフィコの伝記が一七九六年に刊行されて以来、メディチ家に関する著作は途切れることなく世に出てきた。ロスコーの本の成功は並外れたものとなった。殺到する注文を書店はさばききれなかった。「結果として初版は瞬く間に売り切れ、その直後に、版元だったストランド社のカデル氏から著者に一二〇〇ポンドという気前のいい額で著作権譲渡の申し入れがあった。著者は受け入れた。すぐに第二版が出され、一七九九年には第三版が続いた」。老ローフォード卿はロスコーに熱烈な賞賛の手紙を送った。ブリストル卿はロスコーをローマに招き、ローマもしくはナポリに所有する自分のアパートメントを使うように申し出た。ランズドーン卿は「ロスコー氏への書簡の中で十全たる賛意を表明しただけでなく、貴族院においてその本を大いにほめ讃える機会を得た」。そして、かつては人気のあった『文学の追求』の著者、マシアス氏――レイディー・ブレッシントンは『イタリアの怠け者』の中でこの一風変わった人物の愉快な肖像を残している――は、ロスコーの業績を詩で讃えた。

アルノの谷間から聞こえてくる荘重なる響きに耳を傾けよ！
トスカーナの風に乗って届く喜びを深く胸に受け止めよ
ロレンツォは再びその堂々とした頭をあげて
彼の周囲にかつての栄光が広がるのを感じる
美の女神たちは恍惚状態からよみがえり、
ロスコーの招きに応じて目覚め、命を取り戻す。

イタリア語、ドイツ語、フランス語の翻訳版がすぐに登場し、フィラデルフィアで刊行されたアメリカ版は飛ぶように売れた。ロスコーの古典的著作は、ロレンツォに関する他のすばらしい本が生まれる土壌を作り出した。フォン・ロイモンの網羅的で読むのに骨が折れる伝記、エドワード・アームストロングのみごとな研究論文（これは今でも最良のものだとわたしは考えている）、E・L・S・ホースバーグの詳細にわたる研究など、数十の著作が登場した。最近になって少々その勢いはおさまってきたが、その時期も過ぎ去ろうとしている。アームストロングが書いたように「いかなるロレンツォの伝記も決定版とはならないだろう。というのも、論争となっているのは、事実よりも感覚をめぐる問題だからである」。メディチ家の他のメンバーたちに関する本も続いて発表された。イギリスではウォルター・ペイターとJ・A・シモンズの著作が、イタリアではカルドゥッチ、デル・ルンゴ、ヴィッラリらの著作が、このテーマに関する読者たちの旺盛な知識欲をさらに刺激した。

需要に応えるだけの著作が供給されるようになると、正直なところ今度はいささかうんざりという感じにもなってくる。メディチ家は生まれた都市と緊密に結びついているため、メディチ家の歴史はフィレンツェに関する論考となる傾向がある。ところが、フィレンツェで政治史は二次的な重要性しか持たず、何よりも重要なことは文化なのである。メディチ家が記憶されるのは、美術と文学に霊感を与える後援活動を行なったからであり、イタリアでマキアヴェッリ的外交を操作したからではない。ヤーコプ・ブルクハルトは、その比類なき『イタリア・ルネサンスの文化』（一八六〇年）において、以下に示すように、あまりにも多くの人々が忘れてしまっているこの事実に気づいていた。

十五世紀のメディチ家が、なかでもコジモ・イル・ヴェッキオ（一四六四年没）とロレンツォ・イル・マニフィコ（一四九二年没）が、フィレンツェと同時代人たちすべてに及ぼしていた魅力を分析しようとするならば、彼らの政治的能力よりも、当時の文化の領域で彼らが指導者であったという事実のなかにそれを求めるべきである。

誰も問題にしたことがないが、こうした文化における指導性を理解するには、メディチ家の人々の私生活と性格についてなにがしかのことを知る必要がある。それでも、ほとんどの伝記作者たちはこの問題に取り組むことに気乗り薄の姿勢をとっている。したがってジャネット・ロスの『書簡に見る初期メディチ家の人々の生涯』は、はかり知れないほど貴重な著作であるが、イギリスで彼女の研究に続こうとする者がいなかったのはまことに残念である。わたしに言わせれば、こうした人間的な記録として、十九世紀に書かれた伝記の半分は味気ないものになっている。

数多くの版があるG・F・ヤング大佐の二巻本『メディチ家』（一九〇一年）は、英語で書かれたもっとも役に立つメディチ家の歴史であり、いまだにそれに代わるものがない。イタリアではピエラッチーニの大部の著作『メディチ・ディ・カファッジョーロの家系』は、ガッルッツィの八巻からなる『トスカーナ大公国史』（一七八一年）に、この家系に特有の病気の詳細な診断書をつけ加えた。しかし、本書が刊行されるまでメディチ家の衰退の歴史が書かれたことはなく、そのテーマについてより詳しい本はその後も現れていない。

この本を批評してくれた人々に対してわたしはまったく不満をもっていない。全体として彼らは好意的で、いささか持ち上げ過ぎのことすらあった。ミス・レベッカ・ウェストの評価については今でも感謝の気持で思い出す。その頃の著作家たちはミス・ウェストの批評を恐れていたものであった。しかし、モラルに対するわたしの無関心はかなりショッキングなものと受け取られた。というのも、その当時は歴史的なテーマを扱う著作家たるもの、叙述の中で暗に示す形であっても、道徳的な判断を示すことを期待されていたからだった。

たまたまわたしは歴史を、あるいはその一部を、さまざまな光と影の下で前進後退する人々がいる風景であると考えていた。わたしは十七世紀のトスカーナの風景を描き上げようと努力したが、それは近代の印象派のようなタッチではなく、その時代に忠実かつ丁寧な仕上げを心がけた。さまざまな人物やエピソードをまとめて描き出そうとした。そのために主として同時代の証人たちに依拠しながらわたしはこのテーマに没頭し、あるいは心に描いた。史料からの直接の引用を使って、わたしはコジモ三世とその家族が同時代人たちからどのように見られていたのかを読者に示そうとした。

一九二〇年代にフィレンツェの古文書館に通う人の数は、現在のそれよりもはるかに少なかった。その点でわたしは恵まれていた。というのも、小さなテーブルをひとりで使う贅沢を許されていたからだ。テーブルの上は古い宮廷日誌やその他の史料でいっぱいになっており、わくわくするような事実の魅力が漂うそうした史料から数多くのものをわたしは引き出すことができた。セッティマンニの史料だけでも一冊の本に十分な材料を集められただろう。今それらを丹念に読み返してみると、わたしは自分の熱意に驚いてしまう。なぜなら、その頃のわたしには、気を逸らせるようなたくさんの誘惑があったからだ。遅れに遅れたあと、この本が出版されると、わたしはこのテーマからきっぱり手を引いて、北京へ行ってしまった。

北京には一九三九年までとどまったが、そのあいだわたしはメディチ家のことをほとんど考えなかった。ヨーロッパのどの都市とも違っている北京という町と、わたしは恋に落ちてしまったのだ。この町に深く染み通っていた文明の澄み切った影響と中国流の礼儀正しさ、心のこもった礼儀作法にわたしは降参してしまった。日本軍の侵略まで、この調和には不協和音は生まれなかった（この経緯についてはある程度『回想』〔*Memoires of an Aesthete, 1948.*〕のなかで説明をした）。同時代のヨーロッパで起きていたことが、その魅力をさらに貴重なものとしていた……それが長くはもたないないことをわたしは知っていたからだ。

戦争が終わると、生まれ育った町であるフィレンツェがわたしを呼び戻した。わたしが不在のあいだ、あれほど多くの事件が起きたあとでは、子どもの頃の感覚はなおさらに鋭く戻ってきた。わたしのヴィッラ・アッラ・ピエートラの庭からフィレンツェを見下ろしていると、かつての興味関心が昔よりもさらに強くよみがえった。ドゥオーモを中心とした谷間全体が突然黄金のシャワーを浴びたように輝きだした。そしてそのとき過去は現在となった。

こうしたことがメディチ家とどう関係するのか、読者なら問いかけるだろう。フィレンツェではメディチ家はあらゆる場所に存在する。メディチ家の白鳥の歌と衰退を扱ったわたしの本は長いあいだ絶版のままだったが、人々はわたしにその本について尋ねはじめた。書店によれば注文をする人がしばしば現れたが、古本ですら稀少であった。それは気前よく賞賛の言葉を並べて紹介してくれたバーナード・ベレンソン氏のおかげではないか、とわたしは考えている。さまざまな出版社からわたしにアプローチがあったが、彼らは何かセンセーショナルな類の新しい材料を元の本につけ加えるように求めてきた。そうしなければ、大量の新しい出版物のなかで見過ごしにされる恐れがあるというのである。

性心理学者の研究材料とするためにジャン・ガストーネの身の毛もよだつような逸話を加えることもできたし、美術史家や音楽学者のためにジャン・ガストーネの兄が有名な画家や音楽家と交わした書簡を引用することもできただろう。しかし、じっくりと考えたうえで、それらはこれ見よがしの余分なつけ足しにすぎないとわたしは結論を下した。そうしたつけ足しは、叙述の統一性を壊しかねない。

あちこちでわずかな補足はしたが、それらはセンセーショナルなものではない。そのうちのいくつかは、最近刊行されたアンナ・マリーア・クリノ博士の『十七世紀イギリス－トスカーナの諸事件および人物』で示唆されたものである。この著作は興味深い史料を大量に含んでおり、そのなかには（ロンドン塔に幽閉されていたあいだに）ロード・スタッフォードがコジモ三世に宛てて書いた書簡も存在する。書簡のなかでロード・スタッフォードは「反逆罪という重大な嫌疑をかけられて捕囚の身である現在、この上なくすばらしいワイン」を贈ってもらったことに対する感謝を述べている。

むしろこの本に必要だったのは、完璧な修正であった。当初わたしは全体を書き直そうと考えた。というのも、もはやわたしは能天気な二十代の若者ではなくなっていたからだ――変化しない者がいるだろうか？　わたしには見過ごしにできないような、この本の欠点は若者特有の誇張癖から来ていた。しかし、その欠点はこの本の美点でもあった。とはいえ、かつては大いに誇りにしていた華麗な文章のほとんどを刈り込み、子どもっぽい余分なものと思われる部分を削除した。本の内容は同じだが、形式はよりきちんとしたものになった（とわたしは望んでいる）。

オリジナル版の序文で、ウッフィーツィからピッティ宮殿をつなぐ回廊――それはかつてメディチ家の人々の肖像画で飾られていた――についてわたしは言及した。一九四四年にドイツ軍がヴェッキオ橋を除くフィレンツェのすべての橋を破壊し、ヴェッキオ橋を封鎖するため橋の周辺（「ダンテのフィレンツェの心臓部」）の建物のほとんどを取り壊したとき、回廊のこの部分も損傷を受けた。本来の状態に戻すには修復作業が必要であり、見学者たちはいまだに元の肖像画を見ることができないままである。わたしもまたそれらの肖像画が元の場に戻ることを期待している。それまでのあいだ、メディチ家の図像学を研究する人々は、リッカルディ宮殿の一階にある肖像画のコレクションで我慢しなければならない。

フレデリック・ハート氏はその著作『戦火の下のフィレンツェ美術』（プリンストン、一九四九年）のなかで、トスカーナ大公たちの住居が悲惨なスラムのようだった時期に発生したヒトラーによる大規模な破壊について、記憶に値する次のような報告を残した。

宮殿内には水源はたったひとつしかなく、ドイツ軍がアルノ川沿いの地区全体を立ち退かせたあと、宮殿の厚い壁のなかに避難所を求めて来た人々の数は六千人にのぼった。君主たちが暮らした部屋ですら、この大量の悲惨な人々を収容するために使われ、ボーボリ庭園のロマンティックな遊歩道は公衆トイレとして使われた。庭園を清潔な状態に戻すには数か月が必要だった。

幸運なことに、ピッティ宮殿は構造的な損害を受けなかった。砲火や爆撃で破壊された屋根と窓はやがて修復された。

そして、この版が刊行されようとしているいま、著書からの引用を温かく許可してくれたベレンソン氏から次のような書簡を受け取った。

あなたが『メディチ家の黄昏』の新しい版を準備されていると知って喜んでいます。あの本は芸術作品であり、取るに足りない事実の年代記ではありません。ほんのわずかでも元の版を変更しないようにお願いしたい（ただし、当然のことながら、スタイルという理由によるものは除いて）。初版が出た以後に発見された些細な史料の切れ端にこだわらないことをお勧めしたい。

尊敬すべきセッティニャーノの賢人からのこうしたメッセージに励まされて、わたしは船出することにしよう。

フィレンツェ、一九五八年二月九日

第1章
コジモ三世の誕生——フェルディナンド二世の性格——彼の情熱——科学の発展

コジモ三世の誕生以前に、輝かしきメディチ家ははやばやと終焉に向かうのではないかという懸念が生まれていた。

大公妃ヴィットリア・デッラ・ローヴェレは二度の苦痛に満ちた出産を経験していた。長男のコジモは、一六三九年十二月二十日の寒い日に生まれた。水曜日にこの子どもは死に、翌木曜日にひとりのフィレンツェ人は日記に次のように書いた。「公子殿下の亡骸はピッティ宮殿内の礼拝堂で人々の目にさらされた。亡骸は君主のための銀色の繻子織のマントをまとい、小さな頭には王冠を載せていた。その日の夜には小さな棺におさめられた公子は、家令長のコッロレード侯爵に付き添われて、馬車でサン・ロレンツォ教会へ運ばれ、約二時間のあいだ訪れた人々に公開された」。この子はわずか二十四時間しか生きなかった。大公妃が八月に感染した天然痘が、この災厄の原因だった。彼女は回復した。一年半後の一六四一年五月三十一日金曜日の午前二時、彼女は再び子どもをこの世に送り出した。

このときの大公妃の出産は十九時間もかかる難産だった。この子は天国に行く前に、かろうじて産婆の腕のなかで洗礼を受けた。同じ日記に次のようにある。

六月一日、天使のごとく美しい（今では天国にいる）亡き公女の小さな骸は、ピッティ宮殿で人々に見せられたあと、兄も埋葬されたサン・ロレンツォ教会に運ばれた。墓石にはラテン語で次のような簡単な言葉が刻まれた。「わが名を尋ね給うな。われはトスカーナ大公フェルディナンド二世の娘としてこの世に生を受け、正しく洗礼を施され、そして幸せに天国へ召された」。

大公妃はふたたび健康を回復した。義弟にあたるレオポルド公はマッティア公に彼女の健康状態について絶えず知らせていた。「熱がまだ下がっていないことを除けば、大公妃は回復してきておられる。大公妃はひどい嵐を乗り切った、と確信をもって申し上げることができる」。そして一週間後の手紙では、大公妃は母乳の出具合にすら熱の影響はまったくないぐらい回復した、と書き送っている。

しかし、不首尾の出産が続くと、その後も繰り返す可能性は高かった。さらに、大公夫妻の結婚生活がうまくいっていないことはフィレンツェでは広く知られていた。ヴィットリアはプライドが高く傲慢な性格の持ち主だった。そしてフェルディナンドの嗜好は気取ったものではなかった。大公の四人の弟のうち、フランチェスコは帝国軍での軍務中に死んでいた。そして残りの弟たちは、独身者の放縦さが目立ち、結婚には向いていなかった。後継者を得られる見通しは必ずしも明るくなかったのである。

大公妃が三たび身ごもったのは、大公フェルディナンドの比較的平穏な在位期間のなかでも、戦いの太鼓が鳴り響く不安な時期のことだった。それはカストロをめぐる馬鹿げた「戦争」が進行しているさなかであった。プラートとモンテプルチアーノに部隊が集められ、閲兵を受けた。隊長フラカッソは羽で飾り立てた派手な軍装をまとって、ラルガ通りを再び闊歩した。フィレンツェ人たちは心配した。大公妃は今回も死産を経験するのだろうか？　それとも、産褥死してしまうのか？　今度ばかりは、死ぬのは母親のほうではなかろうか……。

フィレンツェの人々がこうした冷ややかな予想をしていたにもかかわらず、一六四二年八月十四日、大公妃は上首尾に三度目の出産を果たした。後継者たる男子だった。王朝は安泰となった。母となった大公妃は九月二十九日までピッティ宮殿の自分の部屋を離れなかった。その日、宝石で飾り立てた貴婦人たちを満載した馬車の列をしたがえて、大公妃は華々しく大聖堂に赴いた。そこでは数百の大きな蠟燭がともされ、四声の合唱つきで荘厳なミサ曲が歌われた。聖具室の黄昏は、目もくらむような真昼の明るさに変わった。すべての旗はひるがえり、鐘はリズミカルに響き渡った。フィレンツェはお祭りになった。

豪華な晩餐のあと、大公妃はサンティッシマ・アンヌンツィアータ教会の祭壇を訪れ、聖なる処女に懐妊の知らせを伝える天使ガブリエルの奇跡を表した絵の覆いが外された。この絵は、自分にはわれらが主の母親を描く資格がないと考えた画家が祈りのうちに眠ってしまったあいだに、天使によって完成させられたと伝えられている。絵を描いたのが聖ルカであるとする人々もいた。作者が誰であろうと、この絵に対する男女双方の信仰は限りないものだった、とジョン・イーヴリンは述べている。現在でもこの絵はきわめて神聖なものと考えられているため、教会の重要な祭日などの特別な機会にのみ公開され、熱心な崇拝者たちが群れ集まるのでほとんど見ることができないほどである。ジョン・イーヴリンは、コジモの誕生から二年後の一六四四年にサンティッシマ・アンヌンツィアータ教会を見学した。その頃にはこの絵は「崇拝者たちから寄進された品々で飾り立てられており、ロレートを除けば、イタリアのどの絵もこれほどではないと言われている」。イーヴリンは次のように書いている。奇跡の絵には「つねに三枚の覆いがかかっており、そのうちの一枚はどっしりとした銀でできている。聖母は非常に黒っぽく描かれているようにわたしには見えるが、額と頬は妙に白くてまるで絵の具を掻き取ったようだ。この絵を拝観した者は視力を失うことは決してない、といわれる。われわれは幸運だった！」

一六四二年の初めにガリレオが死去した。トスカーナの偉大な科学者が最後のコジモが生まれた年にこの世を去ったという事実は、まさに象徴的でさえあった。

コジモ三世は子ども時代をトスカーナ大公国のもっとも平和な時期にすごした。トスカーナの国家は純粋に君主政的で専制的なものであった。フィレンツェは政治的には無気力状態に再び陥ったが、知的な活動は盛んだった。生活状況は快適で、多様であった。

ヨーロッパ政治について父親が教訓を残したとすれば、「持つを少なくし、変えるを少なくせよ」というものであっただろう。活動的でやたらと口を挟んでくるバルベリーニ家との小競り合いに勝利したあと、トスカーナ大公フェルディナンド二世はイタリアと外国の君主たちのなかで、取るに足りない軍事的名声と評価を得た。教皇ウルバヌス八世〔バルベリーニ家出身〕は、フェルディナンドの義弟であるパルマ公に対して宣言した破門の撤回と、カストロを敵に返還することを余儀なくされた。教皇庁の国庫はほぼ使い尽くされた。ウルバヌスは協定に調印する苦しみに卒倒し、意識をとりもどして間もなく死んだ。自分に戦争――モンジョヴィーノの大規模な戦いで二五人が戦死した――を強いた、あの神を知らぬ君主に対して神が罰を下すことを祈りながら、一六四四年七月二十八日に息を引き取ったのであった。

教皇選挙《コンクラーベ》で後継の教皇インノケンティウス十世が選ばれたのは、主としてフェルディナンドの叔父にあたる老枢機卿カルロのおかげであった。したがって、新教皇はメディチ家寄りにならざるを得なかった。

戦争が長引いた場合に対応できる軍事的手段も組織も持っていないことを、フェルディナンドは理解していた。この理解は息子に伝えられた。

フィレンツェは軍神マルスとその伝統の聖域であることをかなり以前からやめていた。この点でフィレンツェは、ピエモンテを除く、他のイタリア諸国とよく似ていた。高名なソールズベリー主教バーネット博士は、一六八五年にイタリアを旅して次のように書いた。

スペインとヴェネツィアそれぞれの支配地域の国境は、他のイタリア諸君主の国境と同じように、支配者たちがお互いをそれほど怖れていないことを示している。これまでの歴史の過程で有力な地域とされ、長期間の包囲に耐えることができるとされている場所を通ると、その様子から、それまでの考え方を大幅に引き下げるべきことに気づくはずだ。長らく戦争の舞台になってきたロンバルディーアは、その昔なら何年も包囲に耐えたであろうが、今では優れた軍隊を相手に同じだけの日数ももたなくなっている。

フェルディナンドのバルベリーニ家との諍いのあと、メディチ家はそれ以上の軍事的な企てをつつしんだ。それ以後は穏やかな中立を守るために、政治についてもわずかな行動しか起こさなかった。さまざまな有力君主たちが兵員や資金を求めて使節をフィレンツェに送り込んできた。そうした苦労の代わりに彼らが受け取ったのは、珍しい軟膏や白粉、香水が詰まった小箱であった。フェルディナンドのそうした慇懃な配慮を伝える証言によれば、答礼の贈り物はモンテプルチアーノのパイプになることもあった。しかし、物質的援助の要請に対しては——種々の丁重な表現で——深刻な危機あるいは侵略の危険にさらされれば大公国は要請にしたがう用意がある、といつもきっぱりとした返答がなされた。

フランス、オーストリア、スペインのあいだで冷淡かつ野心的でない舵取りをしただけだったが、その点では有能かつ落ち着いた対応を示した。この中立政策によって、フェルディナンドは政治的手腕の上で深い英知と知識を持つ人物という評価を得た。平和な状況の下で得たこのような威信を享受しながら、メディチ家の祖先たちの気前のよい伝統にのっとって、フェルディナンドは科学と芸術を奨励することにした。

フェルディナンドの立ち姿や座っている姿を間近に見ることができるのは、ユストゥス・スステルマンスの一連の立派な肖像画のおかげである。スステルマンスはコジモ二世からコジモ三世の統治期間にフィレンツェにとどまり、当時生きていたメディチ家のすべての構成員の肖像を描いた。第五代トスカーナ大公フェルディナンド二世は、さまざまな姿勢や衣装で肖像画を残している。君主の威厳はいろいろなやり方で表現された。暖かそうな毛皮とデリケートで冷ややかなレースで縁取りされたサテンのマント、駝鳥の羽で飾られたカーブを描く騎士の帽子、光り輝く飾りのついた鎧（光の反射をみごとに生かした派手な胸当て）と望遠鏡のような元帥の官杖などがそれだ。たいていは聖ステーファノ修道会長の目を引く赤い十字が太鼓腹の上に格好良くかけられていた。それに劣らぬほど重要なアクセサリー――古代ローマのトーガなど――が使われており、良きパトロンの容貌の欠陥を補って畏敬の念を与えようとする、賞賛に値する画家の努力に微笑んでしまうこともある。鼻孔の上の膨らんだ大きな鼻やはね上がった黒い口髭は、その昔のフランスの憲兵たちを思い起こさせ、ハプスブルク系の母から受け継いだ、垂れて湿った下唇は二重顎とあいまって、ローマ風に見せようとする効果を打ち消してしまっている。

フェルディナンドは、かんしゃくを起こしたとき以外は、いささかも畏敬の念を生じさせるような人物ではなかった。その容姿はドイツ人を思わせる、とよく言われた。しかし、英雄のような鎧を着たり、軍人のようなポーズをとったりするのは彼に似合わなかった。曾祖父であるコジモ一世の、鉄のごとき外見や性格をまったく受け継いでいなかった。彼はつつましくて抜け目のないトスカーナ人であり、温厚で勉強好きだが、冗談も大好きだった。一六三〇年にペストが流行したとき、裕福な市民たちは逃げ出すか田舎に所有していたヴィッラに閉じこもったが、当時二十歳だったフェルディナンドは弟たちとともにフィレンツェにとどまり、市民たちの苦しみを軽くするために可能なかぎりあらゆる手をつくした。国民はそれを決して忘れなかった。

オリエント風の服装をしたフェルディナンド2世(スステルマンス画)

フェルディナンドは何よりも自分の家族の利害を優先し、統治の仕事に弟たちを協力させ、宮廷の活動にも参加させた。弟マッティアは三十年戦争の帝国軍指揮官として傑出した存在となり、最終的にはシエーナを支配した。そしてレオポルドは、科学、芸術、文学に対する見識によってヨーロッパ中に知られるようになった。フェルディナンドとレオポルドは「共通の情熱を育て、同じ意志と願望を持つようになった」と言われている。しかし、フェルディナンドのすべての配慮は一番上の弟ジャン・カルロと良好な関係を保つことに振り向けられた。ジャン・カルロはスペイン海軍総司令官およびスペイン政界の大立者としてそのキャリアを開始し、最終的には『サティリコン』に登場してもおかしくない高位聖職者として生涯を終えた。教皇は彼をメディチ家の公子たちのなかでもっとも男らしい人物であると評した。フェルディナンドは枢機卿である弟の、あまりにも目立って騒がしい不道徳ぶりに対して、目を閉じて耳をふさぐことを選んだ。青年時代の次のような逸話が、大公の気楽で寛容な性格を早くから示している。

ある寒い冬の日の夕方、彼が自分の部屋の暖炉で暖まっていると、母親の大公妃マリア・マッダレーナが突然訪れてきた。彼女は息子にためらいながら伝えた。フィレンツェにおいてある種の性的逸脱行為を見出したと。それも権力と社会的地位を備えた特定の人々のあいだで。彼らがどれほどの美徳を備えていようと、全員を厳しく処罰する決意で、彼女は犯罪者たちの長いリストを息子に見せた。

大公はそのリストをじっくりと読んで、この情報は十分ではない、と意見を述べた。同じような傾向を持つ他の者たちを、そのリストにつけ足すことができる、と言うのである。そして羽ペンを手に取ると、自分の名前を大文字でリストにつけ加えた。大公妃は、罪人を救おうとしてそんなまねをしたところで、同じように彼らを懲らしめると言い張った。そこで、懲らしめるにあたってどのような刑罰を考えているか、と大公が尋ねると、彼女は少々激しく答えた。「火刑に処せられるべきです」。そこで、大公はリストを火のなかに放り込んで言った。「ほらこのとおり、あなたが宣告されたように罰せられました、お母様」。

ガルッツィが指摘しているように、この時代の特徴として、王や王子たちは臣下に求められる高い道徳規準を免れていた。そうした基準からの逸脱は君主の偉大さと独立性の一部をなしていたのである。大公が妻と別居したことは「世論の怒りを買いはしなかった」が、外見上は互いに尊重し合う関係が慎重に保たれた。コジモの誕生以後、フェルディナンドが長いあいだ妻から離れていた理由として、ハンサムな近習ブルート・デッラ・モラーラ伯爵の存在があったことはよく知られていた。夫と近習が禁じられた戯れにふけっているところを大公妃が思いがけなく目撃して一言も言わずにその部屋を出たとき、彼女は当り前だが憤慨した。トスカーナ人はこの種の戯れには目をつぶることができたが、尊大さや差し出がましい頑迷さには我慢ができなかった。ヴィットリアは後者の性格と冷ややかな自制心を兼ね備えた女性だった。彼女の性格はフェルディナンドの正反対であり、結果的に臣下たちから夫が愛されたのと同じぐらい心から嫌われた。

大公妃はあとになってこのときの憤慨を後悔したといわれ、和解を求めたが失敗に終わった。彼女は怒りを側近の人々にぶちまけた。イエズス会の説教師たちに教壇から彼らのスキャンダラスな行為を告発するように求めた。しかし、ブルートは大公と共謀して、イエズス会士たちのうちの少なくともひとりの体面を汚すことに成功し、この修道士は不面目のうちに国外退去を強いられることになった。

フェルディナンドの経済政策は弟ジャン・カルロの浪費ぶりとは対照的だった。それは同時代の旅行者たちには衝撃的なほどだった。一六五四年にフィレンツェを訪れたサー・ジョン・レレスビーは次のように書いている。

フェルディナンドは商人の役割を演じることを卑しいとは考えず、その倹約ぶりによって、無理もないことだが、イタリアのなかでもっとも豊かな君主だという評価を得ている。そうしたつましさの証拠としては、料理人といっしょに食事をしていることで十分だ。週ごとに支払われる金額で毎日自分の食卓に多くの肉料理を出させることで料理人と合意している。大公に仕える人々のほとんどは報酬の一部として食事を与えられている。

そして、ジョン・イーヴリンはこう書いている。

大公はこの宮殿［ピッティ］でスイス衛兵に守られてつましくイタリア風に暮らしており、地下室のワインを節約して売ることまでしている。宮殿の正門には柳細工に入れた瓶がぶら下がっていて、ワイン商人の看板の役割を果たしている。

とはいえ、フェルディナンドのつましさは――「世界中でイギリス人ほどこの美徳を好まない国民はいないだろう」とゴールドスミスは書いている――一六三〇年のペスト流行以後の必要性のほかに、トスカーナ人の際だった特徴でもあった。フェルディナンドが強欲だったわけではない。フィレンツェ人たちは豪華な見世物が大好きだった。彼らは自分たちの祭に市民としての誇りを注ぎ込んだ。最初期の「喜びの火《フー・ド・ジヨワ》」すなわち（現代の詩的でない言い方をすれば）「花火《ファイアー・ワークス》」はフィレンツェ人によるものである。彼らが創始した洗礼者ヨハネと聖母被昇天の祭では彩色された彫像で飾られた木製の城が広場に建てられ、彫像の口や目からは美しい炎が吹き出した。フェルディナンドは、共和国の初期以来フィレンツェで長く行なわれてきた祭とは別に、民衆の想像力に強い印象を与える見世物を数多く催した。たとえば戦車競走、競馬、ドッグレースなどのほかに、華々しく荘重なフィレンツェ式サッカー

（現在のサッカーの先駆）、馬上槍試合などである。この種の娯楽に関する細かな記述が同時代の日記のページを埋めているが、オークションのカタログと同様にそれらは堅苦しく面白みに欠け、当時のフィレンツェの大衆が経験した魅惑とスリルをわずかしか伝えていない。それらをより鮮明に伝えているのは、カロやデッラ・ベッラの版画である。というのも、コッラード・リッチが指摘しているように(1)、十七世紀において人々は、何よりもその時代に特有の欲望を満足させようとした。音楽でも詩でも彫刻でも何かびっくりするようなもの、美的なおどろきを求めていたのである。それはベルニーニのモニュメントやマリーノの詩がそうであるように、建造物のなかに永遠に反映され結晶している。あらゆる大建築物のなかに一般市民は何かしら新しいおどろきの噴出を求めた。巧みな大胆さに不意打ちされることを熱望していた。電気ウナギのようなはっきりした衝撃をもたらさなければ、建造物は失敗作と見なされた。

フェルディナンドの治世のあいだに、祝祭はその豪華さと洗練度を高めていった。中世の馬上槍試合の性格は変化した。この頃になると槍の試合に神話の幻想や寓話の朗読が混じり合い、花火や泡のように噴き出すワインの泉、複雑に組み上げられた仕掛けなどが加わった。そこに音楽やダンス、演劇に歌が組み合わされた。（仕掛け花火も考案したことで「回転花火《デツレ・ジランドレ》」と呼ばれた）ブオンタレンティ、タッカ、パリージらもっとも優れた芸術家たちは、このつかの間の芸術形式にその才能の最良の部分を捧げることになった(2)。

フェルディナンドは、宴のあとで客たちをおどろかせるためにこの種の演物《だしもの》をいつも用意して、自分の豊かさで客たちの目をくらました。アルノ川の岸に照明が施され、音楽家たちを乗せた船がセレナーデを演奏しながら川を漂い下った。あるいは馬上試合が松明で照らされたサンタ・マリーア・ノヴェッラ広場で行なわれ、仮面をつけた人々や精力的に演奏するヴァイオリニストたちを満載した馬車が行き交った。

こうした途方もなく金のかかる催し物が行なわれる合間には、フェルディナンドは君主の立場で可能な限り、引きこもった暮らしを続けた。国家の政務から離れて、数多くあるヴィッラ――なるべくポッジョ・インペリアーレとアルティミーノ――のどれかですごした。

彼のヴィッラの近隣にある森には、シカやノロジカ、ダマジカ、オオカミ、ヤギ、キツネ、ヤマアラシ、ノウサギ、キジ、ヤマウズラ、スイギュウ、イノシシなどの猟獣が満ちあふれていた。フェルディナンドはそこで狩猟という健康的な運動を定期的に行ない、宮廷日誌は彼が主宰した催し物よりも狩猟についてはるかに詳しい情報を伝えている。サー・ジョン・レレスビーがポッジョ・ア・カイアーノを訪ねたとき、フェルディナンドは公園のなかに馬用の走路を作っていたが、それは「わが亡き王〔チャールズ一世〕に戦いにおいて仕え、イングランドから模範を持ち帰ったイタリア人であるバーナード・グァスコーニュ氏の指示によっていた」[3]。レレスビーはさらに次のように語る。「大公は午前中そこで楽しんでいる。そして、昼食時には、外国人に対するいつものような思いやりから、（金曜日だったので）魚料理を二皿とすばらしいワインを十二本、われわれが滞在していた宿に送ってくれた」。

狩猟や釣り、九柱戯やボッチ〔芝生の上でするボーリング〕などの遊びの、フェルディナンドの楽しみ方は理性的なものだった。というのも、彼はうまくいくときに限ってそれを楽しんでいた。目撃者の語るところでは、そうした遊びのいずれにおいても彼は傑出してはいなかったが、つねにそう見えるように配慮されていた。ボッチで勝利すると、そのことを何日も自慢し、上機嫌の状態が続いた。フェルディナンドは、その当時のボッチのチャンピオンだったカテッロという宿屋の主人よりも上手にプレイできると好んで空想していた。

この自惚れは巧みに利用された。というのも、廷臣たちは大公の優しく温和な態度が突如として激怒の嵐に変わることをよく知っていたので、主君が痛風の発作を起こしておらずボッチをやりたい気分のときには、事前にカテッロに金を渡して言い含めておいた。そしてチャンピオンは屈辱的な敗北を喫したふりをした。

商業と農業は比較的良好な時期であり、フィレンツェには有名な訪問者が絶えなかった。メディチ家の宮廷は依然として知識人たちを惹きつけていた。トスカーナ大公フェルディナンドとさらに教養の高い弟レオポルドは、その気前の良さとこの時代の反アリストテレス的潮流への共感によって、優れた科学者や学者たちを引き寄せた。そしてラブレーの精神はトスカーナの空を漂うが、やがてコジモ三世の治世に恐ろしい亡霊が――背景のなかにぼんやりと現れて――のしかかってくる。それはイグナチウス・ロヨラの亡霊であった。

十七世紀前半のフィレンツェの生活を特徴づけていたのは、甚《はなは》だしい陽気さとボヘミアニズムだった。これらの特徴がその時代の最良の文学を生み出した。それは今読んでも刺激的で生き生きと感じられる風刺詩、風刺文である。フィレンツェのあらゆる場所にこうした陽気さの証拠を見出すことができた。サンタ・マリア・デル・フィオーレ教会の階段やサンタ・クローチェ教会の前、あるいはサンタ・トリニタ橋の上では、即興詩人《インプロヴヴィザトーレ》たちがせっせと詩を作り出した。クルスカ学会の集会では、ひとりのアカデミー[4]会員が学会長の鼻に関する論文を読み上げた。ダーティやレーディら文人たちの家では、語呂合わせとアナグラムが巧みに混ぜ合わされて多用された。それはメディチ家のサロンでも同じだった。気の利いた陽気なやり取りなしでは、真面目な事柄を扱うことも、問題を論じることもできないほどだった。全体の雰囲気としてはこんなぐあいだ。全身全霊で「食べ、飲み、そしてゆっくり楽しめ。死んでしまえばもはや楽しみはないのだから」。そこから「ビスボッチャ」の爆発的な流行が生まれた。この言葉が意味していたのは、鯨飲馬食と欲望の求めに即座に応えることだった。

その結果もたらされたのは、活力の沈静化ではなく、科学の発展に刺激された、すべての文化領域での沸き返るような豊かな盛り上がりだった。あらゆる楽器のために美しい音楽が作曲された。画家たちは教会や宮殿の内や外の全体に奔放な発想のフレスコ画を描いた。そこでは複雑な構図に陶酔のポーズをとった姿が遠近法によって縮小拡大されて詰め込まれていた——明暗法の目くらましのトリック、黒々とした影のなかに一筋の光が突如差し込む形式だった。最も高く評価された画家や建築家は、仕事が速い人々だった。ルーカ・ジョルダーノに対する破格の評価の半分は、その仕事の速さから来ていた。彼は「絵画の稲妻」あるいは「絵画のプロテウス」と呼ばれたが、何よりも「神速のルーカ《ルーカ・ファ・プレスト》」と呼ばれることが多かった。この最後のあだ名は、彼が食事をとらねばならぬときでも仕事を離れず、小鳥の雛のように口を開けて父親に空腹を訴えたという逸話がもたらした。年老いた父親はいつも彼を見ていて、すぐに食べ物を口に入れてやり、それと同時に愛情のこもった言葉を息子にかけた。「ルーカ・ファ・プレスト（ルーカ、急げ）！」と。

気圧計は温度計と競い合い、あらゆる科学的才能の持ち主は振り子のように活動した。あるときは新しい望遠鏡製作に向かえば、別のときには人工孵化器に向かう、というように。頌歌や抒情詩がこれほど大量に作られたときはなかった。それらはまるで羽の生えた精子のように空気のなかに広がっていった。

エキセントリックなジョヴァンニ・ダ・サン・ジョヴァンニは、この時代のフィレンツェでもっとも熱情的で想像力に富み、代表的な画家である。というのも、彼はパトロンである大公と同様に痛風に苦しんでいて自分の脚で立つのもやっとだったため、足場代わりに二本のロープで天井から吊した桶に入って絵を描いていた。ジョヴァンニは十七世紀のうちのわずか三十六年しか生きていないが、サンタ・クローチェ広場のマリアーニ宮殿の天井やファサードにあるような彼の陽気で寓話的なフレスコ画——そこでの彼のねらいは女性の魅力を表すことにあり、それに成功している——には、この時代の美的精神の特徴の多くが表れている。

彼の時間は「ギリシアからの科学の追放」のような主題の絵を描くことと念の入ったいたずらを考え出

すことで二分されていた。自分の絵のなかにそうしたいたずらを持ち込むことさえあった。たとえば、プラトリーノのヴィッラの壁に、（木に縛られたサテュロスの格好をした）大公の小びとジャンニを去勢するニンフたちを描いた。ニンフたちは外科医のような完璧な動作でそれを行なっている。ある同時代人が述べているように、それは美しい絵である。ジョヴァンニの生意気な召使いのひとりはバディアの教会に描いた絵のなかに悪魔として現れており、ある気取った廷臣はピッティ宮殿の部屋で肥った雄山羊の格好のサテュロスとして登場している。こうした理由から、尊敬に値するランツィ神父がジョヴァンニ・ダ・サン・ジョヴァンニについて次のように書いたのである。「ジョヴァンニはホラティウスの有名な格言《すべては許される》を極端なまでに追求し、しばしば芸術よりも気まぐれな思いつきを優先させた」。

　フィレンツェのロレンツォ・リッピやナポリのサルヴァトール・ローザらをはじめとする他の芸術家集団は、絵画と同じぐらい詩にも関心を払った。実際のところ、こうした人々は多方面にわたる複合的な才能を持っていたので、彼らの天才を評価するには、たとえばサルヴァトールの場合にはその荒涼《サヴェイジ》とした風景画と、それと同じぐらい無礼《サヴェイジ》な風刺詩のどちらを重視すべきかわからなかった。ロレンツォ・リッピの場合には彼の素描「海に落とした十字架を蟹のはさみから取り戻す聖サヴェリオ」と、彼の『買い戻されたマルマンティーレ』——四二八頁もある英雄詩を真似た長い詩で、かつてはすべてのトスカーナ人に愛されるほど「トスカーナ趣味だけでなく、フィレンツェ趣味に満ち」[5]、「文献学者に熱愛され、土地の民間伝承と方言の用法を数多く含んでいるために用語解説のほうが本文よりも長い」[6]——の、どちらを選ぶべきかわからない。ロレンツォ・リッピは、友人サルヴァトールと同じように、話すように詩を書き、自分が見たままに描く、と述べていた。この原理を厳密に守ったとすれば、彼は駄洒落やアクロスティック〔各行の始め（終わり）の文字を綴ると、言葉になる遊戯詩〕、アナグラムでしゃべり、あらゆる人の顔や雲のなかに寓意を読み取った。

それはアレッサンドロ・タッソーニが『奪われた手桶』で流行らせた、英雄滑稽詩の時代だった。ガブリエッロ・キアブレーラがピンダロス風かつアナクレオン風の詩作によってイタリアの頌歌あるいはカンツォーネ〔定型の複数の詩節からなる叙情詩〕を改革し、叙情的な霊感を吹き込んだことから、フランチェスコ・レーディによる完璧な酒神賛歌『トスカーナのバッカス』が生み出された。レーディは博識な博物学者で宮廷医であり、植物の灰から塩を抽出することに没頭していた。文学と科学のあいだには、両者を区分する線がまだはっきりと引かれていなかったのである。こうした実り豊かな人々の多才ぶりは圧倒的だった。ひとつの才能、ひとつの専門分野では足りなかったのである。

創造的な芸術家ほど上手に道化師と一体化できた人々はいなかった。サルヴァトール・ローザはコンメディア・デッラルテにおいてコヴィエッロ（抜け目がなく、いたずら好きで素早い従者）という二つの役で大当りをとった。彼はコヴィエッロをさらに二つの役、コヴィエッロ・「フォルミカ」とコヴィエッロ・「パタッカ」に発展させ、それらはナポリの仮面劇のレパートリーにも残ることになった。道化師と芸術家を見分けるのが不可能なこともときにはある。道化師を見よ！　創造的芸術家を見よ！　こうした性質をあわせもつことは、しばしば、どちらの立場に対しても不利益に作用したが、まれに例外的なケースにおいては（大騒ぎをするほら吹き）（結局のところのちの時代の人々にかかわってくるのはそうした例外のほうなのだが）、この組み合わせが最上の成果をもたらしたのである。

歴史家たちは十五世紀と十六世紀を理想化し、十七世紀を軽視する傾向がはっきりしている。時代が離れるほど、愛着が強まるようだ。彼らに言わせると、十五世紀は力強く陽気でアクティブな活動が花開き、清々しい風と山の澄み切った空気が行き渡っていた時代であり、それに対して十七世紀は退化して生命力を失い、絶望的で不健康な興奮のみじめな沼地なのである。「十七世紀趣味」あるいは「マリーニ趣味」という現象は荒廃を意味した。だが、この数世紀を偏見なしに検討したうえで問いかけてみようではないか。それらは芝居がかっている点で劣っているだろうか？　そこには残虐性やファナティズム、壮大なナンセンスは欠けていただろうか？　身内びいきや衒学趣味、これ見よがしの姿勢はなかっただろうか？

十七世紀の初頭、ガリレオは広範囲にわたる刺激を科学研究にもたらした。望遠鏡は上方に向けられ、その水晶の眼は遠く離れた星々の形や動きをとらえた。フィレンツェでは自然の謎を解き明かそうという冒険心に富んだグループが形成され成果をもたらした。彼らは、昔の人々のように広大な知の神殿にひれ伏して崇めるだけでは満足しなかった。

知識人たちは自らの思想を整理して、自分たちに課せられたアリストテレスと聖アタナシウスの体系という古風なごたまぜにうんざりしていることに気づいた。彼らは事実の観察から真理を引き出すこと、実験によって得た知識の力で誤りを避けることを決意していた。イタリアの力はここにあった。新しい科学と理性の獲得によって、反逆心に富む志によって、知的な過敏さによって、十七世紀は十八世紀の啓蒙を準備し、近代の生活と思想への道を拓いたのである。ヨーロッパ人は自らの魂の秘密を探ることから、彼らが住む地上の諸問題に関心を寄せるようになった。

大公フェルディナンドと弟レオポルドはガリレオの教義の魅力に惹きつけられていた。科学用具の改良と望遠鏡用の新しいレンズの考案が彼らのお気に入りの趣味になった。フェルディナンドとバルベリーニ家の紛争のような政府のきわめて深刻な危機の時期でさえも、彼が自分の部屋で行なっていた大好きな実験の邪魔をすることは許されなかった、といわれている。水銀気圧計を発明した、モディリアーナ出身のエヴァンジェリスタ・トッリチェッリは、フェルディナンドの「主任哲学者・数学者」であった。フェルディナンドとともに天体観測を行なったファミアーノ・ミケリーニは、ジャン・カルロとレオポルドのふたりに数学を教え、マッティア公はガリレオのもっとも親しい友人のひとりであるボルゴ・サン・セポルクロのニッコロ・アッジウンティから教わっていた。

宮殿からは新しい改良された望遠鏡、気圧計、温度計、湿度計などが大量に発注された。旅行者ラッセルズは大公の寝室にある数多くの「晴雨計がもっとも興味深い」と述べており、サー・ジョン・レレスビーはピッティ宮殿の私室部分にあるさまざまな科学装置について次のように語っている。

ある装置は永久運動を示していた。別の装置は、陸上でも海上でも大砲を発射したときの砲火や砲撃音で、糸で結びつけられた鉛の錘が装置の木材にぶつかる衝撃によって、そこまでの距離を間違いなく示すもので、四分の一マイルの距離までは測定可能だという話だった。そしてそれ以外にも多くの装置があった。

こうして獲得された知識は、それ自体だけが目的ではなかった。フェルディナンドとレオポルドは自分たちの「小さな道具《ストルメンティーノ》」（温度計をそう呼んでいた）を広めて、それらが実用に供されることを望んでいた。彼らはトスカーナ全域だけでなく、外国からも通信員たちによって気温の変化を知らせてもらっていた。一六六八年三月、レオポルドはフィレンツェからローマへ馬車で旅行したとき温度計を持参し、旅行の報告のなかにさまざまな地点での気温の変化を書き残した。

フェルディナンドの温度計には気温の変化を記録するためのものもあれば、液体用のものもあり、風呂の温度を測るための特殊な温度計もあった。冬のあいだ「小さな道具」は大公家の人々が居住するあらゆる部屋にかけられていた。

フェルディナンドは「熱」一般と音の伝播に魅せられていた。エジプト式の人工的な熱管理による鶏卵の孵化法を試み、その方法を実演させるために二人のコプト人を呼び寄せた。

冬をピサ——ヨーロッパで最初の階段式解剖室と植物園（どちらも十六世紀半ばまでに造られた）を持つ——で過ごしたときには、多くの時間を植物園に併設された研究室（「トスカーナ化学発祥の地」）で費やした。ピサの冬はイングランドの春のように穏やかな気候で、最良の季節だった。その地に隣接するアペニン山脈もその当時はまだ森林の伐採が進んでおらず、厳しい東風をさえぎっていた。メディチ家の人々は首都の寒さを避けて毎年そこでクリスマスを過ごした。四旬節はリヴォルノに滞在したが、それは最高の魚が最安値で手に入ったからである。

一六三一年に公子マッティアは、髪につけるジャスミンのポマードの作り方を見つけようとしていたフェルディナンドに、次のように書き送った。「あれほどの楽しみを研究室での実験に向けられてきた今では、大公陛下はもはや完璧な錬金術師であり、並外れた蒸留術者になられたように思われます……」。

おべっか使いの廷臣たちはフェルディナンドとレオポルドの才能を誇張していたようだ。その一方で、大公が「莫大な金額を研究と化学装置の製作に浪費し、それらが自分の発明であると主張したり、他人に言わせる権利があると考えていた」と非難する中傷者たちもいた。しかし、チメント・アカデミーの手稿集第一巻にある『大公フェルディナンド二世が行ない観察した実験に関する報告』やレーディの『マムシの観察』などの手稿を見ると、そうした非難が誤っているのは明らかである。

レオポルドは一六五七年に有名なチメント・アカデミーを創設して科学者たちをメディチ家の宮廷に招き、科学的真理の探求のために彼らの努力を結集する組織を作った。アカデミーには十人のメンバーがいた。ヴィンチェンツォ・ヴィヴィアーニ、アルフォンソ・ボレッリ、アントニオ・オリーヴァ、フランチェスコ・レーディ、カルロ・ダーティ、カルロ・リナルディーニ、アレッサンドロ・マルシーリ、パオロ・デル・ブオーノ、カンディード・デル・ブオーノ、ロレンツォ・マガロッティの十人で、マガロッティがアカデミーの優秀な書記役をつとめた。アカデミーのモットーは「検証し《プロバンド》、再度検証せよ《エ・リプロバンド》」というもので、紋章は三つのるつぼを収めた炉だった。メンバーはピッティ宮殿で会合を開き、その際には大公およびその家族も最下級の会員として加わった。彼らが行なった実験――そのなかには水の非圧縮性に関するもの、人体の重さに関するもの、電気現象の性質に関するものなどが含まれていた――の最初の報告は一六六六年に刊行された。それは記念碑的な出来事だった。

フランチェスコ・レーディはアカデミーのもっとも活動的なスポークスマンであり、高貴な出自の教養ある人々のあいだでいまだに流布している迷信を打破するために、著作を通じて大きな努力を払った。その頃までは科学者たちも伝統に盲従する傾向が強かった。古代人たちが神聖なものとしたナンセンスの多くを彼らも信じていた。いずれかの尊敬すべき著述家が、鐘楼は空を飛ぶことができる、と断言すれば、彼らは喜んでそう考えたのである。

だが、同じ著者がしばしばそれを否定しているのに、なぜそうしたほら話を鵜呑みにするのか、とレーディは問う。たとえば、博物学者の大プリニウスは、ミツバチは決して肉に触れることはないと断言している。しかし、別の著作で彼は「ミツバチの餌が足りない恐れがあるときには、干しブドウあるいは押しつぶしたイチジクを置いてやるか、もしくは生の鶏肉を近くに置いてやるといい」と書いている。

そして、あるテーマについてすべての由緒ある権威筋がひどく矛盾する意見を述べている場合、伝統を愛する信じやすい者はどうすればいいのだろうか？　選択をたんなる偶然にまかせていいものだろうか？　ギリシアとラテンの権威ある著述家たちの何人かは、ミツバチが雄牛の腐乱死体から発生する点で意見が一致している。しかし、まじめな養蜂家が自分の蜂の巣を満たそうとすれば、彼の当惑を考えてみてもらいたい！　コルメラ〔紀元一世紀の著述家で古代ローマの農業実践を伝える *De re Rustica* を書いた〕の教えによれば、牛の内臓だけでもミツバチを発生させることができる、という。別の著述家が主張するところでは、牛の死体は地面に埋めて、角だけは空気にさらさねばならない。そして、この角を然るべき時点で取り外せば、そこからミツバチの群れが飛び出す。ある詩人は、牛の死体をタイムで覆う必要がある、と主張する。これに対してプリニウスは厩の敷きわらを使うように提案している。

ウェルギリウスは（『農耕詩』第四巻の末尾で）、雄牛を埋めるのは無用の措置であって屋外に放置すればよいとしている。また別の著者は、肉から生まれたミツバチと脳および脊椎から生まれたミツバチを区別している。前者がプロレタリアートで後者が女王蜂および貴族階級だという。このほら話を信じている二二人以上の同時代人の記述をレーディは引用しており、そのリストはもっと長くできるとも述べている。

レーディとチメント・アカデミーのメンバーたちは、五感と科学のために用いられる道具の助けを得て検証された事実のみにもとづくことを宣言した。レーディの使命は、同時代人たちの信じやすさと闘うことだった。同時代人たちが依拠する権威が古いものであろうと新しいものであろうと、関係はなかった。『マムシの観察』のなかでレーディは古代人たちの告発を開始した。

古代の博物学者たちは、マムシがトネリコの木とその影を不可解にも恐れていると書いた。トネリコの木で作った輪のなかに数匹のマムシを入れると、木のあいだから逃げ出さずにその場で生きながら焼かれてしまうというのである。また別の記述では、蛇をカッコウチョロギの葉で囲むとのたうち回り、すぐに死んでしまうとある。レーディは自分でやってみた。何回か実験を行なったあと、トネリコの木の葉もカッコウチョロギの木の葉も、そのような劇的な効果をもたらすどころか、蛇は喜んでそこに潜り込んでいくことを確かめた。アリストテレスはクモが卵を産まないと断言している。長期間にわたる綿密な実験の結果、レーディはクモが卵生であるという結論を出した。

レーディとその友人たちは、古代人たちの主張を試すために、強く嫌悪感を催させるような実験にもひるまずに挑んだ。ガレノスによれば、マムシを食べると恐ろしいほどの喉の渇きを感じるという。レーディの友人で病気がちだった人物が、次のような食事をすることに同意した。一日に何回かマムシのスープを飲み、マムシの肉を干して砕いたものをふりかけたパンを食べ、あるいはマムシを丸ごと、それを漬けてあったワインと一緒に飲み下した。それでも、彼は以前よりも喉の渇きを感じることはなかった。

マムシが分泌する毒についていえば、わずか一滴でも頑丈な男が死んでしまうとされていた。そのような状況に陥った場合どの解毒剤も効果がないとアヴィケンナは考えており、多くの重要な知識人たちも同じ意見だった。しかしながら、ヤコポ・ソッツィという人物が、少量のマムシの毒をグラス半分の冷たい水に溶かして勇敢にも飲んでみせたが、何の悪影響ももたらさなかった。ソッツィの断言にもかかわらず、彼が事前に解毒剤を服用していたと誰もが考えたので、ソッツィたちは同じ実験を数羽の雄鶏、二羽のハト、一頭の犬、一羽のクジャク、七面鳥、白鳥に対して行なった。だが、これらの動物たちも同じように何の影響も受けなかった。

アウルス・ゲッリウス〔紀元二世紀のローマの著述家〕は、蛇に嚙まれたら優れた医者に診察してもらうよりも、優れた音楽家に相談すべきだと助言していた。どんな解毒剤も真の芸術家が手にした楽器が奏でる和音の効果にはるかに及ばないというのだ。ヴァイオリン奏者は奇跡を行なうことができた。迷信のなかには検証がそれほど簡単でないものもあった。どうやれば普通の人間が、古代人の誰かがマムシあるいはウミヘビについて語るような変わった物語を説明することができるだろうか?

雌のマムシは自分の身を飾り立てて、強い日ざしのなかを海辺に沿って移動し、情熱的なシュッという音を出して雄を誘う。雄マムシは波間から頭をもたげて岸へやってくると、前もって用心して毒液を岩の上に吐き出しておく——そうしないと交尾のあとすぐに雌が死んでしまう。交尾が終わると、雄は自分の毒液の元に戻る。毒液を見つけられないと、絶望にさいなまれ、死んでしまう。

レーディは古代の文献のこうした古くさい例をあげたあと、近代人に目を向け、遠い国から輸入した治療法――そのエキゾティズムが想像力を刺激していた――への盲目的な信頼を攻撃の対象とする。善良な宣教師たちによって、数多くの奇妙な万能薬がこの頃のイタリアには持ち込まれていた。その種の宣教師たちは世界中からピッティ宮殿に集まり、彼らに対する大公の歓迎ぶりは、アルキノオス〔『オデュッセイア』のなかで漂着したオデュッセウスを手厚くもてなしたパイアケス人の王〕と比べられるほどだった。厚遇のお返しに宣教師たちはきわめて貴重な秘密を明かした。

そうした宣教師のひとり、ゴアの司教座聖堂参事会員であるアントニオ・モレーラは次のようなことを勧めていた。象の尻尾から白い毛を集め、それで作ったブレスレットを腕にはめると、眩暈を感じなくなり、ペストを発生させる沼地の瘴気から身を守ることができる。これがシャム帝国とセイロン島で広く受け入れられている治療法である。だが、どういうわけか、フィレンツェではこのブレスレットの効能が失われた。

マラバルの山岳地帯にはさまざまな形と色の小石を腹に入れて運ぶ黒っぽい小鳥がいることを、同じ聖堂参事会員がレーディに話した。この小石を額の真ん中にあてると、あらゆる種類の頭痛がただちに解消される。レーディが慢性の偏頭痛に苦しんでいたとき、ドン・モレーラはこの治療法を試すようにと説いた。しかしながら、頑固な頭痛は（いつものように）二十四時間続いた。尊敬すべき僧侶は仰天した。明らかにレーディは特異体質で、もっとも不運な人間だった――ヨーロッパとアジアでは頭痛が同じではない場合を除いて。モレーラはつけ加えて言った。「いずれにせよ、これらの小石は何らかの効能を持っているはずだ。そうでないとしたら、なぜ自然が翼のある動物の体内に小石を持たせるようにするのか？自然は目的なしに行動しないことをわれわれは知っている」。モレーラはより難解ではなく、より妥当な説明を聞き入れようとはしなかった。つまり、小鳥が小石を飲み込んでしまった、という説明である。

カルメル会の裸足修道士D・フィリップ・ド・ラ・トリニテは、ある種の魚の骨はあらゆる大出血を止めると主張していた。その証拠は？　インドのある太守が、手際の悪い外科医によって動脈に傷をつけられたが、この動物の歯を指のあいだに押しつけるだけで大量の出血が止まった。この骨にはそれ以外にも性質があった。悪魔の誘惑に対抗する際の強力な武器だというのだ。この治療法もまた試され、結果は否定的なものだった。善良な聖職者たちが真実を語っていたことを疑う理由はない。彼らはたんに魅力的な伝説に対して無批判ですぐに耳を貸しただけだった。そのような欺されやすさは利用されたし、外国には数多くのペテン師がいた。レーディはキルヒャーやその他の博物学者たちに対して、彼らに注意するよう警告した。(7) たとえば、フィレンツェにいた外国人の時計職人が大公に次のように語った。「わたしが生まれた国では、人々の多くはピストルや火縄銃の弾丸を感じない皮膚を持っています。これはある魔法の呪文と薬草、特別な効果を持つ石のおかげです。これは噂を話しているのではありません。自分のこの目でそれを見たのです」。それを聞いていた数人があざ笑ったため、時計職人は同郷者のひとりである兵士を呼び寄せた。彼はジークフリートと同じように不死身だという評判だった。そして大公はすぐにこの男を試すことにした。男は大胆にも自分の胸をむき出しにし、興奮した科学者たちの何人かが今にも銃を発射しようとしたとき、フェルディナンドは身体のなかでも致命的でない部分を狙うように求めた。おかげでこの哀れな男は幸いなことに病院に送られるだけで済んだ。時計職人と同様にこの男も、他の場所で行なった実験がうまくいったことに欺されていた。だが、そのときには弾丸が皮膚を貫くことなくかすめるように細工が施されていた。ピッティ宮殿ではそうしたごまかしがなく、銃は通常通り発射されたのである。

チメント・アカデミーはわずか十年間しか続かなかった。(8) アカデミー内部でのねたみがくすぶり続けた。ボレッリとヴィヴィアーニは「地球の運動と安定性」に関して論争し、オリーヴァとリナルディーニはフィレンツェを去った。そしてレオポルドは、おそらくこれらの怒りっぽいライバル同士のあいだに平和と秩序を取り戻そうとつとめることに疲れて、五十歳のときにローマに去って枢機卿になった。

チメント・アカデミーに先だってナポリ、ローマ、パレルモに科学アカデミーが存在していた。しかし、イギリスのロイヤル・アカデミーのモデルとなったチメント・アカデミーは、ガリレオの偉大な規範に活発に応えた最初のアカデミーだった。その規範とは、もっとも厳密な実験によって証明された、観察にもとづく事実によって自然の諸法則を導き出すべし、というものだった。

第2章
思春期前期のコジモ三世——フィレンツェの宮廷——ジャン・カルロ枢機卿——コジモの結婚をめぐる計画——マルグリット・ルイーズ・ドルレアン

大公は息子に近代的な科学教育を授けたいと考えていた。だが、大公妃が反対したので、この問題については もっとも抵抗のない方策を選んだ。夫婦の平和のためには何でも犠牲にするのが彼のやり方だったのである。ヴィットリアは陰謀をめぐらす僧侶の一団と大きな影響力を持つ聴罪師を身近に抱えていた。彼らが考えていたのは、カトリックの教義に従順にしたがう後継者を育てることで、コジモを天体観測儀や異端の匂いがする危険なおもちゃから遠ざけておくようにヴィットリアに勧告していた。良き君主よりも聖職者を育てることに長けた神学者である、シエーナのヴォルンニオ・バンディネッリがコジモの個人教師に任命された。少年時代のコジモの心に彼が刻み込んだ影響はその後も効果をおよぼし、アレクサンデル八世がバンディネッリを枢機卿に任命した一六五五年以降も、長らく師弟のあいだで個人的な書簡のやり取りが続いた。のちになって、ミルトンの友人であるカルロ・ダーティやチメント・アカデミーの書記だったマガロッティら知識人たちは、コジモが受けた「卑屈な教育のくびきを脱するようにはたらきかけた」が、うまくいかなかった。叔父レオポルドがチメントの会合に参加するようにコジモを招いたとき、無関心な若き王子は、不賛成のジェスチャーをしながら、自分の参加は時間の無駄だと思うと顔を赤らめもせずに述べた。

少年時代のコジモは生まれつきのスポーツマンのようだった。射撃に関してはとにかく早熟だった。一六五四年一月十四日、ジャン・カルロ公はピサからマッティアに手紙を書いた。「今日はきみがびっくりするような知らせがある。幼い公子が飛んでいるガンを撃ち落としたのだ」。コジモは十一歳半のときに、(一回に一発しか撃てない)自分の子ども用の火縄銃で逃げていく豚に向かって五発撃って、四匹を撃ち殺し、居合わせた者全員が喜んだ、という。

ルッカの大使によれば、その頃のコジモは顔色の良い非常に元気な子どもだった。「夢中になったことは何でも上手にこなす。主君の大臣たちと会見する際のやり取りなどは彼よりもずっと年上の者の物腰である」。十四歳のときに初めて公の場で乗馬するところを見せた。その二年後、ポッジョ・インペリアーレで乗馬教師と一緒に馬を走らせているときに落馬し、脚を怪我した。しかし、事故は重大なものではなかった。その後、彼が馬に乗るという話は少なくなっていく。

この落馬事故の頃から彼の性格には変化が生じたらしい。一六五九年に初めて、そのことについてルッカの大使は次のようにほのめかしている。


公子は現在十七歳で、並外れた敬虔さの徴候を示している……普通ではないほどの憂鬱症にとらわれていて、その点で父親と違っている。大公は誰に対しても愛想がよく、よく笑い、冗談をすぐ口にする。一方、公子のほうは微笑みすら見せることがない。人々は公子のこの態度を誇り高く控え目な性格のせいにしているが、それが望ましい結果をもたらすとは考えていない。

コジモが貴婦人がたと会話を交わすことはめったになかったが、挨拶をするぐらいの礼儀正しさは備えていた。ダンスについては、キケロ（「節度を知る者なら踊りはしない」）とロード・チェスターフィールド（「あの馬鹿げた運動」）の意見を支持していた。当然のことながら廷臣たちは困惑していた。ここにたくましい若者がいて、青春の盛りだというのに、陰気な僧侶たちのために彼らの社会に背を向けていたからである。コジモが我慢できた唯一の音楽形式は教会の合唱曲であり、女性が歌う歌を嫌いつづけた。

コジモは十八歳になるまでにラ・ヴェルナ、カマルドーリ、ヴァッロンブローザなどの聖地を熱心に訪れ、あらゆる聖域に自分の敬虔さを示す証拠を残した。必ず一日に一回もしくは二回のミサに出席し、聖母の祈りを暗唱し、「聖なる」本を読んだ。

コジモが十八歳のとき、彼の父親と母親は長い仲違い状態のすえに和解をした。ハンサムなブルート・デッラ・モラーラ伯爵の噂を聞くことはなくなった。二人目の息子である、未来のフランチェスコ・マリーア枢機卿が生まれたのは、この遅まきの和解の成果だった。

フェルディナンドはそれ以後家庭内の平和を楽しみたいと願っていた。しかし、彼はコジモの憂鬱な性格に当惑しないではいられなかった。若者はつねに深い信仰を抱いていた。息子が修道士や僧侶と一緒のときにのみくつろいでいられることに、フェルディナンドは不安とともに気づいた。それ以外の人々といるとき、息子は何も言わずに遠慮がちになるのであった。コジモが心にかけていたのは自分の魂の救済だけのように見えた。

殉教者たちやローマ・カトリック教会の聖務日課書には出てこない数多くの聖人たちの伝説、奇跡の物語、アルベルトゥス・マグヌスの二三〇の問い。こうしたものをコジモはチメント・アカデミーのすべてをあわせたものより重要だと見なしていた。長らく影響力を保ち続けた何人かの聖人に関しては、こうした考え方は正しかったが、コジモはそうした区別をつけるにはいまだに未熟であり、いささか早過ぎる精神的プライドもしくは独善性をかかえていた。

儀礼を好む傾向があったにもかかわらず、コジモは自分を取り巻く宮廷に対する軽蔑を隠さなかった。ヨーロッパで放縦な面がもっとも少ないスペインの宮廷を例外として、宮廷では儀式での序列という無意味なことが国家の問題よりもはるかに重要で、会話の主たる話題になっていたからだ。

枢機卿ジャン・カルロの宮廷はそれとは大いに異なっていた。血気盛んな若者たちや芸術通たち、陽気に騒ぐ連中、放埒な暮らしぶりの噂で大公妃から嫌われていた人々は、そこに退屈を避ける場所を見いだし、ジャン・カルロの狩猟や賭博のパーティーに加わった。ドン・ロレンツォやカルロ枢機卿ら叔父たちと同じように、彼の生活は愉しみの追求にもっぱら向けられていた。聖職者としての高い地位が楽しみを邪魔することを彼はけっして認めなかった。ヴィーナスの快楽に真っ逆さまに身を投じている、とのもっぱらの噂で、フィレンツェに美しい女性を見いだすと、どんなときでも、どれほどの費用がかかってもその女性の好意を獲得しなければ気がすまないのだった。

ジャン・カルロは、不幸な恋愛と「スペイン海軍総司令官」として経歴を積んだのち、三十四歳で枢機卿の地位についたが、就任当初から聖職者としての体面を保つために自分の欲求を諦めることはできなかった。スステルマンスは、大胆で争いごとが好きなこの若い高位聖職者のみごとな肖像画を何枚も描いているが、そのなかのジャン・カルロは「その時代のイングランドならば騎士を思わせるような長いカールした髪」の姿をしている。かぶっているビレッタ〔聖職者の四角い帽子〕の粋な角度は彼のダンディズムを表している。

スウェーデンのクリスティナ女王が大規模なパレードの先頭に立ってローマに入城したとき、アレクサンデル七世は彼を、ヘッセン・ダルムシュタットのフリードリヒ枢機卿とともに、教皇代行《レガート・ア・ラテーレ》の枢機卿に任命した。というのも、この二人はともに主権を持つ君主の弟だったからである。

教皇猊下は女王に対して、彼女がプロテスタントからカトリックへ改宗したことの価値はあまりに大きいので地上で目に見えるものよりいっそう華々しく天上で祝われるだろう、と述べた。しかし、教皇はすぐに、女王の若い聖職者たちへの影響はあまりためにはならないと考えるようになった。女王がジャン・カルロと自由かつ親密に交際することに教皇は反対し、今後ジャン・カルロが彼女を訪問する際には年上の枢機卿をともなうべしと申し渡した。政治的理由から枢機卿に推戴されたジャン・カルロは、自分が不必要と判断したこのような介入に憤慨した。とうとう教皇はフェルディナンドに対して、ジャン・カルロが枢機卿職には若過ぎかつハンサム過ぎると不満を伝え、フィレンツェに呼び戻すように要請した。

スペイン、サルデーニャ、ナポリの沿岸地域で疫病が広がっていた。疫病はローマにもおよぶ恐れが出てきて、それがジャン・カルロの出発の口実となった。フェルディナンドは、以前の経験から教訓を得ており、フィレンツェに疫病が到達しないよう予防措置をとった。シエーナの統治を受け持っていたマッティアは国境の警備を強化した。ローマとの通信は遮断され、教皇アレクサンデルとの書簡のやり取りも停止した。ちょうどその頃フランスに向かっていたスウェーデンのクリスティナ女王は、リヴォルノへの上陸を拒絶された。

こうしてジャン・カルロはフィレンツェでの宴会と狩猟の日々に戻り、自分の庭園を手入れ《カルティヴェイト》することと、何よりもご婦人がたと積極的に交わる《カルティヴェイト》ことに精を出した。フェルディナンドは弟にデッラ・スカーラ通りの庭園を与えた。そこではプラトン・アカデミーのメンバーが月明かりの下で討論を行なった。ジャン・カルロはこの庭園に巨像と洞窟《グロット》をつけ加えることで華麗にし、噴水と異国の植物を持ち込んで風変わりなものにした。バビロニアの空中庭園からもたらされた奇妙な植物は、ゴンゴーラの美神をあしらった花瓶から伸びる、ねじれた葉をふるわせていた。そこは彼の大饗宴の舞台となった。だが、その庭園は現在は跡形もなくなっているので、サー・ジョン・レレスビーの報告に頼らざるをえない[1]。

フェルディナンド２世の弟、ジャン・カルロ枢機卿（スステルマンス画）

庭園の形は四角いというより細長く、珍しい植物や噴水でイタリア風に飾られている。その片側には緑に縁取られた遊歩道がある。そこでは、安心して歩けると思っていると、遊歩道のどこでも、キーをひねるだけで地面から雨が吹き出してくるようになっている。遊歩道の終わりには洞窟があり、その壁はさまざまな色のエナメルで塗られた石や貝で飾られ、その何か所かからと上下から水が噴き出している。庭園の真ん中には喜びの館があり、そう呼ばれるだけの理由がある。というのも、ここで枢機卿が愛人たちと逢い引きをするからだ。館の二階の部屋は美しい絵で、一階は彫像や噴水で飾られている。館の近くには賞賛に値する彫像がある。それは六メートルもの高さの巨人像で、両腕で頭の上に水差しを支えて、そこから噴き出す水を口で受け止めている。

植物学者が花につけたラテン語の名前が適切であることはまれで、一般には理解しがたい。ジャン・カルロは、愛人の目鼻立ちを思い出しながら、花々の青白いもの、小ぶりではかなげなもの、真鍮色のもの、ふくよかなもの、ひ弱なものを比較して、（彼の心を揺り動かした、いまだに彼を惑わせる美女たちを思って）ある花にはジラルダと、また別の花にはチェッパレッラ、カッポーナ、フレスコバルダなどと名づけた。ほかの愛人たちよりも肌の色の濃いオットマンナという女性がいて、父親はトルコの太守《パシャ》だった。彼女は兄弟のひとりとともにコンスタンティノープルから脱出し、キリスト教徒に改宗した。その兄弟はドメニコ会の修道士になり、消息を絶った。オットマンナは結婚してフィレンツェに住み着いたが、枢機卿と知り合うようになったという事実は、洗礼を受けてもムスリムとしての葛藤が消えていなかったことを示していた。彼女の名前は、デッラ・スカーラ通りの庭園で光を受けてゆっくりと開く花、おそらくはアヤメにつけられた。一方チェッパレッラは温室で咲く、葉脈が見える小さな花を指すと思われる。これは突如としてしぼんで枯れてしまう花だった。しかし、その名の元になった女性は死の間際でもきわめて美しかったため、冷たくなった遺骸ですら見る人々の心をそそり、恐ろしいほどの魅力が心に残った、と言われている。ジャン・カルロ枢機卿は、彼女の象牙色の身体がうちふるえたことを思い出しながら、今ひとたび会いに来た、と彼女を埋葬した寺男が語っている。そしてその美しさに圧倒されて、地下納体堂《ヴォールト》〔遺体をおさめるアーチ構造の部屋〕に入り、これを最後に彼女とともに横たわったという。

チェッパレッラは間違いなくその名前を枢機卿の庭園に残したことだろう。

この庭園はジャン・カルロの気晴らしの場所だったが、偶然の悲劇の舞台ともなった。彼はヘスペリデスの園のドラゴン〔女神ヘラの金のリンゴの守護者〕であり、嫉妬深いドラゴンだった。彼がローマから帰還して以来、フィレンツェでは殺人および殺意を持った襲撃事件が不愉快なほど頻繁に起こるようになった。そうした事件について宮廷で言及されることがけっしてなかったのは、大公が弟を恐れ、黙認していたからだった。大公のお気に入りの側近のひとりである騎士ルーナが枢機卿の池で溺死したときも、それは変わらなかった。フィレンツェ中がその事実を知っていた。ルーナはある恋愛沙汰で枢機卿のライバルであり、そのことに腹を立てた猊下はルーナを夕食に招いたが、それはいささか慣例化したやり方になっていた。

庭園の池の真ん中に小さな島があり、木々が作り出す影に包まれた美しい場所だった。そこからは、食事をしながら食べ物の一片を年老いた鯉たちに投げてやると、鯉たちが口を突き出して水面の静けさを破るのを眺めることができた。夏の夜には薄い羽をもつ虫が水面すれすれに群れ飛ぶため、それを狙う鯉たちが空中に飛び跳ねることもあった。この島で宴が入念に用意され、ルーナは特別扱いの賓客のなかに席を占めた。日差しがもたらした暑さもその頃までにはやわらぎ、並木道に落ちる黄昏の光がしだいに暗闇へと変わっていくと、そよ風が眠りにつく花々の香りを運んできた。

乾杯とスピーチのなかでワインがふんだんにふるまわれた。日はとっぷりと暮れ、夜露がかかる頃、灯されたキャンドルの蠟はテーブルクロスの上に垂れ落ちた。ルーナの隣に座っていた枢機卿の廷臣のひとりが延々と彼を議論に引き込んで、酒をしつこく勧めつづけた。宴の最後のコースが終わって、他の客たちが庭園のあちこちで楽しもう——あるいはただ夜鶯《ナイチンゲール》の声を聞こう——として席を離れると、論じ合うルーナたちだけが残された。やがてルーナと隣の廷臣も立ちあがった。手すりもない木の板が、岸へ渡る素朴な橋になっていた。そして、彼らが渡ろうとしたとき、よろめくルーナを廷臣が押した。水しぶきもほとんどあがらなかった。誤ってルーナが足を滑らせた可能性もある。襲撃者が声をあげて助けを求めるまでには、ルーナが沈んでしまうだけの時間があった。助けを求める遅ればせの呼びかけに何人かの酔客たちが集まり、何が起きたかを尋ねた。哀れなルーナの死体は水草のなかから引き上げられ、枢機卿は当然のことながら悲嘆を示した。

ドン・ロレンツォやカルロ枢機卿などの叔父たちと同じように、ジャン・カルロは愉しみのために生きていた、とすでに述べた。だが、彼らの小さな欠点がどのようなものであっても、それは心の平和をかき乱すようなものではなかった。生活の快適さは彼らによってすばらしい芸術にまで高められた。そこでは崇高さと下劣さがつながっていた。彼らは才能をすばやく理解し、有効に活用した。芸術家は依然として稀少な存在と見なされ、それにふさわしく大事に扱われた。サルヴァトール・ローザはローマでジャン・カルロに紹介され、若き枢機卿はサルヴァトールの作品や性格、ユーモアのなかに自分自身と共通するものを多く見いだした。

枢機卿はすぐにサルヴァトールに対して「熱狂的関心」を抱くようになり——お偉がたはそれを友情と間違えがちだが——彼をフィレンツェに招いた。サルヴァトールのフィレンツェ到着はまさに大成功だった。大公と公子たちは彼をたんなる雇い人としてではなく、自画像で彼自身が率直に描いたように、その高潔さと才能により誰にも従属しない人間として受け入れた。フィレンツェ滞在期間中宮廷に仕えたサルヴァトールは、毎年一定額の給金のほかに、描いた絵の一枚ごとに決められた金額を受け取った。そして彼は完全に何にも縛られず、望むままに誰のために絵を描いてもよい自由を得ていた。(2)

三人のうちドン・ロレンツォだけは公的な仕事を持たず、私的な自由人として演劇の流行を復活させた。ふたつの役者集団――ひとつは「インフォカーティ（炎の一座）」、もうひとつは「インモービリ（不動の一座）」と名乗った――に援助を与え、稽古場として自分の部屋を貸してやり、イタリア演劇を育てた。演劇はブドウやオリーヴの木が根を下ろすように、イタリアの土壌で成長していった。ジャン・カルロ枢機卿が（コメディに対する叔父の熱狂を一貫して共有していたため）その後継者となり、「インモービリ」が毛織物ギルドからデッラ・ペルゴーラ通りにあった縮絨工場を買い取って木造の劇場を作れるようにしてやった。「インフォカーティ」のためにはデル・ココーメロ通り（現在のリカーソリ通り）にあった家を借りてやり、フェルディナンド・タッカに命じて新しい舞台装置一式を納めさせた。これがフィレンツェで人気を得たペルゴーラ劇場とニッコリーニ劇場のささやかな発端であった。

アカデミーとおごそかに呼ばれた他の一座は、宮廷と宮廷外の市民のあいだを、メディチ家の私的な活動と公的な活動のあいだをつなぐ役割を果たした、といわれている。フェルディナンド二世の統治下で「こうした数限りない、多様な形態をもった個々の活動のネットワーク」が芽生え、イタリア全域に広がっていった。

近くにいながら、まったくそうした熱狂のすべてからかけ離れていたように見えたのが公子コジモだった。コジモは彼のお気に入りの聖母に自身の絵筆を捧げていた画家カルロ・ドルチと同じように、執拗な憂鬱の犠牲者となっていった。聖人のようなカルリーノ〔カルロの愛称〕の場合には、この憂鬱のせいでひと言もしゃべらせることができないときがあった。そうした状態の彼から返ってくる答えはため息だけだったのである。カルロの結婚式の日に参列者がセレモニーのために集まると、当人の姿が見えなかった。ようやくサンティッシマ・アンヌンツィアータ教会で見つかった彼は、十字架の前の主祭壇の階段にひれ伏していた(3)。

コジモも同じぐらい沈黙を守っていたが、その沈黙は聖人らしいというより不機嫌なものだった。この不機嫌さは彼を救っていた。コジモが青春時代に夢中になった幻想が、男性の聖人よりも女性の聖人に向けられていたことははっきりしている。これはまことに幸運なことだった。セックスは有益なものであり、加えてコジモは子としての義務と家族の責任について完全に自覚していた。

大公は、彼自身の個人的な経験に反して、結婚がコジモの不機嫌な性格を癒し、その弱々しい活力を元気づけ、息子をトスカーナの大地にしっかりと根づかせるものと確信していた。コジモは若かった。天上世界への憧れは空のように青い瞳の王女によって満たされ、触れることのできない天使の幻に生身の肉体を備えた美しい娘が取って代わることは確実だと考えたのだ。フェルディナンドは自分の周囲をじっくりと見回した。そんな娘をどこで見つけることができるだろうか？

ルイ十四世が結婚する決意を固めるまで、それ以外の結婚をめぐる計画は、飛ぶミツバチのように、宙に浮いていた。このハチは刺すのか、それとも蜜をもたらすのか？

フランス王太后も、全能のマザランも彼の結婚をまったく急いでいなかった。王たちが若くして結婚することは良くない、という点で王太后はマザラン枢機卿と同じ意見だった。というのも、王が若くして結婚すると、年かさの息子をすぐに持つようになるからである。

フェルディナンドはピレネーの講和の結果を心待ちにしていた。一六五九年十一月に講和条約が調印されると、ルイは初恋の相手であるマリーア・マンチーニ——「マザリネット」と呼ばれた、枢機卿の美しく機知に富んだ姪のひとり——を捨てて、スペインの王女《インファンタ》マリア・テレサと結婚した。ヨーロッパに平和な期間が訪れたことは歓迎されたものの、このフランスとスペインの結びつきは政治的バランスを狂わせた。フェルディナンドはフランスに反感をもっていたにもかかわらず、マザランの好意を得ようとつとめていた。気前よくフランス宮廷へ贈り続けていたのは、厳選したトスカーナの美味な食べ物、ワイン、彼の工房や研究室からもたらされた香油や香水——それらは非常に高く評価されていた——だけでなく、若きルイ十四世がつねに楽しみにしていた音楽家や役者たちのような人間の贈り物もあった。

王太子ルイがおぼえている限り昔から、宮廷にはひとりのイタリア人のスカラムッチャ〔イタリアのコンメディア・デッラルテに登場する、空威張りする道化役〕がいた。二歳のとき、ルイがひどく不機嫌で泣き叫ぶのを誰もとめられなかったおり、その場を救うためにやって来たのがスカラムッチャだった。王太子殿下を抱くことを陛下がお許しくだされば、おとなしくさせることができる、とスカラムッチャは申し出た。王妃は喜んでこれに同意した。しかめっ面やおどけた身振りによって泣き声はおさまり、王太子は喜んで笑いはじめ、それ以上に事態は進んでいった。というのも、王太子は身のまわりの世話を道化師にさせ、道化師の服までまとうようになったのである。

のちに「太陽王」となってから、ルイはこのラブレー風の出来事のスカラムッチャをわざわざ思い出して、一六五三年にフェルディナンドに対して（モリエールの師匠で、もっとも偉大なスカラムッチャとなった）ティベリオ・フィオリッツリを派遣するように要請した。パリにおけるイタリアの喜劇と音楽の流行は、マザランと亡命中のバルベリーニ家の人々によって育まれた。「心ある者はすべてを持つ」というモットーを持ち続けたマザランは、王太后におよぼす音楽の力をじっくり研究した。その力は相当なものだった。心を静めるようなレオノーラ・バローニの声に、そして何より悲しげなアット・メラーニのカデンツァに王太后は魅せられた。レオノーラは、「王太后の合図があればいつでも歌えるように」そばを離れずにおり、メラーニは自分なしで王太后は生きていけないと無礼にも自慢するほどだった！　王太后はアミアンに赴くときもメラーニを同行させ、すでにフィレンツェでの契約が決まっていた彼を手元に残す許しを請う、ぎこちない手紙をマッティアに書いた。一日おきに、夜になるとメラーニは王太后のために、彼女の部屋で四時間ものあいだ悲しい歌を歌った。というのも、アンヌ・ドートリッシュは、すべてのハプスブルク家の人々と同じように、涙を誘うような歌が大好きだったからだ。こうしてマザランと音楽、そして王妃は若きルイとフェルディナンドが最良の関係を保つように力を合わせていた。

　大公は数え切れないほどの外国通信員と、考えられるかぎりの種類の非公式な外交情報員（遍歴僧、修道士、占星術師、床屋＝外科医など）――秘密情報と「何か不測の事態が起きたとき」のために報酬を得ていた――を持っていた。フランスの宮廷にいたイタリア人音楽家のほとんどはスパイだった――なかでも驚嘆に値するメラーニは、ソプラノ歌手であると同時に作曲家と指揮者を兼ね、ひとつのオペラで二役を演じることもしばしばあった。

　若きサヴォイア公とルイ十三世の弟ガストン・ドルレアンの娘であるマルグリット・ルイーズの婚約の噂を、フェルディナンドが最初に聞いたのは、そうした秘密情報員のひとりからだった。マルグリット・ルイーズは、あらゆる点でもっともふさわしい花嫁だった。フェルディナンドはまた、サヴォイア公が――係累がマルグリット・ルイーズより少なく、したがってよりつつましい――イギリスの王女の誰かを結婚相手に選ぶかもしれない、ということも聞いた。フェルディナンドは聞き耳を立てた。一六五八年五月二十日、彼の宰相であったゴンディは、パリ在住のトスカーナ人ボンシ神父に数多くの質問を投げかけた。この王女は正確にどういう人柄か？　トリーノとフランスのあいだの交渉はどのような性格を持つものか？

　王族同士の結婚を取り持つ可能性はボンシを大いに喜ばせた。「オルレアン家のお嬢様は十三歳であられます。目鼻立ちは美しく、栗色の髪、トルコ石色の瞳で、きわめて優しくおとなしい方と思われます」。おそらくボンシは彼女を見たことがなかったのだろう。こうした肖像に本当らしさを加えようと必死になった覚書のなかで、自分が「うっとりさせるような魅力」の目利きであることを示すために、この未来の司教たるボンシは次のように述べている。「おそらく王女は少しばかり背が低く、肩幅もわずかに狭いけれども、ブルボンの温泉がこうした小さな欠点をすぐに癒せるはずである」（サン＝シモンは彼女が「背が高くて体格がいい」と記している）。しかしながら、ボンシは最後の一筆として、彼女の生き生きとした機知と優雅なふるまいによって「国王陛下およびその周辺のかたがたに、大いに気に入られている」と書き加えた。若い王子を燃え立たせて、その憂鬱症を追い払うためには、これこそ最適の資質である、とフェルディナンドには思われた。

　これ以外の王女たちも候補にのぼり、そのなかには亡命中のスチュアート家の王女もいた。しかし、クロムウェルを怒らせることを怖れてフェルディナンドはこの提案を断った。

　ザクセンに派遣されていたトスカーナの大使マルケッティは、コジモとザクセンのエルムーテ・ゾフィー姫との縁組みを試みたが、彼女はルター派の信仰を決して放棄しないと言明した。さらに婚資は「二万ターレルというほんのはした金」であることも判明した。フェルディナンドは少なくとも数十万ターレルを期待していた。交渉は挫折した。だが、コジモがこのザクセンの公女を娶る可能性があるという話をマザランが聞きつけた。マザランは将来教皇の冠を得ることを夢見ており、教皇選出会議でのトスカーナの影響力を確保したがっていた。事態は切迫しているように思えた。マザランはボンシを呼んで話し合ったが、ボンシはマルケッティの策謀について何も知らないように見えた。ボンシが事情にうといことを馬鹿にしてから、マザランはコジモの肖像画を要求した。

この打診に喜んだフェルディナンドは、マザランのこともよく知っていたので、ただちにえりぬきのワインを巨大な数樽に詰めて送った。これに匹敵するヴィンテージ・ワインを誰も受け取ったことがない、とも知らせた。そしてさらに、賛辞と贈り物の交換がなされた。国王は、宰相の助言に沿って、コジモに二頭の乗用馬を送った。フェルディナンドは謝意を表するため（最上級とみなされた）一二四個のレモンを返礼として送った。

マザランのボンシとの話し合いでは、すべてが曖昧なままに残された。縁組みの相手となる王女が誰であるかも明確にされなかった。ボンシには手持ちのカードが何枚かあった。オルレアン家の王女、ヌムール家の王女、そしてそれ以外の、たとえばプファルツ侯妃（ポーランド王妃の妹）の三人の娘などである。マザランは辛抱強くボンシの話に耳を傾け、この問題を自分の手に委ねれば、必ずうまくいくと請け合った。

だが、ボンシがフェルディナンドに提案したすべての王女たちのなかで、飛び抜けてふさわしいと思われる娘がいた。オルレアン家のマルグリット・ルイーズである。

ガストン・ドルレアンは二番目の妻であるマルグリット（ロレーヌ公フランソワ二世の娘）と一六三二年にナンシーで結婚した。ガストン・ドルレアンの兄ルイ十三世が承認を拒否したため、秘密裏での恋愛結婚だった。マルグリット・ルイーズはこの結婚から一六四五年七月二十八日に生まれた。したがって、義理の姉にあたる有名な「ラ・グランド・マドモワゼル」モンパンシエ公爵夫人よりも十九歳年下になる。

彼女は幼年期を静かなブロワの宮廷で両親とともにすごした。ブロワの城には野心的でありながら優柔不断な父親ガストンが、自身が指導者と見られていたフロンドの乱でこうむった最後の挫折のあと、やや不名誉なかたちで蟄居生活を送っていた。公妃は貞節だが冷淡な妻で、三人の娘のこともほとんど気にかけていなかった。信心深く、「気鬱症を治療するために、絶え間なくとる食事で祈りを中断していたが、そのせいで症状はますます深刻化した」。彼女が子どもたちに会うのは朝夕に十分程度で、それも「姿勢をきちんとして」「頭を上げて」と言うだけだった。マドモワゼル〔モンパンシエ公夫人〕によれば、娘たちが母から得た唯一の教育がそれだった。「彼女たちは大勢の少女たちと一緒に自分たちの部屋で多くの時間を過ごし、彼女たちに気を配る人間はひとりもいなかった」(4)。そうした少女たちのなかにルイーズ・ド・ラ・ヴァリエールがいた。

フェルディナンドに伝えられていたように、マルグリット・ルイーズにはサヴォイア家の公子と結婚させる話が進んでいた。しかし、トリーノ宮廷はフランスとの同盟関係が強くなり過ぎるのを恐れていたのと、娘を国王と結婚させることを望んでいたガストンが反対にまわった。世論は彼女に好意的で、彼女は「小さな王妃」と呼ばれるようになっていた。

ガストンの野望のために、ボンシはフェルディナンドに別の提案をすることになった。彼女にはエリザベートという妹がいた。美人ではないが、愛らしくて陽気に輝く青い目の持ち主だった……サン゠シモンはこの妹は背中が曲がり、恐ろしく醜い、と語っている。だがフェルディナンドはコジモとマルグリット・ルイーズを結婚させる計画にこだわっていた。そして、ボンシは彼女の父親にアプローチするように命じられた。ガストンの野望にもかかわらず、ボンシの申し入れははねつけられなかった。ガストンはフェルディナンドからの歯の浮くような賛辞を受け入れ、ボンシに次のような返事をしたためた。

わたしは大公に対して強い好意をもち、きわめて思慮深い君主であってあらゆる賞賛に値する方と拝察している。このわたしの思いは率直なもので、追従でなしに、大公をヨーロッパでもっとも判断力に優れ、外交に通じ、すべての強国の好意と尊敬を確保する点で政治的に優れ、敬意を集めておられる方だと評価している。これはわたしの心からの言葉だ。わたしも「マリー・ド・メディシスの息子として」彼の家系に属しており、この血縁関係を誇りに思う。痛風までも受け継いではいるが。

そして、ピレネーの講和にインファンタとルイの結婚が、ガストンの野望を突然終わらせることになった。フェルディナンドはいまや落ち着いて交渉に入ることができた。

だが縁談には障害もあった。その年頃でもっとも美しいと評判の高い王女たちの何人かは実際に、精神的な問題があったり、天然痘のあばたが残っていたり、不妊の可能性があった。彼女たちには「高貴な血」とともに遺伝病の血も流れていた。痛風がメディチ家の血統に受けつがれてきたのと同じである。外見からだけでは判断ができなかった。コジモの妻としてボンシが提案した王女たちのなかで、ふたりが奇形だった。マルグリット・ルイーズの一番下の妹とプファルツ侯の長女である。ボンシはその両者を適切な美辞麗句で推薦していた。ボンシの書いているところでは、とくに後者はすばらしい花嫁になれる、とあった。ただし、片方の肩が反対側より高くなっているが――この小さな欠点は鉄製のコルセットを使えばすぐに矯正されるであろう。実際には、彼女は数多くの王女たちと同じようにそのコルセットをすでに使っていた……。

この知らせはフェルディナンド、コジモおよびメディチ家宮廷全体を動揺させた。フランスの王女たちは全員が奇形なのか？　大公はボンシに対して、もっと明確に説明するように求め、フランスに住むトスカーナ人〔ボンシ〕が慎重に言及を避けている、「仕立屋の悪知恵の世話になっている」王女たちの名前を教えるように要求した。

ボンシは勇敢にもこの命令に抵抗した。彼は書いている。おそらく自分はこの点については間違ったことをお知らせした。話に聞いたことを書いた。たんなる噂話をそのまま伝えた。そうした噂は間違いなく誇張されている。だがとうとうしまいには、マルグリット・ルイーズの末妹——あれほど熱心にコジモに推薦した王女——がそうした欠陥に苦しんでいることをボンシは認めざるを得なくなった。大公は恐怖におののきながら、マルグリット・ルイーズも同じ悩みを抱えているのではないかと懸念した。マザランの関与のおかげで、今ではこの縁組みはかなり進行していたのであるが。これ以上交渉を進める前に、この問題ははっきりさせておかねばならなかった。

フェルディナンドはサン・ミニアート司教のバルドゥッチに細心の注意と秘密保持の指示を与えたうえで、情報収集の任務を課した。バルドゥッチはただちに、マルグリット・ルイーズの側近のひとりであるマダム・ゴベランに手紙を書いた。それは「マルグリット・ルイーズの年齢・健康状態・身体が申し分ない（あるいは欠陥がある）か・体つきの特徴についての率直で真実の情報を教えてもらいたい。彼女の体型が自然なものか、あるいは仕立屋の細工によるものか？　彼女は背が高いのか、低いのか？」を問うものだった。

マダム・ゴベランの返事は多くを語っていた。

　あなたがお知りになりたいすべてについて、わたしが真実をお伝えすることを信じていただいてけっこうです。嘘をつかない限り、王女が最上の心と脳を持っていることを否定できません。彼女は望める限りでもっとも優しく誠実な心の持ち主で、その性格はきわめて気立てが良く、快活ですが、その出自にともなう威厳を損なうようなものではありません。

　上手に話す声は気持よく、みごとに歌い、優雅にスピネットを演奏してダンスは完璧に踊ります。美しい身体つきで、そのために仕立屋がかかわっていないことは神に誓います。わたしの命を賭けてもよろしい！

背は高い。彼女の年頃ではもっと背が高い女性もいるけれども、けっして低いほうではなく、胸はこの世でもっとも美しく豊かなものです。肌の色は白く、頬はバラ色で、瞳は輝いて栗色の髪は豊かです。彼女は髪を自分で結い、自分で身繕いをします。髪をくしけずり、手伝いをする女性が数人いるだけです。

陽気な性格ですが、短気ではなく、非常に信心深くてお祈りを欠かしません……出会った人々の心をとらえる天賦の資質を持っています……妹たちをとても可愛がり、彼女たちも姉に深い愛情を寄せています……

彼女が生まれてこのかた、ほとんど毎日のようにお目にかかるという名誉を得てまいりました。彼女は最上の乳母に育てられ、まだ重い病気にかかったことはありません。ずいぶん昔に天然痘にかかりはしましたが、経過がとても軽かったため、ほとんど跡は見えません。健康を維持するために薬を飲むことはなく、生まれつき丈夫です。同じぐらいの年齢の少女の多くが得ている兆候をまだ彼女は見ていないと思います。これについてはわたしもそれほど確かなことは言えません……そのことを尋ねたことはありませんし、そのことを口にすべきかどうかもわかりません。彼女の日課は非常に規則的だとは言えません。昼間は少しばかり刺繍をしたり、カードやトリックトラック〔バックギャモンに似たゲーム〕、チェスなどで非常に上手に遊びます。

ボンシは次のように書いている。「彼女は人ごみゆえに、ルーヴルを嫌っている。そして間違いなくトスカーナで暮らすために生まれてきた。トスカーナでの生活はとても秩序だったものである」。

フェルディナンドとコジモは安心した。マザランはできるだけ早く王女を結婚させたがっていた。彼女

マルグリット・ルイーズ・ドルレアン

の義姉であるマドモワゼルは以前にサヴォイア家との縁組みを破綻に追い込んでいた。妹が「自分に刃向かって」結婚すると思うと我慢できず、サヴォイア家の王子にマルグリット・ルイーズが奇形だと信じこませたのだ。同じ計略を許すわけにはいかない！　その一方でオルレアン公妃はフィレンツェ宮廷の情報を集めていた。ボンシはそれをあたかも完璧なエデンの園のように描き、平和と幸福が支配し、祝祭に次ぐ祝祭と完全な自由の得られる場所だとしていた。何よりも彼は大公妃ヴィットリアの「立派な人格」をほめそやした。コジモと結婚すれば、世界中でマルグリット・ルイーズほど幸福な王女はいないと言明することまでやってのけた。

コジモに対してボンシはマルグリット・ルイーズの多種多様な美徳と魅力を数え上げた。マルグリット・ルイーズは心を奪うほど美しく、肌は夢見るほどに白く、髪はうっとりさせるブロンドである。彼女の身のこなしはすばらしく優雅である。彼女の魅力はこの世に並ぶものがない。そしてボンシは、コジモを無気力状態から覚醒させるという、他の誰もが失敗したことを成し遂げた。王子は結婚を強く望むようになった。いまではフェルディナンドを凌ぐまでに切望するようになった。その頃になると、彼は自分の身だしなみに多少の関心を払い始めた。男性のおしゃれを徹底的に軽蔑していた彼が、服装でもフランスの流行を追うことに積極的になった。

ボンシは手に入れることができるなかで最上のひと揃えをコジモのために調達する任務を課せられた。ダブレット〔男性用の上着〕、ゆったりとした靴下、手袋、ダンス・シューズ、ひらひらはためくリボンと羽根のついたビーヴァーの毛皮の帽子、イギリス製のカラーとシャツ、ガーター、剣などである。ひとつも欠けてはならなかった。とくにコジモは、「ジェントルマンに最後の仕上げをもたらす」流行の小さなアクセサリー類のより抜きのものを送るように、ボンシに催促した。それらの魔法のような助けを借りれば、必ずやフランスの王女の心をとらえることができる、とコジモは思っていたのである。

ガストン・ドルレアンは縁談に異議を唱えなかった。王女自身も結婚に乗り気だった。そして、嫁資を除けば、あらゆることがマザランとボンシが望んだとおりになった。嫁資がつつましいものであることをマザランは否定しなかった。しかし、彼はフェルディナンドに対して、金の代わりに王女が数え切れない美徳を備えていることを思い出させた。まず彼女はフランス王家の血を引いていること。「たくさんの子どもを産むことができる」と思われること。こうした主張すべてについてボンシが裏書きをしていた。大公にボンシは書き送った。「彼女は大公陛下の老後を慰めるだけの果実をもたらし、陛下の家系を永遠のものにするでしょう」。そしてガストンは一六六〇年二月二日に死去し、八〇万クラウンばかりのわずかな遺産と大量の負債を残した。そこから嫁資をひねり出すことはできなかった。インファンタの嫁資はいまだに支払われておらず、フーケのお粗末な行政のせいで、国庫は空になっていた。

父親を亡くしたマルグリット・ルイーズの後見人は国王がつとめることになった。それが意味したのは、彼女がマザランの手中の駒になったということだった。

第3章

コジモの結婚のための交渉――結婚契約の調印――代理人による王女の結婚とフィレンツェへの旅

こうした長い交渉のあいだ一貫してボンシがマルグリット・ルイーズの性格として強調し続けたものは、彼女には完全に欠落していた。それは従順さだった。きわめておとなしく、扱いやすいとボンシは繰り返し述べていたが、彼女に関するあらゆる指摘はそれとは正反対の事実を示していた。

マルグリット・ルイーズは数多くの資質を祖父にあたるアンリ四世から受け継いでいた。率直かつ自由に話すこと、活力、身体を動かすことやスポーツへの激しい情熱などがそれである。この娘がフランス王妃になるかもしれないという夢を抱いていた両親は、こうした生来の性癖を伸ばすように仕向けた。彼女は少女の頃に乗馬を教えられ、ほとんどの時間を狩猟や軽薄な小説を読むことに費やした。実際のところ彼女ははじけるような活気の持ち主だが、つつしみには欠けており、マントノン夫人の登場まで宮廷ではきわめてよく見られた、コケットリーと「高貴な血による気安さ」を備えていた。それに加えて、スペイン流の傲慢さとイタリア式の重々しさを嫌うように教育されてきていた。

ガストンが死ぬと、未亡人となった公妃はブロワを去ってパリに移り住み、（当時は「オルレアン」と呼ばれていた）リュクサンブール宮殿に住まいをかまえた。公妃は当初コジモと娘の婚約に賛成する様子だったが、この頃にはそれを懸命に阻止しようとしていた。マルグリット・ルイーズは自分の境遇にうんざりしていた。自分の羽を存分に広げたかった。なぜそれほど早い結婚を望むのかと尋ねられたマルグリット・ルイーズは、結婚しないと自分が「手に負えない《ディフィシール》」人間になってしまう恐れがあるから、と答えた。宮廷の楽しみを経験しないうちに、トスカーナの公子と結婚するほうがよい。しかし、フィレンツェでの暮らしの退屈な単調さに関する噂が彼女の耳に届きはじめた。ボンシに対する質問のなかに、この点に関する彼女の疑惑とためらいが反映されている。たとえば、トスカーナにはヴァイオリニストはいるか、といった質問である。

　ボンシは慌てて、フィレンツェはこの上なく優れた音楽家で満ちあふれているが、お望みとあらば必要とするヴァイオリニストをすべて同行させるのも自由だ、と請け合った。

妊娠中でなければ、馬に乗ったり狩りに行ったりできるか？　フランス人の医師や召使い、書記を雇用できるか？

　もちろん、当然できます、というのがボンシの答えだった。彼女の希望はひとつも否定されなかった。ボンシはそうした約束に拘束力があるとは考えず、その結果がどうなるかは無視して、縁談を成功させることを決意していた。王女がフィレンツェに行ってしまえば、メディチ家の人々が自分たちの意志に彼女をしたがわせることができる、と考えていた。

　サヴォイア公はマルグリット・ルイーズへの求婚を再び考えるようになっていた。マルグリット・ルイーズは男であれば誰もが望むようなはつらつとした活気を持っていることを見いだし、明らかに彼はためらいを乗り越えたのである。だが、マザランはサヴォイア公からの申し入れをしりぞけた。コジモとマルグリット・ルイーズのような遠い血縁関係でも、結婚に「必要な特免状」がその年の大晦日に、レモンの贈り物とともに、当時の教皇アレクサンデル七世から届いた。ボンシは大公の特任大使という称号を功績として与えられた。

結婚の契約は一六六一年一月二十四日に調印された。この結婚に反対していたマルグリットの母は、テュレンヌとギーズ公妃の説得で態度を変えた。マザランは王弟閣下――王女に対する愛情から反対する懸念があった――を五万クラウンの贈り物によって無害な存在に変えた。

コジモとマルグリット・ルイーズのあいだで肖像画の交換が行なわれ、互いに相手の姿形に満足したことを表明した。契約は父と息子が正式に署名して、（マルグリットからの要請に応じて）大公がローマから取り寄せた手袋と小さな装飾品類と一緒に送り返された。デウス・エクス・マキーナ役をつとめたマザランはガストンに続いて三月九日に死去し、教皇の冠をかぶるという彼の夢は実現されずに終わった。彼が死の床についていたとき、従者たちは（災厄の確実な前兆である）彗星が天空に突然現れたことを伝えた。「彗星はわたしには過ぎたる名誉だ」とマザランは語った。

マルグリット・ルイーズの母親はこの機会をとらえて再び結婚に異議を唱えはじめた。「マダム」は娘がフィレンツェでの暮らしに向いていないことを確信していた。自由も楽しみも娘の地位にふさわしい収入も得られないだろう、というのである。マザランがいなくなってマダムは持ち前の大胆さを取り戻した。結婚の契約は調印されたが、母親たる彼女は同意を与えることを拒否した。一方、王は嫁資として約束した金額をかき集めることができなかったので、それに代わるものを受け入れるようにと大使に提案した。

ボンシの苦労が再び始まった。彼は気をもみ、やきもきし、脅しを口にし、抗議を申し立てた。いずれにせよ、契約はすでに調印されているのだ……。最終的に彼は嫁資が分割で支払われることに不本意ながら同意した。だが、未亡人であるマダムは簡単に引き下がらなかった。もともと娘はコジモとの結婚を望んでいたのに、彼女は認めようとしなかった。だが、この頃になると、娘の気が変わりはじめた。環境にうんざりすることをやめ、母親に賛成するようになった。母親はすぐ娘に五〇〇枚のダブロン金貨を与えた。女というものはまさに風見鶏のようにころころ心が変わる。今ではマルグリット・ルイーズはあらゆる機会をとらえて、それほど遠くへ行くこと、愛するパリを離れることを嘆き悲しんだ。この心変わりの理由をボンシは用心深く隠したが、宮廷でのうわさ話では広く知られていた。マルグリット・ルイーズは恋に落ちたのだった。

無鉄砲にも、イタリアの婚約者のことは考えもせず、彼女はロレーヌ家のシャルル公(1)との関係を深めつつあった。シャルルは彼女の従兄で、二年前にブロワで出会っていた。マダムがこの恋愛沙汰を後押ししたのは、ひとつには自身の性格的な欠点から、また宮廷をいら立たせようとしてのことだった。だが、二人の近い血縁関係が結婚の障害になるだろうことはマダムにもわかっていた。二人は自分たちの愛する気持を抑えようとも隠そうともしなかった。そしてマダムは彼らが毎日遠乗りに出かけることを許し、誰からも邪魔されずに至福のときをすごすことを認めた。

ボンシは不安を抱えながらも、王女が婚約者のコジモと一緒になるのを待ち望んでいる、という手紙を書き続けた。彼は「従順な」王女の性格をだんだんと学びはじめていた。マルグリット・ルイーズは公の場でいつもボンシに不機嫌な態度を示したので、彼はリュクサンブール宮殿にあえて近づこうとはしなかった。ボンシの困惑をさらに深めたことに、コジモが約束した贈り物がまだ届いていなかった。パリの人々は彼と彼の主人をあざける言葉を浴びせている、とボンシは書き送った。大公のしみったれぶりを伝える話が何度も繰り返されていた。料理人と一緒に食事の席についているとか、自分のワインの節約分を売りに出しているといった話である。当時のあるフランス人旅行者がフィレンツェの貴族について次のように述べている。「この国のすべての貴族がそうであるように、フィレンツェの貴族は少々ブルジョワ的である」。そもそもメディチ家の来歴からして、商人から発した家系ではなかったか?

マルグリット・ルイーズには、自分に仕える人々に対する賜金として割り当てられた一万五千クラウンを配分することさえ許されなかった。ボンシはゴンディから、「女性は過剰に浪費しがちで、分別がないので」その金額を彼自身が配るようにという特別なメッセージを受けていた。さらに、この金を渡すのは彼女が出発するその間際にすべし、とも命じられていた。

三月の終わり頃、マダムは結婚を阻止するために全力をそそいだ。国王に嘆願し、王太后に仲裁を訴えた。だが、ルイはマザランの計画を自分のものと見なしており、この契約が実行されることが自分の義務であると考えていた。時間が経過するにつれ、マルグリット・ルイーズは絶望で半狂乱になっていった。彼女は国王が無慈悲な暴君だと公言し、妹の語るところでは、(その気性からしてまったく向いていない)尼僧院に入るのだと「猛烈な抗議の声をあげた」。しかしながら、どんなことをしても国王の態度が変わらないのを見てとると、自らルーヴルに乗り込んで自分を解放してくれるようにひざまずいて王に懇願した。王は彼女を優しく扱ったが、彼女の嘆願も王を動かすことはなかった。約束を守れなければ自分の名誉にかかわる、と王は答えた。

ちょうどその頃、大公からの使節が豪華な贈り物を携えて到着し、世論はコジモに有利な方向へと変化した。マルグリット・ルイーズが受け取った品物のなかに、飛び抜けて高価な宝石箱があった。その蓋の上にはコジモの細密画が描かれていた。ぽっちゃりとして分厚い唇のコジモはアンティノウス(ハドリアヌス帝が寵愛した美少年で、若くして死んだ彼を偲んで帝は多くの彫像を作らせた)のようには見えなかったが、この宝石箱はすばらしいものだった。マルグリット・ルイーズの虚栄心はくすぐられたが、そこに描かれていたコジモの姿は、ある著述家が書いているように、彼女が心に抱いている面影よりも劣っていた。

代理人によるマルグリット・ルイーズの結婚式は一六六一年四月十七日の日曜日にルーヴルの王の礼拝堂で厳かにとり行なわれた。ギーズ公がコジモの代理をつとめた。マルグリット・ルイーズがまだ父親の

フィレンツェ製タペストリーに織られたコジモ３世の肖像

喪に服していたので、結婚式に出席したのは限られた人々だけであった。出席者のなかには王太后、王妃、オルレアン公妃、マルグリットの三人の妹とマダム（三月に王弟と結婚していたイングランドのアンリエット）たちがいた。ボンシがベジエ司教として式をつかさどった。コジモは四千クラウンの価値があるダイヤモンドのすばらしい指輪を送ってきたが、フランスの慣習にしたがって、その指輪の代わりにシンプルな指輪が使われた。

このとき花婿本人はフィレンツェではしかのために病床にあった。しかし、それでもフィレンツェ市内の鐘は鳴らされた。三日のあいだ鐘は鳴りつづけた。

大国の君主たるルイ十四世が、自分の家系とつながる小国の君主に保護を約束したことで、フィレンツェではこの縁組がトスカーナ大公国に起こったもっとも都合のよいことと受け取られた。

トスカーナでは誰もが王女を自国にいるような気持にさせるために準備を整えていた。フィレンツェの廷臣たちは全員がボンシにせがんでパリでの最新ファッションを手に入れようとし、ダンス教師のブランシェはパリで流行している踊りを教えはじめた。

マルグリット・ルイーズはロレーヌ家のシャルル公とともにロトス〔その実を食べると現世の苦悩を忘れるとされた架空の植物〕を味わっていた。ともに生き生きと激しい狩猟に赴いては、澄んだ風を吸い込み、馬を追う叫びや鞭の音が彼らの恋を盛り上げる音楽になった。他の恋人たちなら、もっと静かでセンチメンタルな環境のなかに見いだしたような官能の喜びを狩猟から得ていた。ロトスを味わっているあいだマルグリット・ルイーズは自分のフィアンセと未来を忘れてしまっていた。まるで夢のなかにいるように、彼女は結婚の手続きを終えてしまった。そして、いまや自分がトスカーナ大公の後継者の妻であることに気がついたのである。

実際のところマルグリット・ルイーズは政治的取り決めの犠牲者だった。大公、枢機卿、司教、国王のさまざまな政治的野心が結びついて、ひとりの少女がその犠牲になった。マルグリット・ルイーズのフィレンツェへの出発は、随員の数をめぐってコルベールと彼女の母のあいだで合意にいたらず、遅れることになった。

一六六一年五月六日、彼女のベッドはフォンテーヌブローへ移された。この不可欠な家具が移動すれば、王女はついていかないわけにはいかなかった。母親との悲しみに満ちた別れがあり、母と娘はその後二度と会うことがなかった。シャルル公はサン・ヴィクトワール修道院まで同行し、彼女が馬車に乗って連れ去られるところを見ないですむように、修道院のなかにとどまった。

四日間をすごすように招かれたフォンテーヌブローで、王女はすべての不吉な予感を払いのけた。そこでの気晴らしは船遊び、軽食、狩猟パーティー、喜劇やコンサートの上演などで、多様かつ色彩に富んだものだった。彼女は王とともに、新たに延長された水路で船をこいだ。廷臣たちは鮮やかな吹き流しをつけた小舟で、「驚くほど大きく、愉快な」爆竹と音楽のハーモニーを流しながら、つきしたがった。「リュリの楽団《プチ・ヴィオロン》」があらゆる祝祭のハイライトだった。彼女が到着した日の夜には喜劇が演じられた。おそらくモリエールが役者たちのなかにいた。五月十日、国王陛下は王妃の部屋で一緒に夕食をとって彼女を喜ばせ、王妃に連れられて出席した舞踏会で、彼女の美しさと優雅さは大いにもてはやされた。モットヴィル夫人は書いている。「その年の夏のフォンテーヌブローで見られたほど多様な祝祭をフランス宮廷が目撃したことはなかった」。

マルグリット・ルイーズは憂愁に満ちた旅を続けた。彼女にとってトスカーナは死後の世界のように思えた。

『官報』は次のように伝えた。「王の名において、王女に付き添ったのは寡婦のアングレーム公妃であり、オルレアン公妃の名代としてブロワ伯爵夫妻であった。亡き王の親衛隊がかつての副隊長ドヴィゼ殿の指揮下で同行した。それに加えて、トスカーナ大公の代理としてベジエ司教が行をともにした」。

どの町の門でも彼女は大げさな賛辞と華やかな歓迎の言葉に迎えられ、市長の大熱弁ともてなしを受けるとともに、食欲をそそる食事を用意された。ボンシが驚愕したことに、彼女は行程のほとんどを自ら馬に乗って移動した。これほどお転婆な少女に彼は出会ったことがなかった。彼女は義姉のグランド・マドモワゼルと一緒にモンタルジで一泊した際に、義姉と一緒のベッドで寝ると言い張った。

「とても困惑した」とマドモワゼルはいつもの率直さでそのあたりの事情を認めている。「というのも、わたしは快適さが大事なので誰かと一緒に寝る習慣がなかったからだ。マルグリット・ルイーズはそんな困惑ぶりを楽しんでいた。わたしが彼女よりあとまで眠らずにいたのは運が良かった。というのも、彼女は何か夢を見てわたしの喉に飛びついたからだ。眠っていたら首を絞められていただろう。そのあと、また彼女が同じ夢を見ることを恐れてわたしは一睡もしなかった」。

マルグリット・ルイーズは、モンタルジから三五マイルほど離れたサン・ファルジョーにあるマドモワゼルの領地内をまわり道し、行程をすべて馬に乗っていった。その結果、到着したときには気分がすぐれず、すぐに床についた。その翌日、正午までぐっすり眠った彼女は、野原への散歩に出かけていった。同行したのは妹の召使い二人と従者ひとりと国王のお付きの何人かだった。

夜のあいだ彼女の帰りを気をもみながら待っていたボンシにとって、彼女の好みはますます異常に感じられた。司教はいまではこの結婚に自分が果たした役割を後悔するようになっていた。ひょっとして彼女は逃げ出したのでは？　マドモワゼルはボンシの気を静め、安心させるように全力を尽くした。午前二時にマルグリット・ルイーズは、月光の下でのこの土地の風景の美しさや一風変わった森ややぶに魅せられ、元気いっぱいで戻ってきた。というのも、彼女は「古典主義」時代のロマン主義者だったからだ。彼女は生き生きと大げさに自分の冒険を語った。小さな護衛団はいくつもの生け垣や水路を越えねばならなかった。そして彼らを見た土地の農夫たちが略奪者たちかと誤解して逃げ出すぐらい怯えたことを、楽しそうに語った。そんなふうに朝まで彼女はしゃべりまくり、神経を使って疲れ切ったボンシが居眠りを始めると、意地の悪いユーモアの光が彼女の瞳に輝いた。

マルグリット・ルイーズは夫を抱きしめることをまったく急いでいなかった。すべての宿営場所で出発を延ばした。日曜日にサン・ファルジョーを出発することになっていたが、彼女はもう一日延期するように懇願した。司教はそっけなく、妹と別れることを悲しんでいるというけれども、あまりに多くの時間をひとりでそのあたりを探索することに費やしている、と指摘した。

日曜日にミサに出席しようとしていたとき、ロレーヌ家の公子が到着したことをマドモワゼルは知らされた。彼はまっすぐパリから休みなしにやって来たのだ。その夜、夕食をともにしてビリヤードで遊ぶあいだ、王女は激しい興奮と動揺を感じて再び一夜のロトスを味わった。だがシャルル公がいかに彼女に恋をしていていたとはいえ、長い旅のあとでは疲れきっており、悲しいかな、眠りなしにはおられぬ地上の存在だったのである。彼があまりにもおおっぴらに欠伸をつづけるので、そうした肉体的疲労を示すことを雄々しくないと考えたマドモワゼルは、彼に眠るように忠告した。

しかし、王女はひと晩中泣きつづけ、翌日になって公子が彼女に同行したときもまだ泣いていた。公子はコスヌで彼女に別れを告げた。そしてミサに出席したあと、マルグリット・ルイーズはマドモワゼルとも別れた。その際には「同行の人々すべてが感動するほど際だって優しい心遣いを示した」。彼女は「誰にでも聞こえるほどの大きな声で泣きながら」旅をつづけた。

一行がマルセイユに近づく頃、天候は悪化した。重い荷物を積んだ馬車のいくつかは泥にはまって動きがとれなくなった。後輪が壊れて馬は倒れ、王女は寒さに不満を漏らした。マルセイユの町に入ると、マッティア公が指揮するガレー船団が波頭の彼方から現れ、シャトー・ディフの大砲が歓迎の祝砲を轟かせるなか、碇を下ろした。船団は九隻の艦船からなっていた。三隻はフィレンツェのもので、三隻はジェノヴァ共和国から、三隻は教皇からそれぞれ貸与されていた船だった。(マルグリット・ルイーズの義理の叔父になる) マッティアはコジモの代理として密かに上陸して彼女と面会した。マッティアは「長々ともったいぶった話を、それでもかなり雄弁に語った」。

翌日、イタリアのガレー船団から現れた輝かしい一行は、王女の随員となる者たちだった。そのなかには彼女だけに仕える聴罪司祭一名、主任司祭二名、侍従四名、小姓十二名、馬匹係十二名、近習四名、小びと三名がいた。

ドイツでの戦闘から持ち帰った驚くような象牙細工のコレクション――紙のように薄い金銀細工で飾られた球体、顕微鏡でなければ見えない髪のように細い細工もの、帆をすべて張ったフリゲート艦など――のほかに、小びとを集めて彼らのおどけたふるまいを見るのがマッティアは大好きで、彼らが醜ければ醜いほど、褒賞は大きかった。マルセイユまで同行した小びとが誰だったかはわからない。おそらくイッポグリーフォまたはベルトルディーノ、あるいは奇形の珠玉である小さなボーノだったかもしれない。このボーノをマッティア公は地方での狩猟の際に見いだした。マッティアはジャン・カルロに次のように書き送っている。

彼はあまりに小さいので、溝に落ちるとと姿が見えなくなってしまう。歳は十一で、鼻は上を向き、歯はまばらの醜い顔をしている。果物を山ほど食べる。昨日その様子をはっきりと示した。キュウリを四〇本ほどと、スイカをひとつ、イチジク三〇個をたいらげたあと、わたしの目の前で昼食を食べた。そして従者たちと一緒にまたたらふく食べはじめた。

隊列の最後にはマッティア公がいた。大公妃ヴィットリア付きの女官であるベンティヴォーリョ侯爵夫人が、大公妃に代わって、宝石で縁どられた瑪瑙《めのう》、みごとな真珠の首飾り、五つの洋梨型真珠でできたイヤリングなどを、フィレンツェ風に美しく彫金された盆の上に載せてマルグリット・ルイーズに献上した。

そして宴が彼らのために催され、この機会のために作られた喜劇が上演された。最後に、膨大な見物人の群衆の前で、マッティアはマルグリット・ルイーズをイタリアに向けて運ぶことになっていたガレー船に導いた。

船は金箔で飾られた巨大な白鳥のように、レダを運ぶために海に浮かんでいた〔ギリシア神話のゼウスは白鳥に変身してスパルタ王の妻レダを誘惑した〕。舷側には彫像と花綱が飾られ、クリスタルでできたメディチ家の球体と百合の花の紋章が輝きを放っていた。船尾はスミレの庭園に変えられていた。船の中央部はダマスク織りで覆われ、深紅色のヴェルヴェットのカーペットが敷き詰められていた。セイレンのごときエジプトの女王が、アントニウスを魅了して分別を失わせたときに使った御座船に匹敵するほどの豪華さだった。

最初の夜にはシャトー・ディフからそう遠くない場所に碇を下ろし、何組かの音楽家たちが夜通しセレナーデを演奏した。スミレの香りが波静かな海の上に漂い、両舷二八本ずつ配置されたガレー船のオールが動きつづけた。王女は気分が悪いふりをして、自分の船室からほとんど出てこなかった。おそらく彼女は船酔いよりもホームシックで苦しんでいたが、この贅沢な道具立てによってもみじめな気持は軽くはならなかった。航海も終ろうとする頃、強風が吹きはじめた。王女は希望の兆しを感じた。嵐が船を難破させてくれたら！　海賊の一団が行く手に現れたら！　ブロワの蠟燭の明かりで目が疲れるまで読んだ小説に登場する幸運なヒロインたちのことを彼女は思い出していた。日に焼けた水夫が無抵抗の彼女を腕に抱いて連れ去ってくれたら……。だが何も起こらなかった。風は収まって船は泡立つ波を越え、六月十二日にはリヴォルノが見えてきた。

第4章　コジモとマルグリット・ルイーズ・ドルレアンの結婚式

大公がすばらしいニュースを発表したのはリヴォルノからだった。自らの血が受け継がれ、結果として国の繁栄が続くと期待するだけの理由が彼にはあったのである。どんなホームシックの苦しみもすっかり追い払ってしまうような歓迎を王女に示そうとしていた。

パルマ公妃は子どもたちとともに、駕籠の行列と二〇台の馬車をしたがえて、マルグリット・ルイーズが上陸するときに会いに行った。

ピエトロ・タッカ作の、フェルディナンド一世の足下に鎖でつながれた四人のムーア人の緑色のブロンズ像の正面に、分厚いトルコ絨毯が敷き詰められた手すり付きの橋が作られた。この橋はガレー船の高さにぴったり合うように作られていたため、要塞と九隻のガレー船が撃つ祝砲のなかを王女は歩いて上陸することができた。

リヴォルノはイタリアではジェノヴァに次ぐ貿易港だった。モンテスキューはこの町を「メディチ王朝の傑作」と呼んだ。

花嫁が通る街路は絨毯で覆われ、家々の窓からはタペストリーと絵が掛けられた。大公の宮殿までの沿道には四千人の兵士が並んだ。コジモ公子は迎えに来てはいなかった。まだはしかから回復していなかったのだ。

マルグリット・ルイーズはミサを聞いた。そして夜になると、家々は松明で照らされ、広場では花火の滝が流れ落ちた。フランスと同じようにイタリアでも、わずかに異なる娯楽が似たような発展を遂げていた。ただし、ここイタリアでの趣味はより荒けずりで、より生き生きとしており、より自発的な性格を帯びていた。

一六六一年六月十五日の聖体節の祭日に、マルグリット・ルイーズはエンポリの近くのヴィッラ・アンブロジアーナに到着した。ここでようやく彼女は夫となる人と対面した。だがこれ以上はないような肝心なときでも、厳密に礼儀作法を守るコジモは、マルグリット・ルイーズに対して最初の夫婦の口づけをしなかった。他の人間であれば、彼女を腕に抱き締めて一言二言心に響く言葉をかける場面なのだが。コジモはいつもの落ち着いた態度を保ちつづけた。口づけよりも礼儀正しさが優先された。彼がはしかに罹ったのは、花嫁のために馬上演舞やその他の娯楽を用意しようとした熱意からで、やっと回復したばかりだと説明があった。若いカップルが新婚初夜にどこまで進むべきかという問題が持ち上がった。王女はかつてはしかに罹ったことがあるが、夫とのあまりに密接な接触は再発をもたらしかねない、と彼女の侍医は意見を述べた。これは不運な成り行きだったが、王女は安堵のため息をついた。

フィレンツェまでの途中のシーニャでマルグリット・ルイーズは、弟たち（ジャン・カルロ枢機卿とレオポルド公）をともなった大公と顔を合わせた。フェルディナンドは、よく知られていた丁重さで、彼女が馬車から降りるまでもないと伝えた。「大公は配慮と喜び、親しさを十分に込めて王女に挨拶し、王女もていねいに挨拶を返した」。彼女はうまく自分の感情を隠すことができたようである。

白い砂ぼこりを抑えるために数キロメートルにわたって水が撒かれた。マルグリット・ルイーズは夜になってから彼女の未来の首都へ静かに入っていった。すべての豪華な行列や儀式は数日後に行なわれる公式の到着行事に予定されていた。

六月の焼けるように暑い日に、化石化した先史時代の動物のような丘の間を縫って、日が暮れたあとに十七世紀のフィレンツェに着いたとすれば、あなたならどのような印象をもつだろうか？　市の門はあなたとあなたの従者たちのために開かれ、そして大きな音を立てて閉まる。あなたは卑しく取るに足りない存在から切り離される。背の高い建物のあいだを通り過ぎ、セミの鳴く声がまだ耳に残る。強い香りのハーブのせいで頭は重く感じられたのが、突然街路の静けさと涼しさによってかつてないほど生き返った気分になる。あなたは呆然とした状態――それまでの人生の夢を見ていたような状態――から我に返る。そこでようやく人間の存在を示すものが現れる。人間だけが作り出すことができる確固たる美しさ、まさにトスカーナ風の塔の数々、荒々しく切り出された石からなる獅子のごとき建物の飾り、星の光のなかで見えてくる明快さと清浄さを示す大胆な証拠の数々が。

ピッティ宮殿の背後の丘に広がるボーボリ庭園から、王女はフィレンツェに入った。噴水がギンバイカと月桂樹の台地の上で踊り、小道では牧神《ファウヌス》たちの石像が水を古い石棺のなかに注ぎ込んでいた。イトスギの木立から聞こえてくるささやき声は耳に優しく響いた。それは笑い声か音楽か、セレナーデだろうか。だが王女にはそうした音は聞こえなかった。彼女は暗い不吉な予感と、それまでにため込んだ違和感からくる緊張に支配されていた。

大公は彼女の部屋まで付き添った。その部屋は彼女でさえ、いつもの無関心ぶりにもかかわらず、すばらしいと感じるほどだった。王女はそれから二日のあいだ宮殿から外に出ず、人目にふれることもなかった。彼女はその時間を宮殿のギャラリーを訪ねてフェルディナンドの財宝を検分することに費やした。たとえば七ポンドの重さしかないが、いまだにマスケット銃の弾丸をはね返すハンニバルの兜。シャルルマーニュの剣、中国の王の胴着のほか大公の兵器庫におさめられている驚くべき品々。つづいてトリブーナ〔ウッフィーツィ宮殿内にある八角形の部屋で、二代目のトスカーナ大公フランチェスコ一世がもっとも貴重な品々をここに集めた〕の財宝の数々。たとえば重さ一四〇・五カラットのフロレンティン・ダイヤモンドで、これはその当時ヨーロッパ最大のものだった(1)。

マルグリット・ルイーズのフランス人侍女たちはほんとうに驚いた。というのも「フィレンツェ人たちは趣味の悪い人々だといわれていた」からだった。

花嫁と花婿は一六六一年六月二十日にフィレンツェへの荘厳な入城式を行なった。イタリアでは久しく見られなかったほどの並外れた華麗さでマルグリット・ルイーズは迎えられた。美しい街路を作るために街区の一部は解体され、市の城壁の一部も、「オルレアン門」と呼ばれることになる新しい城門の開設のために取り崩された。サン・マルコ広場の巨大な柱の台座は道を広げるため撤去され、メイン・ストリートは舗装し直された。いたるところに柱廊と凱旋門が作られた。

田園風の仮設劇場がサン・ガッロ広場に建てられ、その横には深紅のヴェルヴェットで覆われた広大な柱廊あるいはオープン・ギャラリーと巨大な日よけが花嫁花婿を太陽から守るために作られた。コジモとマルグリット・ルイーズは、大型の燭台でいっぱいのこの広場の祭壇の前で冠を授けられることになっていた。偉大なフランスの王たちの肖像画と彼らを讃える銘が入った象徴的な模様が通りの両側に掲げられた。

朝の七時にマッティア公に付き添われた王女は、モントゥーギの丘の上にあるサルヴィアーティ伯爵のヴィッラに普通の馬車で移動した。そこで彼女は式典のあいだに着る銀の布地に刺繡されたガウンとレースのかぶりものに着替えた。ガウンには「ダイヤモンドとしずくの形の真珠が交互に入った首飾りが、肩のところで鳩の卵大の真珠ふたつとともに縫いつけられていた」。

ようやく彼女がヴィッラ・サルヴィアーティを出発したのは午後五時で、大勢の従者を引き連れていた。サン・ガッロ広場の劇場から約三〇歩のところで、王子コジモが馬車から降りる彼女を迎えた。コジモが彼女の右手を、マッティアが左手をとって祭壇へ導き、そして彼女は祭壇の前のクッションにひざまずいた。シエーナ大司教が彼女に十字架を差し出して口づけをさせた。そして大公が近づき、大司教の手から大公の冠を受け取ると、王女の頭にそれを載せた。その後すぐに冠は真珠とダイヤモンド、ルビーでできた、より軽い小さな冠に取り替えられた。そのあいだずっと古き共和国時代に建てられてまだ健在の数多いフィレンツェの教会のすべてで鐘が鳴りつづけた。要塞の大砲が撃ち出す祝砲の音が鳴りひびいた。若い王女が銀と金の天蓋の下に座り、フィレンツェの僧侶たちが彼女の前を音楽に合わせて列を作って進んだ。

ドゥオーモへ向かう行進が始まった。最初は朱色の衣装を着た十二人の職杖を捧持する元老院議員たちで、大公の仕着せを身にまとった従者の集団がそれに続いた。そして式典の進行役である二人の侯爵、ピエトロ・コルシーニとジョヴァン・ヴィンチェンツォ・サルヴィアーティがそれぞれ二十人の従者（片方は黒のヴェルヴェットと空色の制服、他方は緑と金の制服姿）をともなっていた。高位聖職者が全部で十六名、十三人の司教と三人の大司教が紫と金の衣装を身につけ、二列で馬に乗り、先触れ役と馬丁たちに囲まれて通った。

大公のスイス人近衛兵がそのあとに行進した。そしてマッティア公とレオポルド公が二色の緋色の制服を着た従者たちを連れて通り、その後にコジモが登場した。大公位継承者たる彼は黒い衣装を身につけていた。飾り帯と剣、そして錦織のダブレットの袖につけられた宝石は衣装の色によく映えた。金の拍車にも宝石がちりばめられていた。彼が乗る最上の馬のあとには雪のように白い女性用の馬が続いた。メディチ家の色である緋色の制服を着た百人の召使いが彼を囲んでいた。そのあとには白と銀色の無蓋の輿に乗った王女が続いた。輿を運ぶのは銀色の馬衣をつけた白いラバたちで、それぞれのラバには、金色の花が刺繍された白いブロケード織りの衣装に、ひらひらはためく白い羽根のついたベレー帽をかぶった美しい子どもたちが、二人ずつ乗っていた。フィレンツェのもっとも高貴な家族から選ばれた三二人の若者たちが、王女の頭の上に、真珠の房のついた金色のテレッタ織りでできた重い天蓋を支えていた。そしてそのあとには、アングレーム公妃とブロワ伯妃が、フランスとトスカーナの紋章を描いた馬車に乗って続いた。フランス王家の百合の花はトパーズで、メディチ家の球はルビーでラピスラズリの背景に浮き出ていた。行列は貴族の人々を乗せた三〇〇台の馬車で終わった。

フィエーゾレ司教が聖水をかけるために大聖堂の入り口に立って公子と王女を待っていた。そしてコジモはマルグリット・ルイーズの手をとって金色に包まれた祭壇へ導いた。十二人の聖歌隊が楽器の伴奏付きでテ・デウムを歌い上げた。司教は二人のためにあらゆる祝福の言葉を唱え、その感動的な口調によってその場にいたすべての人々を涙ぐませた。花嫁花婿が宮殿に戻るとき「要塞の大砲は祝砲を撃つテンポをさらに上げ、結婚の知らせは街全体に伝わった。人々は拍手喝采をつづけ、並外れた喜びぶりを表した」。

いかにお転婆なマルグリット・ルイーズでも、結婚式の疲れから回復するのには丸一日かかった。翌六月二十二日も次々に用意された行事で彼女は疲れ切ってしまった。『官報』によれば、夜になって豪華な晩餐ののち、マルグリット・ルイーズとコジモは二人の部屋に案内され、大公妃が王女にナイトガウンを手渡した。フェルディナンドは彼らのために夫婦のベッドを用意していた。ベッドの天蓋を支える柱は銀でできていて「色とりどりに塗られ、さまざまな色や輝きの宝石で装飾され、途方もない価値があった」。

しかしながら、この新婚初夜には情熱的なことはほとんど起こらなかった。王女は自分の伴侶がぎこちなく退屈な人間であることに気がついた。そしてコジモは非常に疲れやすかったが、その理由として最近罹ったはしかが体力を奪ったといわれていた。マルグリット・ルイーズはコジモの愛撫をそれほど頻繁に受け入れる必要はなかった。ボンシは七月十八日にフーケに次にように書き送っている。

公子が彼女と同衾したのはわずか三回だけで、彼女のもとに行かないときには毎回従僕を送って自分を待たないように伝えさせている。フランスから同行した貴婦人がたや侍女たちは、妻のもとを訪れることがこれほど少ないのにひどく驚いている……。貴婦人がたは彼女を慰めようとしているが、彼女がいつも悲しそうなのに困惑している。公子と彼女が話すことはまったくない。彼女はここでの暮らしがとても奇妙だと考えている……

コジモが愛の言葉や仕草を示すのはきわめてまれなことで、そうしたときでさえ冷やかな厳密さで行なった。そして誰が見てもわかるように、花嫁は不幸せだった。

長らくくり返されることになる諍いが最初に起きたのは、彼らが二度目に同衾した夜のことだった。マルグリット・ルイーズは、すばらしい結婚の贈り物に満足せず、式典で身につけた装飾品すべてを自分に与えるように夫に迫った（彼女はすでに日常的に自分を飾るためにそれらを使う自由を得ていた）。自分にはそれを決める権利がない、なぜなら宝石類は自分の後継者たちのために保管されるべきであって、自分個人の所有物ではない、とコジモは賞賛に値するつつましさと慎重さで答えた。この答えはマルグリット・ルイーズのなかに潜んでいた怒りを解き放ち、彼女は彼に激しい抗議の言葉を投げつけた。フランスで一番みすぼらしいあばら屋にいるほうが、トスカーナ宮廷の花嫁であるよりずっと幸せだ、とまでコジモに向かってマルグリット・ルイーズは言い放った。

コジモを言いくるめて大公家の装飾品を奪い取ることはうまくいかなかったものの、彼女はかなりの財宝をだまし取ってフランス人随員たちに分け与え、その戦利品を持って彼らが逃亡するのを助けた。しかしながら、彼らは捕らえられ、宝石は回収された。そして「彼女の行動を監視するために、厳しい措置が必要であることが判明した」。こうした事件が王女のノイローゼを治療する助けになったかどうかは、われわれとしても容易に判断できるだろう。

第5章　結婚の祝祭──聖ヨハネの祭日──『祝祭の世界』──『テーバイのヘラクレス』

エフェソス神殿の炎上がサンタ・トリニタ橋の上で仕掛け花火によって生き生きと再現された。マルグリット・ルイーズはそれをコルシーニ宮殿から眺めた。澄んだ青い光を放つ花火が夜空に開いた。メイン・ストリートでは競馬が行なわれ、ヴェッキオ宮殿では宴や舞踏会が開かれた。舞踏会のひとつで、ひとりのフランス人の召使いが、あるフィレンツェの貴族をついうっかりと突き飛ばしてしまった。イタリア人は「トスカーナではそうした自由は許されないことを教えるために、召使いの顔を激しく殴りつけ、他の貴族たちもこの例にならうことを自分たちの義務と考えた」。マルグリット・ルイーズはこの出来事にひどく動揺した。

フランスでは許容されていたあけっぴろげな親しさやくつろいだ態度はフィレンツェでは認められず、女性に対するいんぎんな姿勢はほとんど見られなかった。ため息をつくこと、手袋を落とすこと、ひそかに視線を送ることがせいぜいで、それですら悲劇に終わる可能性があった。夫がダンスをひどく嫌っていたにもかかわらず、マルグリット・ルイーズはこうした状況を改善しようと考えた。

一方、競馬はフランスのどんなものともくらべものにならなかった。フィレンツェでは町の守護聖人、洗礼者ヨハネの祭日である六月二十四日に、必ず競馬が行なわれた。サンタ・マリア・ノヴェッラ広場では古代ローマ式の戦車競争が、マッジョ通りではバルブ種の馬のレースが行なわれた。あまたの旅行者のなかでもサー・ジョン・レレスビーは前者のレースを見て次のように書いている。

［広場のなかに］四〇ヤードほど離れて二本の柱が立っており、トランペットの音とともにその片方から五、六台の二輪戦車がスタートして二本の柱のあいだを三回まわる。スタートした柱に最初に戻った者が勝者で、賞金は三〇スクード［ふつうの暮らしをしている者にはほどほどの額］である。戦車同士が接触したり、コース取りのためにターンの際にしばしば転倒することがある。そうした場合に乗り手は転倒で無傷であっても、うしろから走ってきた他の戦車に巻き込まれずにすむことは珍しい。

翌日の午後にはプラート門からクローチェ門までのバルブ馬によるレースが行なわれた。賞品は立派な旗で、(1)その旗には事前に洗礼堂で祝福が与えられていた。メディチ家の人々はこのレースをプラート門に近いテラスから眺めた。

レレスビーはこのレースについて次のように説明している。「レースはバルブ種の馬によって行なわれる。馬は騎手を乗せず、紐で結んで腹帯で止めた、とげだらけの小さな鉄の球をつけて走る。馬が飛び跳ねるたびにその球が拍車の代わりを果たす」。レースはほぼ七分間で終わる。クローチェ門の頂上とドゥオーモの天蓋から火薬の爆発で、勝者が誰であるかが知らされる。そこで大公は勝者の名前を板に書き、集まった群衆に示した。

聖ヨハネの祭日のそれ以外の式典はマルグリット・ルイーズにとって決して目新しいものではなかった

――司教座聖堂参事会員たちが、大聖堂から絨毯を敷き詰めた通りをこれ以上ないほど豪華な衣装を身にまとって、聖遺物を捧げもって行進した。その聖遺物とは使徒聖アンデレの肘、キリストの架刑の十字に使われた釘、キリストがかぶった茨の冠のとげなどであり、それらのなかでは洗礼者ヨハネの親指がおそらくもっとも大事なものとされていた。行列には「並外れた音楽」だけでなく、天使や聖人に扮した市民たちも付き添っていた。

フィレンツェの精神的守護者に対する「寄進《オツフエルタ》」、すなわち蠟燭の寄付も広く行なわれた。なかでも造幣局のお歴々からの寄進はもっとも目立っていた。巨大な蠟燭を牛が引く車に載せていたからである。牛車は高さが四三フィートもあって四段からなり、「天辺に向かって徐々に細くなっていた」。一番下の部分の壁龕には、聖職者の服装をした四人の人間が彫像の代わりに据えられ、彼らの真ん中に幼子の洗礼者ヨハネを表す子どもがいた。反対側の壁龕には聖ステファノを表す若者がいた。二段目の壁龕には白い服を着た四人の若者たちがおり、彼らは片側に公子の紋章、反対側に造幣局の紋章の入った盾を持っていた。のちの時代になると、彼らは美徳を表す女性の木像に置き換えられた。三段目には四頭のハルピュイア〔上半身が女で、鳥の翼と爪を持つ怪物〕で飾られていた。四段目には大公の紋章があった。頂上には聖ヨハネの活人像が立っていた。（メディチ家が断絶したあとの一七四八年まで）毎年この日には聖ヨハネは革のベルトで牢獄を模した格子につながれて、そこに立った。

ヨハネの役をつとめる人物は虎の毛皮を身にまとい、腕と脚はむき出しで頭には光輪をのせ、手に長い十字架を持ち、その十字架は車に固定されていた。この役目に対する報酬は十フランと朝食だった。車がしばらく止まると、建物の三階の窓から輪の形をしたパンの入ったかご、赤と白のワイン一本ずつ、ケーキなどを受け取った。ヨハネ役の男はパンに腕を通して十分に飲み食いすると、食べ物の残りと空の瓶を下にいる人々に投げ落とした。

同じ日の遅い時間に「臣従の誓いの祝祭《フェスタ・デリ・オマッジ》(2)」が行なわれた。大公はヴェッキオ宮殿の前に作られた壇の上に座り、「大公領内で所有地、要塞あるいは城もしくは他の種類の封土を保有する人々からの臣従の礼と忠誠の誓い――先触れが《viratim》と呼びかけると、彼らは敬意を表すしるしとして旗を巻いて（あるいは旗を下げて）大公の前を騎馬で通過する――を受け入れる」。広場は三角の旗で森のようになり、そこに作られたチェーリと呼ばれた回転式の塔、木・紙・蠟で作られた建造物はフィレンツェに服従する諸都市が支払う税金のシンボルとして金箔をほどこされ、美しく彩られた。

こうしたスペクタクルの点からいうと、マルグリット・ルイーズの結婚はこれ以上はない絶好のときに行なわれた。

なかでももっとも記憶に値したのは七月一日にボーボリ庭園の広大な円形劇場で行なわれた『祝祭の世界』と題する馬上演舞で、このときには特設の席を含めて通常の二倍（約二万人）の観衆を集めた。円形劇場のまわりに間隔を置いて作られた高いピラミッドにランプが灯され、夜をまばゆいばかりの昼に変えた。

驚くべきパフォーマンスの概要は次のようなものだった。

宮殿の正面に向かってかけられた大きな幕が見えない手によって開くと、即席の岩と断崖のあいだからひとりの巨人が腰をかがめて巨大な球体をかつぎ、のろのろと進み出る。それはうなじで地球を支えるアトラスである。巧みに隠された力で引っ張られて、アトラスはアリーナを大股で歩き始める。真ん中で立ち止まると雷のような声で叫ぶ。ヘラクレスがポイボスとキュンティア（太陽と月の神）をしたがえてコジモの結婚のために空から降りてきた、と。

ここでダチョウの巨大な卵のように球体が粉々になり、巨人はあっという間にアトラス山に変わり、その頂には四人の美しい娘が現れる。その四人はヨーロッパ、アメリカ、アジアそしてアフリカを表す。娘

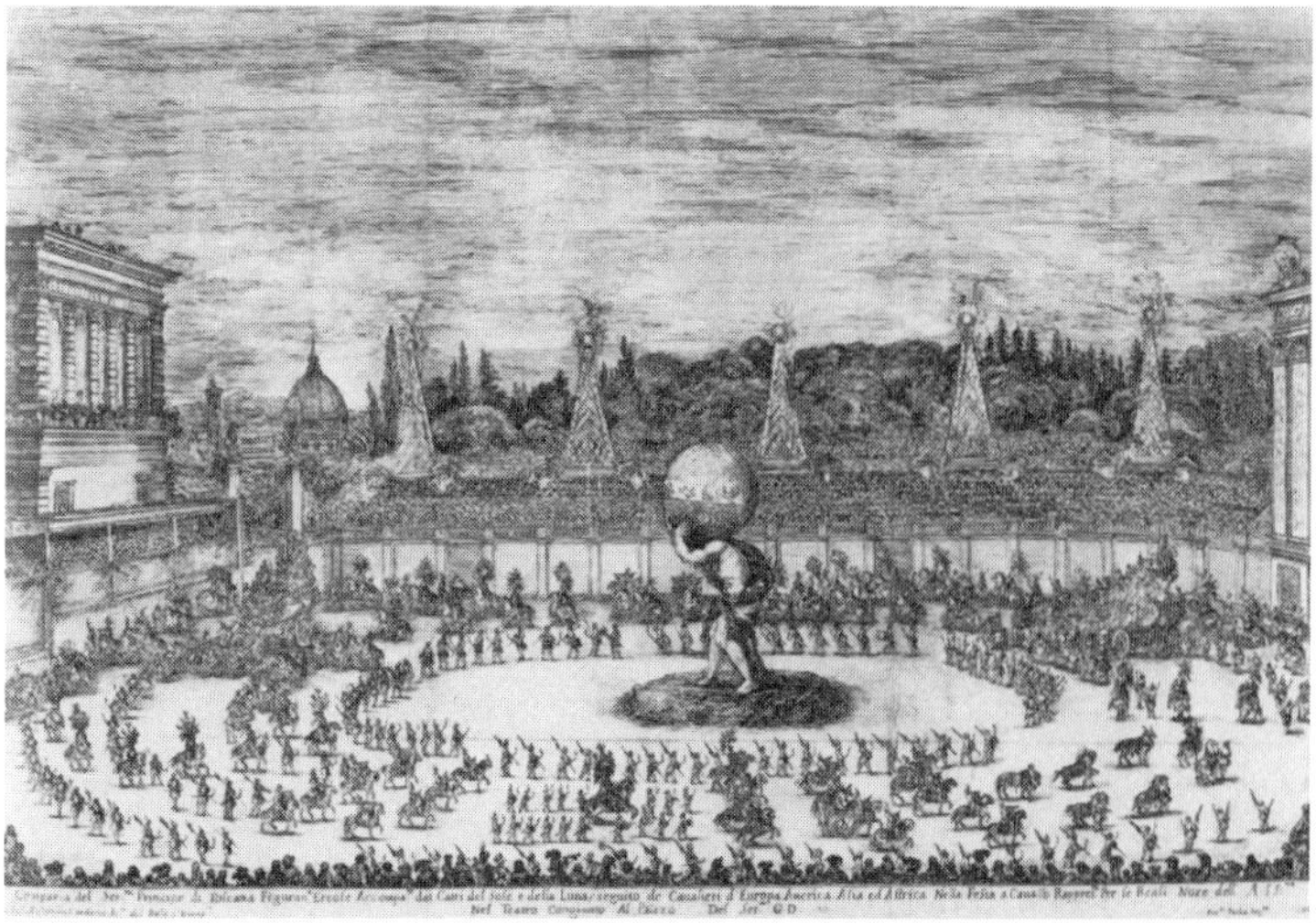

２点とも、『祝祭の世界』（デッラ・ベッラによる版画）

たちのなかには結婚を喜ぶ者も落胆する者もいる。戦いのラッパが太鼓の音の上にとどろき、それは遠くの並木道や洞窟にまで響く。公子コジモが馬に乗ってその場に登場する。彼はヘラクレスの衣装をまとって宝石で覆われた馬に乗り、バラ色の制服を着た二百人の兵士をしたがえている。そして五十人のヨーロッパの騎士たちが手に松明を持って徒歩で現れる。これがよく訓練された太陽の前衛部隊である。ポイボスが光り輝く戦車に乗って登場する。先触れは日《ジョルノ》で、時《オーレ》に取り囲まれている。つづいてアメリカの騎士たちが現れる。そしてキュンティアの戦車が、前にアジアの騎士たち、後にアフリカの騎士たちを連れて現れる。白い衣装を着たキュンティアは玉座に座り、まわりを十二人の夜の時《オーレ》に囲まれている。その戦車を引くのは四頭の雪のように白い馬で、先導するのは夜《ノッテ》、先触れ役は眠り《ソンノ》である。

それらのすべてが輪を作る。ぽっちゃりとして落ち着いた様子の公子コジモはその中心にいて、人々を惹きつけていた。一方、アトラスの四人の娘たちは戦士たちの存在によって大胆になり、戦いの感情を露わにする。そしてとうとう互いに争い、戦争を宣言する。ヨーロッパとアメリカはポイボスの、アジアとアフリカはキュンティアの助けを求める。戦車は音を立てて走りまわる。二つの陣営がすぐさまできあがり、戦いが始まる。ピストルが撃たれ、剣が切り結ぶ音が響くなかで――誰がそれを疑うだろうか?――公子コジモは華々しい武勲をあげる。

そのとき天空からすさまじい雷鳴が届く。小休止の時間である。ユーピテルが宣告する。「地には平和を!」二つの部隊は半円形を作って休み、(雲の装置に乗って降りてきた)神々の父を見つめる。雲が地面につくと、部隊はそのなかに入って姿を消す。ひときわみごとな戦車がユーピテルのために現れる。戦車はファートゥム(運命の神)、パラス(アテナ)、マルス(軍神)、アエラルニタース(永遠)、メルクリウス(商業の神)と、他の神々やさまざまな観念と騎士たち――それらはメディチ家の星々(ガリレオによって発見された木星の衛星群)やユーピテルにかかわる、十二宮図のしるしを表す――に導かれる。

ユーピテルはキュンティアにメディチ家の子孫たちが増えることを伝え、それがアフリカとアジアにとっての損失ではなく大きな利益になる（なぜなら、メディチ家の子孫たちがカトリックの信仰をそれら遠く離れた地域にまで広げるから）ことを伝える。神々の歓喜の歌のあと、太陽と月の戦車は一緒になる。ポイボスとキュンティアは隣り合って座り、結婚を祝うために陽気なダンスを踊るよう戦士たちに促す。そこで百人の声による賛歌がわき起こり、膨大な数の楽器がそれに加わる。馬上の舞踏が再び始まる。カドリール〔四人が組になって踊るダンス〕がさまざまな形で展開され、そのなかで公子はその前の戦闘の場面で武勲をあげたのと同じ優雅さを示す。

『祝祭の世界』はこうした一連の次々と移り変わるタブローであり、それは馬上槍試合で最高潮に達する。さまざまな衣装、馬そして光り輝く鎧のパレードが行なわれ、合間に合唱やマドリガルが披露される。このパフォーマンスは、ディアギレフのロシア・バレエ団と同じく数多くの芸術が集まり溶け込んでいたが、はるかにスペクタクルのスケールは大きかった。

そしてこれが祝祭の最後というわけではけっしてなかった。「インモービリ」劇場――ジャン・カルロ枢機卿の後援でヴィア・デッラ・ペルゴーラに作られた――では『テーバイのヘラクレス』と題する音楽劇の稽古が継続して行なわれていた。この劇は七月十二日に上演された。作曲はヤコポ・メラーニで、『祝祭の世界』と同じように台本は（大公の侍医のひとりである）ジョヴァンニ・アンドレーア・モネーリアが執筆した。だが劇場は小さかった。収容能力は限られていたため、貴族と外国人だけが入場を許された。

筋書きはその当時の神話の流行に合わせていた。たとえば、ユーピテルはピンクと金色の雲から下りながら予言する。コジモとマルグリット・ルイーズからはその後数世紀にわたって英雄たちの大群がもたらされ、世界を豊かにするだろう。栄光と美徳を表す輝くばかりの人物像が別々の雲に座って、花嫁と花婿を讃えて歌う。

バロック期のあらゆるパフォーマンスでは、雲が果たす重要な役割に注目すべきである。それはすべての観客の驚異と恐怖のもとであり、聖者や神々、天使が目もくらむほどの高さから現れるのを助け、目まいを起こさせるように聴衆たちの上に漂っていた。まさに演物の白眉であり、それなしでは祝祭は失敗する運命にあった。さらに、オーケストラが伴奏する最初のソロ曲には、雲がつきものではなかっただろうか。

こうした伝説はコジモ一世の時代にさかのぼる。コジモ一世の娘ヴィルジーニアはエステ家のドン・チェーザレとサント・スピリト教会で結婚することが決まり、コジモはその機会にふさわしい道具立てを考案するようにブオンタレンティに命じた。それは主祭壇の背後に天井からつり下げた巨大な雲だった。何人かの歌手とハープ、ギター、異なるサイズの二台の竪琴、プサルテリウム〔ツィターに似た中世の弦楽器〕、ヴァイオリン、トライアングルそしてヴィオラ・ダ・ガンバを持った演奏者たちが、その雲のなかに隠されていた。よく知られたローマの歌手・作曲家のカッチーニもそのうちのひとりで、雲に乗り込んでいた。花嫁が従者をしたがえて前に進み出るとすぐに演奏者たちは雲のなかで音楽を奏ではじめた。

そのとき、雲に乗っていた人々の重さが吊り綱の強度よりも重過ぎたのか、興奮のあまり操縦者が急ぎ過ぎたのか、雲は急に降下して開いてしまった――そんなわけで聴衆たちは演奏者たちをちらりと見ることができた。演奏者たちはそわそわしながらも、メロディよりも決意によって演奏を続けた。だが突然雲が急降下したことで歌手たちは狼狽し、雲が予定よりも早く開いたとき楽譜が飛んでいってしまったのである。カッチーニだけが、頼りにならない演奏とともに落ち着いて歌っていた。その効果はすばらしく、聴衆は夢中になった。一五八六年の扱いにくい雲が引き起こした、この事件がオペラの淵源であると考えられている。(3)

雲は『テーバイのヘラクレス』できわめて重要な役割を果たしていた。ネプトゥヌスが海馬たちの引く戦車で、プルトンが（回転する球体と雲とともに）炎を吐き出すドラゴンに乗って登場する驚くべきプロローグのあと、五つの場面が心を奪う神話を物語る。ヘラクレスがテセウスを解放するためにアヴェルノ湖〔ナポリの近くの火口湖で地獄の入口とみなされた〕に降りてくる。ヘラクレスの友人リュコスは彼の不在のあいだにその妻ディアネイラを誘惑し、王国を簒奪しようとして失敗する。ヘラクレスの帰還時には、リュコスの軍と彼の軍のあいだですばらしい「見せかけの戦闘」が行なわれる。ヘラクレスと彼の同僚アルケステスの冒険にはひとりのせむしの召使いがつきしたがい、二人のもっとも雄弁な対話に始終口を差し挟む。ヘラクレスたちがスティクスに着いたときのせむしのおどけた仕草や臆病ぶりは、喜劇的な息抜きの場面になっている。最後は空中に舞い踊るキューピッドたち、浜辺にはニンフたち、花々のあいだには庭師たちがいる、海辺のヴィーナスの庭園の場面で上演は終わる。

ステーファノ・デッラ・ベッラが描いた版画のおかげで、その場面のいくつかを、その世界の奇抜な感動を、衣装と舞台効果がもたらした壮麗さを、われわれもおぼろげに想像できる。『テーバイのヘラクレス』は絶賛された。そしてまさに真の成功を享受することになった。プロの俳優たちとともに多くの貴族のアマチュアが戦闘場面に参加し、ダンスの場面でニンフやキューピッドに扮した者たちもいた。『オロンテア』の作曲者としてその当時よく知られていたチェスティ神父も歌手のひとりだった。

『祝祭の世界』はそれが誕生した祝賀の席で終わった。しかし『テーバイのヘラクレス』はさまざまな形式で生き残り、ヴェネツィア、ローマ、ナポリでも上演された。ヘラクレスからはほど遠い王子たちをおだてるために神話は都合のよい口実になり、その折々に求められるものにうまく応用することができた。

八月になるとフィレンツェはまた静かになった。外国からの訪問者たちは立ち去り、富裕な居住者たちは田園に赴いた。マルグリット・ルイーズは自分の新しい縁者たちの気晴らし用の家と庭園を見るのに夢中になった。ポッジョ・インペリアーレ、ポッジョ・ア・カイアーノ、プラトリーノ、カステッロなどのヴィッラである。

プラトリーノの水のトリック、謎めいた噴水、隠れた場所から水が噴き出す仕掛け——機械によって訪問者が思いがけなく水を浴びてしまう——などにマルグリット・ルイーズは喜んだ。外国からの訪問者たちはたいてい通称キューピッド《グロッタ・ディ・クピド》の洞窟の近くにある仕掛けに引っかかった。遠くのものを近くに見せるトリックによって彼らはそこに着くまでに疲れてしまい、設置されているベンチに何の疑いもなく座ってしまう。気を抜いたとたん身体の重みで座席が沈んで水が噴き出し、頭のてっぺんからつま先までずぶ濡れになってしまうのである。いまではそれらの庭園の多くが完全に破壊されてしまった。サー・ヘンリー・ウォットンやモンテーニュら見識ある旅行者たちから賞賛されたプラトリーノの驚異は何も残っていない。無事に残っているのは、ジョヴァンニ・ダ・ボローニャの手になるアペニンの巨像だけである。

ビアンカ・カッペッロ〔トスカーナ大公フランチェスコ一世の妃〕のお気に入りの家だったとしてタッソはこのヴィッラを褒めちぎっている[4]。イーヴリンが次のような簡潔な説明を書いた（一六四五年）十六年後にマルグリット・ルイーズはそこを訪れた。

家は方形の敷地に四つの建物で構成されており、まわりには石の手すりがついた美しいテラスがある。広大な牧場のなかにあって、その地形は円形劇場のように真ん中がくぼんでいる。一番低いところに巨大な岩があり、細い水流が滝のように落ちている。その反対側が庭園である。この土地全体が楽しみと夏のあいだの隠遁生活に捧げられているように見える。

建物の内部はタペストリーやベッドなど、イタリアのどんな建物にも比肩できる。そして庭園はとても気持がよく、いたるところに泉がある。

木立のなかには自分の羊たちを連れたパン〔牧羊神。頭に角があり耳と脚はヤギに似ている〕がいて、彼の笛を流れる水が美しい音を立てている。そしてヘラクレスが持つ棍棒からは水がふりまかれ、大きな貝殻のなかに注ぎ込み、貝殻にはイルカの背に乗る裸の女性の姿もある。別の洞窟にはウルカヌスとその家族がおり、その壁はたくさんの珊瑚や貝殻、銅で飾られ、狩りをする大理石像があって水力で動いている。

そこで十分好奇心を満足させてから、われわれは広い道を進んだ。道の両側に沿って隠された管から何本かの細い水流が噴き出して反対側の流れに注ぎ込んでいる。水流は大きくて完璧なアーチを作っているため、馬に乗った人が下を通過しても、一滴もぬれることがない。この水の天蓋あるいはアーチは、わたしが見たもののなかでもっとも驚くべき壮大さのひとつであり、夏の暑さのなかでは非常に清々しいものだと思う。

このきわめて長い道の突き当たりには白い大理石の洗濯女の像がある。彼女が持つ〔非常に自然な形に作られた〕布からまき散らされる水は大きなたらいに流れ込んでいる。これはミケランジェロ・ブオナッローティが構想し製作したものである。

そこからわれわれはパルナッソス山に登った。そこではミューズたちが水力で動くオルガンを演奏してくれた。近くには巨大な禽舎《きんしゃ》があった。庭園のなかのすべての水はここにある岩から流れ出し、その上にはアペニンを表す巨人像がそびえ、足もとにはヴィッラが建っていた。最後にわれわれは迷路にやって来た。そこには巨大なユーピテル像があって、庭園に水をまいていた。像は高さが五〇フィートもあり、身体の内部には四角い部屋があって、目や口は窓とドアの役割を果たしていた。(5)

プラトリーノのヴィッラの庭園で水辺に建つアペニンの巨人像

マルグリット・ルイーズには慣れなくてはいけないことが山ほどあった。風景からして、ミナレットのごとく屹立するイトスギとゆるやかにうねるブドウ畑やぼんやりと浮かぶオリーヴの木立が続くトスカーナの景色は、フランスの風に揺れる暗いニレの木が長く連なる風景、どちらかと言えば弱々しい木の葉の茂り具合やブロワあるいはパリの周辺に広がる平坦な小麦畑の風景とは、まるで違っていた。フィレンツェ周辺の風景は神聖なもので、溝をうがたれ、囲い込まれ、人間に奉仕している。北方の夏のより湿潤な空気に慣れた人間には、こうした環境、セミの声の響く暑さに慣れるには時間が必要だった。

贈り物も含めて結婚にかかった費用は五〇万スクードにのぼった。大公はマルグリット・ルイーズに衣装代と生活費として年に三万フランを与えた。彼女がコジモから王室財産である宝石を引き出すことができなかったとしても、次のものを受け取ったことはおぼえておくべきだ。

もっとも驚嘆すべき真珠の首輪であり
それらの真珠はまさにそのプライドを
毎日座っているときも馬に乗る《ライド》ときも
世界でもっとも美しい首を飾ることで示す。
これほどの大きさ《ガース》の二つの輝くダイヤモンド
その価値《ワース》は郡ひとつに等しく
五つの真珠は粒が揃ってきわめて珍しく《レア》
それぞれが完璧な洋梨《ペア》の形をしていて
それぞれが愛らしく丸まった耳を飾る……

ジャン・ロレが詩に歌わなかったそれ以外の装飾品は記録に残っていない。ルイ十四世はこうした配慮すべてに喜んだことを伝えてきた。彼は一六六一年七月二十日に大公に書き送った手紙のなかで、大公を「従兄弟」と呼んで心からの感謝を表明した。
その十日後ヴェネツィア大使は次のように書いている。

　結婚の祝賀行事のあいだ若き王女は、豪華な結婚の贈り物を見せびらかそうとして、大公およびメディチ家の諸公を不快にさせることが多かった。というのも、彼女は自分が使うように渡された数多くの貴重な品々を、フランスから同行した女官や侍女たちに与えていたことがわかったからである。大公妃はそれをとても悲しまれ、大公は深く傷ついたため、王女とのあいだに長くつづく不和と摩擦の原因となった。彼女の夫である公子もこれに反対し、王女の自由なふるまいをとがめることが多かった。フランスの流儀であっても、イタリアではあまり普通ではない、というのである。王女自身すでにそのことについて警告を受けていた。使用人たちの行き過ぎた自由なふるまいをめぐっても数多くのもめ事が発生した。そのためメディチ家の諸公はフランスから王女に同行した人員のほとんどを解雇してフィレンツェ人の要員に置き換えることを余儀なくされた。そしてより控えめな数名のフランス人の奉公人だけが残ることを許された。

マルグリット・ルイーズがパリから出発するときに、ルイ十四世はきわめて高価な銀のテーブル・セットを贈った。それには百合の紋章の上にメディチ家の紋章が刻まれていた。マルグリット・ルイーズがこれをマルセイユに着く前にブロワ伯爵夫人に与えたことを知ると大公は非常に不快に思い、それを取り戻そうとフランスに書簡を送った。

花嫁がジャン・カルロ枢機卿の宴に出ることを拒否したのは、インスブルック公妃に手を委ねることを断ったためだった。というのも、彼女が言うには、フランスを発つときに国王から与えられた覚え書にはそのようなことをするべしという指示がなかったからだった。のちに大公は傲慢なふるまいをしないように彼女を説得した際、国王陛下のお耳にも入ることになる、と言いそえた。こうした不協和音は多くの論議を呼んだが、王女はいずれ年長者たちにしたがうことで事態は収まるだろうと考えられていた。なぜなら、彼女の性格がチャーミングできわめて柔和だと言われていたからであった。

第6章
コジモの家庭内の悩みが始まる——ジャン・カルロ枢機卿の死——フェルディナンド公子の誕生（一六六三年）

結婚を祝うさまざまな行事が終わると、宮廷はいつも通りののんびりした日常に戻った。それはあたかも（トスカーナの道で出会う）おとなしい白い牛たちによって時間のなかを引かれているかのようだった。この頃の外国人旅行者たちはたいてい、マクシミリアン・ミッソンの指摘に同意している。

フィレンツェはたしかに世界でもっとも美しい都市のひとつであり、もっとも心地よい環境を持つ都市である。しかし、社交の楽しみに慣れ親しんでいる人々にとっては非常に悲しく憂鬱な場所に見える。きみも知っているサー・Dはフィレンツェに数年間住んでいたことがあるが、そこでの不寛容な制限と永遠につづく儀式の下で感じる窮屈さをどう表現していいかわからず、とくに美しい女性を見ることができないのを嘆いている。子どもの頃からそれに慣れている者でなければ、こうした慣習を我慢することはできない。

フェルディナンドは科学という気晴らしに立ち戻った。コジモは敬虔な生活に戻り、ヴィットリアは神学を中途半端にかじっていた。夫の化学実験はヴィットリアに不吉な予感をかき立てた。彼女はさらに多くの時間を僧侶たちとすごし、さらに多くの金を慈善施設に注ぎ込んだ。彼女のような狭い心の持ち主にとって科学は魔術と同じものだった。

結婚はコジモを変えなかった。ハノーファーのゾフィー王女は一六六四年に書いている。「コジモが妻とベッドをともにするのは週に一回だけで、しかも医師の監督下である。それは彼が疲れ過ぎないように、長くとどまり過ぎて健康を害しないためである」。

しかしながら、外見からは二十三歳の時点でのコジモは精力的で強健であり、食欲旺盛だった。立ち居ふるまいは真面目かつ慎み深く、謁見の席では穏やかだが散漫な受け答えに終始して、その話はキリスト教の格言や神を恐れる言葉で満ちていた。

コジモはマントヴァ公[1]の死におののいた。「その死について殿下は戦慄とともに語られた。というのも、それがみだらな性交の最中に起こったからだ」。

コジモの禁欲生活は、他者に対する寛大さを減少させる結果をともなった。彼は自分の狭い理解の範囲の外にある愉しみに対して怒りをおぼえた。次のような記録が残っている。

まことに公子の禁欲ぶりは、この地方の放縦な慣習とは異なり、著しい。だがフィレンツェの若者たちの大半は、彼のこうした性格に対して賞賛の念よりも反感を抱いており、まだ若いにもかかわらず自分の妻に対してもはや愛情を示さないことにおどろいているようだ。公子はめざましい才能の持ち主である。統治の問題、戦争の問題、遠い国の事柄に関するあらゆる問題について知的に論じることができる。

それとは逆に奥方のほうは陽気な遊びが大好きで、歌ったり、踊ったり、豪華なパーティーに参加することだけが愉しみなのである。

子ども時代に受けた教育や過ごした環境がそもそも対照的であったわけだが、これほど一致が難しいふたりの個性というのも珍しい。あらゆることが彼らの幸福にマイナスに作用することになった。八月二十七日（一六六一年）にヴェネツィアの大使は次のように書いた。

> 大公の命令により、王女の召使頭であるフランス人紳士は着替えをする時間もなく突然馬車に乗せられ、数人の馬に乗った兵士にリヴォルノへ送られ、総督の監視下に置かれた。彼がメディチ家を悪く言ったことおよびその他の告発があったためである。彼が王女と話す許可をどれほど求めても与えられず、この国に再び足を踏み入れることは厳しく禁じられた。ただちにフランスあるいはほかのいずれかの国に出国するように言いわたされた。この知らせに王女はひどく動揺したと言われるが、過去の似たような憂慮すべき事態の際と同様に、慎重に見た目には無関心な態度を保った。

コジモは情熱をかき立てるような男性ではなかった。そしてマルグリット・ルイーズは決して修道院の百合の花ではなかった。彼女はすでにロレーヌ家のシャルル公という理想の男性美と出会っていた。夫は情熱的な恋人の役を演じられなかった。彼の求愛の言葉には激しいところはまるでなく、愛撫はぎこちなかった。彼は太っていて、まったく官能的ではなかった。

新生活がマルグリット・ルイーズの気に入るように気を配り、彼女の愛情を獲得し、彼女の考えをヴェルサイユから引き離すようにつとめたのは、コジモではなく、その父のフェルディナンドだった。大がかりな祝祭行事のあとには、イタリア風の田舎での《ヴィッレッジャトゥーラ》隠遁生活がもたらすあらゆるくつろいだ気晴らしが用意されていた。しかし、マルグリット・ルイーズはこうした家庭的な娯楽を愉しむことができず、それをあからさまに態度で示した。彼女は絶えずこの種の娯楽を自分の故郷でのそれと比較しつづけていた。目新しいものへの関心はすぐに衰え、自分がフランスにいるのではないという事実を忘れさせるものは何もなかった。そしてこれが彼女の不満として繰り返されることになった。

むしろコジモのほうが同情に値した。彼には自分の気質や体型を変えることも、フィレンツェをフォンテーヌブローに変えることもできなかった。彼がマルグリット・ルイーズにフィレンツェを気に入ったかと尋ねると、彼女は「もしフランスにフィレンツェがあれば、はるかに気に入っていたわ」ときっぱり答えた。

どれほど取るに足りないようなことでも、彼女は生まれてこのかた続けてきた習慣にこだわった。少女時代から手紙を封印するのに使ってきた（指輪につけた）印を決して変えようとはしなかった。自分の従者たちにイタリア風の制服を着せるようになったのも長い議論のすえのことだった。

マルグリット・ルイーズの浪費ぶりはおどろくべきものであった。一例をあげれば、大公が彼女のもとにたくさんの美しい織物を携えた商人を送り、そのなかから選ぶようにと伝えた。だが彼女はどれも気に入り、すべて自分のものにしたのである。

彼女が家計に費やす金額はフェルディナンドには思いもよらないほどの額に達した――しかも増える一方だった。彼女のドレスのために必要な材料は、メディチ家のどの女性よりも多かった。彼女の料理人はフェルディナンドの料理人よりも一日あたり一〇倍以上も多くの肉と家禽を消費した。

マルグリット・ルイーズのふるまいはフィレンツェの人々を震撼させた。一日中どんなときでも自分の部屋に召使いの入室を許していることを、慎みがないと人々は考えた。彼らは彼女のなれなれしい態度を批判した。お互いの誤解の結果、彼女は自分が孤立していることを強く意識するようになった。彼らがマルグリット・ルイーズを喜ばせようとしたときに彼女が示す熱意のなさは、間違いなくやる気を失わせた。ついにはフィレンツェの人々の忍耐心も限界に達して、彼女をフランス人の侍女たち——同じぐらいホームシック状態で不満を抱いていた——にほぼ丸投げするようになってしまった。この女たちは自分たちにとって目新しいものをすべて嘲笑し、そうした嘲笑を絶えず聞かされたマルグリット・ルイーズの見方は歪んでいくことになった。思いやりがあって機転の利くアングレーム公妃が十二月に彼女のもとを去ると、それに代わる人物はもういなかった。

ボンシがフーケに書き送っている。「昨日わたしはおかしな話を聞きました。若い公妃がこの上ないほど退屈していて、この地の人々はそれをとても奇妙だと考えているのです。というのも、彼女がロレーヌ家の若い公子に恋していることを彼らは知らないので……」。まさにそうした退屈のさなかに、天使の訪れのごとく、シャルル公が現れた。彼が相続人である国を、伯父がルイ十四世に売却した。シャルル公はこれに抗議した結果、四日以内にフランスを去るように命じられたのだった。

マルグリット・ルイーズへの彼の愛情に関する噂はそれまでフィレンツェに届いていなかった。ついでながら、ボンシが一風変わった大使だったことにもふれておく必要があるだろう。彼は大公に対してはさまざまなことを隠しがちだが、外国人にはおしゃべりだった。

マルグリット・ルイーズは侍女をシャルル公の出迎えにやり、彼はピッティ宮殿で盛大な歓迎を受けた。

シャルルはこうした歓迎ぶりにすっかりくつろぎ、フェルディナンドとコジモに自分の経験したトラブルや今後の計画、野心について語った。フェルディナンドとコジモは同情を表明し、礼儀正しい激励の言葉を口にした。シャルルはマルグリット・ルイーズと何度か非公式な場で会った。彼女が彼に心を開いて自分の不幸を、息が詰まるようなフィレンツェの宮廷のことを、夫に対する強い嫌悪感を語った、と考えてもいいだろう。二人は互いを憐れみ、両者の絆はさらに強くなった。

シャルルの訪問がその後のマルグリット・ルイーズのふるまいの原因となった。彼女のあらゆる思考、あらゆる行動はたったひとつの方向に向かうようになった。どんなことをしてでも、死ぬまでにトスカーナを去るということである。達成するには長い年月がかかるかもしれなかった。彼女はフィレンツェを監獄と、メディチ家を看守と見なすようになった。

シャルルがマルグリット・ルイーズのもとを去ると、彼女は絶望的な気持になった。すぐにふたりのあいだで熱烈な手紙の交換が始まった。さまざまな感情が吐露されるなかでシャルルは「彼の不在に関する詩」を彼女に書き送った。それは、ボンシに言わせれば、「世界でもっとも奇妙かつ馬鹿げたもの」だった。こうした手紙がたまたま途中で押収された。大騒ぎは起こらず、苦痛に満ちた調査が行なわれただけだった。大公とコジモはマルグリット・ルイーズが信頼できないことを理解した。彼らは彼女とその侍女たちをひそかに監視した。母親からの手紙まで開封するようになった。手紙の内容が満足できるものではなかったため、マルグリット・ルイーズには母親が元気でいることは伝えられたものの、母親と文通することは禁じられた。

王女はルイ十四世に不満を伝えた。ルイの返答は礼儀正しくあいまいなものだった。コジモは妻に対する警戒をさらに強めた。彼女は「あらゆるやり方で馬鹿騒ぎをする」ことをつづけていた。

マルグリット・ルイーズの機嫌をとれないことでは、大公もコジモと似たようなものだった。その一方で事態をもっと落ち着かせることができたはずの大公妃は、「王女のフランス風の陽気さを非難してイタリア風の威厳を教え込むことだけに満足を見いだしているようだった」。老人たちは若いマルグリット・ルイーズを冷笑し、彼女のフランスの衣装とフランス風の軽率さを馬鹿にした。だが、とても彼らに太刀打ちできる相手ではなかった。マルグリット・ルイーズは皮肉なウィットの持ち主だった。姑が修道士や僧侶を「保護する」のには別の理由——それまで過ごした純潔な年月を埋め合わせようとしている——があるのではないか、とほのめかしたのである。大公妃はコジモとフェルディナンド双方の彼女に対する反感を強めるために、王女の軽薄さを利用した。

一六六三年一月、ジャン・カルロ枢機卿が脳卒中で死去した。フェルディナンドは安堵の気持を隠しきれなかった。間違いなく高血圧こそ枢機卿の暴力が噴出する原因であり、それはしだいに危険なものになってきていた。ジャン・カルロが法を犯しても、フェルディナンドは目をつぶった。同時代の年代記は次のように伝えている。

残虐さで名をはせていた殺人者がとうとう捕らえられ、警察本部の監獄に送られた。翌週の土曜日に絞首刑に処せられたあと引きずり回されたうえで四つ裂きにするとの判決が下された。たいへんな美女である彼の妻は、自ら夫の弁護のために熱弁をふるったがうまくいかず、高名な弁護士や代理人に依頼して夫を守ろうとした。だがもはやできることはなくなった。犯罪者には有罪判決が下された。

そこで誰かが彼女に、ひょっとしたら彼女のために関心を持ってもらえるのではないかと、ジャン・カルロの謁見を願い出るように勧めた。枢機卿はすぐ彼女に夢中になった。謁見は木曜日に行なわれ、その夜に彼らは一緒に寝た。金曜日の朝、枢機卿猊下は警察長官を呼び寄せ、どのような囚人が収監されているか尋ねた。警察長官はひとりひとり名前をあげ、問題の殺人者のところまで来ると、枢機卿はその男を自分のところに連れて来るように言い渡した。その男を自由にしたいからだと言うのである。警察長官は、その男が悪名高い殺人者で翌日処刑されることになっている、と答えた。フィレンツェの住民全員がそれを知っており、彼の魂が死によって救われることを祈っている、ともつけ加えた。

「それ以上言う必要はない！」枢機卿は叫んだ。「すぐに連れて来るんだ。さもないとお前の首が飛ぶぞ！」警察長官は不安で震えながら大公のもとに行き、今しがた起きたことを語った。大公はしばらくためらったあと、自分の弟であるから枢機卿の言にしたがうように伝えた。

痛風がジャン・カルロの凶暴性の原因だったとも考えられる。あるとき枢機卿が大公の馬車から降りようとして、よろけてころんでしまったことがあった。フェルディナンドは彼を助け起こして怪我はないかと尋ねた。怪我はないと枢機卿が答えると、大公は言った。「猊下はたいへん幸運であられる」。枢機卿は振り向くと乱暴な調子で言い返した。「幸運なのは陛下ですよ。わたしよりも先にお生まれになったわけですから！」

彼が健康を損なったのは、放蕩な生活によるだけでなく、あらゆるものを氷で冷やすことを好んだからでもある。食べ物、ワイン、ベッドでさえ。医師たちは、長生きしようというのであればこの習慣を変えるべきだと警告した。もしそうした生活を続けたら、何年間生きられるか、と枢機卿は医師たちに尋ねた。すでにかなりの程度にまで身体が弱ってきているので、七年もしくは八年ほどの余命しか約束できない、と医師たちは答えた。

「では、いつもの習慣をそのまま続けた場合は、わたしはどれぐらい生き延びることができるとお考えか？」

「六、七か月がせいぜいでございます」と医師団は明らかにした。

「それなら、何もかも諦めて苦しい七年間を生きるより、自分流に七か月生きるほうをわたしは選ぶ」とジャン・カルロは言った。

こうした事情が彼の早過ぎる死を説明している。彼は遺言ですべての財産を大公に譲ると書き残したが、大公はこれを受け取らなかった。というのも、ジャン・カルロは膨大な負債を残したからだ。彼の家具はすべて売却されて債権者への返済に充てられた。ある日記の著者は、大公は国民に悪い例を示した、と書いている。なぜなら遺産の受領拒否は不名誉なことと考えられていたのに、これ以降当たり前になっていったからである。

大公がこのような選択をしたのは貪欲からではなかった。この兄弟が互いに対する愛情を持っていなかったからである。フェルディナンドは枢機卿の一風変わった性格をつねに恐れていて、好かれてもいない弟の遺産をめぐって煩わされることを望まなかった。大公はジャン・カルロの生前、彼のコレクションからもっとも美しい絵を数枚うけとっており、それは大公のギャラリーの多様性をさらに高めた。

当時メディチ家出身の枢機卿としては、ジャン・カルロのほかには大公の叔父にあたるカルロだけで、老齢でもうろくしていたため、フェルディナンドはもうひとつ「枢機卿の帽子」が必要だと考えていた。シエーナを支配していたマッティアが順序としては次に選ばれるべき人物であったが、健康状態がはっきりと悪化していたので、レオポルドが代わりの候補者となった。

その夏、コジモと花嫁は心の奥にある感情を互いに示すことなく過ごすよう工夫をした。彼らはポッジョ・インペリアーレ、ラッペッジ、カステッロなどのヴィッラに次々に滞在し、季節が許す限り狩猟を続けた。そしてとうとう大公は待ち望んでいた「自らの血統の継続」を期待できるようになった。

十九歳の王女は母親になることにさして大きな喜びや期待を持たなかった。彼女は以前と同様に乗馬を続けたかった。このお気に入りの楽しみを禁止されると、長時間疲れる散歩をすることにこだわった。まるで王朝の未来を危うくするつもりのように思えた。彼女をおとなしくさせておくには、将来より大きな自由を与えるという約束で宥めるしかなかった。

一六六三年八月九日、マルグリット・ルイーズは男の子を産み、フェルディナンドという名が与えられた。第一子の誕生を祝う伝統的な祝祭行事がフィレンツェで行なわれた。おもな広場では巨大なかがり火が焚かれ、要塞からは祝砲が撃たれた。ヴェッキオ宮殿の鐘は三日のあいだ鳴りつづけ、その期間ピッティ宮殿の二つの噴水はワインを噴き上げた。メディチ家の諸公は宮殿の前に集まった群衆に貨幣を投げ与えた。ドゥオーモでは六部合唱でテ・デウムが歌われ、一〇六人の囚人が監獄から釈放された。

パリからやって来た産婆は王女に大量の瀉血をほどこし、イタリア人たちを驚かせた。お産の数日後、王女は胸の腫瘍で苦しみ、手術が必要となった。彼女の回復は遅かった。

出産は平和をもたらすどころか、危機の原因となった。後継者を得て安心したことからコジモもその家族も王女を喜ばせることには以前ほど気を配らなくなったこともあるし、あるいは肉体的な衰弱が王女をさらに気むずかしくしたこともあった。彼女は自分の部屋に閉じこもり、誰にも会わないと宣言した。フェルディナンドは彼女のフランス人の侍女たちを叱責した。「彼女らが王女の信頼を独占していて、コジモが彼女らよりも軽視されていると嫉妬するほどだった」。大公は報酬をたくさん与えてから、彼女たちのうちの二八人を解雇し、トスカーナの娘たちに置き換えた。こうしてフェルディナンドは、自分と家族についてフランスで広がりはじめた中傷を抑えようとした。

第7章

諍い――マルグリット・ルイーズの「最悪」の隔離――機嫌をとろうとする試みに反発する彼女の頑固さ

王女に仕えるフランス人たちが遠ざけられても、事態は改善しなかった。この措置は王女の猛烈な反抗心を目ざめさせ、フランスへ戻りたいという願望をさらに強めることになった。ある伝記作者によれば、赤子の無邪気な笑顔でさえ怒り狂った王女を静めることはできなかった。「彼女は、あれほど入念に用意された夫婦のベッドを捨て去り、残ることを許された自分の乳母と一緒に眠るようになった」。

平和な暮らしを好むフェルディナンドは、パリにいる彼の大使に大量の手紙を送りつけた。あのじゃじゃ馬女を王は制御できないか？　この結婚がもたらした成り行きにルイは困惑していた。それは彼の自信に対する打撃となった。彼はマルグリット・ルイーズを改悛させようと決意し、フィレンツェにサント・メーム伯爵――マルグリット・ルイーズの父親の主馬頭をつとめ、この頃は母親に同じ役目で仕えていた――を派遣した。ところが、王女を強く叱責する命令を受けていたサント・メームは彼女を擁護する立場に変わってしまった。彼女に同情し、大公に対して彼女のために雄弁に語ったためにルイから懲戒処分を受けることになった。

マルグリット・ルイーズが何としてもフランスに戻りたいという願望を繰り返し伝えてくると、ルイは彼女に次のように書き送った。

そなたが友人たちに書いた手紙を何通か読んで、余がどれほどおどろいて傷ついたかはそなたにわかるはずだ。そなたの頭に浮かんだ計画（それより異常なものは思いつきもしない）の性質を考えれば、余がそなたに対して抱いている愛情を台なしにしている。

余は望んでいる《ジュ・ヴー》——この二語に要約されている王たることの威信の高い価値をわれわれはよく知っている——十分反省するだけの時間をとり、そなたの血統がどのようなものかを思い出せば、そのような実現するはずもない幻想を持ったことを後悔するだろう。

王が何かを望んだときにはそれを邪魔することは絶対にゆるさない、とマダムは書き送った。彼が命じたことは、即座にかつ論評なしになされねばならなかった。しかしマルグリット・ルイーズは繰り返しルイの意志に抵抗し、ルイはそれに対して何もできなかった。サント・メームの使命は失敗に終わり、王女はコジモ、ヴィットリア、フェルディナンドを悩ましつづけた。
一六六四年四月十二日、ヴェネツィア大使は次のように書いた。

大公はフィレンツェに寄らずにポッジョ・インペリアーレに向かった。彼は宮廷とともにそこに数日間とどまることになる。その理由は、ポッジョ・インペリアーレがこの季節には適していることと、フィレンツェにひとりで残っている王女を辱めるためである。彼女の夫である公子も、同じ理由でアンブロジアーナへ行くだろうと考えられている。枢機卿は両者を和解させることができなかった。試みなかったからではなく、王女が抗議に対して聞く耳を持たず、誰に対しても敬意を示さないからだ。彼女のいつに変わらぬプライドは、自分の家系や彼女個人の価値につり合わない家に嫁に来てしまったという発言につながり、それはメディチ家の諸公の感情のもっともデリケートな部分を傷つけている。

もっと平穏に暮らしたいという舅の苦悩や、宮殿への出入りを禁じられているはずの乳母の息子を妻の部屋で見つけた夫の怒りを目の前にしても、王女は平然としている。彼女の唯一の気がかりは、この乳母の息子がまだ彼女に仕えているわずかなフランス人たちとともに、パリに送り返されようとしていることである。王女は母親に、自分もフランスに戻りたいと手紙を書いた。

サント・メームにつづいて、ルイは事態を救うためにドベヴィル氏、ベルフォン侯爵、クレキ公爵らを送り込んだ。彼らは一六六四年五月十六日に到着した。マルグリット・ルイーズのフランス帰還を認めない、と伝えることを彼らは命じられていた。使節はマルグリット・ルイーズと何回か話し合った。一度などは四時間にもおよんだ。だが逆に使節のほうが説得されてしまった。

この問題をのちにルッカの使節と話し合ったとき、クレキは王女の言い分のほうが正しいと打ち明けた。彼は自分が受けた命令を忘れてしまったようだ。というのも、彼女が求めるあらゆる種類の特権に関する取り決めを作るのにクレキは協力したからである。この取り決めには十二の項目が含まれており、そのうち六つの項目についてフェルディナンドは受け入れた。それ以外の項目として王女がフェルディナンドに求めたのは、手当を十万フランに増額すること、フランス人の使用人を解雇しないと約束すること、(解雇された)エシニなる人物を復職させること、彼女の楽団に三人のヴァイオリニストを追加することなどであった。

今ではコジモが王女の近くの部屋を使おうとすると、彼女は多少不便なことがあっても別の場所に移動するようになった。夏用の部屋で冬を過ごしたり、夫を避けるために田舎での生活さえいとわないと主張していた。彼女はフェルディナンドに対して彼のヴィッラのひとつでひとりだけで暮らせるようにしてほしいと懇願した。

フェルディナンドは彼女に対する監視をさらに念入りに行なわせた。彼女の部屋のドアはボーボリ庭園に向いているものを除いてすべてかんぬきで閉じられた。修道院に閉じ込めるぞと脅したが、そんなことをしたら尼僧たち全員を混乱状態に陥れるからすぐに後悔することになるだろうと彼女は言い返した。フィレンツェの人々はみな、聖ヨハネの祝祭に彼女がいないことに気づいた。コジモが参加するからと、彼女は出席を拒否したのだ。

あらゆる可能な機会をとらえてマルグリット・ルイーズはコジモに対する軽蔑を表明した。ある些細な出来事についてコジモに向かって、教皇大使がいる前で、彼が貧しい夫であるだけでなくよい召使になることもできない、と言った。そして彼女はメディチ家を侮辱する別の方法を考え出した。まるでメディチ家の人々が彼女を毒殺しようとしているかのように、彼女は自分の調理場を閉鎖し、二人のフランス人だけに自分の食べるものを料理させ調達させるようにしたのである。食卓に運ばれるあらゆる料理は、彼女が口をつける前に家令が毒味をした。

もっとも手の込んだ毒はフィレンツェで調合されている、という迷信は十七世紀でも依然として流布していた。「ミラノ人は詐欺師になることを、ボローニャ人は嘘をつくことを、ヴェネツィア人は偽善者になることを教える。ナポリ人は好色なサテュロスに人を変え、フィレンツェ人は彼らの毒の秘密を教え、ローマはあなたを偶像崇拝と迷信の大海に沈めるだろう」。また次のようにも言われていた。「フィレンツェ人は蠟燭の煙や匂いによって、あるいは考えられるどのような方法ででも、毒を盛ることができる」。しかし、一六六五年に英国王立協会《ロイヤル・ソサエティー》でピープスとバーチが目撃したいくつかの実験から判断するに、フィレンツェ人たちは毒の処方をなくしてしまっていたようだ。ピープスは次のように書いている。

そしてわれわれはグリシャム・カレッジへ行き、そこで雌鶏・犬・猫にフィレンツェの毒薬を与える実験に立ち会った。雌鶏はしばらくのあいだ酔ったような状態になったが、すぐに普通の状態に戻った。犬は激しく吐いたが、それ以上の悪影響はなかった。猫は毒の効果を一切示さず、ポウヴィーに連れ出された……。

バーチは「フィレンツェ公の毒は子猫に対してわずかな効果しかなかった」と記録している。

フィレンツェではやんごとなき夫婦のあいだの諍いはもはや秘密でもなんでもなくなり、パリでは「虐待」を受けている王女に対する同情が巻き起こった。コジモに対して、しばらく留守にしては、という忠告があり、堅物の彼はその当時もっとも軽薄な都市と言われていたヴェネツィアへ旅した。コジモはヴェネツィアに滞在したあと、すぐ戻るようにというメッセージをパルマで受け取った。おそらくマルグリット・ルイーズは、コジモが目の前からいなくなると、はるかに扱いやすくなったのだろう。事態はとりつくろわれて、当面のあいだ平和が戻り、彼女はコジモを受け入れる気になったように思えた。八月七日には彼女の誕生日を祝う家族のパーティーが行なわれた。

コジモが到着してすぐにヴェネツィア大使は書いている。「夫が戻る前に、王女が明言した自分の息子に対する愛情や、義母に対する愛想のよい態度、陽気な雰囲気は消えてしまった。不和は以前にもまして激しくなった。夫婦は顔を合わせることもなくなった……。王女は、夫を受け入れることはないのだから自分を探そうとしないように、と夫に理解させた。同時に自分の部屋を引き払い、宮殿の最上階に引きこもった」。

大公は王女のもとにゴンディを派遣して考えを変えるように説得した。だが彼女はコジモを夫と認めることを拒否し、邪魔されないように自分の部屋を引き払ったと答えた。フェルディナンドは「自分の大臣に対して、王女がそのような言い方をしたことを信じられない、というふりをした」。ゴンディは王女のもとに戻り、大公が彼女の言葉を信じないことを伝えた。すると、マルグリット・ルイーズはそれ以上は何も言わず、ペンをとって自分の返事を書面にしたため、義父に送った。コジモの誕生日を祝う行事はすべて中止された。

コジモは仕返しをした。九月になって狩猟のシーズンが始まり、宮廷がアルティミーノに移動すると、マルグリット・ルイーズはラッペッジのマッティア公のヴィッラへ移った。これを駄洒落好きのフィレンツェ人たちは、彼女は「アッラ・ペッジョ（ますます悪くなるの意味）」へ行ったと噂した。そこではかつてないほど厳しい監視がつけられた。彼女に目を配り続けるために少なくとも四十人の兵士が配置され、六人の廷臣がその動静を追っていた。こうしたこともマルグリット・ルイーズが快適な生活を送る妨げにはならなかった。

彼女は心ゆくまで果てしない散歩を楽しむこともできた（彼女に仕える紳士淑女たちを疲れ果てさせたが）。食通が珍重するニワムシクイを撃ったり、ノロジカをしとめたりすることもできた（そうしてしとめたノロジカをルッカの大使に贈っている）。あるいは土地の百姓たちを集めて目の前でダンスをさせたりもした（自分で一緒に踊りはしなかったものの）。陽気な空気をどこにでももたらす彼女は、すぐに近隣では人気を得るようになった。

だが彼女は出産以来体調がはかばかしくなく、周期的に発熱していた。そのたびに、この不健康な土地で自分が死ぬことをメディチ家は望んでいるが、それでもコジモとともに暮らすよりそうした運命を選ぶ、と彼女は語るのだった。レオポルドは大公妃ヴィットリアに対する反感で知られていて、マルグリット・ルイーズに対してより同情的だったので、十月に彼女に会いに行って自分にできることがあるかを尋ねた。しかし、王女は強硬な態度を崩さなかった。大公は悲しげに末の息子フランチェスコ・マリーアと孫のフェルディナンドを見つめながら言った。「この子たちをきちんと教育しなければならない。彼らこそわが家系の希望なのだから」。

マルグリット・ルイーズはラッペッジから、フィレンツェまで一〇マイルほどの距離にある、ポッジョ・ア・カイアーノへ移された。ルイ十四世は依然として彼女をコジモのもとに戻すことについては頑なだった。彼女がフランスの修道院に隠遁する許可を求めてくると、ルイは「王の血筋を引く王女が戻れば、入るのはバスティーユであって修道院ではない」と返答した。

この段階でマルグリット・ルイーズはまた別の策略を考えついた。結婚の時点で彼女の意志は踏みにじられたため自分はコジモの正統な妻とは認められない、と彼女は宣言した。コジモとともに暮らすことを受け入れながら、同棲の行為を犯している意識を感じていた、というのである。この自らの罪を浄めるため、生涯の残りの日々を修道院で（もちろんその場合フランスの修道院で）過ごすことを切望した。

このときからコジモは不安と恐怖にとらわれた。自分が密通の罪を犯し、息子が私生児であるという考えは、悪夢のように彼を苦しめた。神学者たちですら彼の不安を打ち消すことはできなかった。彼は暴飲暴食に慰めを求めた。「大病には荒療治」こそ見合ったのである。

偉大な君主はかかる議論にいささかも動揺することはなかった。外交官たちが失敗したので、宗教的良心が問題となっていることもあって、今度は聖職者を起用することにした。ルイが派遣したコスム・フェレ神父は厳格な聖ベルナール修道会の修道士で、聴罪および精神的指導において卓越した手腕を持つことで知られていた。修道士は十二月に到着し、王女に三回の説教を行ない、そのうちの一回は公開の席で行なわれた。説教のあいだ王女はあらゆる悔悟の兆候を示し、その頰は後悔の涙で濡れた。しかし、説教が終わるとすぐに、彼女はいつもの無頓着な態度に戻った。修道士の雄弁は一節の音楽のようにごく表面的に感動させただけであった。一月には修道士自身がローマに赴き、王女に対して夫の希望にしたがうように命じる訓戒状を教皇から引き出した。

教皇からの破門の脅迫は、国王の忠告やメディチ家からの非難ほども彼女には応えなかった。優しい対応や、ご機嫌取り、厳しい対応など、あらゆる方法が試みられた。サント・メーム、ドービニェ、ド・ベルフォン、クレキ、コスム修道士そして教皇のほかにも、数多くの聴罪師や神学者たち、たとえばオラトリオ修道会のド・ムーシ神父や教皇大使などもこの問題に関わった。しかし、王女は自分の決意を絶対に変えようとはしなかった。

大公は義理の娘を「名誉ある、しかし厳格な隔離状態」に置き続けた。ルイ十四世の使者のひとりは、託されてきた手紙を王女に渡すことを禁じられた。仲介者に渡すことを彼が拒否したため、手紙は開封されぬままフランスに持ち帰ることを余儀なくされた。オルレアン公妃の使者ド・ラ・クロワ氏も同じような目にあった。幼いフェルディナンドは生後十八か月で離乳させられ、それ以後母親は近づくことを許されなかった。

マルグリット・ルイーズは自分の暮らしを諦めて受け入れているふりをしていた。ヴェネツィア大使はそのあたりを次のように書いている。

彼女は和解をまったく考えずに、没落した王女にふさわしい（彼女の出自や身分にはつり合わない）娯楽で時間を過ごしている。天気がいいときには長時間の散歩をし、雨の日にはおつきのご婦人がたや近隣の村の若者たちとダンスをしている。つい最近には巧みに身を隠したため、フィレンツェでは彼女が逃亡したという噂が流れ、見つかったとわかるまでの数時間というもの、メディチ家の諸公は混乱におちいり心穏やかでなかった。もちろんこれは彼女の逃亡事件のひとつに過ぎないが、彼女が何を考えているかを示している。というのも、あるとき彼女はこう言ったことがあるからだ。この次は冗談で身を隠すのではなく、捕まえたいと思う者は自分を見つけるだろう……フランスで。

「王女はとても幸せそうに見えるが、公子は意気消沈している」と教皇大使は報告している。大公は今では息子夫婦の相性がどれほど悪いかを理解してはいたが、血統《スピーシズ》の存続のためと同様に金《スピーシ》の節約のためにも、二人が復縁してくれることを切望していた。

そこにデュ・ドファン侯爵夫人が登場した。彼女の母親は「マドモワゼル」の家庭教師をつとめ、父親はフィエスク伯爵の家令をつとめた。そして彼女は下品な放蕩男であった夫と別れていた（この夫はのちに彼女が得た愛顧を利用することになる）[1]。

ある日オルレアン公妃はエギヨン公妃に、娘の相手になってくれる人として誰を送ればいいかわからなくて困っていると打ち明けた。エギヨン公妃はすぐに次のように叫んだ。「ちょうどようございました、奥様。神の思し召しですわ！　そのために神が遣わしたようなかたがいらっしゃいます。ポワトゥー出身の立派な女性です。かなり前から存じ上げているかたで、機転が利いて、とても信仰心が深いかたです」。この女性はすぐに雇われて、国王は彼女にマルグリット・ルイーズ宛の二通の覚書を託した。そこにはきわめて厳しい言葉が並んでいた。

王女自身の幸福と名誉、生をうけた家系の繁栄の敵になることを望み、そして王に対して行なった約束に反するようなら……頑固にそのようなふるまいをすれば、彼女の評判を傷つけ、余に深い苦しみを引き起こすことになる……正義を尊ぶ君主として余が不毛で気まぐれな計画に関わりを持つことを望まず、この問題に口を差し挟むことを断固として拒否するのを不思議に思うべきではない。物事をなるがままにまかせるであろう。大公には、王女がそれを強要しようとしてとった方法のせいで、最小限の便宜さえ与えないだけの十分な理由があるが、余を尊重する気持からそうした譲歩を続けてきた……その結果として余は、愛情や血縁によってもたらされる衝動にしたがうよりも、正義の側に立つことを余儀なくされているのである。(2)

しかしマルグリット・ルイーズは、大公の優しげな懐柔の言葉に対してと同様に、国王の脅しに対しても無反応だった。

デュ・ドファン夫人は一六六五年六月に、気前の良いこの宮廷を去るすべての者と同様にたくさんの贈り物を持って、フィレンツェを出発した。一方王女は自ら望んで囚人としてポッジョ・ア・カイアーノでの隠遁生活にとどまった。少なくともそこでなら憎悪する顔を見ることで嫌な思いをすることもない、というのが彼女の言い分だった。それでも彼女はせめぎ合う感情に苦しんでいた。へりくだって許しを請うことは少しも望んでいなかったが、自分が引き起こしたすべてのトラブルに対する良心の呵責に苦しんでいた。ストレスが彼女の健康に影響を与えた。嘔吐と下痢をともなって発熱の症状が戻ってきた。彼女が死ぬのではないかと、大公とコジモはヴィッラに急行した。それは絶対にするべきではないことだった。熱で患者の意識が冴え渡ることがある。大公とコジモを見たとたん、王女は激しく動揺し、すぐに部屋から出て行かなければ、物を投げつけてコジモの頭をぶち割る、と脅した。

ちょうどその頃ベルニーニがパリにいた。ルーヴルのファサードを設計するためにコルベールが招いたのだ。偉大な彫刻家＝建築家のフランス訪問に関するシャントルーの報告のなかにもマルグリット・ルイーズへの言及がある。それは彼女が本国で広く関心と同情を呼び起こしていたことを示している。

ある晩、ラレ侯爵夫人が娘を連れてベルニーニに会いに来た。[3] 彼女たちはベルニーニ作の王の胸像が実物にあまりに似ていることに衝撃を受け、フランスに来る途中でフィレンツェを通ったかと尋ねた。彼が通ったと答えると、トスカーナの王女に会ったかと彼女たちは尋ねた。ベルニーニは会っていない、しかし公子には会い、立派な風采の男性であると答えた。彼らはマルグリット・ルイーズの夫に対する反感について話し合った。誰であれこの問題を十分にたしかめればそれが取るに足りないことだと結論づけるはずだ、とベルニーニは意見を述べた。問題点を明確にすることができれば、簡単に対処することができる。結局のところ、女性の名誉は夫の欠点を耐え忍ぶ美徳のなかにあり、夫が世界でもっとも偉大な人物であっても、欠点を持っているのだ、と主張した。

わたし［シャントルー］は反論した。女性の天国であるフランスの宮廷で教育を受けた彼女のような王女であれば、フィレンツェでの女性たちの暮らしにおどろくだけのあらゆる理由がある、と。王女ぐらいの年齢の女性は義務のなかに喜びを見いだすといった特別な美徳を持ち合わせていない、と侯爵夫人も述べた。彼女がフランスを去ったときはまだ十四歳か十五歳であることと、あれほど立派な家系の出身であるためフィレンツェの人々が何らかの配慮をしてくれることを期待したのでは、とも侯爵夫人はつけ足した。ベルニーニは、生まれが高貴であればあるほど美徳を受け入れる能力は高くなる、と言い返した。そうした美徳は卑俗な人間には滅多に見いだされることはない、と。この誤解に対してなすべきことは、彼らの意志に調和がもたらされることを神に祈るだけだ。人間がそこに影響をもたらすことはできず、天上から来るものだからだ、とも語った。

この時代においてイタリアの高貴な女性たちは、性交を除けば身体を使った激しい運動には慣れていなかった。母から娘へと何世紀にもわたって女性たちは座っていることが多く家にこもりがちで、ほとんどオリエント風の怠惰な暮らしに浸っていた。マルグリット・ルイーズは新鮮な空気と屋外の遊びに夢中で、それを禁じられると頭痛や憂鬱症で苦しんだ。そしてどんなときでもお付きの人々を野原に引き連れていった。ひ弱な温室育ちの植物のようなお付きの人々が、このように乱暴な自然とのふれあいに苦しんだとしても不思議はない。この前年にはマルグリット・ルイーズが二人の侍女をひと冬のあいだ寝込むほど消耗させたことがあった。彼女はつねに自分勝手にふるまいがちで、デュ・ドファン夫人もその他のお付きの女性たちと同様にかなり乱暴な対応を受けた。

デュ・ドファン夫人は大公に次のように書き送った。

昨日、王女様は危険な山道を四マイルも歩かれました。わたしもはじめのうちは一緒に参りましたが、道があまりにも恐ろしかったので、あとに残りました。夜には早くに床につかれました。口では否定されておられましたが、とてもお疲れだったからです。お付きの女性がたは全員が王女様に劣らずお疲れでした。

第8章
最初の和解――公女アンナ・マリーア・ルイーザの誕生――新たな諍い――コジモ旅に出る（一六六七年）――二度目の和解――大公フェルディナンド二世の死

一六六五年十月三十日、ラッペッジとポッジョ・ア・カイアーノで何か月も過ごしたのち、マルグリット・ルイーズは子どもに会うためという口実でフィレンツェに行き、大公との面会を求めた。彼女は非常にきまり悪げに、宮殿のなかに再び自分の住む場所が欲しいことを表明した。大公は礼儀正しく、あなたはそれを奪われたことは決してない、と答えた。大公は彼女が戻ってくるのを心待ちにしていた。しかし、マルグリット・ルイーズが夫の心に大きな傷を残したという事実を彼女に隠すことはできなかった。そして王女は宮廷での自分の立場についてどのような保証が得られるかを尋ねたが、フェルディナンドはこの問題を話し合うことを丁重に断った。

続く五日のあいだ、すべての人々は大公が次の動きを示すか義理の娘が動くのを待つか、知りたくてじりじりしていた。十一月六日、マルグリット・ルイーズは取り決めなしに戻る用意があることを書面で伝えてきた。そこで大公妃は彼女をポッジョ・ア・カイアーノから連れ戻す手はずを整えた。

コジモはマルグリット・ルイーズが彼の信心深い心にかき立てた疑念を忘れ、戻ってきた妻を喜んで受け入れた。王女の性格に対する意見がどのようなものであれ、彼女が以前にもまして美しいことですべての者の意見は一致していた。そして長期にわたった別居期間中にコジモが厳格に禁欲を守ったことが、再会への強い熱意をもたらした。コジモはまさに宮殿の入り口で彼女を待ってキスし、その後二人は優しい言葉を交わしあった。「二人のあいだでは、愛によってもたらされた平和のうちにすべてが丁重に進行した」と記録にある。

その夜、コジモとマルグリット・ルイーズは喜劇を観劇した。翌朝、妻に挨拶をしようと現れたコジモはきわめて愛想よく受け入れられた。ためらいがちに妻のもとを訪れて朝の挨拶をする必要はすぐになくなった。そのような形式は免除されるようになり、大公は家系の将来に対してより安心していられるようになった。

ルイ十四世は喜んだ。

そなたがわが従弟のトスカーナ公子およびその家族全員と和解をしたとの知らせほど、余を喜ばせたものはない。この和解が、権威づくで余が関与するのではなく、そなたの自発的な意志でもたらされたことで、余の喜びはさらに大きい(1)。

マルグリット・ルイーズが服従する姿勢に転じたのには、デュ・ドファン夫人の如才のないアドバイスや二十歳という年齢の彼女に重くのしかかっていた退屈や孤独、そして表舞台で脚光を浴びたいという野心などが影響していた。

宮廷は歓声をあげて彼女を迎えた。それまでマルグリット・ルイーズがこれほど愛想よく、これほど魅力的であったことはなかった。公現祭〔キリスト生誕の際に東方の三博士が訪れたのを記念する一月六日の祭日〕の日にピッティ宮殿で宴が催された。マッティア公が十二節の前夜祭〔一月五日〕の王の役を演じ、マルグリット・ルイーズに対する礼儀正しい乾杯の音頭をとった。ふんだんにふるまわれたワインよりも、マルグリット・ルイーズの陽気なふるまいが同席者たちを活気づけた。

夏がくると宮廷はピサに移動し、王女はそこで心ゆくまで狩猟や釣りを楽しむことができた。次の冬はお祭り騒ぎで過ぎていった。一六六七年二月に行なわれた舞踏会で、彼女はそのダンスの優雅さとマスクを外したときの美しさであらゆる人を魅了した。大公自らダンスを楽しみ、紳士淑女たちは新しいフランスの流儀にしたがって手袋を着用した。マルグリット・ルイーズは甘やかされ大事にされてはいたが、その一挙一動は油断なく監視されていた。メディチ家の人々の不信はまだ払拭されたわけではなかったのである。彼女に仕えていた二人――ド・モンティ氏とその妻――は突然宮廷を去らざるを得なくなった。秘密裏に王女に手紙を運んだ嫌疑を受けたためだった。

自身の帰還の結果をマルグリット・ルイーズが不満なしに受け入れたわけではなかった。愛想よくふるまいながらも、彼女の心のなかは千々に乱れていた。再び妊娠すると、激しい運動熱が復活した。前の妊娠時と同じように馬に乗って乱暴に駆けまわり、流産しようとした。そうした激しい運動を禁じられると、彼女は果てしのない散歩に出かけた。舞踏会や喜劇の上演が催された。ふだん楽しんでいるすべての娯楽がメディチ家から惜しみなく提供されても、マルグリット・ルイーズは好きなようにやらせてもらえなければ大騒ぎをすると公言していた。彼女はハンガー・ストライキを始めた。飢え死にすると宣言したが、気まぐれは長くつづかなかった。インフルエンザの流行がメディチ家の人々の心配を募らせた。フィレンツェは一週間で八〇〇人が死に、マルグリット・ルイーズも感染して重態に陥った。そのとき妊娠八か月だったにもかかわらず、四人の侍医は彼女に瀉血を施し、八オンス以上の血を抜き取った。

王女は丈夫な身体の持ち主だったに違いない。一六六七年八月十一日、女の子が生まれ、アンナ・マリーア・ルイーザと名づけられた。王女の胸に膿瘍が再びできて、十一月には天然痘にもかかったため、髪を切らねばならなかった。当時の医師たちの無知にもかかわらず、こうした病気から彼女は回復した。

そして再び彼女は憂鬱にとらわれるようになり、コジモを自分の不幸の唯一の原因と見なすようになった。またもや激しい怒りと涙の嵐が吹き荒れる日々が訪れた。大公は息子をさらなる屈辱から遠ざけるためにいつもの方策をとった。

コジモは一六六七年十月二十八日にチロル経由でドイツに旅立った。叔母にあたる大公妃がインスブルックで彼のために盛大なレセプションを開いてくれた。コジモはお忍びの旅だったが、インスブルックからアウグスブルク、マインツへ移動する際には六十人の随行員を引き連れていた。シュヴァーベン地方に大きな被害をもたらしていた疫病を避けて、(この時期の川下りは危険ではあったが) 船に乗りライン川を下ってオランダへ向かった。

アムステルダムでは富裕なフィレンツェの商人フェッローニの家に滞在し、オラニエ公からもてなしを受けた。その当時オランダは商業の繁栄と海軍力の絶頂にあった。さまざまな国の大使がコジモを表敬訪問した。この国を祖国として選んだ偉大な学者や文学・哲学の大家たちも敬意を表するためにコジモに会って、そのラテン語の学識の深さに驚いてみせた。それは君主が言語を広く解し、母国を遠く離れて旅行するのがまだ珍しい時代だった。コジモはまさにそうした例外的なケースと考えられた。偉大な雇い人ハインシウスが彼の案内役をつとめ、付きっきりだった。

オランダ人たちがコジモを歓迎したのは、父である大公が科学の後援者にして保護者であるという評判が高かったことが最大の理由で、それは妻があれほど傷つけた彼の誇りを取り戻す助けになった。その後赴いたハンブルクでも彼は大いに満足を得た。そこでは叔父ジャン・カルロの友人であり、聡明だがいささか怪しげなところもある、スウェーデンのクリスティナ女王と会った。ただし彼がクリスティナの風変わりな性格を評価したとは考えにくい。おそらく彼女は同時代の多数派と同じようにふるまい、コジモにショックを与えたであろう。帰りは陸路をたどり、ニュルンベルク、インスブルックを経由してフィレンツェには八か月ぶりの一六六八年五月に戻った。

メディチ家の人々はコジモが外国で得た立派な評判に喜んだ。叔父のレオポルドでさえ彼に祝いの言葉を伝えた。だが妻の彼に対する態度は相変わらず、無慈悲で容赦のないものだった。彼女は夫の帰還でみじめな気持になり、夫と会うことを拒んだ。何度か逃亡を企てたという噂まで流れた。彼女がポッジョ・ア・カイアーノの窓から何人かのジプシーたちと話しているのを聞かれたことがあった。ジプシーたちの一団に身を隠して脱走しようというのである。また、バイエルンの修道院に逃亡することも熟慮し、そのためにドイツ語を習ったという噂もあった。

旅から戻ったコジモは相当な変貌をとげていた。より自信を持つようになり、健康状態も改善された。旅行中に受けた賞賛によってプライドはかき立てられた。それでもなお、彼は苦しんでいた。というのも、本国で名誉を回復し、家庭内での威信を取り戻すことを切望していたのである。自分に対する妻の侮蔑的な扱いがますます我慢できなくなっていた。当然ながら彼は不機嫌であり、その憂鬱があまりにも深刻だったので重い病気になるのではないかと心配された。旅だけが彼の気を紛らわせることができた。そこで大公は息子をさらに長い旅行に送り出すのがよいと考えた。こうしてコジモは一六六八年九月に大勢のお供を引き連れてバルセロナに旅立った。

バルセロナの総督と市当局がコジモに対して敬意を表することに熱心であったため、彼のマドリード到着は一六六八年十月二十四日まで遅れた。マドリードでは摂政と国王（カルロス二世）が非公式にコジモを謁見した。コルドバでは闘牛を見物し、トリル〔闘牛場の牛が出てくる牛舎〕の鍵を受け取る名誉を与えられた。翌年一月の終わりまでコジモはリスボンに滞在したのち、聖地コンポステーラへ向かった。そしてその後ラ・コルーニャに移動し、そこからイングランドに向けて船に乗った。

マガロッティ伯爵はこの旅のあいだに起こったことすべてについて詳細な報告を残した。同行者のなかに含まれていた画家たちは、コジモが歓迎され、滞在し、もてなされたすべての場所についてスケッチを残した。(2)

この年、一六六九年は――イーチャードの『チャールズ二世の生涯と治世』によれば――「トスカーナの公子の歓迎で始まった。公子はラ・コルーニャでポートランド・フリゴット号に乗船し、アイルランドのキングセイルとシリー島に寄港したのち、三月二十二日にプリマスに到着した」。

ピープスはコジモがブレントフォードに到着した直後に初めて彼を見かけた。そこで「殿下は彼に仕えるすべての紳士たちと一緒に食事をした。そしてきわめて大勢の人が、男と女を問わず、そこにやって来るだけの関心のある人々が、ダイニングルームに入ることを認められた」。ピープスは、まるでグランド・ツァー中の「殿様《ミロード》」についてイタリア人が語るような調子で、次のように書いている。(3)

イングランドで金を浪費し、この国を見るためだけにやって来たトスカーナの公子は、今日ロンドンの町に入った。その到着を待っていた人は大勢いた。われわれも彼を見かけたが、馬車が速い速度で通り過ぎたのでよくは見えなかった。しかし、美男子で感じがよく善良な人物と思えた。

明らかにピープスは、妻にあれほど嫌われたコジモの外見をほめ讃えていた。ピープスは日曜日にも何回かコジモを「公園で多くのきわめて美しい淑女たちといるところと、家に戻って夕食後に寝るまで」のあいだ見かけた。そしてヨーク公夫妻を訪問するのも見かけた。「彼自身および王にとって面倒な事態を避けるため、また両者にとっての余分な支出を避けるため（正式の賓客ではなく）お忍びの形で滞在するつもりであることを知った」。

四月十一日の復活祭にピープスは妻をセント・ジェームズ宮殿に連れて行った。「妻を宮殿内のクィーンズ・チャペルに連れて行った。それは初めてのことで、すばらしい音楽を聴いた……チャペルから出ると、トスカーナの公子が出てくるのに出会った。上品な顔立ちに黒い髪の太った男で、モーニングを着ていた。わたしと妻は今日の午後このチャペルの窓越しに彼を見かけた」。

チャペル所属の演奏者は全員がイタリア人で、指揮者はボローニャ出身のマッテーオ・バッターリアだった。（ピープスの『日記』に見られるように）英国人は何であれ外国のものを本能的に信用しないが、この時代、イタリア音楽がイングランドに入り込みはじめていた。ロード・ブラウンカー[4]は熱狂的なイタリア音楽ファンのひとりだった。そしてサー・ウィリアム・キリグリューはその頃イタリアへ歌手や演奏家、風景画家を送り込むのに忙しかった。

コジモはチャールズ王と宮廷からきわめて温かな歓迎を受け、オックスフォードとケンブリッジの両大学もコジモを歓待した。奇妙なことにその主たる理由は、彼の父がガリレオを教皇の迫害から保護したと考えられているためだった。教皇の権威に抵抗することがメディチ家のもっとも高貴な美点であるとはコジモは考えていなかったのだが、その彼がもっとも高名な大学教授たちからその点を長々と激賞されるのを聞かされたのである。

コジモがポーランドの王位を望んでいるという噂が流れていた。噂には根拠がなかったのだが、それは彼の自己評価を高めた。各国の大使に会うときには、「第三者のもとで」、たとえば王妃の宮殿で会った。スペインとヴェネツィアの大使たちはこうした言い分を受け入れ、コジモはその返礼としてスペイン大使夫人を訪問した。しかし、フランス大使コルベール・ド・クロワシー（偉大な宰相の弟）はコジモが傲慢過ぎると考えて距離を置いた。その結果、妻がスペイン大使夫人が与えられたのと同じ名誉を受けなかったことで、コルベールはいら立った。だが、なんとか自分の気持を隠すと、コジモのためにあらゆる種類の配慮を示した。コジモがすっかりだまされてフランス大使夫人を訪ねる意志を明らかにしたほどだった。コジモに仕える紳士のひとりが約束を取り交わすために派遣された。

コジモは約束した時間に現れた。二人の紳士に案内されて二階に行くと、三番目の紳士がやって来て大使夫人は外出中であると伝えた。おかげでコジモはすっかり怒って、「紳士たちに軽蔑の視線を投げかけ」、その場を去った。

チャールズ二世は五月二十四日「マダム」に書き送った。「トスカーナの公子とフランス大使のあいだの事件はここでは大きな反響を巻き起こした」。

大使に謁見するといった些細なことに二国間の友好関係がかかっている時代であった。ヴェルサイユにおいて儀式の典礼が必ずしも守られていなかろうと、ルイ十四世は外国に派遣している代表たちにはそれを守るように強く求めていた。そしてコジモも同じように自らの威信に関わる問題については敏感だった。チャールズ二世自身もコルベールの前任者を「満足させるのがきわめて難しく、ごくささいなことでも文句を言いたがる」人物であると気がついていた。コジモはイングランドからすぐにフランスを訪問する計画であり、マルグリット・ルイーズとの諍いを抱えている彼としては、ルイ十四世とその宮廷によい印象を与えることが不可欠だった。

どれほどの犠牲を払っても友好関係を望んでいた大公は、彼のパリでの代表であるゴンディ修道院長（宰相バーリ・ゴンディの息子）に命じてルイ十四世に償いを申し出た。

コジモはこうしたデリケートな交渉が行なわれていた六月一日にイングランドを離れた。彼がチャールズ二世に別れの挨拶を行った日にはすべての大使が顔を揃えたが、フランス大使だけは欠席した。

このような事情のため、コジモはフランスに入る前にまわり道をしなければならなかった。友人が大勢いるハーグを再訪し、その後アムステルダム、エクス・ラ・シャペル〔アーヘン〕とベルギーのスパ（ここでの温泉療法が流行していた）などを訪れた。そして大公からの「公子の配慮が足りなかったことに対する個人的な謝罪」を受け入れるように、ゴンディがルイ十四世を説得したことで、ようやくコジモはスダンで国境を越えてフランスに入った。立ち寄り先ごとに用意された立派な歓迎式典を経て、コジモはパリに到着した。パリではヴィトリ公爵が王の名代として彼を迎えた。

まず何よりも先にコジモは姑にあたるオルレアン公妃を訪ね、公妃はコジモに自邸への滞在を申し出た。しかし、コジモは自らの不運について彼女に強く責任があると考えており、トスカーナの駐在外交官の屋敷にとどまることを選択した。国王はコジモがつい先頃こうむった屈辱を償うために、彼に対して配慮を惜しまなかった。コジモとともに無蓋の馬車に乗って自軍の部隊を閲兵した。自らの宮殿や庭園、モニュメントを彼に見せ、議会の開会を宣言する荘厳な儀式に立ち会わせた。

コジモのためにサン・ジェルマンで喜劇が演じられ、前のシーズンのオペラが再上演された。恒例の楽しみになっていたヴェルサイユでの祝祭にも招かれた。これをマルグリット・ルイーズはいつも愛してきたが、コジモはひどく嫌った。

この機会のために準備されたバレエのなかでルイ十四世は技倆と優雅さを披露した。堅苦しいフィレンツェの若者がこれを見てどれほどおどろいたか想像できる。というのも、ルイはこのときに少なくとも五つの異なる役を演じたからだ。『テティスとペレウスの婚礼』〔テティスは海の精でペレウスの妻であり、アキレウスの母にあたる〕というこの演し物のなかで、ルイはアポロン、マルス、フリアエ、ドリュアスの神々のほかに廷臣の役を次々に演じた。だが彼のお気に入りの役はもちろんアポロンだった。

コジモの訪問が終わって、ルイはマルグリット・ルイーズに次のように書き送った。「そなたのためだけでも、従弟へは余からあらゆる歓迎を与えねばならないと思った。だが、彼の人となりをじっくり観察してみると、あのような歓迎が彼にとってよかったかどうか自問せざるを得ない」。

「マドモワゼル」は世辞をたっぷり含んだ絵筆でコジモを次のように描き出した。

あらゆる話題についてとても立派に話をなさるし、ヨーロッパのすべての宮廷でのやり方にも慣れておられる。フランスの宮廷でもなにひとつ不手際をしでかさなかった。

年齢（二十五歳）にしては太り気味だが、格好のよい頭と黒いカールした髪、大きな赤い唇、美しい歯並び、血色のよい健康そうな顔色、機知に富んでいて会話も楽しい。

彼と会った今では、この人物とまったくうまくいかなかったわたしの妹のほうが間違っていると確信を持てた。

それでも、「マダム」(5)から選帝侯妃ゾフィーに宛てた手紙から引用すると、「この尊敬に値するマドモワゼルの言うことはまったく信用できない。今日はあなたを喜ばせようとしていても、明日になればあなたを侮辱する。彼女は自分が聞いたことを針小棒大に繰り返す傾向がある……」。

すべての版画のなかで確認できるコジモの欠点をマドモワゼルは何ひとつあげていない。分厚い突き出た唇、広過ぎる額、とがった顎、形の悪い耳、ずんぐりとしてがっしりした身体つき、などがそれだ。

家族に宛てた手紙のなかでコジモは、国王を除けばフランスで出会ったのはうぬぼれと傲慢さだけだった、と嘆いている。興味深いことにコジモは『タルチュフ』〔モリエールの戯曲〕の最終版を上演する場に居合わせた。『タルチュフ』は一六六四年の初演以来かなりの改変が行なわれている。初演時には、宗教的偽善を皮肉る部分を宗教一般に対する攻撃ととらえた教権派が、上演禁止をかちとった。だが嵐は一六六九年までに峠を越し、コジモの訪問時には「当代一の大当たりの芝居」になっていた。

またもやそれは人生のもたらすアイロニーであった。コジモがその数年先の自分自身を予見できていたとすれば……。舞台の上に偽善のモデルを見つめているとき、彼はどれほどのことを理解できていただろうか？　わかっているのは、芝居のあとコジモは気分が悪くなって夕食をとらなかったことだけである。

コジモは一六六九年九月十五日までパリに滞在した。出発にあたって国王は彼にみごとなタペストリーと柄に宝石をちりばめた王自身の剣を贈った。そのときルイは語った。「(剣を渡したために)わたしの守りが弱くなったとは思わない。なぜならその剣は善き者の手にあるからだ」。贈られた剣についてルイに感謝するなかで、コジモは自分にはそれを上手に扱うだけの技倆がないことを明言すると、ルイは「われわれの武器があなたを助けるであろう」と答えた、といわれる。

コジモは十一月一日にフィレンツェに戻った。その頃マルグリット・ルイーズと義母との関係はかつてないほど良好に見えた。

コジモは王の愛想のよさに圧倒された。贅沢な気晴らしを含むヴェルサイユでの生活──「賭け事をする人々でいっぱいのサロン、毎日行なわれる狩り、夜には音楽」──を実際に目にしたことで、妻のフランス趣味を以前よりも寛大に許す気持に変わっていた。

一六七〇年の春は明るい雰囲気で始まった。コジモはヴェルサイユで見たものを思い出しながらバレエを企画した。それはラティウムへのアエネーアスの到着を題材にしたもので、マルグリット・ルイーズには重要な役が割り振られた。

大公が重病に突然陥ると宮廷は動揺した。水腫ができやすい彼の体質に対して、定期的な大食を勧めるサレルノ医学校の規範を遅ればせに、そしておそらく極端に適用したことはよい結果をもたらさなかった。医師たちは例によって瀉血をしつこく実践した。五月二十三日、セッティマンニは次のように書いた。

大公に前の日に処方された薬はまったく効果がなかったので、再び吸角が用いられ、水腫から一オンスの血が抜き取られた。鼻から《ポルヴェレ・カピターレ》を無理やり飲み込ませた。四羽の鳩を八つ裂きにして、粉をかけた上で、大公の額の上に載せられた。そして焼灼器が頭に当てられたが効果はなく、正午ごろには容体はますます悪化した。宮殿に教皇大使が到着し、教皇からの祝福が与えられた。翌朝、脈はまだあるものの、もはや回復の希望は消えてしまった。大公の聴罪師は、これほど衰弱しているのを見て、十時に聖遺物をその周囲に置いた。午後一時四十五分、大公は死去した。享年五十九歳で、四十九年間の治世だった。きわめて思慮深い君主であり、ヨーロッパの他の君主たちから高く評価されていた。

治世のあいだにますます高まった税負担によって大公の評価が低下していなければ、臣下たちがその死を嘆く声はさらに大きかっただろう、とセッティマンニはつけ加えている。スタイル氏なる人物[6]がストロッツィ宮殿の窓から大公の葬列の通過するのを見て、その死と埋葬について次のような報告を残した。

一六七〇年五月二十七日、大公フェルディナンドが卒中と水腫により死去した。四日後、彼の遺体は防腐処置が施された。八日のあいだ豪華な衣装をまとった遺体は壮麗な形で人々に公開された。その後サン・ロレンツォ教会に埋葬された。葬儀はまことに盛大であった。午前九時に始まり、終わったのは夜の一時だった。千五百人の修道士が蠟燭をかかげ、大公国のすべての司教と大司教が顔を揃えた。聖ステーファノ会のすべての騎士は白い絹と深紅のビロードでできたマントをまとって参列した。現大公が、弟のフランチェスコ・マリーア公に付き添われて、喪服のマントに身を包んでつづいた。棺のあとには人が引く数頭の馬が続き、大公の愛馬であるイングランド馬もいた。そして亡き大公の士官全員が折れたステッキを持って続き、スイス人衛兵たちは騎乗したまま葬礼の太鼓を演奏した。最後は膨大な数の六頭立ての馬車が行進して、葬儀をしめくくった。サン・ロレンツォ教会の扉で待っていた教皇大使と高位聖職者たちが遺体を迎え入れると、豪華きわまりない天蓋の下にそれを置き、死者を讃える言葉を唱えた。そして墓に遺体をおさめた。

第9章

コジモ三世の即位――一六七一年のジョヴァンニ（ジャン）・ガストーネ公子の誕生――大公妃によるフランス帰還の最初の企て――デュ・ドファン夫人――ポッジョ・ア・カイアーノへの大公妃の自発的追放

フェルディナンドの治世を振り返れば、それは長く続いた心地よい秋のイメージを与える。さまざまなアカデミーには爛熟した果実がたわわに実り、彼の宮廷の外見的な壮麗さ――ヴェルサイユに比べればきらびやかさでは劣るにしても、審美的な視点からすればその祝祭ははるかに洗練されており、フィレンツェの独創性はパリのそれを力強さで凌いでいた――そして何よりも、フェルディナンドは君主としてよりも温厚で優しい家父長として見られていた。

フェルディナンドと弟たちはフィレンツェの諸美術館を著しく豊かにした。ヴィットリア・デッラ・ローヴェレとの結婚によってウルビーノからもたらされた財産のなかには、ティツィアーノの横たわるヴィーナスやラファエッロのユリウス二世の肖像画があった。フェルディナンドは受け継いだ数多くの古美術品に、両性具有像《エルマフロディータ》や小神像《イドリーノ》、キケロの頭像やエトルリアのキメラ像などえり抜きの彫刻をつけ加えた。

一六四〇年にはピエトロ・ダ・コルトーナに対して、ピッティ宮殿の二階にある五つの広間にフレスコ画を描くよう命じられた。そしてフィレンツェの諸美術館は、ローマのそれと同様に、現在も残る十七世

『ウルビーノのヴィーナス』（ティツィアーノ画）

紀風の外観をとりはじめた。

画家の最上位をめぐってはサルヴァトール・ローザとボルゴニョーネのあいだで混乱に満ちた戦いが起こった。メディチ家の部屋はコルネリウス・ファン・プーレンブルフの細かな風景画で満たされた。いまでは旅行者たちは一瞥もせずにそこを通り過ぎている。ウィリアム・トマス・ベックフォード〔イギリスの小説家・美術評論家。フォントヒルに住んでゴシック・ノベル『ヴァセック』を書き、美術品のコレクターでもあった〕がプーレンブルフの最後の崇拝者だったのだろうか？「プーレンブルフの絵のような風景」という言い方は、フォントヒルのカリフが与えた高い賞賛の表現だった。

全体として当時流行していた宗教が芸術に浸透していった。宗教がオーケストラの指揮者となった。それはイエズス会のイタリア、対抗宗教改革のイタリア、ベルニーニのイタリアだった。フランシスコ・ザビエル、カルロ・ボッロメーオ、フィリッポ・ネーリといった新しい聖者たちの集団によって視野は広がった。

すでに見たように（ルーカ・ジョルダーノを通じてパオロ・ヴェロネーゼから受け継いだ）画家たちの理想は、目と心をともに感動させ、仰天させ、魅惑することだった。こうして感情は官能と混ぜ合わされ、その激しさはスモレットを次のように叫ばせた。

身の毛もよだつような殉教の題材に画家たちがあれほどの努力を注ぎ込んでいるのはなんと残念なことだろう。鞭打ちや十字架刑、十字架からのキリストの遺体の降架などのほかに、ホロフェルネスの首を持つユディト、洗礼者ヨハネの首とヘロデア〔サロメの母〕、睡眠中のシセラを殺すヤエル、十字架の上で身をよじる聖ペテロ、石に打たれる聖ステーファノ、身体じゅうに矢を浴びた聖セバスティアヌス、網の上で焼かれる聖ロレンツォ、生きながら皮をはがれる聖バルトロメオなどなど、他の多くの絵も同じぐらい恐怖をかき立てる。

バルベリーニ家に対するフェルディナンドの勝利、ローマのフランス大使館の特権をめぐって一六六四年に起きたルイ十四世とアレクサンデル七世のあいだの紛争をフェルディナンドが調停したこと、トルコ軍に対する皇帝の戦いを支援したこと、同時代でもっとも教養があって外交面でもすぐれた君主であるという評価、そしてルイ十四世の従妹とコジモの縁組みなどによって、メディチ家の威信は政治的に高まった。大公位の継承は確実なものと思われ、フェルディナンドの死はメディチ家の歴史のなかではそれほど不吉な出来事とは映らなかった。

だがこうしたメディチ家の秋が深まるあいだ、フェルディナンドは祖先たちが作り上げた時代遅れの支配原理を守りつづけた。課税可能なものには何にでも税金を課した。それが国庫にさしたる利益をもたらさなくても。

この地の君主はいたるところから金をかき集めている。たとえば、フィレンツェやリヴォルノ、そして他の土地でも「娼婦たち《コルテジャーネ》」あるいは売春をする女性たちから、彼女たちを許容し保護する見返りとして税金を受け取っている。そうしたわけで、これらの忌まわしき女性たちの誰かを侮辱すると、まるで世界でもっとも徳の高い女性を侮辱したかのように、処罰の対象となる。(1)

家や土地の売却にあたって、価格のうちのかなりの部分（少なくとも一割）が君主の懐へ行く。女性が結婚する場合には、嫁資の八パーセントを税として納めなければならない。告訴をする者は、賠償請求額の二パーセントを納税しなければならない。未経産の若い雌牛を売るときには一クラウンを納税する。籠をかかえて市場で卵を売る者でさえ、なにがしかの税金を納めねばならない。(2)

倹約政策をとったにもかかわらず、フェルディナンドは窮乏した財政状態をあとに残した。暗い影がトスカーナの上にさしていた。イギリスとオランダはポルトガルとスペインに急速に取って代わりつつあった。両国のマニュファクチュアはイタリアのそれに大打撃を与えた。(3) イギリスやスペイン、フランス、フランドルの商人たちが自分たちの羊毛と未加工の織物をカリマーラへ送って、フィレンツェのギルドだけが保持していた秘密の手法で染色・仕上げを依頼した日々は遠く過ぎ去ってしまった。その後、他の国々がそうした秘密をわがものにし、さらに改良を加えていた。

フィレンツェの絹織物と毛織物工業は十一世紀以来繁栄してきた。織布業は一〇六二年にウミリアーティ修道会の修道士たちによってもたらされたといわれている。あらゆる職業は細かく統制され、ギルドはその規約のなかに自分たちの製造法を記録していた。フィレンツェの人々は、祖先たちの方法を再び用いて、外国産の製品の輸入を禁止することでかつての繁栄を取り戻そうとした。

フェルディナンドは教会との駆け引きではつねに弱腰だった。一六二一年に父親コジモ二世が死んだとき、彼はまだ十一歳だった。彼の母であるオーストリアのマリア・マッダレーナと、祖母であるロレーヌ家のクリスティーナの二人が摂政となった。この二人はともに、ヴァロワ＝ロレーヌ家とブルボン＝ハプスブルク家という極端に宗教的な傾向の家系の出身であった。この摂政期間中に「女後見人たち《トゥトリーチ》」（と呼ばれた）は修道院を創建し、大公国内の修道士と尼僧の数を著しく増加させる活動に精を出した。ウルバヌス八世の希望にしたがって、彼女らは（結婚によってフェルディナンドのものとなった）ウルビーノを併合する機会を失い、（「天空の永遠の年代記に家系の名を記録した」とガルッツィが書いたように）木星の衛星を「メディチ家の星々《ピアネーティ・メディチェーイ》」と名づけたガリレオ（もう七十歳を過ぎていた）が異端審問の場に引き出されるままに放置した。

長い年月にわたって空気は淀んだままだった。カストロをめぐる戦争によってその空気は一掃され、フェルディナンドはいくらか威信を回復した。彼は教会の介入を抑えようとしたが、依然としてフィレンツェでは聖職者は強力な存在で、教会の権威はヴィットリアとコジモの精神にも強い影響を与えていた。

ペストとマラリアが住民の数を減少させた。この時点での国民の総数は七二万〇五九四人にすぎなかった。ピサの街路には草が生い茂り、豪壮な宮殿も住む人がなくなって朽ちかけていた。丘の上に孤立して立つ都市シエーナはマッティア公と没落した貴族の寡頭体制によって統治されていたが、ピサと同じように墓場のような空気で満たされていた。おもちゃ箱のような銃眼つきの胸壁と縞模様の塔に「中世的なもののすべてが集まっていて、中世趣味から抜け出すことができなくなっていた」。十七世紀の終わりになっても、シエーナの画家たちは折衷主義にとどまり、ルネサンスから長い時間が経過したにもかかわらず彼らの「表現の様式」は変化しなかった。より平民的な都市であるリヴォルノには、多くの特権を与えられてはいたものの、フェルディナンドの死の時点でわずか一万八千人しか住民がいなかった。たしかに平和であったが、沈滞の空気が立ち込めていた。静けさが存在したが、そこには麻痺が忍び寄っていた。

コジモ三世が父親のあとを継いだのは、いわば青春の輝きの絶頂の時期だった。だが、彼の青春とはどんなものだったたか！　盲信家と呼べるほどに敬虔な信仰を彼は抱いていた。あらゆる自由な思考を彼は許さなかった。妻からは憎まれた。彼の生活は教会と修道院を訪問することで成り立っていた。

妻と母、二人の大公妃のどちらも統治の名誉をコジモと共有することを望み、フィレンツェの人々はどちらが勝つか推測していた。コジモにとって妻から受けた屈辱を忘れ去るのは容易ではなかった。そしてマルグリット・ルイーズの軽薄な性格は、彼女をあらゆる重要な職務から遠ざけることになった。それに対してコジモの母は青年時代の彼を見守り、現在ある形に彼を作り上げた。政治についても、宗教の場合と同様に、ヴィットリアとコジモは同じような見方、考え方をしていた。母子がともに過ごす長い時間は、やがて息子が母親の言うがままになっている印象を与えるようになる。

コジモは新しい役割に熱心に取り組んだ。そして彼の統治の第一幕は穏健な性格のものだった。彼は父よりもまじめと思われ、そして父よりも堂々とした君主になることを決意していた。

外国からの訪問者たちは新しい君主から強い印象を受けた。そのうちのひとり、スタイル氏は当時次のように書いている。

> コジモ三世はこれまでに多くの土地を旅してヨーロッパの宮廷のほとんどを訪れてきた。ホメロスがすべてのギリシア人のなかでもっとも賢明な者として描き出したオデュッセウスの好敵手であって、ほかのことはともかく、広く旅をして「数多くの人々の慣習と都市を」見てきた。そして彼ほど偉大な書物を数多く読んできた君主はいない。その莫大な財産、高貴なる宮殿の数々、従者と廷臣た

ちは将校や衛兵などともあいまって、彼の宮廷をイタリアでもっとも壮麗なものにしている。さらに、彼は外国からの訪問者を喜んで受け入れる。それが高い身分の人物であれば、立ち上がって彼らを迎え、その後にワインや菓子などを贈呈する。

その腰の低さの一例としてスタイル氏が語っているのは、ポッジョ・インペリアーレの庭園でサー・ジョン・フィンチと散歩をしはじめてまもなく、毎晩外の空気を吸う習慣があったコジモと会ったときのエピソードである。

「駐在大使〔フィンチ〕はその機会にわたしを陛下に紹介してくれた。陛下はまるでわたしが同等の者であるかのように丁寧に挨拶をし、イギリスをほめ讃えて長くわたしと話をされた」。スタイル氏は大公とマルグリット・ルイーズの和解についても言及している。

即位した当初コジモは、何年もなおざりにされてきた臣下からのさまざまな要求や不満に関心を寄せた。そうした人々には直接自分に訴えるように呼びかけ、正しい決定を下した。コジモは財政状態を調べた。しかし、この喜ばしい熱意は長続きはしなかった。そして個人的なふるまいについては父親と違っていたものの、フェルディナンドが作り上げたシステムを全体としてコジモ三世も採用し、使いつづけた。

それまで政府の問題にかかわることを許されてこなかったヴィットリアは、長いあいだ挫折を余儀なくされてきた野心に新たな出口を与えられたことを喜んだ。生来の出しゃばりである彼女は、コジモの無気力を利用して、あらゆる問題に意見を述べ、それが尊重されることになった。

ルッカの大使の報告によれば、コジモは一日の半分を祈りに振り向け、政府の仕事は母親とそのお気に入りの人々に任せきりになった。国事のなかでは、弟である十一歳のフランチェスコ・マリーア公が、外国からの大使の着任と離任の際に謁見する役割を果たした。コジモより年長のメディチ家の血縁者としては枢機卿のレオポルドしか生き残っておらず、その彼にしても甥の行状を嫌っていたため、ローマに住むようになった。

ヴィットリアは権力の実質だけでは満足できず、権力の華やかさも望んだ。古い伝統が復活し、ヴィットリアは大公の私的な諮問機関である枢密院への出席を認められるようになった。その会議はのちには彼女の部屋で開かれるようになる。マルグリット・ルイーズはそこから排除されたが、息子フェルディナンドの教育に没頭していると彼女は主張していた。この息子もいまでは七歳になっていた。マルグリット・ルイーズは、その激しい精神がついにくじけてしまったかのように、失望のなかで黙ってしたがっていた。コジモはこれをまさに奇跡と思ったが、四人のフランス人スパイの存在が彼を不安にさせた。四人のうちの三人は、国王、オルレアン公妃、「マドモワゼル」が送り込んだ連中で、最後のひとりが、サント・メーム伯爵の親族の、タンボノーという謎めいた人物だった。この男について知られていることはごくわずかで、ルイ十四世の駐ローマ大使であるショーヌ公爵が「自分よりもはるかに強い権力を持つある人物の命令で」送り込んだということと、彼の使命がマルグリット・ルイーズをスペインびいきが危惧される義母と競わせることだったのは知られていた。

コジモはパニックに襲われ、再びデュ・ドファン侯爵夫人を呼び寄せようと考えた。この立派な女性は当時マルグリット・ルイーズの妹であるギーズ公妃の侍女をつとめていた。コジモはパリで侯爵夫人と何回か顔を合わせ、彼女に対する高い評価を再確認していた。一六七一年一月、コジモは彼女に対して国王とギーズ公妃にいとまごいをしてできるだけ早く自分のもとにきてくれるように頼んだ。コジモはゴンディにたくさんの手紙を書いてせかせた。ルイ十四世にも懇願をした。デュ・ドファン夫人だけが「大公妃の予想される放縦な行動」を止めることができる、とコジモは語っていた。

ルイ十四世は件の貴婦人を呼び寄せ、二時間のあいだ話し合った。数日後にもう一度彼女を呼んだが、結論は出なかった。

　コジモはますます神経質になっていった。タンボノーは、トリーノで天然痘に罹患したマザラン公を見舞ったのち、フィレンツェに戻っていた。そのことは彼がマルグリット・ルイーズと会うのを阻止する口実になった。しかし、彼女は、その当時大公の猟場だった、カッシーネで何としてもタンボノーと話す決意だった。

　いまやマルグリット・ルイーズはヴィットリアが彼女を閉め出してきた「枢密院」に加わることを決意していた。これまで何度もしてきたように、二人の大公妃は前例をめぐって激しく言い争った。デッラ・ローヴェレ家の女性がフランス王家の王女と対等の立場になることはあり得ない、とマルグリット・ルイーズは主張した。こうして両者の対立はますます激しくなった。

　コジモは母の側についた。宮廷の雰囲気は不機嫌に満ちたものとなった。「コジモは、ふたつの燃え上がる炎のあいだにいる自分を見いだした。彼はふたりの女性の気まぐれの犠牲者だった。妻は彼を羊のように従順に母にしたがっている、と叱責した。母は政治的ライバルに対して息子をけしかけ、もっと厳しく接するように彼に迫った」。実際のところ「ピッティ宮殿は悪魔の巣窟となり、早朝から真夜中まで口論と悪口しか聞こえない」と言われるようになる。

　前大公フェルディナンドの一周忌にあたる一六七一年五月二十四日、マルグリット・ルイーズの二人目の息子が生まれた。この子は母方の祖父ガストン・ドルレアンにちなんで、ジョヴァンニ・ガストーネと名づけられた。

　大公の視点から見れば、大公妃の主たるレゾン・デートルである子どもを産むという役割は十分に果たされた。いまやコジモは（血統の将来に）より強い確信を得て、妻の奇行や気まぐれを我慢する必要がなくなった。その年は過ぎていき、ルイはデュ・ドファン夫人を派遣することをまだためらっていた。

マルグリット・ルイーズの母親は歳をとるにつれて扱いにくい性格になっていった。最古参の、もっとも信頼されていた召使いのひとりが自分を殺そうとしている、と彼女は疑った。この男を投獄して二か月後の一六七二年四月に彼女は五十七歳で死んだ。母親を失ったこの時期に、ギーズ公妃からお気に入りの相手を奪うことはできなかった。

亡き母が保管していた手紙を収めた小箱を開けるときの証人になるように、ギーズ公妃から呼び出されたとき、ゴンディの無節操な好奇心は厳しい試練にさらされた。そのなかには「マダム」が隠れみのになってマルグリット・ルイーズとロレーヌ家のシャルル公のあいだで交わされた書簡があることを、公妃自身がゴンディに告げた。そこには大公妃の生活の秘密が記されており、ゴンディの主人を苦悩から永遠に解放するかもしれない証拠があった。しかし、ゴンディが大公妃の大きな力強い傾いた筆跡を確認するとすぐに、目の前で手紙は燃やされてしまった。自分の指がむずむずと動いたことをゴンディは認めている。だが彼は自由に動けなかった。デュ・ドファン夫人が同じ部屋で彼を見つめていたのだ。

一六七二年の初めにマルグリット・ルイーズはルイ十四世に自分の健康が非常に危険な状態にあることを伝えた。乳癌があると彼女は考えていた。自分が死ぬのを王が望まないのであれば、優秀な医者をすぐに送ってほしいと彼女は頼んだ。ルイ十四世は、王太后の同じような病気を治療した経験を持つ、老医師アリオを送ることを決めた（王太后へのアリオの治療は成功しなかったが、アヘンを五月の露に混ぜて処方したことがあった）。

コジモは医師の派遣を思いとどまらせるようにルイを説得したが、マルグリット・ルイーズが非常に巧みに懇願したため、アリオは八月二十六日に出発した。デュ・ドファン夫人の出発はアリオの診断の結果次第だった。ギーズ公妃は姉の心配を真剣に受け取っておらず、大公妃が自分で主張しているほど重い病気でない限り自分のお気に入りの友を手放すつもりはなかった。

デュ・ドファン夫人はコジモが自分に任せようと決意している仕事には適していないと内心を吐露し、時間がもう経過しすぎていると不満を隠さなかった。しかし九月の終わりになって、コジモはさらに執拗に彼女の派遣を求めてきた。ゴンディは最善の努力をした。ポンポンヌ〔この時期に外務担当国務卿をつとめていた〕を持ち上げて国王の説得を承知させ、ギーズ公妃にも甘言の限りを尽くして気持ちを変えさせた。医師アリオは九月二十三日に到着した。コジモは彼を宮殿内に泊めて馬車を提供し、ルイがしたように、費用をすべて持つことを約束した。アリオの診断書がコジモの将来に大きく影響するかもしれなかったからだ。

アリオはフィレンツェに到着した日の夜に大公妃のもとに参上した。マルグリット・ルイーズは愛想よく応対したが、自分の症状を説明することは拒否した。その後も二度アリオは彼女と会ったが、よりよい成果は得られなかった。フランスに戻らねばならぬほど病気が重いと明言してもらうためには、大公妃は内科医よりも共謀者を必要としていた。アリオを自分の立場に引きつけるためには時間が必要だった。しかし夫の疑惑を引き起こさないためには引き延ばしは不可能だった。しかたなく、彼女は考えていたよりも早く診断を受けることになった。

アリオはあるがままの診断を下した。彼は「胸に松かさの半分ぐらいまで肥大した小さな腺がある。変色もなく、悪性のものとは思われず、癌の徴候はまったく見られない」と書いている。「脾臓の動脈」が通常よりもやや速く打っているが、これはおそらく血流が多いことから来るものだろう。アリオの結論は、大公妃の心配には根拠がない、というものだった。

この診断はマルグリット・ルイーズの計画を台無しにしてしまった。コジモがこの知らせを聞いて喜んでいると言ったとき、彼女は氷のような冷ややかな態度で彼に対した。そして彼女はルイに次のように書き送った。「大公はこの上なく厳しい口調でわたしに言われたのです。わたしが自分といっしょに帰国しようとして病気のふりをしている、と優秀なアリオが語ったと。彼が賄賂を受け取っていないとは信じられません。陛下、大公の言葉がこれほどわたしを傷つけたため、わたしは彼をたわごとをわめき散らす狂人のように扱いました」。

癌だという主張が通らなかったため、マルグリット・ルイーズは自分が死にそうだとアリオに強く訴えた。五年のあいだ彼女は言葉に表せない苦痛にさらされてきた、というのだ。アリオは心を打たれた。彼女は身体ではなく精神の重い病気にかかっている、とアリオは理解した。そして彼女が仕掛ける計画に意図せずに引き込まれることになった。

十月十四日、アリオが大公に別れの挨拶をしたとき、大公をまごつかせるだけの勇気はあったが、マルグリット・ルイーズを助けるには十分ではなかった。大公妃の身体の状態を落ち着かせ、気分を一新させる必要がある、とアリオは語った。大公妃が「強すぎず、汗を出しすぎない」鉱水を飲む療法を行なうことを彼は提案した。ブルゴーニュにあるサント・レーヌの鉱泉が念頭にあった。彼の知る限りでは、イタリアにはそれと同じ効能のある鉱水はなかった。

それこそ彼が望んでいないことであるとコジモはすぐに医師アリオに対して表明し、アリオは急いで自分の無思慮な発言を訂正した。その水をフィレンツェに運んでくるのはいとも簡単なことである、とアリオはつけ足した。だがコジモはまだ満足しなかった。もしその水に効果があるとすれば、妻にはその鉱泉で治療を続ける理由ができてしまう。効果がなければ、遠い距離を運んできたために効能が失われた、サント・レーヌへ行かねばならないともっと強く言い張るだろう、と大公は述べた。そんなことが起こってはならないのだ。アリオはただちに提案を撤回し、三五〇枚のルイ金貨を報酬として受け取った。

コジモは妻に優しく対応しようとするたびに無礼な拒絶の態度に遭遇した。マルグリット・ルイーズがひとそろいのダイヤモンドを望むと、コジモはある品を贈った。はじめ大公妃はそれを喜んで受け取ったが、二日後に（あまり美しくないという理由で）返却してきた。「亡き大公から贈られた宝石」を彼女は望んでいたのだ。マルグリット・ルイーズがフィレンツェに到着したときに身につけるのを許され、婚礼のあとコジモとの諍いの種になった、あの宝石のことだった。それらの宝石は大公家に所属するもので、コジモですら自由に処分する権利を持たなかった。コジモが拒絶すると、彼女はコジモが自分を好きなように宝石を飾ったり剝ぎ取ったりできる奴隷のように扱っていると非難した。コジモは言い返した。もし彼女がその宝石を自分のものだと本当に考えているなら、前大公フェルディナンド二世が死んだときにそれらを返却しないように気をつければよかったのだ、と。彼はマルグリット・ルイーズの際限のない贅沢と自分の限りない寛容さを思い出させた。そしてふたりはある小間使いについて激しい口論を交わした。その小間使いを彼女は魅力的に過ぎると考えており、それはおそらく姑のお気に入りだという理由があった。また問題は小間使いではなく、ひとりのトルコ人の美少年だという者もいた。この少年にはコジモが洗礼をほどこしたが、人々は彼を「部屋係の小コジモ《コジミーノ・ディ・カーメラ》」と意地悪く呼んでいた。

　ガッルッツィの伝えるところでは、こうした止むことのない無礼にいら立ったコジモは、かなり前からマルグリット・ルイーズの近しい取り巻きだったドイツ人の馬丁二名とフランス人のダンス教師を解雇した。馬丁たちは彼女が馬車で出かけるときには馬に乗って同行し、馬車の窓近くにいて彼女と会話を交わすことがしばしばあり、彼女に悪意を抱くフィレンツェの人々から大いにスキャンダル視されていた。

　大公妃のダンス教師グランメゾンは重婚者だと噂されていたが、この男もマルグリット・ルイーズに対してなれなれしすぎると考えられていた。だが彼女は、これらの人々の解雇をあまり問題にせずに我慢した。次の話が語るように(4)、遠ざけられた三人の代わりを彼女の料理人が十分につとめた。

　コジモは大公妃の宮廷のすべての紳士淑女をフランスに送還させたが、たったひとりフランス人の料理人だけが残った。大公は孤独のなかで信仰に打ち込み、国家と同じように家族のこともローマ皇帝ティベリウスのように支配した。妻に対して許した娯楽は、毎晩行なわれる二、三時間の小さなコンサートだけだった。

大公妃はきわめて若く、このコンサートを退屈と感じた。あるいはおそらく、フランス生まれであるがために、イタリアの音楽に関心が持てなかった。そこで気晴らしのためにフランス人の料理人を呼び寄せていた。料理人は調理中に身につける帽子と白い大きなエプロン姿でやって来た。この料理人はくすぐられるのに弱く、あるいは弱いと自分で言っていた。その弱点を知っていた彼女は彼をくすぐらせて、彼が「くすぐったがりの人たちがするように」身もだえして叫び、うなる様子をおもしろがった。こうして大公妃は料理人をくすぐり、料理人が叫びながら部屋の端から端へと逃げまわる様子に大笑いした。

このような下品な悪ふざけに飽きると、大公妃は自分のベッドから枕をとって料理人の顔や背中を殴りつけた。料理人が叫びながら大公妃のベッドの下や上にまで逃げても彼女はさらに殴りつづけ、笑うのと殴るのに疲れると、肘かけ椅子に倒れ込んだ。おふざけがつづいているあいだ小編成のオーケストラは演奏を止めており、大公妃が座ると演奏を再開した。

この気品ある娯楽は大公が気がつくまでしばらくのあいだ続いた。だがある晩、料理人がひどく酔っ払ってふだんよりも大声で叫んだことがあった。大公の居住区は妻のそれから五、六部屋ほど離れていたのだが、騒音を聞きつけて何が起きているのかを見に行った。

コジモが部屋に入ったとき、大公妃は夫婦のベッドの上で料理人を枕で殴りつけていた。その異様な光景に震え上がったコジモは、ただちに料理人をガレー船に送った「しかし、その後に刑罰の停止に合意したと思われる」。夫としてよりも君主として妻を厳しく叱責したあと、コジモは二度と同じようなことをしないようにマルグリット・ルイーズに命じた。演奏者たちの前で厳しく咎められたことに大公妃は傷つき、自分の高い身分にふさわしい行動については何も考えず、すさまじく怒った。

一六七二年十二月二日、デュ・ドファン夫人が（その一週後にポンポンヌに書き送ったように）疲れ切ってフィレンツェに到着した。

わたしが来たことで、この大公家に平和がもたらされるなら、疲れなど気にもかけません。大公妃殿下には大歓迎していただき、わたしに会えてとてもお喜びでした。しかし、だからといってふだんの癇癪を起こさなくなるわけではありませんでした。大公妃殿下がとくに怒っておられるのは、（最後にあなたとお会いしたときに話した）奉公人たちの解雇についてでした。

事態をさらに悪化させたのは、デュ・ドファン夫人がルイ十四世からさえ隠しておいたほうがよいと思うような何通かの手紙が、コジモの手に落ちたことだった。大公妃は自分が罠に落ちてしまったように感じて、国王の側近のひとりで、絶望のなかにいた彼女が思い出した唯一の人物であるニコラ・ド・ゴモン[5]に、嘆願するような手紙を書いた。

トスカーナ大公妃よりド・ゴモン氏へ

フィレンツェ、十二月四日

わたしがどのような扱いを受けているかを、この手紙を運んでいる者がお伝えします。結局のところ、彼らはいまではわたしからデュ・ドファン夫人を奪い去りたいと望んでいることがわかりました。わたしが置かれている状況をおわかりいただけるでしょうか。わたしに対して献身の気持をおもちだと確信しておりますので、できるだけ早くここに来ることであなたの真心を示してくださるようお願いいたします。王様も反対なさらぬだろうとわたしは信じております。そしてこれこそあなたに本当に助けてもらいたい唯一の機会です。わたしの心の底にはそれ以外のことがないからです。あなたはわたしの永遠の感謝の気持を受け取られることでしょう。国王陛下に渡していただくように手紙を書いております。

マルグリット・ルイーズ・ドルレアン、トスカーナ大公妃
神の名において、わたしを見捨てないでください。

この手紙は大公妃の取り乱した状態を示す証拠だった。というのもコジモは、長旅で疲れ切ったデュ・ドファン夫人をすぐにフランスへ送り返すために、ギーズ公妃から苦労して引き離したわけではなかったからだ。デュ・ドファン侯爵夫人については安心できるようになっても、マルグリット・ルイーズは十二月十八日付けでゴモンに宛てて、同じぐらい落胆した内容の手紙を書いた。

亡くなられた王弟殿下（ガストン・ドルレアン）の思い出をあなたがまだお持ちで、殿下を愛しく思われるゆえに、わたしのことを気にかけてくださっていると信じております。わたしは国王陛下に自分の窮状を知らせました。どうか陛下がわたしのことを忘れないようにしていただきたいのです。あなたにお願いするのはこれだけです。そして国王陛下がフランスの外交官あるいは少なくとも紳士

をひとりわたしのもとに遣わされるようおはからいください。その方にはわたしの行動について忠実な報告を陛下にしていただきたいのです。

国王陛下にわたしがお願いしたいただひとつのことは、フランスの、あるいは陛下が選ぶ世界のどこででも（大公の領土内でも）よろしいのですが、修道院に入ることです。それが認められるかどうかはわたしにはわかりません。陛下の命令を待つあいだに彼らはわたしを埋葬してしまうでしょう。

わたしのことについてあなたにお知らせすることはもうできなくなるでしょう。この手紙を受け取られたら、どうかその旨わたしに知らせてください。わたしを忘れないでください。あなたに感謝し、あなたのお役に立ちたいとわたしほど思っている者はいないことを信じてください。

こうした絶望的な気分で彼女は最終的な決断を行なった。その場しのぎのやり方にはもう我慢ができなくなっていた。ピッティ宮殿の夫のそばで暮らしつづけるよりも、自分の自由な意志にもとづいて「自らを埋葬する」ことを望んだのである。彼女は自分のまわりのすべてに迫害者を見ていた。はじめは彼女の不満がヴェルサイユで哀れみの感情をかき立てたが、それが繰り返されるにつれて同情する人は少なくなっていった。トスカーナ大公妃と彼女の家庭内での苦しみは、しだいにうんざりさせるものとなった。太陽王は不愉快な知らせに腹を立てた。沈んだ表情を浮かべつづけるわけにはいかないからだ。マルグリット・ルイーズはルイ十四世の同情を少しずつ失っていった。

一六七二年十二月二十日、彼女はコジモに対してプラートの聖母マリアの腰紐〔プラートのドゥオーモに保管されている聖遺物〕を拝み、そのあとポッジョ・ア・カイアーノで食事をとる許可をつつましやかに願い出た。その季節ではフィレンツェからの道はほとんど通行不能で、ポッジョ・ア・カイアーノのヴィッラも彼女を迎えるための準備が整っていなかった。しかしコジモは、それが信仰の目的であるがゆえに、申し出を許可した。次の日、彼女はフランス人の一商人から価値ある宝石を買ってくれるようにコジモを説得した。コジモは価格が高すぎるとは思ったものの、見返りに得られる妻の感謝を考えて、それを買った。

十二月二十三日、激しい雨も気にかけずにマルグリット・ルイーズはデュ・ドファン夫人、侍女たち、彼女の侍従であるマルヴェッツィ侯爵とともに出発した。一行は馬に乗った彼女のあとを苦労して歩かねばならなかった。プラートでミサを聞いたあと、巡礼の一行はポッジョ・ア・カイアーノで停止した。そこで食事するあいだマルグリット・ルイーズは極端に陽気な様子だった。そして出発のときが来ると、フィレンツェには戻らない、大公あるいは国王が自分にもっと適した住まいを割り当てるまでここにとどまる、と宣言した。彼女はマルヴェッツィを使者にして次の手紙をコジモに送った。

> 今日までわたしはあなたとの信頼関係を築こうとして、できるだけのことをしてまいりましたが、うまくいきませんでした。あなたに対して思いやりを示せば示すほど、あなたからは軽蔑を示されてきました。長いあいだそれに耐える方法を見つけようと努力してまいりましたが、もうわたしの力ではおよびません。それがわたしの決意の動機で、この十二年間あなたがわたしに対してなさってきた非道な扱いを考えれば、あなたはおどろかれることはないものと思います。あなたとともに暮らすことはもうできない、と明言させていただきます。わたしはあなたの不幸をもたらし、あなたはわたしの不幸をもたらしているのです。あなたとわたしの良心を平穏に保つために別居することに同意していただきたいと思います。あなたと話し合うためにわたしの聴罪司祭をそちらに送ります。そしてフランスの修道院に入る許可をお願いする手紙を国王陛下に送って、陛下からの命令をここで待つつもりです。あなたにも同じことを許可していただくようにお願いいたします。もし是認していただければ、過去のことはすべて忘れることを約束いたします。わたしの行動に心を乱されることのないよう

に。わたしの心はしかるべき状態にあり、わたしが神を恐れ目の前の世界に対する畏敬の念を抱いている以上、不名誉な行為に走るようなことは決してありません。わたしが提案していることがわたしたちの残された日々において平和をもたらすもっとも確実な方法であると信じております。わたしの子どもたちはあなたに託します。

トスカーナ大公妃マルグリット・ルイーズ

コジモはすぐさま返事を書いた。

あなたの不幸とわたしの不幸のどちらのほうが大きいかはわかりません。わたしや他のどの人も、この十二年のあいだあなたに対する尊敬、思いやり、愛情を示すことに疲れたことはないのですが、あなたはずっとこのうえなく無関心でした。万人の賛同を得られることでわたしは満足すべきなのでしょうが、あなたが同じような真実を理解されることを望みます。そしてあなたがわたしのもとに送ると言われる聴罪司祭からあなたの意図を聞くつもりです。自分の思いを彼にわからせようとも考えております。またそのあいだに、しかるべき召使いと便宜をあなたが滞在されておられるヴィッラに派遣する命令を下しております……。

ここに並んでいる品位ある言葉はせめぎ合うさまざまな感情を覆い隠しているが、そのなかには傷ついたプライドと報復の欲求をまず見てとることができる。マルグリット・ルイーズの手紙は衝動的な彼女の性格にしては穏やかなものであったが、三人の子どもを永遠に見捨てることを示唆していたため、コジモは怒りで物も言えなかった。彼女は夫を苦痛に満ちた滑稽な立場に追いやった。もしマルグリット・ルイーズがコジモ一世の慈悲にすがらねばならなかったとすれば、彼女は生きているあいだはおろか、死んでからもフランスに戻ることは決してなかっただろう。しかしコジモ三世には残忍な行為は不可能だった。彼が妻を殺すとすれば、退屈で殺すしかなかった。

大公妃は隠遁生活を決意しているのか？　ならば、けっこう。コジモには彼女の行動を阻むつもりはまったくなかった。しかしながら、妻が世間から身を隠すことが彼にとってこの上ない屈辱であるという事実を認識せざるをえなかった。そうした感情は、彼が妻のために作成して署名した皮肉をこめた規則のなかにそのはけ口を見いだした。マルヴェッツィはポッジョ・ア・カイアーノから去ることは許されず、マルグリット・ルイーズの行動を報告しなければならない。大公妃が徒歩で外出するときには、「危険から彼女を守るために」付き添わねばならない、といった規則がそれであった。

当然のことながら、大公妃はフィレンツェに来ることは許されなかった。彼女が馬に乗るときには、四人のたくましい「槍持ち《ランチェ・スペッツアーテ》」（伍長の階級にあたる歩兵の下士官）が護衛につくとされた。デュ・ドファン夫人が「大公妃からちょっとした楽しみを奪うほうがよいと考えて」示唆したことから、彼女が所有する馬は取り上げられた。これは「山羊が通るような」山道を歩かされるというひどくつらい散歩を強いられたことに対する、デュ・ドファン夫人の報復だと噂された。

毎晩、召使い、門番と槍持ちたちは大公妃が使っている部屋の鍵を厳しくチェックした。「どのような身分や地位であれ」彼女に仕える者は誰ひとり、コジモの書面での許可なくして、ヴィッラを離れてフィレンツェあるいはその他の場所に行ってはならなかった。いかなる種類であれ、人手が必要な場合には、大公からの命令をもって人員を調達すべきであり、そうでなければ認められなかった。そうして雇用された者も、どれほど長く仕事が続くとしても、ヴィッラに寝泊まりすることは許されなかった。

「イタリア人であれ、外国人であれ、貴族であれ、平民であれ」大公妃に会うことは誰にも許されず、彼女の部屋に入ることも許されなかった。この面会禁止の規則は、コジモが例外を認めない限り、「大公妃ときわめて親しい者や血縁者」にも適用された。コンサートやバレエ、農民たちを踊らせるパーティーなどもすべて禁止された。マルグリット・ルイーズが何か意見を伝えるときには、コジモにではなく、コジモの主任国務大臣であるマルチェッリに申し出るものとされ、マルチェッリの命令は「大公自身から出たものとして」したがわねばならない、とされた。

これらの規則にコジモは考え抜いた皮肉をつけ加えた。

「大公妃が完全な行動の自由を享受されることを望む。どれだけでも好きなだけ楽しみ、召使いたちにかしづかれ、どんなときでもどんな人でも会いたい人と会えるように」。

この付け足しの部分を書きながら、コジモは満足していたことだろう。

第10章　大公妃はルイ十四世に帰還を懇願する――ルイはマルセイユ司教を差し向ける――彼女を宥める企ての失敗

つづく数か月のあいだ、コジモもマルグリット・ルイーズも自分たちの行動をルイ十四世に説明するのに忙しかった。ふたりとも彼の共感を得ようと必死だった。コジモは次のように書いた。「わたしとわたしの家族が経験した苦しみがどれほど大きいものだったか、陛下にはおわかりのことと思います。陛下のご支援以外にはそれに対する慰めは期待できない状態です」。

マルグリット・ルイーズは取り乱した調子で言いつのった。

大公のもとを去ったことで、ひざまずいて国王陛下のお許しを乞わねばなりませんが、彼とともに過ごすことはわたしには不可能でした。別居については最小のスキャンダルで済むようにことをすめました……陛下のことを考えて。大公に関していえば、わたしをいつも不親切に扱い、まったく無視したので、わたしも彼のことを少しも気にかける必要がないと考えていました。しかし国王陛下が喜ばれるようなことなら何でもする用意があります。わたしが現在置かれている不幸な状況から救ってくださいますよう陛下にお願い申し上げます。わたしをフランスの修道院に収容することを阻む何らかの義務を大公とのあいだで陛下がお持ちであるなら、バイエルンの選帝侯妃のもとに行くことをお認めになるように懇願いたします。侯妃は宮殿の近くに修道院を保有されており、そこでわたしは平和に暮らし、陛下のために祈ることができるでしょう。彼女はわたしの従姉で、陛下にとっても従妹であります。そして彼女の夫は陛下の同盟者です……。

陛下がそれをお望みであれば、わたしが差し上げる手紙は感謝と喜びの表現で満ちたものになるでしょう。わたしをここから、深い絶望から救っていただければ、わたしはこの上ない幸福にいたるでしょう。わたしが行く場所がどこであるかは問題ではありません。わたしを束縛する者の手から逃れることが問題なのです。歪んだ考えから束縛していたというわけではなく、わたしが彼の忍耐を失わせたのです。彼は自分をひどく哀れんでいるという話を聞きます。しかし苦しみの大きい者は自らを嘆きません。なぜなら彼がわたしに耐えさせてきたことすべてをわたしは語っていないからです。陛下がそれをお望みになれば、こうした苦しみは終わります。わたしは悔悛の思いを抱きつづけてもはや十二年になります。その思いはわたしが陛下に負っているものを思い出すことを妨げはせず、わたしが死ぬまで陛下にお仕えしたいという情熱を育てるのを妨げはしません。

ルイは困惑した。彼はマルグリット・ルイーズを見捨てることも、コジモを傷つけることも望まなかった。彼は自分が後ろ盾になった結婚が大失敗に終わったことに同意しようとしなかった。コジモに宛てた彼の手紙は礼儀正しいが、言質を与えない内容だった。妻の気持を変えるようにあらゆる手段を試みるようにコジモを説得していた。

マルグリット・ルイーズとの以前の経験がありながら、まったく前と同じ方法をルイ十四世が試みたのは奇妙に思える。立派な使節や聖職者たちがトスカーナに派遣されたが、無駄に終わっていた。ルイはマルセイユ司教のトゥッサン・ド・フォルバン・ヤンソンを彼女のもとに送り込む手はずを整えた。司教は国王からのこと細かな指示を携えて二月にフィレンツェへ向かった。ルイの態度は（自分のほうに傾いていると感じた）コジモを元気づけた。コジモが作り上げた規則は一定程度まで守られていたが、つねに抜け穴が存在した。

マルグリット・ルイーズは、自分がさらされている小さな侮辱に絶えずいら立っていた。聴罪司祭が彼女の部屋で過ごす時間が長すぎるとコジモは不満を表明した。フランス人の召使いのひとりは釣りのため遠出をするという大胆な提案をした。提案をこっそりと行なったことと、それが自分の提案だと言わないように大公妃に頼んだために、彼は解雇された。「そうした秘密めいたやり方をせずとも、網を投げたり、竿で魚を釣ったりするのは簡単にできる」とマルヴェッツィは書いている。

一六七三年二月のマルグリット・ルイーズの暮らしの様子を伝えるさまざまな文書には、食い違う点が多い。フランス王妃に宛てた手紙で彼女は自分自身を「あらゆる快適さを奪われ、怖ろしいほどの孤独のなかに生きながら埋められている」と書いているが、その一方で教皇大使書記は「大公妃はポッジョ・ア・カイアーノの楽しみを享受しつづけている」と報告している。彼女の宮廷に含まれる人の数はピッティ宮殿のそれに匹敵し、男女あわせて一五〇人以上にも達していた。マルグリット・ルイーズが孤独を嘆いていたとき、それは文字通りの意味ではなかった。彼女は自分の暮らしがどのようなものであり得たかを考えながら、不満を漏らしていた。フランスの宮廷であれば享受できていたはずの華やかさを考えていたのだ！　彼女はフォンテーヌブローで過ごした四日間を思い出していた。

そして今では彼女の生活は次のようなものだった。どこに行くのにも監視役が付き、あらゆる行動が報告の対象となった。だが彼女にも報復の手段があった。そしてこの小さな世界の監督というマルヴェッツツィの仕事は厄介なものになった。ある日のこと、調理場で大騒動が起こった。腹ぺこだった調理場の下働きたちが大公妃の食卓に頭も尾もない魚を出したのである。マルヴェッツィは全員を追放すると脅したが、彼らは飢え死にするつもりはないと反論した。大公妃が一人前の食事を欲するなら、下働きたちを生かしておくべきだ、というのである。

しかし調理場の反乱は、大公妃自身の反乱のいくつかと比べれば、児戯に等しかった。心ではどれほど悲痛な思いを抱いていたとしても、側近の前では陽気にふるまうことを彼女は心に決めていた。それを聞く夫を悔しがらせるためである。そして「司教の滞在中に彼女を楽しませるために」ヴァイオリン奏者をひとり雇うことを要求した。今では彼女は取り巻きを集めた前で優美に「パ・スール」を踊るようになっていた。あるいは彼女の侍女たちに自分の前で踊らせることもしていた。そしてマルヴェッツィはどこであれ大公妃に付き従うことを余儀なくされていた。滝のような雨のなかでの馬車で果てしない遠乗りや、彼には靴擦れを引き起こしても大公妃は疲れの片鱗も見せない、果てしない散歩などの際もそうだった。個人的な悲しい思いで駄目になるどころか、彼女の健康は改善された。以前にも増して活力を得たように見えた。

マルセイユ司教の任務を知るとすぐに彼女はコジモに宛てて決然たる手紙を書いた。

国王陛下がわたしのもとに徳の高さにおいて比類ないマルセイユ司教猊下を派遣されるということを聞きおよびました。司教猊下が到着される前にわたしがどのような感情をいだいているかをあなたにお知らせしておくことがわたしの義務と考えます。そうすればあなたは決断を下すことができますので。司教猊下がどのようなことをされても、わたしがあなたのもとに戻ることは決してありません。わたしは国王陛下に負っているすべてを無視しているのではありません。陛下の命令はつねにわたしにとっては犯すべからざる掟です。しかし陛下が事実を間近から（遠くからでも）ご覧になれば、わたしの言い分を理解されれば、わたしに強制されはしないでしょう。そして陛下ご自身がわたしをあなたのもとに連れて行くというのであれば、それにしたがうでしょう。なぜならあのかたがわたしの王であり、父であり、主人であり、わたしのすべてなのですから。しかしこの先もあなたとともに暮らすつもりはまったくありません。あなたと暮らすのはわたしには不可能であること、かつてそうしたのは自分の気持に反してだったこと、もう絶対に戻れないことをあなたが理解し、過去から学ぶだけの知性を持たれるように期待します。

一六七三年三月十三日、マルセイユ司教は三三人の従者を引き連れてヴィアレッジョに上陸した。ポンポンヌは司教にイタリアが儀式を重視する国であると断言しながら、イタリアの礼儀に関する司教の質問には答えられなかった。その結果司教はいささか不安になっていた。しかしコジモの歓迎ぶりは彼を安心させた。司教はまず最初にデュ・ドファン夫人と接触しなければならなかった。そして高貴な囚人と会うことになった。侯爵夫人は司教に警告をした。大公妃はエジプトのファラオのように頑なになっていて、コジモに対する彼女の反感を克服するのは不可能である、と。だが人あたりのよい司教は、他の者たちにはできなかったことを自分はできると確信していた。コジモも司教に対する信頼を抱くようになった。司教は次のように国王に書き送った。

大公に対する大公妃の反感には、夫婦間の通常の諍いの理由は皆無です。つまり、彼女の側は夫への嫉妬の疑いに苦しんだことはなく、大公の側も妃殿下の美徳は申し分がないとわたしに断言されています。それはこの地にいる誰もが認めていることです。すべては夫婦である二人の気質の違いと大きく異なる習慣から来ているのです。陰気で憂鬱質の大公は引きこもって孤独な生活を送っておられるのに対して、大公妃はあのように活発で陽気なかたですので、彼らがうまくいかないのも不思議ではありません。

彼女が求める気まぐれのうちの何かを譲歩してやれば、主たる問題である長年の反感は忘れ去られるだろう、と司教は考えていた。

彼は三月十七日にポッジョ・ア・カイアーノに行き、他のうわべだけの観察者たちと同じように、大公妃が「生まれつきの才気」の持ち主だと判断した。彼女は「生き生きとしていて才気煥発であり、勇敢で大胆」でありながら礼儀正しくもある、と見てとった。この種の告解者に対しては慎重にふるまう必要があった。まず何より「彼女の心に徐々に入り込む」ことが大事で、そのために彼女の責任感をほめ讃え、彼女の気まぐれにしたがった。話す時間はたっぷりとあり、彼女の信頼をかちえるためのよい機会はいずれ訪れると考えていた。

翌朝、大公妃が目覚める前に司教はデュ・ドファン夫人と長く話した。司教はまずはじめに自分の使命を忘れたふりをすると決められた。見た目上での彼の唯一の願いは、大公妃の楽しみに加わることとされた。

新しい仲間を見いだして大喜びのマルグリット・ルイーズは、このゲームに積極的に取り組み、善良な司教を骨抜きにしてしまった。一夕の催しが司教のために用意された。つい先ごろの謝肉祭に演じられた喜劇が披露され、宮廷のご婦人がたが司教の前で踊った。だが司教はそれほど喜んでいないようだった。というのも、彼は演劇が女性君主にふさわしくないと考えていたからだった。

マルグリット・ルイーズは上演のあとに司教を夕食に招き、喜劇を演じた衣装のまま彼の隣に座った。

会話はトスカーナの典型的なおどけ者の修道士であるサッコ神父の存在によって明るくにぎやかなものになった。マルグリット・ルイーズは手を打って笑いころげた。その様子はいつものような不謹慎なもので、司教の一行の紳士たちよりも大声だったので、司教はマルグリット・ルイーズが自分を冷笑していることを理解しはじめた。

翌朝、彼女と会ったことについて大公に報告するため司教はポッジョを離れた。司教は戦略を練りなおして戻ってきた。今度は率直にふるまうつもりだった。

大公妃はひざまずいて彼の話を聞く準備ができているように見えた。だが司教が口を開いたとたん、ドイツ語の教師とお付きの女性たちに率いられた演奏者たちが現れた。ヴァイオリンが響くなかで司教はあらかじめ入念に考えてきた訓戒の言葉を語りはじめた。その後、マルグリット・ルイーズは立ち上がると、軽く準備のためのトリルを発声してから、歌でその場の人々に感謝の意を表した。

司教は侯爵夫人から警告されていた任務の困難さ、狡猾さと頑固さが結びついた大公妃を理解するようになった。彼の助言にしたがってマルグリット・ルイーズに差し向けられた申し出はすべて、次々に拒否された。コジモが返却した馬を彼女は送り返した。彼女はすべてのことを受け入れるが、大公と会うことだけは拒否すると明言した。

パーティーがまた始まった。大公妃はユストゥス・スステルマンスをポッジョに呼び寄せ、司教がいる前で肖像画のモデルになった。そしてその後に司教を説得してポーズをとらせたが、それは頭部と肩までの肖像画だった。ダンスがあり、あらゆる種類の騒々しい気晴らしが行なわれた。大公妃は「まことに異常なほどの頑固さ」の持ち主である、と司教は結論を出した。彼は大公妃の聴罪司祭とフランス人医師の協力を求めた。聴罪司祭は彼らの話し合いの結果をマルグリット・ルイーズに伝えるようにデュ・ドファン夫人に頼んだが、彼女が拒否したので自分自身で伝えねばならなかった。聴罪司祭が言うには、大公妃が人と神の掟にかくのごとく逆らいつづけるのであれば、来るべき復活祭に罪の許しと聖体拝領を与えるのは不可能になる、と。マルグリット・ルイーズは反論した。わたしの良心に恥ずべき点は皆無であり、自分ではなく大公こそが責められるべきである。そして彼女はかつて十八か月のあいだ一度も告解をせずに過ごしたことがあり、罪障消滅を彼らが拒否するのであれば同じことをまたするだけだ、と語って司教を震え上がらせた。

司教はそれでも別の道、手段を探した。大公妃が不満を抱いていたおもな問題のひとつは、枢密院《コンスルタ》から閉め出されていることだった。彼女は姑を非難しており、それには根拠がないわけではなかった。司教はヴィットリアに働きかけ、この点での譲歩を得た。そのほかにマルグリット・ルイーズが嘆いていたのは、ピッティ宮殿で彼女に割り当てられていた部屋の不都合な――「(他者から見られずに)引きこもれるような小部屋さえない」――こと、自分の衣服や小物などに振り向けられる金がわずか三万スクードであること、「好きなときに行ける自分用の田舎のヴィッラ」がないこと、などであった。

こうした不満のすべてについて司教は解決する手はずを整えた。大公妃が夫の約束を信じないことがわかっていたので、国王がその履行を保証することを請け合い、彼女が満足するまで自分はフィレンツェにとどまる、と申し出た。たくさんの障害を除去し終えた司教は、マルグリット・ルイーズが折れてくるのを期待した。しかし彼女はきまり悪さをいささかも見せることなく、遠回しに自分の意見を述べた。彼女は間違いなく司教が言ったことや行なったことに大いに感謝し、彼の推論がすぐれていることを認めた。しかし「十二年もの長いあいだ自らの感情を変えようと空しく試みたあと、いまとなってはそうした感情を放棄することは彼女にはできなかった」。

司教のオプティミズムはまことにけた外れだった。自らの雄弁のすべてをもちいて彼女に「神への愛ゆえにこの致命的な反感を放棄する」ように説いた。大公妃はこの説得にもほとんど動じなかったが、司教に対して秘密を打ち明けた。ここで問題となったことがらは司教にとっては決して目新しいものではなかったが、それが大公妃自身の口から語られるのを聞いて彼は仰天してしまった。

司教が驚きに目をこすっている一方で、大公もある種の宣言を行なうことを彼に伝えてきた。それはまた同じぐらい深刻かつデリケートで、さらに状況を複雑化する宣言だった。

その間マルグリット・ルイーズは、以前にきわめて効果的だった、宗教的疑念の問題を再び持ち出してきた。大公の元に戻れば、彼女自身と大公を内縁関係《コンクビナッジョ》の罪にさらす可能性がある、と強く主張したのである。彼女はコジモに宛てて非常に説得力のある手紙を送った。良心の苦悶に耐えかねたコジモは神学者たちに意見を求めた。神学者たちの一致しない意見はコジモをさらに困惑させた。それらの意見について考え込み、妻を強制的に連れ戻すことで罪を犯してしまうことを考えて怯えてしまった。そして妻の怒りを静めようとして行なわれてきたさまざまな努力が成功することを恐れはじめた。

疲れ切った司教は次のように書き残している。「大公が相談した神学者たちは彼の宗教的良心を刺激した。そのため大公妃を夫の元に戻そうとするわたしの努力を中止するように望むようになった」。だが司教には明確な使命があり、ルイ十四世が命令を撤回しない限り、諦めることはできなかった。何が起ころうとも彼の妻を彼のもとに戻すために努力しつづける、と司教はコジモに伝えた。まったく気力を削がれることなく、ポッジョ・ア・カイアーノのヴィッラで四月十七日から二十八日までの十一日間を司教はマルグリット・ルイーズの説得に費やした。

ひとつにはコジモをいら立たせて彼女の出発を強く望むようにさせるため、またひとつには社会的な慣習をかなぐり捨てることを楽しんでいたため、彼女は自分の家で雇っている者全員を食卓に招いた――そこに座る最低の資格すら持たない者もふくめて。それは司教に衝撃を与え、彼女は下層民たちと同席することで楽しんでいるというコジモの主張の正しさを裏書きすることになった。司教が返却させた馬に彼女はようやく乗るようになったが、つづけて六、七時間も野原を走らせた。いつものように、疲労困憊したのはお付きの人々だけだった。馬たちはしばしばよろめきながら戻った。

しだいに司教は、この世にあるどんなものも和解をもたらすことができないと確信するようになっていった。しかし大公妃のもとを去る前に最後の試みを行なうことが自分の義務だと彼は考えた。司教は大公妃の寝室で数時間のあいだ一対一で話した。彼女の行動が罪深いものであること、子どもたちを見捨てたあとに彼女が後悔するであろうこと、そして国王は彼女の帰国――たとえ修道院に入るとしても――に断固として反対するであろうこと、などを語った。そしてさらにそれにつけ加えて、もし彼女がトスカーナを離れるようなことがあれば、ルイ十四世は他の君主たちが彼女に避難所を提供させないようにするであろう。この最後の非難の言葉を伝えると、失意の司教は彼女のもとを去った。司教は壁に頭を打ちつけたのである。そして壁は無関心なさまでおもしろそうに彼が倒れるのを見ていた。

一六七三年五月七日、デュ・ドファン夫人は司教とともに出発し、コジモは内心では彼らの失敗を喜んでいた。

第11章
ルイ十四世は別居に反対し、そして一六七四年に不本意ながら同意する――大公妃の隠遁のためにモンマルトルの修道院が選ばれる――一六七五年、大公妃の出発

デュ・ドファン夫人とマルセイユ司教が「秘密」を明らかにしたため、一六七三年八月二十二日にルイ十四世はマルグリット・ルイーズに次のように書き送った。

わが従妹よ。そなたの手紙を受け取り、そなたについて司教が語るところに注意深く耳を傾けた。そなたの話に心を動かされたことがいくたびかあったことは認めねばならない。だが、そなたに関わるすべてのことについて知れば知るほど、そなたが夫と別居し、夫のもとを去ることには賛成できなくなる。それは極端な解決法であり、そなたや余にとってはまったく価値のないものだ。不名誉な形でそなたがそうした手段に訴えれば、余から関心も保護も期待することはできない、と承知しておくように。

そこで問題となっていた「秘密」とは、もちろん大公妃とロレーヌ家のシャルル公のあいだの恋愛遊戯だった。コジモはシャルルからの情熱的な調子の手紙を数通押収していたが、運の悪いことに大公妃から

の返信は手に入らなかった。しかしシャルルの熱意が、ドイツ語を学んで（シャルルが大半の時間を過ごしている）バイエルンに行きたいというマルグリット・ルイーズの切望を生み出しているのではないか、とコジモは疑っていた。間違いなくマルグリット・ルイーズのドイツ人馬丁たちはこの書簡のやり取りで彼女に助力していた。押収された馬丁たちに宛てて書かれた何通かのメモは、きわめて不安にさせるような推測に根拠を与えるものだった。

愛にあふれた書簡のやり取りは、それがどれほど熱烈なものであっても、二人が遠く離れている限りルイ十四世の心を乱すことはなかった。こうした状況のなかでは、遠いドイツから書き送るシャルルの手紙は、ルイの立場から見るとプラトニックなものでしかなかった。王はトスカーナ大公と大公妃を一緒にさせようという決意にあくまでもこだわっていた。というのも、もし教会が彼らの結婚を無効とすれば、王自身が不法な結合に対して部分的に責任があることになるからだった。その上、そうした決定がなされた場合、高貴な血を引く君主たちが取り結んだ結婚のほとんどについて、教会によって、時間と子孫の誕生によって聖別化されたものであっても、その有効性に危険な疑惑を投げかけてしまうことになる。

だがコジモはいまでは妻を自分のもとに戻さないことを決意していた。彼は十月にデュ・ドファン夫人に次のように書き送った。「もし彼女がわたしのところに帰ってきたとしても、われわれのあいだにどのような感情が、どのような結びつきがありうるだろうか？　そしてわたしの良心の苦しみはどれほどのものになるだろうか？　この不幸な結婚の効力についてわたしは不安を抱くことだろう。どの面から考えても、未来については苦悩しか見えない」。

こうして奇妙な皮肉によって、コジモとマルグリット・ルイーズの両者はともにルイ十四世と争わねばならなくなった。ふたりの目的は異なっていたが、その熱意はほぼ等しかった。コジモは妻とともに暮らすことはまったく望んでいなかったが、彼女には一種の囚人としてトスカーナにとどまってほしかった。

彼女のほうはフランスに逃れる決意を固めていた。

五月十九日、大公妃は気分を変えるためにフィリーネの近くにある（サルヴィアーティ侯爵が所有する）サン・チェルボーネのヴィッラに滞在することを求めた。マルヴェッツィはこの要請が自分にとって厳しい任務になると見て、大公妃からの求めに応じないように宰相に請願した。問題のヴィッラをポッジョ・ア・カイアーノのような要塞に変えるには数か月が必要だとマルヴェッツィは主張した。しかしコジモはあえて妻の要請に反対する姿勢を示さず、彼女は六月三日にサン・チェルボーネに移った。

マルヴェッツィはすべてのドアと窓に錠とかんぬきを取りつけた。あらゆる場所に監視をおき、パトロールを巡回させた。大公妃はサン・チェルボーネに着くとすぐにポッジョへ戻りたがった。彼女は紫斑病を恐れ、彼女の侍医もこの懸念を裏書きした。侍医は「この土地の暑さのせいで大公妃の血色が悪くなり、血流が滞る」とコジモに報告した。しかしコジモは、ポッジョの空気のほうが良いとは考えず、七月二十七日までポッジョに戻ることを許さなかった。

マルグリット・ルイーズは七月の終わりの日々を、自分の不幸を数え上げる内容の、長大な覚え書を書き上げることに費やした。下働きたちをマルヴェッツィに対してけしかけていた料理人のグランダンが、その覚え書を清書する役目を引き受けた。

ときおりやって来る訪問者たちが彼女の孤独を慰めた。コジモの宮廷がピサに移動すると、彼女はフィレンツェに行くことを望んだ。しかしゴンディは、大公妃は大公の意志に公然と逆らうようなことをしないように、とマルヴェッツィに書き送った。

彼女はコジモからフランスの修道院に隠遁する許可を得ようと努力を続けていた。しかし彼女はそれまで宗教的義務を熱心に果たしてはこなかったので、コジモには信仰生活への希望が本物とは思えなかった。コジモはマルグリット・ルイーズに対して「神に教え導きたまえと祈るべきだ」と繰り返し説いていた。それに対して彼女は日々の暮らしを祈ることで過ごしている、と答えた。コジモを説得するために彼女はおどろくほど熱心にミサに出るようになった。

これは彼女が悔い改めていると信じるふりをするという、コジモの新しい気分に合致した。唐突に彼は「彼女の祈りと合流し、その祈りを王に委ねて判断を仰ぐ」と明言した。

マルグリット・ルイーズはこの重要な出来事を一六七四年五月十五日に次のような言葉で書きとめた。「尼僧になりたいというわたしの願いがあくまで変わらないかを大公は尋ねられ、わたしが肯定の答えをしたところ、国王陛下が選んだフランスの修道院に入ることを許していただけるよう陛下にお願いする、と大公は言われた」。

そしてマルグリット・ルイーズはコジモに宛てて、永遠に服従するという内容の二通の手紙を書いた。それは「神にそむくことなしには、心の平和をもって彼とともに暮らせないことを証明する」ものだった。この二通の手紙はそうした内容であったため、彼女は（トスカーナを去る前に）返却を求めたところ、コジモは「将来にわたって心の平安をもたらし、自分の決断に自信がもてなくなったときのために、自分が衝動的にではなく賢明に行動したことを示す証拠として、手紙を手元に置きたい」と返答した。それにつけ足して、その手紙を秘密にしておくことは自分にとって利益になるとも伝えた。そして、大公妃から相談を受けたローマの決疑論者たちのなかに、コジモとの結婚が無効であるとしてその意見を公表しようとする者がいることに彼は気づいた。

これが問題を一気に解決へ向かわせた。マルセイユ司教、デュ・ドファン夫人、ギーズ公妃がマルグリット・ルイーズのフランス帰還を許すよう国王に決意させるべく、コジモはゴンディに対して説得を命じた。ゴンディは国王が許すはずはないと繰り返した。

コジモの嘆きには哀れを誘うものがあった。妻を自分のもとに戻る気にさせるためにあらゆる方法を彼は試みなかっただろうか？　彼の永遠の救いが問題となったとき、彼女を力ずくでも戻すべきだっただろうか？　いや、そうではない。国王を問題から遠ざけるためだけなら、代わりに自らの不滅の魂に加えて妻の魂までもを失うようなことに決して同意はしなかっただろう。ゴンディには熱意が欠けているように思われ、まさにマルグリット・ルイーズが望んだようにコジモは彼にせっついた。というのも、マルグリット・ルイーズはトスカーナから立ち去ることを切望していたものの、コジモが彼女を遠ざけたと言われることを望んでいたのである。

国王は大公妃が修道院に入ることを切望しているのなら、なぜイタリアの修道院を選ばないのか、と尋ねた。ゴンディは答えた。マルグリット・ルイーズは、結婚生活を捨てるにあたって、自らを国王陛下に委ねるよりよい選択肢がないことと、彼女が国王陛下の保護下にあることを大公が望んでいる、と。

とうとうルイは、コジモがその伴侶に対して身分にふさわしい生活――修道院で暮らすとしても、監獄にいるようには見えない生活――を保証するという条件つきで、不本意ながら同意をした。マルグリット・ルイーズは国王の翻意を一六七四年六月七日に聞かされた。彼女は喜びを隠せなかった。フランス、パリ、太陽王の宮廷。彼女はそれらを再び自分の目で見ることができるのだ。夢が実現するように思えた。

解決を要する、こまごまとしたあらゆる種類の問題が残っていた。金銭、政治、儀礼などの問題である。それらの問題に対処できるのは、両方の側の秘かな願望を知っているデュ・ドファン夫人だけだった。だが彼女は年老いて健康もすぐれなかった。彼女は再びトスカーナへ赴くという使命をことわった。そこで彼女を頼りにしていると国王からお声がかかりデュ・ドファン夫人は無理やり出発させられた。おそろしく暑い気候のせいで、ヴェルチェッリに到着した頃までにデュ・ドファン夫人は疲れ果ててしまい、召使いたちには彼女がいまにも死にそうに思われた。そうしたお付きの女性のなかにシャラントンという者がいて、コジモのスパイ役をつとめていた。シャラントンはマダムの病状が重いことをコジモに伝え、その結果フィレンツェから薬が大急ぎで送られた。その薬のおかげでマダムは旅を続けることができた。そして一六七四年十月九日にようやくフィレンツェにたどり着いたときには、彼女は片足を棺桶に突っ込んでいた。

トスカーナ大公妃にふさわしい修道院を選ぶのは非常にむずかしかった。ロングヴィル夫人やラ・ヴァリエール夫人などの評判の悪い貴婦人たちがはびこっているような修道院や、ジャンセニズムに汚染されている修道院は、ふさわしくなかった。モンマルトルのベネディクトゥス修道院が、他の修道院よりも疑いなく「格が高い」点で浮上した。

コジモとデュ・ドファン夫人の両者ともこの修道院を選んだ。しかしゴンディが尼僧院長と交渉を開始すると、院長は反対の意見を山ほど持ち出した。騒動を引き起こすことで悪名高い大公妃を監視する責任を負うことに対して、院長はまったく乗り気ではなかったのである。修道院のなかで利用可能な部屋は二つしかない、と彼女は言い出した。ひとつは診療室の上にある部屋で、もうひとつはその地区の屑どもが集まるやかましい通りに面した部屋だ、という。

大公が妻のために別棟を作り、それは大公妃の死後には修道院の施設になる、とゴンディは請け合ったが、院長は譲らなかった。デュ・ドファン夫人はマルグリット・ルイーズに院長に宛てて従順な手紙を書くように忠告し、それでようやく院長も折れた。

マルグリット・ルイーズの将来を取り決める文書は、十二月二十六日にカステッロでデュ・ドファン夫人の立ち会いのもと、署名された。別離に関する諸条項は、マルグリット・ルイーズが将来をパリ近郊モンマルトルの修道院で隠遁生活を送ることを定めていた。さらに彼女は国王の許可なくそこを離れないことを約束し、王女としての特権を放棄し、召使いとして置けるのは修道院長が認めた者のみとし、その死にあたって所有するものはすべて子どもたちに遺贈すること、自らの品行を非難すべき点がないものとすることを厳かに約束していた。

その見返りとして大公は、すでに始まっていたその年については六万五千スクードの年金を、翌年からは八万フランス・リーヴルを与えることを約束していた。それに加えて、フランスへの旅費と転居のための費用として八千スクードと、一万スクードの価値がある銀器類、ダマスク織りとつづれ織りの二枚のタペストリー、異なる季節に大公妃が使うための二台のベッドが贈られた。

署名の瞬間はしかるべく劇的なものとなった。フランチェスコ・レーディはその様子を大公に次のように書き送った。

大公殿下にお仕えしたいというマダムの願いは強かったので、浣腸を受け苦痛のあまり死ぬのではないかと感じながらも、この文書に自ら署名することを望んだ。そして苦悶の声を上げながら文書に封印をした。

そして彼女は落ち着きを取り戻し、苦痛は和らいだ。任務を達成したデュ・ドファン夫人は、一六七五年一月二十二日に息を引き取った。

マダムの召使いだったシャラントンはマルグリット・ルイーズに仕えることになった。シャラントンは、ゴンディが彼女の女主人の死を知ればすぐに、大急ぎでマダムの文書類を押収しようとするだろうことを予測していた。彼女はただちにゴンディに手紙を書いた。それは書類が小箱に収められていて自分だけがその鍵をもっていることと、それを開ける前に自分の帰還を待つように助言する内容だった。

しかし忍耐はゴンディの数ある美徳のなかにはなかった。彼は自分が立ち会って小箱を開け、大公および大公妃との書簡を引き出したあと再び封印することをデュ・ドファン侯爵に提案した。寡夫となった侯爵の黙認のおかげで、ゴンディはそれ以前にすでにマルグリット・ルイーズの罪深さを明らかにする書簡を手に入れていた。そしてゴンディはデュ・ドファン夫人死去の知らせを聞いて、かつてギーズ公妃に件の貴重な小箱に彼女の封印を押すように要請したことを思い出した。寡夫の侯爵が小箱の錠前を開けないようにするためだった。彼はこうした予防策をとったことを後悔していた。というのもいまではギーズ公妃がいなければ小箱を開けることができず、公妃には当然のことながら信用されていなかったからであった。

ギーズ公妃は姉に対してさして強い愛情を抱いていなかったが、自分の家系の名誉が汚されることは望んでいなかった。大公妃の手紙がそのなかから見つかった場合にはすぐに破棄するという条件をつけて、彼女はゴンディに小箱の封印を破らせることにした。彼女の母の死後に、ゴンディがやっとのことで手にした文書類を火に投じなければいけなかったときと同じで、やきもきするような出来事の再現だった。だがゴンディの手はそのときよりも素早くなっていて――そしてそのことをなにがしかのプライドをもって認めてもいたが――こっそりと十通あまりの手紙を抜き取って自宅に持ち帰ることができた。しかしなんたることか、彼の抜け目なさが報われることはなかった。マルグリット・ルイーズの手で書かれた書簡は七通だけで、いずれもその内容は取るに足りないものだった。

大公妃はフィレンツェでもパリでも敵たちが自分に対して陰謀をめぐらせていることをよく承知していた。彼女は「野蛮なイタリア人たちの慈悲」の下にとどまる結果を恐れ、サント・メーム伯爵を自分のもとへ派遣してくれるように国王に嘆願した。

だがマルグリット・ルイーズが国王に召還されるかのように見えることをコジモは望まず、サント・メームの受け入れを拒否した。マルグリット・ルイーズがサント・メームの存在を利用して新たな難題を持ち出すかもしれない、というのがその根拠だった。（その後、代わりにゴモンが派遣されるが、大公妃と同席することもいかなる形であれ口出しすることも、文書ではっきりと否定されていた。その任務は「彼女に対する取り扱いの証人になることだけに限定」されていた。しかも彼がようやく到着したのは五月六日のことだった）。

したがってマルグリット・ルイーズは、困難な局面を忠実なペルティエ医師と自らの賢明さによって乗り切らねばならなかった。コジモは彼女が軽率な女だと主張していたが、自分の利害が関係してくると彼女は際立つほど分別をもってふるまうのだった。

マルグリット・ルイーズは、自分に約束された一万スクードの価値がある銀器の代わりとして、それに相当するイタリアの貨幣を受け取ることになると知ると、財務大臣のベルナルディと激しい論争をした。家具の問題は彼女が自分でそれを収用することで片づけた。大公の侍従長だったサルヴィアーティ侯爵がポッジョ・ア・カイアーノに着いてみると、あらゆる銀器——燭台、インクつぼ、水差し、シャンデリアなど——が陶器に取り替えられていた。大公妃は自分の身体を洗うために陶製のたらいをひとつだけ残していた。貴重な宝石がはめこまれたキャビネットと高い価値をもつ香炉はすでに荷造りが済んでいた。大公妃は最初の出産のあとコジモから贈られた首飾りも持って行くつもりだった。なぜならマルグリット・ルイーズは、彼女の言い方で「自分の正当な報酬なしで出発する」つもりはなかったからである。

それらにさらに加えて、彼女はダマスク織りのタペストリーとベッド二台、シーツと掛け布団二組（ひとつは刺繍入りで、もうひとつはタフタ織り）、足温器と「ミサに行くときのバッグ」（いずれも赤いビロード製でフランス・スタイルのもの）を要求していた。

マルグリット・ルイーズは出発前に施しを配った際に気前がよすぎたため、旅行中の予期せぬ出費と贈物のために用意されていた全額を数日で使い切ってしまった。彼女は、「道中で一文無しになるのは」いやだったので、追加の金額を要請せざるをえなかった。

フランスとスペインはその当時戦争中で、コジモは妻が乗船したガレー船団がスペインの艦隊と遭遇することを心配した。そのような冒険は、海戦に参加したいと口にしていたマルグリット・ルイーズには大歓迎だった。だがコジモは彼女の勇気を試したくなかったので、一行全員にトスカーナのパスポートを給付した。

解放のときが近づくにつれて期待は耐えがたいほど高まり、マルグリット・ルイーズは非常に静かで控えめになった。彼女に対する監視の目は強化されたが、このときだけは咎めようなくふるまった。

彼女が出発の前に自分の子どもたちに会いたいと願うのは自然なことだった。しかしコジモはそうした別れの苦痛に子どもたちをさらすのは賢明ではない、と伝えた。マルグリット・ルイーズはなおも主張し、コジモを説得した。一六七五年五月三十一日の手紙に彼女は次のように書いた。「子どもたちがカステッロに来る日を知らせていただくのを、一日千秋の思いで待っております。それに時間も。できれば朝の早い時間に彼らが来ることを望んでおります。そうすれば会っていられる時間が長くなりますので」。

子どもたちが到着すると、彼女は子どもたちを自分の前で踊らせた。そのあとは唐突に彼らを退席させた。マルグリット・ルイーズが子どもたちに深い愛着をもっていたとは信じがたい。しかし三人の子どものうち一番上のフェルディナンドはとにかくも彼女に対してなにがしかの愛情を抱いており、のちに父親と諍いを起こしたのは彼女のせいでもあった。

マルグリット・ルイーズの義母は、別れにあたって最後の訪問を求めたが、それは嫁の機先を制するジェスチャーだった。その理由として彼女は「わたしたちがつねに良い関係を保ってきており、そのままの関係が残れば」とても幸せだ、と六月四日に嫁に手紙を書いた。義理の叔父にあたる老練な枢機卿（レオポルド）と義弟である未来の枢機卿（フランチェスコ・マリーア）も同じようにマルグリット・ルイーズに別れを告げるためにやって来た。コジモだけが現れなかった。そのような会見の場で何か争いの原因となるような言葉が飛び出すのを怖れていたからだった。

こうしてマルグリット・ルイーズは一六七五年六月十日に、平和な村に絶えず騒動を引き起こしたすえに、ポッジョ・ア・カイアーノを去った。

六月十二日に大公妃はリヴォルノに到着した。一行には二七人の使用人が含まれていた。彼女がトスカーナに到着したときには一〇〇人以上だったのだ。彼女の希望でひとりのイタリア人兵士が一行に加えられていた。この兵士はリュートを演奏したからである。そしてまた歌手もひとり、モンマルトルへ連れて行くことを彼女は希望していた。

最後になってゴモンは自分に与えられた指示を無視して、マルグリット・ルイーズに彼女の聴罪司祭を、コジモを傷つけたすべての行為に対する許しを願って、コジモのもとへ送るように提案した。その代わりに自分もコジモを許すというのである。それが罠であることははっきりしていた。互いに許し合うことを受け入れれば、コジモは自分に責められるべき点があると認めることになってしまう。そこで彼は聖フランシスコ会修道士をひとり彼女のもとに派遣し、自分は重い病気で大公妃のメッセージを受け取れないが、彼女の魂の救済を祈りつづけるだろう、と伝えた。

形式は尊重され、ポンポンヌはストロッツィに次のように書くことができた。「この別居という不幸は、こうした品位ある形で行なわれたという事実によって、いくぶんかは軽減された」。

トスカーナで大公妃の出発が公にされると、民衆のあいだで「大きな悲しみの声」が起こった。彼女はじつに巧みに殉教者の役を演じたために、フィレンツェの人々はこの別離についてその夫を責めたのである。コジモは不機嫌で気むずかしい独善的な態度によってこうしたすべての非難を遠ざけた。彼は冷淡で人間味がないように見えた。一方マルグリット・ルイーズは共感を呼ぶような弱さを連想させた。彼女のささやかな欠点の数々は、その陽気さや快活さの想い出のなかに消えてしまった。

同じ一六七五年の十月十日に、たったひとり生き残っていたコジモの叔父である、教養高い枢機卿レオポルドが長年にわたる病気に苦しんだのち死去した。レオポルドは気品あるメディチ家の最後の人物であり、コジモ三世をわずかでも制御できる最後の人物だった。

第12章　妻の出発に対するコジモ三世の反応――神学というはけ口、ユダヤ人の迫害、政治的野心――パリへ帰還した大公妃

マルグリット・ルイーズが出発したのち、コジモの最初の反応として伝えられているのは、妻が彼に与えた「吝嗇」という評判を打ち消したい願望だった。その結果は、バルザックならば無礼なまでの贅沢と呼んだであろう、新しい生活様式であり、それは長いあいだフィレンツェでは見られなかったものだった。コジモは国民の窮乏を気にもかけず、地球上のあらゆる場所から自分の食卓にもっとも珍しく高価な香辛料を取り寄せた。彼の饗宴は故国の衣装に身を包んだ外国人の召使いたちが立ち並ぶことでいっそう華やかなものになったが、そうした外国人たちはワインやその他の贈り物との交換でやって来ていた。宣教師たちは東方から二人のインド人を、ツァーリはカルムイク人の男女一組を、デンマーク王は二人のグリーンランド人を、というふうにコジモのもとに送り込んだ。

大公の饗宴の豪華さは、出席する人々みながほめ讃えたが、コジモの暴飲暴食ぶりは彼らからの評価を下げることになった。この「敬虔さの模範」のような人物は他者に対して節制を説き、それを実践させるために臣下には重い税金を課したが、彼自身は歴然たる大食家のままだった。

肥育した去勢雄鶏の重さをテーブルで計らせ、二羽の去勢雄鶏が規定の二〇リッブラの重さに達してい

ないときには、まるで自分に対する個人的な侮辱でもあるかのように、その場から下げさせた。エキゾティックな砂糖菓子を食べては雪で冷やしたリキュールを飲むという食生活の結果、彼はすぐに異常なまでに肥っていった。それは病気につながった。体重を減らすために薬が処方されたが、かえって状態を悪化させた。というのも、両足が体重を支えることが難しくなりはじめたのである。彼は長生きしそうになかった。

トスカーナはその繁栄の頂点に達したと誤って信じられていた。コジモ三世は舞台効果に非常にこだわり、虚飾や儀式のための支出は彼の豊かさの伝説をふくらませた。フィレンツェを訪れた君主や大使たちは誰もが東洋風の華麗さに魅せられ、そこを去る際にはたくさんの贈り物をもたされた。こうした不必要な気前の良さによって、コジモは衰えるばかりの自らの威信が高まることを期待していた。彼の関心はささいなことだけに向けられていた。

一例をあげれば、有名な戦うアレッツォ司教だったグリエルミーノ・デリ・ウベルティーノの兜と剣を（フィレンツェ共和国の古い政令によって掲げられていた）サン・ジョヴァンニ教会から別の場所に移す命令をコジモは下した。戦場で死んだ僧侶を民衆の記憶に残すことは正しいことではない、というのだ(1)。

年間を通じてフィレンツェで行なわれる祝祭のなかで、カレンディマッジョの祭は最大の呼び物だった。朝早くに若者たちは自分の恋人の家のドアに「マイオ」を掛けてまわる。この「マイオ」とは、花をつけた灌木の枝で、リボンとキラキラ光る小物で華やかに飾られ、砂糖菓子や美味しい食べ物がつけられているものだった。声を合わせて歌うこともあれば、優美な形のティオルボ〔ネックが二本ある大型のリュート〕の伴奏で歌われる即興のストルネッロ〔十七世紀以降イタリア中部で流行した短い民謡の形式で、恋愛や諷刺を歌う〕やリスペット〔六行または八行の俗謡の恋歌〕もあった。それにつづいてリゴレット〔数人で手をつなぎ輪になって踊るダンス〕やジロトンド〔手をつなぎ輪になって歌いながらぐるぐるまわるダンス〕などの陽気なダンスが行なわれ、「一年の愛すべき女王」たる春の訪れを歓迎した。「たったひとつの花でも、詩の一行でも、楽しい考えでも、春の喜びを楽しみ、他者がそれを楽しむのを助けよ」とトスカーナ人たちは勧めていた。

コジモはこのような単純な感情には懐疑的だった。自然に対するあからさまな愛着を示すことは、モラルにとってまったくの有害と彼には思えた。臣下たちにはそのような異教趣味から距離を置くよう心から望んだ。そのために彼は「八人委員会」に命じて、「五月の歌を歌いながら通りを歩く娘たちに鞭打ち刑を与える」ことで、記録もないぐらい昔からつづいてきたカレンディマッジョの祭を中止させる政令を出させた。幸運なことにコジモはこの祭を抑えつけることに成功しなかった。小鳥たちに歌うのをやめさせるのは容易なことではない……。

このような罪のない祭が廃止される一方で、ほとんど道理もないような多くの祭が作られた。そのなかには見せかけの信心深さを強調する類の退屈なパレードや宗教行進も含まれていた。コジモはこうした祭に自身が目立った役割で参加することに誇りを抱いた。

コジモの敬虔な気質はユダヤ人たちを迫害することにもうひとつのはけ口を見いだした。彼はユダヤ教徒とキリスト教徒のあいだのあらゆる性交を禁じた。すべてのキリスト教徒は、年齢、性別、身分あるいは称号にかかわらず、ユダヤ人の家や店で働くことは禁じられた。この決まりを破ったものは誰でも五〇スクードの罰金を課せられた。罰金を払えない者は車刑〔車輪に縛りつけられる刑罰〕を二回課せられた。肉体的にこの刑罰に耐えられない場合には、四か月間の投獄に換えられた。

キリスト教徒の売春婦のもとを訪れたことで有罪となったユダヤ人はさらに厳しい扱いを受けた。このようなケースではユダヤ人も売春婦もそれぞれ三〇〇スクードの罰金を課せられた。もし売春婦がそれを払えなければ、ユダヤ人がその分も支払わねばならなかった。売春婦は、健康状態が許せば、真冬でも上半身を裸にされて執行官による激しい鞭を受けたあと、判事の裁定を待つあいだ監獄に送られた。

一六七七年七月一日、一六七九年六月十六日、一六八〇年十二月二十日と布告が次々に出された。その最後のものが間違いなくもっとも込み入った内容だった。それによれば、キリスト教徒の家族とユダヤ人の家族が同じ家に住んでいるケースがかなり存在した。かくのごとき悪習を一掃するために「この上なく徳高き大公陛下」は次のように命じられた。ユダヤ人と非ユダヤ人は、男であろうと女であろうと、既婚であろうと未婚であろうと、家族があろうとなかろうと、(部屋の区画がはっきりと分かれていても)同じ家に住むことは認められず、ドア、窓、屋根、テラス、井戸などの共用施設や連絡手段があることも認められない。

この命令にしたがわない場合は、五〇〇スクードの罰金がそれぞれの家長に課せられた。命令違反のケースを明るみに出した財務官庁や「宗教団体」、盲信家のスパイたちは、その行為によって千スクードの収入を得た。

フィレンツェは科学者と学識者たちの集まる場所ではなくなった。というのもコジモが彼らを「つねに哲学と科学のなかに異端の臭いを嗅ぎとることに没頭していた」異端審問からほとんど守ろうとしなかったからである。学識あるロレンツォ・ベッリーニがあまりにもひどい迫害を受けたために、ヴィンチェンツォ・ヴィヴィアーニは警戒のあまり師であるガリレオの手稿を干し草のなかに隠した。コジモは自国のもっとも傑出して才能ある臣下たちの何人かを外国の宮廷に派遣した。その理由はそうした人々を彼が追い出したかったか――あるいは彼らが自発的に亡命を選んだか、のどちらかだった。ロレンツォ・マガロッティ伯爵は大使としてウィーンに派遣されたが、その地で彼はおそらく自国でよりも高く評価された。

それ以外の人々は進歩的な勢力が念入りに排除されていることを嘆きながら、貧困と無視のなかでとどまった。

思いがけない事件が起こらぬ人生はたしかに健全ではあるが、人生を楽しいものにするにはなにがしかの趣が必要である。そしてコジモの人生には自尊心をくすぐるような夢がつきまとった。彼はメディチ家の栄光ある未来を実現する人物として自分自身を考えていた。そうすることで、ある意味では運命に打ち勝った。それまでの彼の人生が数本の骨を折ったことは事実であるが、きわめて重要なふたつの器官が無傷で残っていた。ひとつは彼の自己評価、もうひとつは世界の意見を尊重することである。このふたつが名声を享受するには不可欠だった。彼はつねに満足感を抱いていて、それが彼の生活の退屈な日課を救っていた。(2)

彼は自分がロレーヌ公家の継承者として認められることを夢見ていた。その当時のロレーヌ公はマルグリット・ルイーズに恋をしたシャルル（五世）だった。彼はポーランド王の未亡人で皇帝レオポルト（一世）の妹であるオーストリアのエレオノーレと結婚していた。そしてこの結婚から子どもは生まれそうになかった。ものごとの自然な流れとして、シャルルが後継者なしで死んだ場合、マルグリット・ルイーズが彼にもっとも近い相続人となり、彼女が亡くなれば、その長男であるフェルディナンド王子が継承者になる。

マルグリット・ルイーズはモンマルトルでこの問題をおどろくほどあけすけに議論していた。というのもシャルルの結婚に腹を立てていたからである。ゴンディは一六七八年七月二十二日にコジモに宛てて秘かに次のように書き送った。

モンマルトルの尼僧のひとりであるダルクール夫人との話し合いで、ポーランド王妃とロレーヌ公に関して大公妃が使った正確な言葉は、修道院長を通してのみ知ることができます。院長はわたしに、つねに誰にでも語っているように、こう言いました。ロレーヌ公が子を得ずに死ねば、ロレーヌ公国はマルグリット・ルイーズのところに来る、と。そのためダルクール夫人はロレーヌ公妃が妊娠していることを伝えようと決意し、これでマルグリット・ルイーズの期待は終わるだろうと考えた。だが彼女は、そんなことは問題ではないと反論した……。産婆を買収すれば、生まれてきた子どもを死なせるのはむずかしくない。それは皇后のお産のひとつで起きたことで、男の子が生まれたとたんに殺された。大公妃はこの企みを仕組んだ女を知っていた。この産婆はかなりの額の金で買収されていて、今はアヴィニョンで暮らしている。そして嬰児殺しはやろうと思えば簡単なことだ。赤児の頭にピンを刺すだけで確実に死に追いやることができる。とこんなふうにもうひとりの尼僧の前で彼女は話したので、その尼僧は震え上がった。

コジモはナイメーヘン条約の諸規定が遵守されることを強く望んでいた。ロレーヌがフランス領になることを望まなかったため、皇帝はコジモに好意的と思えた。しかし皇帝の好意は実質のないものであることが判明する。そうなるとコジモの士気は情けないぐらい低下した。彼はこの件を主張するにはルイ十四世を怖れすぎていた。ルイ十四世の従妹にあたる妻がいたからこそフランス宮廷を頼ることができた彼だったが、いまでは困惑せざるをえない関係になってしまっていた。（ウィーン駐在大使の）マガロッティは、迷いがちで安定しない羅針盤によって舵取りをしなくてならないことを、トスカーナの大臣たちの臆病さと無気力を嘆くしかなかった。彼に言わせれば、大臣たちは小さな子どものようだった。学校の話をすれば、たちまち怒りだす子どもたちだった。

マガロッティはウィーン駐在大使という自身の立場が屈辱的であると強く感じており、友人のひとりに次のように書き送った。

われわれが抱える最大の難点は、自分たちのせいで世界がわれわれについて抱くようになった意見のなかにある。つまり、われわれに期待されているのは、あらゆること、あらゆる人に対して善意の言葉や服従を前提とした大いなる抗議、尊敬を示すことのみであり、生じうる最小限のリスクさえ犯さないことである。われわれの利害がほとんど考慮されないことはそこから来ている。というのも、大変動のなかで未来を見つめて明確な行動の指針を守ろうとするより死滅しようとしている家系のために、術策あるいは狡猾さを駆使しようとする者がいるとは期待できないからだ。

コジモの政治的な書簡で使われていた大げさな言葉遣いは、多くの人々をおもしろがらせた。だがそうした言葉遣いは彼がロレーヌを獲得するのにも、国王陛下あるいはイスラエル王などの称号を得るのにも役に立たなかった。イスラエル王の称号を皇帝に願ったのは、「かつてイスラエル王国を支配したピサを保有しているからで、それはサヴォイア家のキプロス王国に対する主張と同じ根拠がある」という理由だった。

コジモの書簡がウィーンにもたらした嘲笑も、彼の妻がパリで引き起こした騒ぎと比べると何ほどのこともなかった。マルグリット・ルイーズは、ようやく得た自由に満足せず、ポッジョ・ア・カイアーノで過ごした日々についてコジモに容赦なく復讐したがっているようだった。

コジモの駐パリ公使であるゴンディは、マルグリット・ルイーズの毎日の様子を細部にわたるまでコジモに報告する義務を負っていた。どんなうわさ話でも報告せずに見過ごしにすることはなかった。そしてゴンディから送られてくるどの手紙も、経験によって厚くはなっていなかった大公の皮膚に、新たな傷を負わせた。

まずはじめに大公妃の手当に関する不満が持ち出された。コジモが毎年支給する八万リーヴルでは彼女の身分にふさわしい生活を維持するには十分ではない、という主張である。マルグリット・ルイーズはすぐに、わざわざパリまでやって来たのは自分自身を修道院に埋葬するためではない、ということを示すようになった。

当初は運命を甘受しているような様子が、彼女の若い頃を知っていた人々に強い印象を与えた。彼女の肉体的外見の変化にはすべての人が気づいた。セヴィニェ夫人はその点について「倦怠のあとが彼女の顔に感じられる。彼女はきわめて徳高く、悲しげであり、同情をさそう」と娘に書いた。マドモワゼルには、マルグリット・ルイーズがやつれて衰弱しているように見えた。彼女に言わせれば説教師たち（そのなかにはブールダルーもいた）は退屈で、教わるものは何もなかった。現世の喜びの虚しさをわからせるために与えられた宗教的な書物も、彼女をうんざりさせるだけだった。

国王は彼女をオペラに招き、謝肉祭のあいだに開かれた舞踏会にまで招いた。そしてヴェルサイユでの四日間の滞在も許したのだが、こうした自由はモンマルトルの尼僧院長にとっては心配の種だった。院長はコジモに書き送った。「主君が命令される以上、頭をたれてそれにしたがうほかありません。ヴェルサイユで四日間を過ごしたあとでは、孤独をいっそう疎ましく思われ、それを我慢される忍耐心も小さくなるのではないか、とわたしは恐れております」（一六七六年一月十七日）。

王弟殿下が大公妃の友人、助言者となった。彼はマルグリット・ルイーズと同じぐらい派手で浮ついた会話を好み、彼女は国王に知られるほどおしゃべり好きになっていった。自分の暮らしを語るのに疲れを知らなかった。馬車や所有する馬、女騎手《アマゾネス》としての自分の技倆などを語ってやまなかった。乗馬用に男性向けの衣装――小さな鬘、男物のジャーキン〔袖や襟のない胴着〕、ネクタイなど――を注文した。「大公妃は半ば女性、半ば男性の衣装で出歩こうとしており、それは余生を瞑想の平和のうちに過ごすことを望むと宣言した者にはまったくふさわしくない。大公妃は公然と公の場に出ようとしているのです！」とゴンディは書き送った。

コジモが彼女をフィレンツェに連れ戻そうとしたのはこの頃のことだった。彼はマルグリット・ルイーズが自分の許した以上の自由をパリで獲得することを恐れていた。イタリアであれば行動をコントロールできると考えたのだ。非公式の使者として派遣されたベルナルディーノ・グァスコーニが権力・金・独立の約束とともに彼女に打診をしたが、大公妃はどれほどの代価を支払われてもモンマルトルの「静かな生活」を放棄することはないと答えた。

彼女の妹たちとゴンディ修道院長は、宮廷がマルグリット・ルイーズに不満を持つように最善を尽くした。九月にマルグリット・ルイーズは黄疸にかかり、それは彼女の美しさにはプラスにならなかった。症状を隠そうとして倍量の頰紅を塗り、明るい黄色の鬘をつけたが、国王と王弟殿下はそんな風にごてごて飾り立てるように尼僧院長が助言したのかとからかうように尋ねた。

マルグリット・ルイーズはみすぼらしい従者をひとり連れてパリとモンマルトルをひっきりなしに行き来していたので、宮廷では一風変わったボヘミアンと見なされていた。そして彼女は宮廷での評判を気にしていた。つねに乗馬の技術を自慢していた彼女なのに、臆病な乗り手だと宮廷では批判された。それはサント・メームのせいだった。というのも、マルチェッリに自慢したように、彼は意図して乗馬の危険性を誇張していたからだった。マルグリット・ルイーズの馬好きが自分の主張を圧倒しないことが狙いだった。彼は次のように書いた。「わたしはいつも何か口実を見つけては、馬好きを抑えるために、彼女のもとに手に負えない馬を連れていった。大規模な乗馬の会合に参加した貴婦人たちに起きた事故を見かけた話を、妻とわたしはよく彼女に思い出させた」。

そのサント・メームでさえ彼女にダンスをあきらめさせることはできなかった。大公妃は修道院のなかで週に四回、王太子のダンス教師デゼールについてレッスンを受け、ゴンディはうんざりしながらそれを見なければならなかった。ある日マルグリット・ルイーズはゴンディに向かって楽しそうに言った。ダンスは乗馬とはまったく違った罪であり、舞踏場を造るため大公に五万スクードを払わせたのはほんとうに滑稽なことだった、と。これに対して修道院長がなにがしかの辛辣さを込めて言い返せたのは、「人の好みは好きずきですから」ということだけだった。

ロドカナーキが指摘しているように、マルグリット・ルイーズは生涯を通じて「はじめのうちは他者を楽しませて魅惑するが、のちにはもっとも親しかった人々さえうんざりさせる」のがつねだった。相談相手がほしいときには、ポッジョ・ア・カイアーノでのときと同じように、卑しい素性の人々を身のまわりに置くのが彼女のやり方だった。彼らはシャレード〔ジェスチャー・ゲームの一種〕に興じ、大公妃のなぞなぞの相手をし、のちになると大公妃に引き立てられていることを自慢した。そのようなふるまいがスキャンダルを招くことをマルグリット・ルイーズは承知していたが、ゴンディに彼女が語ったように、「他の人々が考えているよりも自分が尊敬される存在である」ことを知っていたためまったく気にかけなかった。

ロレーヌ家のシャルルが結婚したせいで、彼女は嘆かわしい連中とのつき合いでそれを忘れようとした、と指摘する者もいた。黄疸から回復したずっとあとでも、彼女は頬紅を厚く塗ってつけぼくろをつけていた。例によってずけずけものを言うマダム(3)は国王の前でマルグリット・ルイーズのそうしたふるまいを批判し、彼女自身とその夫をも笑いものにしていると語った。マルグリット・ルイーズは、王妃とモンテスパン夫人を真似ているだけだと反論した。大公がそれを非難するようなら残念に思うが、このような問題について大公が意見を表明することは許さない、と述べた。この出来事は宮廷において悪い印象をもたらし、国王が彼女を毛嫌いする結果となった。

魅力的なルヴィニ伯爵(4)との恋愛沙汰にかかわっているという噂があった。仲介役をつとめていたと考えられる彼女の召使いのひとりが、たまたま胸から恋文を落としてそれが見つかったという話もあれば、モンテスパンの意地悪な罠だという者もいた。ゴンディはコジモへの手紙のなかでそれには言及していない。もっと刺激的な出来事が彼を待ちかまえていたのである。

馬丁としてフィレンツェでマルグリット・ルイーズに仕えていたアレクサンドルという男がリュクサンブール公の近衛隊副官となっていたが、あちこちのコーヒーハウスで自分の恋人の数多い魅力を「彼のような身分の男には似合わない調子で」披瀝していた。そしてしばらくすると、副官と同じ近衛連隊の兵士だったメランクールという男が寵愛を自慢しはじめ、それはまったくの想像の産物ではなさそうだった。大酒飲みで粗野な男だったが、大公妃は彼と一緒にいることに限りない喜びを見いだした。彼と一緒に修道院の面会所にいるときにはどんな理由があっても邪魔をしないように、と彼女は命じた。

大公妃の使用人は、誰であれ彼らのことを悪く言ったり、大公妃が彼を受け入れるやり方について何か話したりする者は、ただちに解雇すると警告を受けていた。メランクールが衛兵勤務があるときにはふたりの面会は夜の十一時まで続いた。それ以外の日には彼は修道院で眠った。マルグリット・ルイーズは彼のためにサント・メーム伯爵のアパルトマンにベッドを用意させた。こうした成り行きを阻むものはなかった。

王に訴えても無駄だとゴンディは感じていた。「女性たちに対する王の寛容さははなはだしく、女たちがなすことすべてをかばうほどだ。王の周辺からは厳しい姿勢はまったく期待できない」と彼はマルチェッリに書き送った。

ルイ十四世は従妹が誘惑に弱いことをかばっただけではない。それをおもしろがってもいた。しかしながら、ある日国王はリュクサンブール元帥に、衛兵のうちのどの男が大公妃のお眼鏡にかなったのか尋ねた。国王はちらりとその男に目をやると、「このような低い出自の男をわたしの衛兵にしておくことは望まない」として、彼をその場から遠ざけた。

メランクールと大公妃の親しさはますます強まっていった。メランクールは彼女の肉体的魅力について下品なお世辞を口にし、乗馬に同行した。そしてこの上なく増長したあげく、恋敵のアレクサンドルに嫉妬して無礼な当てこすりにわれを忘れた結果、解雇された。アレクサンドルがそれまでゴンディのスパイだったことがわかったのはそのときだった。修道院長はマルグリット・ルイーズがメランクールを雇うのを思いとどまるよう説得しようとしたが、彼女は自分の邪魔をするなら修道院に火をつけると答えた。

ゴンディの一派はメランクールをなんとか遠ざけることに成功した。メランクールはトゥーロン港のガレー船の一艘に乗り組むことになった。こうしたささやかな勝利を得たのではあるが、ゴンディはマルグリット・ルイーズの罪状のリストを作成し、それを修道院長から国王に提出させた。しかし国王の返答は、公平な姿勢を証明するだけだった。修道院長は、国王陛下が大公妃を宮廷に呼び寄せるのは例外的な場合に限るべきだと提案した。また大公妃が希望している「アパルトマン」（宮廷がもっている田園の宮殿内に専用の区画として与えられるもの）を許可してはならないことも提案した。さらに国王陛下が彼女に（とくに王弟殿下と一緒に）馬に乗ることを禁じ、護衛——ここではメランクール、フェオル、サン・ジェルマン、ダション、ヴァカーニュ、カルフ、デュランなどの特定の名前をあげた——が彼女の身辺に近づくことも阻むべきだと院長は求めた。

国王は、そうした措置はどれほど秘密にしてもいずれあちこちに知れわたり、さらに騒動は大きくなるだろう、と答えた。

そしてマルグリット・ルイーズは全身全霊で慈善事業に打ち込みはじめた。かつてはひどく退屈だとしていた宗教書をむさぼるように読むようになった。断食と祈りの日々がつづき、規則正しく聖務に出席した。ボスエに対して懺悔を行なった。病院と救貧院を、とくにオテル・デューを妹のギーズ公妃と一緒に訪ねた。こうした活動をゴンディは不信の目で見ていた。マルグリット・ルイーズがこのような行動に出たのは、リュクサンブール宮殿の妹たちと合流したいと思ってのことではないかと疑っていたのである。

彼女の禁欲的な言行は、宮廷に顔を出してはそこで賭博に耽る妨げにはならなかった。彼女のような性格の女性にとって賭博は魅力的なものだった。ランスクネット〔ドイツ起源のカードゲーム〕がその当時もっとも流行っていた。「ここでは莫大な金額が賭けられている」とマダムは手紙に書いた。「そしてプレーヤーたちは狂ったようになっている。金切り声をあげる者、部屋中に響きわたるほど拳をテーブルにたたきつける者、三番目の男は総毛立つほどぞっとする冒瀆の言葉をわめき散らしている。われを忘れているその様子は見るだけで恐怖を感じる」。

マルグリット・ルイーズはモンテスパン夫人を相手に賭けてダブロン金貨三〇枚を失い、時間を忘れてしまった。かつて帰りが遅くなって修道院の門が閉まってしまい、近隣の人々を全員起こさねばならなかったことを周りにいた人々が彼女に思い出させた。だが彼女は、負けた分を取り返すまでその場を去るつもりはないと答えた。

夏になると彼女はサント・メームにある彼女の主馬頭の城と慈善の仕事に戻った。そしてお付きの女性たちとの無邪気なダンスが長い夜の唯一の楽しみとなった。

そしてメランクールが戻り、サント・メーム伯爵のアパルトマンを占領した。サント・メームにはもう異議を唱えるだけの気力がなかった。

ゴンディは国王に送った別の報告のなかで、ジャンティイとロベールという二人の下男と彼女の馴れ馴れしさを告発した。（副官たちのほうがまだましというものだ！）国王陛下は修道院長に尋ね、院長は大公妃の子どもたちのためにも成り行きに任せるほうがましであろうと答えた。「沈黙の申し合わせがこの女性の不品行と恥ずべき行為に対する唯一の対応策でしょう」というのが院長の結論だった。

当時の新聞や回想録にマルグリット・ルイーズに関する記述がなぜこれほど少ないかという理由はこれだった。コジモの命令で彼女の生活のすべての細目についてゴンディがスパイ行為をしていなければ、こうしたエピソードはいまでは忘れ去られていたことだろう。

第13章　モンマルトルのトスカーナ大公妃――コジモの大病と回復――アルカンタラ派修道会

ゴンディの書簡から、モンマルトルの「静かな」修道院は、陰口ばかりが聞こえ密偵たちがうごめく迷宮のような姿で浮かび上がってくる。大公妃が長年信頼してきたサント・メーム伯爵夫妻、フィレンツェから連れてきた召使いのチンツィア、（デュ・ドファン夫人に仕えていた）シャラントン、アレクサンドル、門番、ラ・リュー……――こうした人々の全員が（時期のあとさきはあるものの）ゴンディに情報をもたらしていた。

モンマルトルの外では、ブロワ通りにあったカルメル派女子修道院長のテレーズ・ド・ジェズがいた。この修道院にはラ・ヴァリエール夫人が優雅な隠遁生活を送っており、マルグリット・ルイーズは彼女のもとに通ってはともに涙を流す仲だった。金遣いが荒くてつねに借金を背負っていたテレーズ院長は、コジモに仕えることに熱心だった。院長から自身で蒸留して作った香水を送ってもらった返礼に、コジモは卒中に効果のある軟膏を与えた。妻に関する情報の見返りとしては決まった額の報酬が支払われた。

サント・メームの姿勢を理解するには、大公妃がいかに思いやりがなく過酷な女主人であったかということを思い起こす必要がある。年齢より老け込み四肢の痛みと息切れがひどい彼を、マルグリット・ルイーズは使い走りに酷使して、くたくたに疲れさせた。王妃に何か些細な願いごと——晩餐の際に王妃のテーブルに自分の席を設けてほしい、馬車に乗せてほしい——を伝えるために、夜になってから彼をヴェルサイユまで派遣したことが一度ならずあった。その一方で、マルグリット・ルイーズはサント・メームが修道院で食事をとることを許さなかった。サント・メームがあまりにも頻繁に修道院に来るから、と言うのだった。

（一六七九年）七月後半の暑さを逃れるために、マルグリット・ルイーズは郊外の別邸へ向けてある日の夕方六時に出発した。その頃にはメランクールと前任者たちに代わって、召使いのジャンティイが彼女の寵愛を受けていた。サント・メームでの暮らしは単調で、ジャンティイの熱心なつとめぶりがその暮らしを快く気の利いたものにしていた。というのも、ジャンティイは彼女のガーターの紐を締め、靴を履かせ、帽子をピンでとめ、カラーやヴェールをとめ、（まるで小間使いのように）いつもポケットに持ち歩いている櫛で彼女の髪をとかしたからである。

食卓では、マルグリット・ルイーズは自分のクルミやアーモンドをジャンティイに歯で割らせた。そうしなければ、その種の硬い実を食べようとしなかった。夜遅くまでカードゲームに興じ、しばしば彼を勝たせるように仕組んだ。遺言のなかで巨額の年金を与える約束もした。彼女が馬に乗るときには、片足をジャンティイのポケットに突っ込み、彼の首にしがみついて鞍に飛び乗った。ゴンディに言わせれば、ジャンティイは不器用で見栄えも悪く、歳もとっていたが、彼に対するマルグリット・ルイーズの熱はあがる一方だった。

八月にマルグリット・ルイーズは宮廷に戻った。それは三十日に行なわれる、王弟殿下の娘マドモワゼル・ドルレアンと愚鈍で知られたスペイン王カルロス二世の、代理人を立てての結婚式に出席するためだった。この哀れな王女は闘牛と異端審問による火刑の国へ向かうことを、マルグリット・ルイーズがトスカーナに向かったときと同じように、いやがっていた。だが国王は、マルグリット・ルイーズがいる前で、彼女に対してこう言った。「マダム、そなたに永遠の別れを告げよう。フランスを再び見ることはそなたにとって最悪の不運になることだろう」。

この結婚の儀式は、コジモの誇りを傷つける別の機会をマルグリット・ルイーズに与えることになった。というのも、彼女は他の「フランス王家の娘たち《フィーユ・ド・フランス》」と同じように、王族の長い裾を身につけていたからである。このやり方にゴンディは抗議をしたが、効果はなかった。それはトスカーナ大公妃という身分に対する彼女の無関心を示す行為であり、コジモに対する痛烈な一撃となった。若い王妃が結婚指輪をもてあそんでいるのを見て、マルグリット・ルイーズはそれをなくさないように警告した。もし指輪をなくしたら、それは夫よりも早く死ぬか、結婚が不幸なものになるかの兆候だろう。なぜなら、自分は結婚して一か月で自分の指輪をなくしてしまったから、と彼女は語った。

教会はそれまで一貫して大公妃の別居に反対してきたが、彼女をコジモのもとに帰そうとする最後の試みを行なった。不機嫌なときのマルグリット・ルイーズは、自分がフランスで十分な敬意をもって扱われていないと不満を表明していた。王妃の前で自分が「大公に対する数限りない制約」に縛られているとさえ語った。女性の友人たち、なかでもユルサン公妃は、こうした考え方を持つように彼女をたきつけた。

だがコジモは自分が笑いものにされるのではないかといつも苦悩していた。妻が自分のもとを去るがままにしたあとで、また呼び戻すのは自分を馬鹿者に見せるのではないかと考えたのである。また妻が子どもたちに悪い影響を与え、母との諍いが再び始まることも恐れていた。チーボ枢機卿の甥であるカッラーラ公が夫婦の和解の問題を持ち出したとき、コジモは妻の性格はこれまでずっと偽善的だったと明言した。

多くの人々が十九歳のフランス王太子と、まだ十二歳のコジモの娘アンナ・マリーア・ルイーザの結婚を期待していた。それが和解につながるのではないか、という期待含みである。マルグリット・ルイーズ自身がそれを希望していたようで、サント・メームをフィレンツェに派遣した。サント・メームは出発に先立ってポンポンヌ、コルベール、国王らと会って意見を聞いた。しかしゴンディもマルグリット・ルイーズもこれらの会談の内容については知らなかった。サント・メームは十月二日に出発した。彼の使命がどのようなものであれ、彼が仕えているとされる女主人の利益よりも自分自身の利益にかなうようにふるまった。

サント・メームはコジモに語った。自分はしばらく前から大公妃に対する国王の評価を台無しにして、彼女の懇願を国王が聞き入れないようにすることに全力を注いできた、と。サント・メームはコジモに、マルグリット・ルイーズのトスカーナに対する憎悪に火をつけるべきか、消滅につとめるべきかを尋ねた。ジャンティイについてサント・メームは、大公妃が気まぐれにふるまうままにしておくほうが賢明だとコジモを説得した。彼女がよそでもっと高い身分の相手に寵愛を与えるよりも、いまのままのほうがましだというのである。なぜなら、そうしたケースではスキャンダルはあまりにも明白なものになるからだと彼は主張した。

コジモの返答は彼の性格に見合ったものだった。コジモは妻に神の愛や自らの義務に対する敬意、人間と神の法に対する恐れを目ざめさせることができるような有能な聴罪司祭を見つけるように、サント・メームにすすめた。娘と王太子との婚約についてコジモははぐらかすような姿勢を示した。フランス王家との縁組みは彼にはさして魅力的とは思えなかったのである。そして最後にサント・メームは自らの長年にわたる大公への忠実な奉仕を持ち出し、さらに献身することを約束した上で俸給の増額を懇願した。トスカーナ大公国の財政状態は最悪だったにもかかわらず、サント・メームが秘密裏に受領していた報酬は二倍以上になった。ひとつの点についてだけはコジモは決して譲らなかった。彼は妻が戻ることを断固拒否したのである。

ゴンディは大公妃の暮らしのもっともささいな点について報告することで、彼の主人のいら立ちを刺激しつづけた。たとえばこんなふうに。ジャンティイが激しい腹痛に襲われたとき、

大公妃はあらゆる配慮を彼のために行なった。外科医や内科医たちを呼び寄せてじきじきに話をし、すべての細かな点にまで立ち入って過剰なほどの気遣いを示した。医師たちが病気を引き起こした原因として過度の飲酒を指摘したため、彼女はジャンティイに対してひどく怒り、彼にリキュールをもう飲ませないと決めた。彼に浣腸をするということを考えつき、自分自身でそれを施した。

ジャンティイがいやがったので、マルグリット・ルイーズは使用人頭のデタンプ氏に患者が逃げないよう「治療を手伝うこと」を命じた。この奉公人に対する彼女の愛着のなかには間違いなく母性的な側面があった。馬に乗って出かけるときは、

彼が生理的欲求を解消するために馬からおりると、戻るのを待つのがつねだった。……彼が再び鞍の上に戻ってから、彼女は馬を進めた。この場所に滞在中、大公妃はおおっぴらに彼を寵愛した。チンツィアが目撃して言うには、大公妃はどんな場合にもジャンティイを話にかかわらせて楽しもうとしていた。そしてジャンティイの下痢の症状がまだ続いたので、マルグリット・ルイーズは彼のために食べ物を取り分けてやり、力をつけさせるために自分のテーブルからチョコレートをとっておいてやった。

一六八〇年一月三日、モンマルトルの大公妃が住む区画で大火災が起こった。火元は彼女の飼い犬のバスケットで、あまりにも火の近くに置かれていたためだった。誰もが大公妃の脅迫を思い浮かべた。そして彼女のふるまいは、バスケットが意図的に火のそばに置かれたのではないかと思わせた。というのも、大公妃は人々に火を消すように励ますのではなく、命を守るために逃げるよう呼びかけたのであった。

修道院長は、将来この種の事故が起きた場合に備えて、巨大な貯水槽の建設費用をコジモに支払うよう要求した。コジモは国王に強い不満を伝えた。今回ばかりはルイもマルグリット・ルイーズに対して怒りを示すしかなく、宮廷への出入りを差し止めた。彼女は夫に宛てた一六八〇年一月八日付けの書簡(1)で、何ページにもわたって怒りと絶望をぶちまけた。

あなたの奇矯なふるまいにはもうこれ以上耐えられません。わたしに対する偏見を国王陛下に持たせようとあなたが努力しておられることはわかっています。あなたが国王陛下と宮廷の人々すべての不快な関心を惹きつけているのは、わたしがそこに顔を出すことを望まないからでしょう。しかし、わたしは自分の求めるものおよび個人的な必要から国王の保護を得るため、宮廷に絶えずいなければなりません。それにそんなことをしたせいで、あなたはご自身の子どもたちに害をおよぼしているのです。わたしが宮廷にいつもいれば、あなたの子どもたちは現在も未来も有利になるというのに。あなたのふるまいは、わたしやあなただけでなく子どもたちをも不当に取り扱っているのです。あなたのせいで絶望に陥ったわたしは、あなたの死を、あなたが絞首刑になるのを願わないときは一日いっときたりともありません。

あなたはわたしを秘蹟にあずかれない苦しい立場に追いやったために、このままではわたしは呪われた存在になってしまいます。そしてあなたは、その敬虔な信仰にもかかわらず、自分自身をも呪われた者としてしまいます。他者の魂の喪失を引き起こした者は、自分自身の魂を救えないのですよ……。

わたしがいちばん悲しいのは、わたしたちがともに地獄に落ち、そこであなたと再会する苦しみを味わうだろうことです。あなたがわたしを自由にしておいてくれれば、わたしは信仰に打ち込んでいたことでしょう。なぜならわたしはわれらが神と救世主に対する自分の義務について学びはじめていたからです。妹ともに行なっているアランソンでの慈善活動と、そしてその地の天使のごとき尼僧のかたがたとともに過ごすことで、病院で立ち働く尼僧になるというかつての考えに戻っていたのです。というのも、アランソンに滞在中わたしは毎朝病人たちに奉仕し、その仕事にとてもうまくなじんできているからです。そのあたりの事情をよくご存じなら、わたしが看護をつとめる尼僧たちとともに一日中過ごし、いやがることもなく彼女たちと同じ仕事をしているとおわかりでしょう。ですがいまでは、もはや慈善活動は考えられません。自分が復讐の対象だとしか思えないような絶望のなかにあなたがわたしを追いやったため、あなたがわたしを扱うやり方を変えない限り、もう続けることはできません。そしてわたしは、自分がもっとも嫌悪するもの、すなわちあなた自身にかけて誓います。あなたを怒らせ、あなたの狂気からわたしを救ってもらうために、悪魔と契約を交わすだろうと。

もうたくさんです！　あなたを不快にさせるために、わたしにできるあらゆる突飛な行動をわたしはとります。そしてあなたにはそれを止めることはできません。あなたはやりたいようになさればいい。あなたの敬虔な信仰は何の役にも立たないでしょう。なぜならあなたは「神が望まず、悪魔ですら捨ててしまうようなヘンルーダの花〔悔恨・悲嘆の象徴〕」なのですから。

いまあなたに求めているのは、わたしやわたしのすることにかかわるのをやめると伝える手紙を国王陛下に書くことです。わたしのことは国王陛下が陛下のやり方で管理なさるのに任せると、わたしのすべての行動は陛下の分別に委ねると、陛下の娘たちのひとりとしてわたしを保護することを願うと伝えてもらいたいのです。そうしてくれたら、わたしは自分自身を神の腕のなかに置いて、そしておそらくかつて約束したような生き方に身を捧げることを約束します。そうしないようなら、わたしの復讐の怒りからたいへんなことが起こると覚悟なさい。あなたにはわたしを変えることはこの先もできないのですから。わたしをあなたのもとに戻そうと考えておられるなら、そんなことには絶対になりません。もしわたしがあなたのもとに戻るようなことがあれば、気をつけなさい。あなたはわたしの手にかかって死ぬ以外の死に方をしないでしょうから。誰からの助けもなしにもうすぐこの世を去る覚悟をされるべきでしょう。なぜならあなたにはもうわずかな時間しか残されていないとわたしにはわかるからです。あなたに残されているこの世での短い期間に、わたしを平穏にすごさせて下さい。そうすればあなたの死後、あなたのために祈ってあげることができますし、国王のそばで、あなたが未来を台なしにしたあなたの子どもたちを助けることができるでしょう。

もう十分です！　考えを変えなさい。わたしにあれこれ指図しようとすることで、あなたは自分を縛っているのです。それはまるで笛吹きが笛を吹こうとして、実はラッパの音に合わせて笛を吹かされるのと同じです。

あなたに警告します。これらの攻撃を仕掛けたのはあなたです。わたしのほうからではありません。わたしはもう絶望しており、失うものはわずかしかないのです。

この手紙の原文を見せられた国王は、たんにそれをおもしろがっただけだった。イタリア語の格言に「スフォーガ・オ・スキアッタ *Sfoga o schiatta*」というものがある——吐き出さないと爆発する、との意味である。マルグリット・ルイーズは自分のなかにたまったものを吐き出すと、すぐに脅迫を実行に移しはじめた。

この年の夏、マルグリット・ルイーズは、フォンテーヌブローから二五マイル離れたセルボンヌにあるサント・メームの所有するヴィッラですごし、毎晩ヨンヌ川で水浴をした。

コジモはマゾヒストだった。あるものが彼を怒らせれば怒らせるほど、それに関する微細なことまで知りたがった。そしてゴンディはけっして彼の怒りを静めることはなかった。ゴンディの手紙はコジモの心をちくちくと刺激したのである。

大公妃が川で水浴をする際のやり方やつつしみ深さについては、少し前（一六八〇年七月二十六日）に書いた手紙につけ足すものはございません。サント・メーム伯爵夫人がわたしに言われるには、夕暮れに川に赴かれ、マドモワゼル・ド・レビが大公妃とお付きの女性がたと一緒に水を浴びられ、女の召使いたちは川岸で待っているとのことです。現地での水浴のやり方にしたがって、そのあたりのすべての女たちがするように、天幕あるいはその他の準備もなしで水のなかに直接入っておられます。

ゴンディは大公に、水浴中の彼の伴侶がジャンティイに支えられている――「彼は身体にぴったりしたジャケットだけを身につけて水のなかに立ち、手を大公妃の肩にまわしてうしろからしっかりと抱いている」――ことをすぐに言うのは気が進まなかった。ゴンディはこうした細部を知らせるのを十一月まで待った。だがそれだけ待っても、効果は同じでコジモは激怒しつつも官能的な反応を示した。

マルグリット・ルイーズはルイ十四世を説得して手当の増額要求への支持を取りつけた。もしコジモが同意しない場合には、彼は嫁資の全額を返還するか、それを年金に繰り入れねばならないことになっていた。コジモはきっぱりと拒否し、彼女のスキャンダラスなふるまいについて不満を繰り返した。だがルイはこうした不満をあまりにも頻繁に聞いていたため、ボンシ枢機卿がコジモを支持する意見を打ち出すと、王は、

コジモがかくも吝嗇な姿勢をとることに対する不快感を表明し、つまらぬ家族の争いを続けるのは馬鹿げていると語った。コジモは自分の妻がフランスに隠遁するのに同意した以上、そのふるまいに干渉するあらゆる権利を実質的に失ったのだ。彼女の行動について示される懸念は、彼のふだんの慎重さには似合わない。彼女に復讐しようとしつづけるなど、理性を失ったとしか見えない、と語った。

大公はこのすげない拒絶の返答に悔しい思いをした。国王の返答はコジモがフランス宮廷において笑いものになりつつあることを明らかにした。

実際のところコジモはこうした成り行きから強く影響されたため、一六八一年に健康状態が悪化した。病気の原因は彼自身にあった。長いあいだ暴飲暴食とほとんど身体を動かさない生活をおくってきたのだ。突然彼は「胆汁の過剰」の症状に襲われた。マルグリット・ルイーズは夫の状態をフェルディナンド公子から秘かに知らされた。彼女はすぐにフィレンツェに戻ることを口にしはじめ、フランス宮廷の誰に対しても「忌まわしい夫の死の知らせを受けたらすぐにフィレンツェに飛んで、すべての偽善者と偽善を追放して新政府を打ち立てる。そこではフェルディナンド二世の時代のような良き趣味と哲学が尊ばれるだろう」と語った。

彼女はフィレンツェとトスカーナの人々を——彼らが信じるように仕向けられているように——嫌ってはいないことをわからせようと望んでいた。「彼女は喜んで愛する国に戻り、その国を楽しみ、改良することを望んでいた」。だがこうしたすべての期待は打ち砕かれた。コジモはなんとか病気から回復することに成功したのである。

コジモは、自分の病気を秘密にしようとしていたにもかかわらず、その事実に妻が喜んでいることを知っておどろき、自分が死んだあとに彼女が企んでいる計画を聞きおよんでさらにおどろいた。よく組織されたスパイ網によって彼はすぐに情報提供者たちを割り出した。それは二人のロレンツィーニ兄弟で、「数学の分野での才能と卓越した技能で知られており」フェルディナンドに仕えていた。彼らが大公妃に手紙を送ったのはたんに主人の命令にしたがっただけであった。その従順さは、コジモから十分に報われた。若さと美しさの盛りにあったロレンツィーニ兄弟は、二十年間の刑期を宣告されてヴォルテッラの地下牢に放り込まれた。

コジモは二度と病気になるまいと決意をして、信頼できる内科医レーディの勧告を受け入れた。その要点は食事の内容を変えることだった。

コジモに対して、健康を維持するために、厳しい菜食を実践することが求められた。だが、大公の食卓では野菜だけが供されたとはいえ、珍奇で美味な果実やサラダ、外国からもたらされた香草、四月に十月のナシが、十二月にイチゴが出されたりするように大きく季節を外れた食べ物などが欠けることはなかった。

「マエケナスの学派で育つ者は、単純な生活のささやかな喜びを学ばずにはいない」(2)。そしてこの食事療法はコジモを植物学への関心に導いた。彼は興味深い植物を育てることから始めた。そしてインド諸国やアメリカ、アジアからもたらされた花々がボーボリ庭園や彼が所有する果樹園で栽培された。それはしだいに肉体的な喜びの形をとるようになっていった。植物は彼の気分に応えた。そしてコジモは悲しげな聖なるイメージにとらわれていないときには、月桂樹とギンバイカの低い木々のあいだを散歩し、風変わりな花冠を観察して漂う香りを吸い込んだりした。それは彼の想像のように漂い、忘れがたい肉体のように甘い香りであったり、彼の誇りと失望のように刺激的であったりした。おお、それでも彼は長く生きるだろう。優しい花々は彼にそう請け合っていた。そして敬虔な君主にして主人の死を願った妻やさもしい人々、人間のくずどもすべてを、彼は困らせるだろう。

寿命をのばすために、彼は「厳しい菜食療法」と屋外での十分な運動を組み合わせた。乗馬、狩猟をし、所有するさまざまなヴィッラ（なかでも丘陵地帯のそれら）を訪れたのである。おそらくアンブロジアーナのヴィッラが彼のお気に入りで、身体と魂は同じようなケアを必要としていたため、彼はそこに修道院をつけ加え、そこにスペインからアルカンタラ派の修道士たちを移した。こうして彼は足を鍛えるのとロザリオにふれるのを交互に行なうことができた。長時間の祈りによって膝が痛んで身体がこわばったときには、穏やかな空気のなかで伸び伸びと過ごすことができた。

第14章
ウィーン包囲――トルコ軍打倒の祝い――バーネットによる一六八五年のフィレンツェの印象――継承者フェルディナンドと彼の結婚の計画――大公妃の負債

ルーヴォワ〔ルイ十四世の陸軍大臣〕の政策は、イタリアでフランスに対し恐怖と嫌悪感をまねく結果をもたらした。コジモ三世は地中海でのフランス艦隊に警戒心を抱きつづけた。彼は軍備を強化し、部隊の数を増やし、とくにリヴォルノにおいて兵器工廠の防備を強化した。

トルコ軍はウィーンに向かって進軍しており、皇帝レオポルト一世は教皇とすべてのイタリアの君主に救援を求めて臨時代理大使を派遣した。一六八三年五月二十三日、皇帝の大使がコジモに申し入れたとき、大使の口調があまりにも傲慢であったためコジモは腹を立てた。コジモは財政援助はできないと答えた。しかしながら、あたかも同等の措置であるかのように、皇帝の負債を割り引くことを約束した。

この返答は大使を激怒させた。というのも、皇帝陛下には負債を支払うつもりがまったくないことをよく知っていたからである。大使がさんざん主張したにもかかわらず、コジモが約束したのは、レヴァントへの上陸作戦を展開するために四隻のガレー船をポルトガル、マルタ、ジェノヴァ、教皇の艦隊に加えることだけだった。皇帝は軍資金をほしがっていた。大使は、小艦隊の武装に金をかけるよりもまとまった額の資金を出すように、コジモを説得しようとした。しかし大公は、皇帝がまず軍資金を得たうえで、ガレー船の派遣を強制してくるだろうと予想していた。

大使はコジモから得られる援助がこれほどわずかであることに憤慨を隠さなかった。コジモは「あれほど熱心なカトリック信徒であることを示し、宗教の偉大さにあれほど強く結びついていたのに、この危機的な局面でそれを守るために必要な援助を送ることを拒否している」というのである。だが突然コジモは拒否を続ける勇気を失い、皇帝の大使がウィーンに戻る前にトリエステまでかなりの量の補給物資を急送し、トルコ軍に対する同盟に参加する申し出を行なった。

ウィーンがすでに包囲下に入った一六八三年三月、皇帝、ポーランド王ヤン・ソビエスキ、ヴェネツィア共和国、トスカーナ大公国のあいだで同盟が結成され、トスカーナはアルバニアとダルマツィアの沿岸地帯を防衛するために艦隊を派遣した。そして艦隊はトルコ軍の撃退に貢献した。最終的にヤン・ソビエスキによって包囲は解かれ、ウィーン市民は解放された。多くの土地を旅した熟練の理髪師ヨーハン・ディーツ親方は、生き生きとした自伝のなかでこれらの戦争についてみごとな報告を残している。(1)

「わたしはそこでなされたことにおどろき、人間が人間に対して野獣よりもはるかに残酷であることを示すのを見ておどろいた」と彼は書いた。残酷さの点でキリスト教徒の兵士たちは「異教徒たち」をはるかに凌いでいた。一例として、ディーツは次のような出来事を記している。それはブダからの出撃の際に、トルコの騎兵部隊が越えられない塹壕と強力なベルギーおよびバイエルンの部隊に挟まれたときに起こった。

彼らはあまりにも混乱してうろたえていたため、わたし自身が見たときには、まだ鞍の上の乗り手たちはサーベルを持っていたものの、手を組んで天を仰ぎ、撃ち倒されるにまかせていたのだ。ただのひとりも生き残らなかった。彼らの全員が虐殺され、そのほとんどは皮をはがれた。肥った者は火あぶりにされ、勇敢に抵抗する者は四肢を切断された。切り取られた手足は日干しにされ袋に詰めて保存された。そこから「ムミア」という名で知られるきわめて高価な調合剤が作られるからである。一般に殺されたトルコ兵たちの死体は切り裂かれて、はらわたが調べられた。というのも、こうした兵士たちが飲み込んだドゥカーテン金貨が死体の腸のなかで見つかったことがあったからである。

一六八三年九月末、皇帝レオポルトがコジモのもとに派遣した使者がフィレンツェに到着し、皇帝軍がオスマン軍を全面的に敗走させたという喜ばしいニュースを伝えた。コジモの喜びようは限りないものだった。至高の神に対する感謝のしるしとして、サンティッシマ・アンヌンツィアータ教会の聖母像の覆いを外すように彼は命じた。すばらしいテ・デウムがドゥオーモで歌われた。祝砲、教会の鐘、太鼓、トランペットの音がフィレンツェの町に鳴り響いた。ヴェッキオ宮殿の塔から打ち出された花火で空は燃え上がった。それに続いて命じられた祝祭の様子を読むと、頭がふらふらになり、耳もがんがん鳴るほどだ。

祝祭は、サン・ロレンツォ教会の聖職者によって組織され教会の前の広場で展開されたもので、頂点に達した。彼らが作り上げた装置は信仰の勝利を象徴するものだった。四人のトルコ人の彫像が、より大きな信仰の像の前にひれ伏していた。信仰を表す女性像は左手に聖杯をもち、右手には鞘から抜いた剣をもっていた。装置のなかに巧みに隠されていた花火が点火されると、トルコ人たちは音を立てながらゆっくり燃え尽きていった。

コジモは自分自身をすべての異端者の敵として世界に示したかった。周囲を見渡した彼が迫害の対象として見いだしたのはユダヤ人だけだった。そして「七人のユダヤ人がひとりのジェノヴァ人にあたり、七人のジェノヴァ人はひとりのフィレンツェ人にあたる」ということわざを文字通りうけとると、ユダヤ人の数は多かった。

「それ以前に出された大公の布告にもかかわらず、ユダヤ人の男とキリスト教徒の女性のあいだでの性的関係や、とりわけユダヤ人がキリスト教徒の乳母に自分たちの子どもを授乳させることに関して多くのスキャンダルと混乱が続いていた」。このためコジモは一六八三年十一月四日に、ユダヤ人に対してキリスト教徒の乳母を雇って子どもに授乳させることを禁じる布告を出した。出生数の急増、もしくは「なんらかの事故」のせいで、ユダヤ人種のなかから確保できる乳母の数よりも子どもの数のほうが多い場合、ユダヤ人の父親は、フィレンツェなら大公陛下の調停判事である元老院議員フェッランテ・カッポーニに、リヴォルノであれば執政官に、キリスト教徒の乳母を雇う許可を申し出るべしとされ、許可は文書で交付され、それぞれの裁判所に記録が保管されるとした。キリスト教徒の乳母が授乳している家にはユダヤ人の男も女も入ることが認められない、ということが暗黙の了解だった。キリスト教徒の女性および乳母が、ユダヤ人の子どもに授乳する目的で、ユダヤ人の男あるいは女の家に入ることも認められなかった。

ソールズベリー主教のギルバート・バーネットは、一六八五年十一月五日にフィレンツェからこの都市に関する陰鬱な報告を書き送った(2)。


フィレンツェはかつてあった状態から大きく衰退している。五万人以上の住民がいる都市とは思えないほどだ。そしてシエーナやピサなどかつては自治権を保有する偉大な共和国が存在した地域も、いまではほとんど無に等しいほど落ちぶれてしまっている。この三つの都市の人口を合計しても、二百年前にそれぞれの都市が抱えていた人口に達しないのは確実だ。リヴォルノは人でいっぱいであり、フィレンツェの周辺には多くの村がある。だがトスカーナをまわると、あまりにも人影がまばらに見え、あれほど多くの活動や戦争の舞台となった国が、いまではこれほどまでに見捨てられ貧しいことに、また多くの地域では耕す者もいないままに放棄されている土地が多いことにおどろく。そして多くの住民がいる別の地域でも、彼らはひどく貧しく見え、家はみすぼらしい廃屋であって、これほど豊かな国にこのような貧しさが存在する理由はほとんど説明できない。この国はいたるところ乞食だらけである。

この頃にコジモが懸念するようになった大公位の継承問題は、その後も長く続くことになった。彼は自分の子どもたちのために強力な同盟関係を夢見ていた。何よりも、時代を超えて自らの栄光を永遠のものにするため、数多くの子どもを持つことを夢見ていた。

生まれながらの大公位継承権を持つフェルディナンドは、元気はつらつな母親によく似ていた。小柄ではあったが、その容貌はマルグリット・ルイーズを思い出させた。フェルディナンドは、ロレンツィーニ兄弟の不幸な事件のあとでも、母親に助言を求めてそれにしたがっていた。彼は反抗的な若者で、あらゆる問題についてコジモと激しく対立した。

造物主は彼に恵まれた外観を与えた。ハンサムで優れた騎手であり、才能ある音楽家だった。十六歳のときに『愛の力によって愛がかちとられる』というタイトルのオペラをプラトリーノ劇場で上演させている。彼の歌いぶりはうっとりさせるものであり、またハープシコードを並々ならぬ優雅さで演奏した。フェルディナンドが非常に若かった頃、美貌で知られるペトリッロという音楽家が彼の心の第一の席を占めていた。フェルディナンドの寵愛を廷臣たちがペトリッロと競ったが無駄だった、と伝えられている。なぜならフェルディナンドはペトリッロだけを愛し、「長いあいだ彼を楽しんだ」からだった。

不運にもこの絆は軽率さによって打ち砕かれた。あるときペトリッロがあまりにも甘美にアリアを歌っ

コジモ３世の長男、フェルディナンド（ニッコロ・カッサーナ画）

ため、フェルディナンドは感動のあまり自分の美声の歌手《ナイチンゲール》を強く抱きしめた。ペトリッロはうれしさのあまり、殿下の個人教師であるアルビッツィ侯爵がその場にいることに気づかず、「公子を抱きしめ、その顔にキスをしてしまった」。アルビッツィ侯爵は威嚇的な調子でそこに介入するのが自分の義務と感じ、フェルディナンドは怯えた。お気に入りの歌手のせいにして罪を逃れようと、「これをどのように思うか？」と彼はアルビッツィに尋ねた。「厳罰をもって見せしめとするに値します」と侯爵は答えた。

それまでフェルディナンドからの強い愛情を感じていたにもかかわらず、哀れなペトリッロはこの心ない裏切りに青くなった。次に自分の身がどうなるかわからず、恐怖に震えながら宮殿から逃げ出し、あっという間にトスカーナから出国してしまった。もしペトリッロが反省の意を表していれば、アルビッツィは服従の姿勢を受け入れざるをえなかっただろう。それほどフェルディナンドは彼を愛していたのだから、と年代記作者はつけ加えている。だがペトリッロは二度とフィレンツェに足を踏み入れることはなく、フェルディナンドの後悔は大きかった。とはいえ礼儀作法の規範からは、フェルディナンドもアルビッツィの言い分を受け入れねばならなかった。

音楽家であることのほかに、フェルディナンドには美術に対する鋭い眼識が備わっていた。国民の貧しさとははっきりと対照的に浪費家だったにもかかわらず、若き王子には人気があった。見た目が良く人間的に見え、そして父親とは非常に異なっていたからである。サー・マックス・ビアボムのジョージ四世に関するエッセイのなかに、その感覚がうまく表現されている。

もしわれわれの王子にすべての楽しみを用意してやれば、彼が徳高き人のままでいることはほとんど期待できないだろう。もちろん、われわれは王子に敬虔さの手本ではなく、幸福の模範であることを望んでいる……。王族のなかにわれわれのバッカス、ヴィーナスを見いだすことになる。

フェルディナンドは遊び好きで軽薄な若者たちからなる取り巻きに囲まれていた。そうした連中は、聖職者がほとんどであるコジモのお気に入りたちを困らせることに喜びを感じていた。その一方で頑迷な人々は公子のふるまいにあきれていた。だが、大公より十八歳年下の弟で、甥のフェルディナンドより七歳年上のフランチェスコ・マリーアが、フェルディナンドの親密な仲間であることを考えれば、保守派の人々は公子の行状に目をつぶらねばならなかった。

フランチェスコ・マリーアは幼い頃から叔父であるレオポルド枢機卿のあとを継ぐことを運命づけられ

ていた。というのも、教皇を選ぶ選挙での均衡を保つため、メディチ家はつねに少なくともひとりの枢機卿を家系のなかから出していたからだった。高位聖職者の紫の衣を身にまとう宿命にもかかわらず、フランチェスコ・マリーアは現世の快楽を追求しつづけた。彼とフェルディナンドはたいてい数あるメディチ家のヴィッラのひとつに滞在して、しきたりをあざ笑い、「放縦な若者たちの一団につねに囲まれて」礼儀や儀式には我慢しようとせず、近隣の人々を活気づけた。彼らはコジモが不在のときにはフィレンツェにやって来て、法律を無視して好きなようにふるまった。

コジモは一六八二年にフランチェスコ・マリーアをシエーナの執政官に任命することで、弟がフェルディナンドに与える影響を小さくしようとしたが、彼が頻繁にフィレンツェに姿を現すのを防ぐことはできなかった。このように、コジモが自らの意思を息子に押しつけるのは容易ではなかった。フェルディナンドと父親の関係は、マルグリット・ルイーズに宛てた彼の手紙が露見して自分の書記たち（ロレンツィーニ兄弟）が投獄されて以来、決して好転することはなかった。

大公が初めて結婚の問題を持ち出したとき、王子はヴェネツィアに行く前に結婚するつもりはないと答えた。コジモは当惑したが、それ以上何も言わなかった。ただ不賛成であることを伝えただけだった。

フェルディナンドは自分の国のおとなしい楽しみには飽き飽きしてしまっていた。徳高き花嫁よりもヴェネツィアの洗練された女性たちとの出逢いを彼は切望していた。最終的に大公は息子のヴェネツィア行きを許したが、まず結婚に同意することが条件となった。コジモは結婚を遅らせることをぜひとも避けたかった。というのも、メディチ家の他の公子たちが子どもを持つ可能性は低かったからである。ジャン・ガストーネは身体が弱く、フランチェスコ・マリーアは、たとえ聖職者になることを放棄したとしても、病的なほど肥満していた。フェルディナンドには五人の王女たちが候補者として示された。ポルトガル王家の唯一の娘で王位相続者であるインファンタ、バイエルン選帝侯の娘、プファルツ選帝侯の二人の娘、パルマの公女、の五人である。

フェルディナンドはまったく無関心で、五人のうちの誰に対しても異議を唱えなかった。ルイ十四世はポルトガル王ペドロ二世の娘、インファンタ・マリア・イザベルを選ぶのに賛成を表明した。ペドロには男性の継承者がおらず、ルイはインファンタに友好国の夫を与えたかった。その理由は、ポルトガルの憲法がインファンタに王位継承権を認めていたことにあった。しかしリスボン駐在のフィレンツェ領事ロレンツォ・ジノーリ侯爵がフェルディナンドとの結婚についてポルトガルの代表と交渉を開始すると、越えがたい障害に突きあたった。第一の障害は、ペドロが再婚してそこから男子が生まれない限り、フェルディナンドはトスカーナの大公位に対するあらゆる権利を放棄してリスボンに住まねばならないという条項だった。第二の障害は、もしインファンタがポルトガル女王となり、コジモ三世、ジャン・ガストーネ、フランチェスコ・マリーアが男子の相続人を残さずに死んだ場合、トスカーナはポルトガルの王権に併合され、フィレンツェは副王によって統治されるべき、とした条項だった。

フェルディナンドはそのような条件に耳を傾けることを拒否し、ルイが説得を試みたときも、インファンタがメディチ家に連なる名誉を望むのであれば、自分がリスボンに行くのではなく彼女がフィレンツェに来るべきである、と返答した。このときだけはコジモは体面を失わずに混乱から抜け出した。そしてアンブロジアーナのヴィッラに引きこもって、その年（一六八六年）の穏やかな春を楽しみ、おちついて「ピタゴラス派の食養生（菜食）」を続けた。

だが休養のことになると、コジモはいつも運が悪かった。ある日、（彼がヴィッラに滞在中であったにもかかわらず）自分の精神的な慰安のためにスペインから呼び寄せたアルカンタラ派修道士たちのあいだで激しい喧嘩が起こった。修道士たちのために自分のヴィッラの近くに修道院を建ててやったのにこうした事態になって、コジモはひどく悲しんだ。フィレンツェの人々には何事であれ隠しておくことは不可能だった。修道院での騒動の噂は広がり、フィレンツェ人たちの辛辣さが目覚めた。それは一六八六年四月にパリ駐在大使ズィポーリに宛ててフィレンツェの友人が書いた次の手紙からもわかる。

大公陛下が深く帰依しておられるアンブロジアーナの修道士たちのあいだで、どのような喧嘩が起こったのかわたしは知らないが、互いにひどく傷つけあったため、イエズス会のセニェーリ神父が秩序を回復させるために派遣された。しかもこの騒ぎが大公陛下のアンブロジアーナ滞在中に起こったということが事実なら、陛下は修道士たちに対する保護を取り下げられるであろう。修道士たちの食費やその他でどれだけの金額がこれまで費やされ、これからも使われるかはわからない。ただ、ひとりあたり年間二〇〇スクードはかかっているだろう。

コジモが息子のために考えた二人目の結婚相手は、フランス王太子妃の妹にあたるバイエルンのヴィオランテ公女だった。この縁組みはドイツでもっとも強力な宮廷のひとつとの同盟をもたらし、ブルボン家との関係強化が期待できた。不幸なことにバイエルンとトスカーナのあいだには、決着のつかない金銭をめぐる紛争が存在していた。フェルディナンド二世は選帝侯マクシミリアンの代理としてかなりの額（ハンガリー金貨三〇万枚）を抵当銀行（あるいは市立銀行）に投資し、その銀行は一六四五年に破綻していた。大公は自分が誠実に行動したという立場を崩さず、投資した全額の返還を拒否していた。だがコジモは、マクシミリアンが自分の父親に請求していた金額を嫁資に含めることを申し出て、障害は除去された。フランス王太子妃はバイエルンの宮廷をコジモにとって有利な形で動かした。しかしポルトガルとの交渉がうまく運ばなかったあとでは、結婚に対するフェルディナンドの嫌悪感をぬぐうのはむずかしかった。フェルディナンドは結婚に同意する条件として、切望していたヴェネツィア行きを認めるよう父にしつこく求めた。コジモは不本意ながら認めざるを得なかった。そして認めながらも、評判の悪いマントヴァ公のようにはふるまわないように息子に強い警告を与えた。コジモは息子に次のような手紙を書いた。

自分の良心の平和のためにも、わたしは以下のことを伝えておかねばならない。公子たる者はヴェネツィアでの自由な境遇にある際に（とくに謝肉祭の時期には）自らの良心に注意を払うべきだと。また魂に害をおよぼす類の、神の掟によって許されない、公子にふさわしくない娯楽をつつしむ、と約束してもらいたい。公子は他の者たちの模範たるべきである。それと同じように、公子は音楽家や（いかがわしい連中とされる）喜劇役者たちとふさわしくない形で親しくなることを避け、会話を交わしたりすることを避け、高級娼婦《コルテジャーナ》たちとの会話に加わったり、娯楽をともにしたりしてはならない。マントヴァ公がヴェネツィアにおいてさまざまな禁じられた関係を結んだために、その血統や身分に見合う信用の多くを失ったことを考えれば、公子は彼と友情を結ぶことだけでなく、同席することも避けるようにしてもらいたい……

フェルディナンドは壮麗な従者団を率いて一六八七年に出発した。彼はすでに二十四歳というそれなりに責任ある年齢に達していたにもかかわらず、個人教師役のアルビッツィ侯爵――ペトリッロの事件以来もはやフェルディナンドのお気に入りではなかった――が同行していた。ヴェネツィアの元老院は彼を盛大に迎え入れた。貴族たちはこぞって歓待し、彼は目も眩むほど強い印象をうけた。

フェルディナンドはヴェネツィアですぐに、失ったペトリッロの代わりを見いだした。それはチェッキーノという歌手で、その肉体的条件から「デ・カストリス」という通称で呼ばれていた。というのもチェッキーノは、あるお上品な歴史家の言い方を借りれば、「イタリアを辱める、身体の一部を切り取った人間のひとり」であった。フェルディナンドは彼を従者のなかに加え、惜しみなく愛情を注いだ。

年代記作者は「音楽への情熱は、音楽家へのより罪深い情熱を正当化する」とつけ加えている。フェルディナンドは対位法を完璧に習得していたので、ヴェネツィア貴族のパーティーの席でハープシコードのための複雑なソナタが彼のために用意されたとき、それを初見で弾いただけでなく、あとで楽譜を見ずに間違うことなくくり返し、高貴な聴衆たちが驚愕するようなみごとさで演奏した。

一六八六年にフランチェスコ・マリーアが枢機卿に任じられると、コジモの支出は減少した。新枢機卿にはすぐ莫大な額の収入がもたらされたからである。コジモは次男のジャン・ガストーネに、聖職者としてのキャリアをフランスに仕えることで開始させようと考えた。フランチェスコ・マリーアがオーストリア、ドイツ、スペインに仕えたのと同じであった。その時代にはきわめて近い血縁関係にある王子たちが別々の、しばしば敵対する、国に仕えることとは異常なこととは見なされなかった。スペインはジャン・ガストーネを海軍司令官にすることを提案して、教皇選挙においてメディチ家の枢機卿がフランスの利害を守ることを妨げようとした。

ジャン・ガストーネは引っ張りだことという感じだった。ポルトガルのペドロ王でさえ、大臣たちの要望を容れてプファルツ選帝侯の娘を娶り男児を得たあと、ジャン・ガストーネに自分の娘インファンタ・イザベルを輿入れさせようと申し出た。

これらの機会や選択肢のすべては若き公子の前に突然現れた。しかしどれひとつとして実現しなかった。父親であるコジモはインファンタと結婚するのに十分な手当を彼に与えようとはせず、したがってジャン・ガストーネは食べて寝るだけの無気力な生活を強いられた。同時代の人々は彼を高く評価していた。「人柄は優雅で顔立ちも優しく、素直かつ穏やかで人間らしく、学問に打ち込む暮らし」をしていた。

彼にはもっとましな運命がふさわしかった。

フェルディナンドがヴェネツィアの空気で胸を満たしていた一方で、彼の父親はアンブロジアーナで休息をとっていた。修道士たちのあいだには平穏が戻ってきていた。コジモはお気に入りの娘であるアンナ・マリーア公女のための縁組みについて日々頭をめぐらせていた。彼女はポルトガル王と――結婚相手に従順かつおとなしい性格でオーストリアに忠実な王女を望む彼の大臣たちが、アンナ・マリーアが母親の悪名高い欠点のいくつかを受け継いでいることを恐れていなければ――結婚していたはずだった。実際には事情はまったく違っていた。アンナ・マリーアを知る人々は、彼女が父親と祖母の生き写しで、彼らの性質をあわせもっていると語っていた。

息子たちには厳しかったコジモも娘には甘く、メディチ家に対するフランスの引き立てによって、最高の縁組みができると彼女に思わせた。だがこうしたフランスの引き立てという考え方は、マルグリット・ルイーズが負債の支払いのためにコジモに二万スクードを要求し、それをルイが支持したことで、幻想であることが明らかになった。

コジモはゴンディをパリから召還することで事態を落ち着かせることができると考えた。妻の法外な要求に反対する彼をルイが支持してくれるものと期待していた。彼女の行状はゴンディが去って以来さらに不名誉なものになった。マントノン夫人と友人になった彼女の乱行に、国王は関心を払わなかった。モンマルトルで好き勝手にふるまっていたにもかかわらず、彼女はそこにいることを制約と考え、しばしばモンマルトルを離れてリュクサンブールや地方に出かけた。ジャンティイはこうした遠出には必ず同行した。彼女はこの召使いに対して夢中であることを隠そうともしなかった。

モンマルトルの修道院はスキャンダルと口論の温床となり、大公妃は関わりのある人々すべてにとって苦痛の源になった。一六八五年八月六日、公使は次のように書いた。「大公妃は、年老いて最後の日々をマルチニックで過ごしたい、と言った。ジャンティイはチンツィアに言った。《お前も行くんだ》。チンツィアは答えた。《いままで思ってもみなかったわ》」

マルグリット・ルイーズは修道院長とトスカーナの公使を侮辱し、召使いたちを殴ったかと思えば抱きしめた。ある日彼女は家具を動かすためという理由で御者二人と従僕を呼んだ。ズィポーリはこう書いている。「彼らが罠にはまると、大公妃はひとりひとり髪をつかんで殴りつけ、前髪をむしり取って彼らの頭をドアの角に叩きつけた。その後、御者二人をサルペトリエールの病院に送り込み、三人目を解雇した」。

自分と同等の人々に対しても彼女のふるまいの激しさは劣ることはなかった。あるときマドモワゼル・ド・ギーズがモンマルトルの自室で祈っていると、大公妃が彼女のもとを訪れた。そして彼女に夜の挨拶をする代わりに、負債を支払うように迫った。そしてパプラールの親戚へのマドモワゼルの負債四〇〇スクードを支払わなければ、もう彼女に手紙を送らぬよう国王陛下に求めるとともに、自分は彼女の公然たる敵だと宣言する、と言い渡した。そしてその場を去った。哀れな老マドモワゼル・ド・ギーズはショックから立ち直ると（聖歌隊に加わっていた）修道院長を呼んだ。

院長は事情を聞かされると仰天し、すぐに大公妃のもとに赴いてかくのごとき乱暴な行為におよんだ理由を尋ねた。夜の時間は修道院をひっくり返すような騒ぎを起こすより、瞑想に費やすべきだったからである。そして彼女に考えをあらためるように求め、さもなければこの件に関して国王陛下に報告をしなければならないと迫った。院長は大公妃にマドモワゼル・ド・ギーズと和解するように勧告した。マドモワゼルは彼女を高く評価し、一目置いている、というのだ。もし大公妃が望むなら、自分が問題の決着を段取りしてもいい、と語った。院長と大公妃は一時間近く話し合い、大公妃も最後には和解に応じた。ズィポーリは

マルグリット・ルイーズが優しく接していたのはジャンティイただひとりだけだった。

一六八五年十一月五日の手紙で次のように書いた。

わたしはジャンティイに会い、おもに彼の不健康な様子について話した。彼が言うには、片腕が腫れていて痛みがあり、腕を釣っているとのことだった。彼を下がらせると、チンツィアが二階の格子窓のところにやって来た。彼女の話では、ジャンティイの年老いた父親がつい最近死んだ。重態のときに父親が彼に会いたいと言ってきたが、ジャンティイは聞く耳をもたなかった。父の死を知らされると、ジャンティイは大公妃の前で、父親の死に立ち会わなかったために、千スクードを得られないといって、大泣きをした。大公妃はとても優しくこう言った。「その程度のお金は何でもないわ！千スクードぐらいわたしがあげますよ」。そういうわけで、大公妃が約束を守ってくれるだろうと彼はほくほくしている。でも、彼の父親がびた一文もっていなかったのは、誰でも知っていることなのに。

それまでマルグリット・ルイーズは、長く信頼してきたイタリア人の召使いであるチンツィアの裏切りを疑ってはいなかったようだ。だがこの頃の彼女の行動からは、どうやら真相をかぎつけたように思える。ズィポーリは一六八五年一月二十一日の手紙で次のように書いた。

大公陛下はご存じでしょうが、大公妃に仕えるすべての者のなかで、チンツィアだけが一度も平手打ちを食らったことがありませんでした。しかしいままでは、その状態が変わりました。先週のことです。大公妃が食事をしながらチンツィアと、われわれが言うところの大公妃の有名な従僕にして護衛について話していました。チンツィアは、妃殿下はあのようなつまらない者に重きをおかれるべきではない、と意見を述べました。そして次にトスカーナの公子の話になりました。大公妃は、息子と大公との関係は悪くなるばかりでそれに満足している、と言われました。しかし心根が優しくてある種の事柄を耳にするのを嫌がるチンツィアは、妃殿下はしかるべき助言によってあらゆる不和を修復することができる方です、と答えてしまいました。

兵士について、あるいは王子についてのチンツィアの意見に機嫌が悪くなった大公妃は、チンツィアに平手打ちを食らわせ、口のききかたに気をつけるようにと言い渡しました。あまりに激しい平手打ちだったのでチンツィアの頬は赤くなり、そしてさらに悪いことに、大公妃のはめていた指輪で目のそばにけがをしました。

チンツィアはこの思いがけない行為におどろいたが、それまで一度も殴られたことがないのに気がつきました。そして大公妃に向かって言った。「妃殿下が憤慨されるとわかっていたら、口を開くべきではありませんでした」。しかしながら、この出来事についてはロにされることなく、大公妃も修道院長に話されておられません。

マルグリット・ルイーズは批判を許さなかった。

チンツィアの話によれば、大公妃はマドモワゼル・ド・マンヴィルをマルリに連れて行きたくない、彼女はおしゃべりだからと言っておられます。最後に宮廷に行ったときに、このご令嬢は大公妃を持ち上げて熱心に話されました。ご令嬢いわく、大公妃は善なる事業に全力を尽くされ、慈善をなすことだけを考えておられる。大公妃はこのことを知られると、尊大な調子でこの乙女に言われました。「またわたしの名前を口にしたら、あなたを棒で打ち据えます。わたしは善いことであれ悪いことであれ、自分について話をされるのが嫌いなのです。だから、あなたがまた同じことをしたら、殴られて、わたしがもう善良ではないとふれまわるはめになりますよ」。

このように大公妃は異様な生き方を続け、ときおり楽しみはあったものの、満足が得られたわけではなかった。彼女は深い挫折を味わっていた。長年にわたる企みや反抗、論争と忍耐のあとで、彼女が愛したフランスでの生活はいまでは「筋書きも計画もない無意味な芝居」になってしまっていた。年月は不毛に過ぎ去っていったが、ひとつだけ違いがあった。もはや夢を見ることができなくなっていた。いまでは夜中に目覚めたとき彼女の心に浮かぶのは、どうやって負債を支払うか、どうやって夫からより多くの金を引き出すか、ということだった。「すべては過ぎ去り《トウ・パス》、すべては流れ行く《トウ・ラス》」。だが彼女はまだ疲れてはいなかった。

第15章

フェルディナンド公子とバイエルンのヴィオランテ・ベアトリーチェ公女の婚約——一六八九年の彼らの結婚——祝祭、謝肉祭と四旬節

一六八八年にフィレンツェを訪れたある旅行者は次のように書いた。「いったいどのような偶然で、国全体が僧侶の洪水で覆われてしまったのか、わたしにはわからない。そういう連中が安楽な馬車をすべて我がものにしてしまっている」。それは決して偶然ではなかった。そしてこの率直な感想が当時の状況を要約していた。少なくとも一万人の修道士と尼僧がフィレンツェの町に群れ集まっていた。悔い改めた売春婦、改宗したトルコ人やユダヤ人、乞食、ゴミをあさる人々、貧民、ボロボロの服を着た浮浪者たちがフィレンツェの大衆を構成していた。こうした無慈悲な衰退ぶりの点でフィレンツェを凌いでいたのはリヴォルノだけだった。

大公の聖職にある助言者たちは、自分たちに認められたすべての特権を手放すまいとし、国民は我慢強く出血に耐えていた。もはや国民から気力は失われていた。どのような天気であっても、通りで夕べの祈り《アヴェ・マリーア》を告げる鐘の音にひざまずかぬ者はただちに監獄に送られた。

ヴェネツィアから、この都市が「当世風の人々」に惜しみなく与えるすべてのはかない快楽から、公子フェルディナンドが戻ってきたとき、彼はこの二つの世界の違いをまるで深い酩酊とその翌朝の目覚めの

ように感じた。ヴェネツィアに行く前のような生活にフェルディナンドはもはやまったく関心を持てなくなった。息子が国務に姿を見せることはほとんどなくなり、大公は自分だけで国事をこなす決意をすることになった。フェルディナンドの才能は浪費され、快楽を追い求めるディレッタントの退屈な生活を続けた。彼の不満ばかりの変わりやすい気分を慰めたのは、水上に漂う共和国から生きた土産物として連れ帰った、チェッキーノ・デ・カストリスだけだった。チェッキーノの澄んだソプラノの歌声やヴェネツィア方言の滑らかな抑揚は、彼の家系に代々見られる憂鬱症の重圧に対する鎮痛剤だった。

宮廷の人々は公子のお気に入りに我慢できなかった。チェッキーノは、カストラートの多くがそうだったように、傲慢な性格でいろいろなことに口を挟んだ。大公はそれよりもさらに不機嫌で、息子がチェッキーノをフィレンツェに連れ帰るのを阻止しなかったことでアルビッツィを叱責した。

フェルディナンドとバイエルンのヴィオランテの結婚契約は一六八八年五月二十四日にミュンヘンで調印されたが、そこには解消不能という条件がつけられていた(1)。

ヴィオランテが侍女あるいは（男女を問わず）召使いを連れてこないようにコジモは主張したが、結婚を取り決めるのを手伝った二人の僧侶からの真剣な嘆願には譲歩をした。ヴィオランテが洗礼をさせてカトリックの信仰にもとづいて教育を受けさせた、トルコ人の少女ひとりと少年ふたりを手元に置くことが許された。おそらく大公は、自分が改宗させたトルコ人の少年、コジミーノという彼自身の思い出から、この点で譲歩したものと思われる。婚約者たちは習慣にしたがって肖像画を交換し、大公母ヴィットリアはヴィオランテの宮廷の構成員を選んだ。

マルグリット・ルイーズはこうしたことを『官報』のみを通じて知った。ゴンディがこの問題についてフィレンツェから公式書簡を書き送ると、彼女は一六八八年八月八日にモンマルトルから次のような返事をよこした。

息子の結婚に関する交渉についてあなたがわたしに知らせなかったのは、良いことでした。というのも、それはあなたの身の破滅につながり、わたしは困惑していたでしょうから。しかしこの婚約が整う前に、わたしに打診がなかったことに全フランスはおどろいています。それは純粋に礼儀正しさの問題で、人々はわたしが激怒していると考えています。ところがわたしはちっともおどろいていないし、傷ついてもいません。悲憤は病気を招くもので、わたしは健康に長生きしたいと考えています。わたしはいまとても元気で、物事は成り行きにまかせるべきです。わたしはこの世界で一番幸せな人間であり、国王陛下に優しくしていただける限り、何も心配はありません。そして陛下の健康状態は最良なので、わたしは満足しています。

大公妃は決して彼女が主張するほど幸せではなかった。仕返しとして彼女は自分の結婚の有効性という昔の問題をこの時点でむしかえした。マルグリット・ルイーズは（修道院長の甥で、彼女の補助役をつとめ、つい先ごろ駐在外交官のズィポーリの役を受け継いだ）ゴンディ神父にこの問題に関する覚え書を提出した。ゴンディはそれを国王の聴罪司祭であるラ・シェーズ神父に読んで聞かせた。ゴンディはこう書いている。「ラ・シェーズ神父は震え上がって叫んだ。《わたしが聞かされたこの文書を、ほんとうに大公妃が書いたのですか？》《これ以上にほんとうであるものはありませんよ》とわたしは答えた。《そして国王は同じ覚え書の写しをすでに受け取っておられます。》」

わたしは神父に、大公妃の見苦しいふるまいに対する軽蔑を示すのは彼女が大公陛下に書いた手紙——イタリア語で書かれ、一語たりともつけ加えたり変更されたりせずに翻訳された——を読みあげるまで待ってくれるようにお願いしました。

二行ほど読んだだけで神父はわたしを制してこう言われました。「見かけで判断すると間違えるものだ！　大公妃はわたしと会って話すときにはとても礼儀正しそうなのに、手紙のほうは狂った精神状態を表している。さあ、続けてくれたまえ」。

そしてわたしが読み終えると、大公妃がこれほど怖い考えと邪悪な衝動の持ち主であるとは考えもしなかった、その手紙を書いたときには悪魔にとらわれていたに違いない、と神父は認められました。そしてさらにつけ加えて、地獄の悪鬼と結婚生活をともにしたということで大公陛下には同情すべきであり、神がそのねじ曲がった心を変えられるまで自分は彼女と対決する、と言われた。


一六八八年八月二日、コジモは元老院に手紙を書いて、神は祈りを聞き届けられ、長男に妻を見つけてくださったことを告げた。その妻は「その出自の高貴さと、すばらしい美徳によって、わが国に神の祝福の頂点をもたらすことを約束している」と彼は書いた。こうして元老院議員全員がピッティ宮殿に赴き、かくも喜ばしき行事にあたって大公に対する祝意を表明した。だが実際には、大公への贈り物として二〇万スクードが、お祝いをする臣下たちから徴収あるいは強奪されることになる。

代理人による派手な結婚式のあと、厳しい寒さのなかだったが、ヴィオランテは十一月末にミュンヘンを出発した。彼女の宮廷を構成するイタリア人廷臣たちがミッテンヴァルトで待っており、そこから彼女はチロル地方を抜けていった。インスブルックではポーランドの元王妃が、夫であるロレーヌ公シャルル（この時期重い病気だった）の代理として、彼女を迎えた。マントヴァ、モーデナを経由してボローニャに到着すると、そこには十八歳になる義弟ジャン・ガストーネが彼女を迎えに来ていた。

宴とラヌッツィ宮殿での祝祭のなか、四日間をボローニャで過ごした。十二月二十七日、彼女はトスカーナに入ってフィレンツォーラで泊まった。まだ十六歳にしかならない、この控えめなドイツの少女が、女性に対するあらゆるいんぎんなふるまいを心得た花婿にサン・ピエーロ・ア・シエーヴェで初めて出会ったとき、抱いた乙女らしい畏れや警戒心を想像できるかもしれない。(2)ヴィオランテは彼を見たとたん、恋に落ちてしまった。それだけの価値がないことがやがて判明する男に対する、この愛は彼女から失われることはなかった。

不幸なことに彼女は同じような感情をフェルディナンドの心にかき立てることはできなかったのである。彼が示した態度は、身分にふさわしい儀礼にかなったもの以上ではなかった。彼女のドイツ風の質素さがフェルディナンドには気に入らなかった。サン・ピエーロ・ア・シエーヴェから大公とフランチェスコ・マリーア枢機卿が待つプラトリーノの豪壮なヴィッラまで、花嫁花婿は同じ馬車に乗って旅をした。フェルディナンドは高い評価を与えなかったが、ヴィオランテは大公にきわめてよい印象を与えた。彼女は決して美人ではないが、優しく飾り気のない態度の持ち主だった。つまり、マルグリット・ルイーズとは正反対で、礼儀正しく従順な人柄だった。苦労を重ねて人間嫌いになっていたコジモも、やがて信頼できる知人に次のように書いた。

ほんとうにこれほど完璧な、愛すべき性格の女性にこれまで会ったことがなく、そうした女性がこの世界に存在するとは思えない。彼女よりも汚れなき心や魂をもつ女性がいるとは思えない。彼女はすべての人を喜ばせたいと願い、親切にふるまう。彼女よりもおとなしく、敬虔な心を保持している女性はいない。このような完璧な性格が彼女に対するわれわれの愛と喜びをもたらし、したがってわたしは彼女に完全に満足している。そしてわたし自身がこれほど大きな神からの祝福に値するとは思えないほどだ。

バイエルン公女ヴィオランテ（バルタザール・ペルモーザー作のメダイヨン）

そして同時代の年代記から、彼女がすぐにフィレンツェの人々の共感と愛情をかちえたことが読みとれる。

大公、その相続人と配偶者そしてフランチェスコ・マリーア枢機卿たちは、従者たちをしたがえて十二月二十九日にプラトリーノを出発し、その日の夕刻にフィレンツェに到着した。フェルディナンド公子の側近たちは、花嫁が彼を満足させられなかったことを、その態度から見てとった。フェルディナンドはその感情を隠そうともしなかった。サン・ガッロ門に着くと、付き添い役のビーキ侯爵夫人の隣に座っていた花嫁のいた馬車に乗らずろくに挨拶もしないまま、ひとりでピッティ宮殿に行ってしまった。さまざまな口実を持ち出して、フェルディナンドは公式の儀式をできる限り遅らせた。ヴィオランテがフィレンツェに着いたのは十二月二十九日だったが、彼女に対する戴冠の儀式は一月九日（一六八九年）まで行なわれなかった。

ドゥオーモには新しいファサードが作られた。二十七年ものあいだ古い茶色の壁には汚らしいキャンバス地のカーテンが掛けられていたが、ようやくフィレンツェの人々に同情した風が吹いてカーテンを切れ切れにした（とフィレンツェ人のひとりが語っている）。コジモは、遠近法によってビガーリからビッビエーナのあいだでよく知られていた「ボローニャの職人集団」を呼び寄せ、ファサードをフレスコ画で埋め尽くさせた(3)。

結婚のさまざまな儀式は、マルグリット・ルイーズの結婚のときとほとんど同じだった。だがそこにはひとつの違いがあり、それはまことに象徴的だった。マルグリット・ルイーズの結婚は六月に行なわれ、深紅のヴェルヴェットでできた巨大な日よけが彼女を太陽から守るために作られたのに対して、ヴィオランテ・ベアトリーチェの結婚は一月の厳しい寒さのなかで行なわれ、彼女を酷寒から守るためにガラス製の囲いが作られた。このときの寒さはあまりにも厳しく、サン・ガッロ門の外で行なわれた長い式典のあいだパレードに加わった二人の兵士が鞍の上で凍死したほどだった。花嫁は、母国の厳しい気候に慣れてはいたものの、寒さによって半ば感覚を失った状態でドゥオーモに到着した。結婚の儀式のあと、彼女は「ピッティ宮殿へ向かう途中、マフを一度も顔から離さなかった。そして可哀相なほど青白い顔色で疲れた様子だった。彼女が夫に向かって、これほど短い移動のあいだにこんなに寒い思いをしたことがない、と言っているのが聞かれた」。

フェルディナンドの結婚を祝う行事の数々は、メディチ家につきものだった度外れた壮麗さの最後の輝きだった。フィレンツェの町は冬眠状態から目覚めた。ほんのわずかなあいだにしろ、コジモが国民から抑えつけてきた陽気さが花開いた。

フェルディナンドはプラトリーノに劇場を作ろうと決意した。プラトリーノのヴィッラにある大広間は、上演したいオペラには不向きだったからである。彼はペーシアのドゥオーモを再建した建築家であるアントニオ・フェッリに依頼し、ヴィッラの四階に立派な劇場が完成した。舞台の背景を描いたり、舞台装置を作成したりするのをフェルディナンド自身が監督した。

その当時イタリアのなかでもオペラの盛んな都市としてもっともよく知られていたヴェネツィアを訪れたことが、フェルディナンドの熱狂に火をつけ、『トロイアのギリシア人』の上演のためにテアトロ・デッラ・ペルゴーラを再建し、再装飾させた。こうした変更はフィレンツェ人のあいだでは、フェルディナンドがヴェネツィア人にその作業を任せたため、かなり批判された。タッカが設計責任者だった元の劇場での音響効果は完璧で、小さな子どもがささやく声すら劇場のどこででも聞き取れたのに対して、いまでは力強い声でもほとんど聞き取れない、というのである。にもかかわらず、『トロイアのギリシア人』は宮廷とフィレンツェに引き寄せられた多くの外国人からは好評で迎えられた。

フェルディナンドがアレッサンドロ・スカルラッティに関心を寄せはじめたのは、ちょうどこの頃だった。両者のあいだで交わされた膨大な書簡は、スカルラッティのアイデアと方法を明らかにしており、この偉大な作曲家を研究する人々にとって数少ない情報源のひとつになっている。スカルラッティの劇的な才能はプラトリーノで発揮される機会を得た。プラトリーノのために彼は五つのオペラを作曲している。E・J・デントによれば、それらの作品は「'Turno Aricino' の断片を除けば、完全に失われている。スカルラッティがこの五作のうち最後の二作に大きな力を注いだこと、それらがその時点までに作り出した音楽の最良のものだったと彼が考えていることから、この喪失はまことに悔やむべきである」。

結婚の祝祭は、謝肉祭が近かったがために、いっそう陽気なものとなり、フェルディナンドが組織した壮大な馬上槍試合《ジョストラ》が開かれた懺悔の火曜日《マルテディ・グラッソ》で終わった。槍試合はサンタ・クローチェ広場で、アジアとヨーロッパの騎士たちが戦う形式で行なわれた。広場の周囲には木製の観客席が作られた。みごとな絨毯やつづれ織りが窓に掛けられ、窓には人々の頭が寄せ木細工のように集まっていた。ジャック・カロが同じような催し物を版画に描いて以来それほど大きな変化はなく、カロの入念で力強い描写が明らかにしている真実を信頼してもいいだろう。

フェルディナンドは真珠と宝石を縫いつけた緑色のサテンを身にまとい、九人の騎士たちからなる一隊を指揮した。騎士たちも銀の縁取りのある緑のサテンの衣装を着て、トルコの編み上げ長靴に半月刀を身につけ、そしてすばらしいモリオンをかぶっていた。モリオンとはへりが反り返った帽子状の兜で、てっぺんには長い羽根がなびいていた——このために戦士たちは華麗なとさかのある鳥に似て、ラッパ手たちがそのキラキラ輝く楽器を吹き鳴らすと、鳥との相似はさらに強調された。

彼らの広場への華々しい入場をすさまじい拍手喝采が迎えた。そして二人のラッパ手が先導して、ジャン・ガストーネ率いるヨーロッパの騎士団が入場したときにも、同じぐらいの拍手喝采が起こった。だが群衆が拍手した対象は衣装であって、それを身につけている者たちではなかった。槍試合が終わり、アジア側の騎士団に属したヴィンチェンツォ・カッポーニ侯爵が勝者と宣言された。そしてやんごとなき花嫁が千ゼッキーノの価値のある賞品を彼に与えた。

深い信仰心の持ち主であるヴィオランテは、新しい環境に魅せられていた。フィレンツェにやって来てすぐに、マルタの女性騎士団として知られるエルサレムの聖ヨハネ会の尼僧たちから、彼女たちの修道院で行なわれる尼僧への叙任式へ招待された。ヴィオランテは即座にこれに応じた。

ヴィオランテはまたフィレンツェでの四旬節の厳しさ――つい最近までの謝肉祭で馬鹿騒ぎをした群衆が人目をひくような悔悛を示すこと――に対しても共感をおぼえた。そのもっとも重要な期間は第五日曜日にあたる御受難の主日〔復活祭の前々週の日曜日〕から始まり、そのあいだにわれらが主がかぶった冠の七つのとげがサン・ピエール・マッジョーレ教会で公開され、町中を歩く荘厳な行進にも持ち出された。サント・スピリト教会――この教会でマルティン・ルターがアウグスティヌス修道会士としてローマに向かう途上説教をした――では、神への冒瀆を攻撃する説教が行なわれた。説教のあと、幼子のキリストを抱く聖母の姿が刻印された「グロッソーネ」(4) 銀貨が展示された。言い伝えによると、一三九二年一月十七日にエンポリで不敬な賭博師がひどい負け方に怒り狂い、最後の金だったこの銀貨をナイフでテーブルに突き刺した。すると、傷ついた銀貨からおびただしい血が噴き出した。その銀貨はサント・スピリト教会にうやうやしく運ばれ、奇跡の聖遺物として崇められた。

聖週間〔復活祭の前の週〕は儀式がひっきりなしに行なわれ、なかでもおそらくもっとも興味深いものは、聖月曜日にドゥオーモで行なわれた娼婦に対する説教だった。これに出席できるのはその種の女性だけだったが、彼女たちは厳しい刑罰の脅迫のもとで出席を強制されてもいた。だが誰であれ教会に向かう彼女たちに乱暴をはたらく者には、同じぐらい厳しい刑罰を与えるという警告が毎年布告された。数多くの向こう見ずな若者たちは、この命令を気にもかけず、悔悛への道を歩む娼婦たちに襲いかかって、身持ちの悪い女たちの一時的な美徳のふるまいを危機に陥れようとした。

水曜日には、カタコンベで祈った初期のキリスト教徒たちをしのんで、暗闇の朝課《マットゥティーノ・デッレ・テネーブレ》が始まった。ベネディクトゥスが歌われるなか、キリストを象徴するひとつの灯りだけを残して、祭壇の灯りがひとつひとつ消されていく。その灯りも取り外されて、祭壇のうしろに隠される。それはわれわれの救世主の死と埋葬を意味した。教会が暗闇のなかに置かれると、聖職者と会衆は細い柳の枝で床を叩く。その音（「ストレピタクーラ」）は磔刑のときの自然のさまざまな動きをあらわしていた。その後、唯一の灯りが再び祭壇に置かれ、信者たちは沈黙を守ったまま、真剣に深く死を思いながらその場から立ち去る。

人々は聖木曜日には一日中あちこちの教会に列をなして参拝した。聖油を授けられ、聖体拝領があり、最後の晩餐の前にイエスが弟子たちの足を洗ったことをしのんで、大司教が十二人の貧者の足を洗った。そして大公も同じことをピッティ宮殿で行ない、足を洗ってもらった貧民ひとりひとりにピアストル金貨一枚が報償として与えられた。宗教行進が切れ目なく続く。同信会のいくつかは大通りで自分たちの裸身を血が流れるまで鞭で打った。このように当時のフィレンツェは東方の狂信的な都市に似ており、キリスト教の諸宗派はイスラムの宗派に似ていた。蓬髪で露出症のエサワやハマッチャなどの宗派がそれで、前者はサソリをむさぼり食い、後者は手斧で頭皮を剝いだ。

大公とその家族たちはそれぞれ別々に徒歩で複数の教会を――七つの教会をまわることが義務だった――訪れ、その日フィレンツェでは一台の馬車も見かけなかった。どの教会にも聖墳墓《セポルクロ》が用意され、それは光と受難の象徴に囲まれた聖体を中心とした庭のなかにある墓を表していた。地下聖堂や地下室などで生育する「ヴェッキア」と呼ばれる草――影のような趣があり、光の欠如のせいで青白い銀色になる――が聖墳墓の飾りに使われ、カラシナやクレソン、芽が出たばかりの小麦などが使われることもあった。

ヴィオランテはお付きの女性たちに対して裸足で教会を訪れるよう、熱心に勧めた。しかし彼女たちは信心深くはあったが、肺炎にかかるリスクを犯そうとはせず、ヴィオランテはこのアイデアをあきらめざるをえなかった。聖金曜日には街路に人影はなく、教会は人でいっぱいだった。その状態は午後三時まで続き、時間になると長くやかましい合図の音が鳴り響いた。あらゆる教会や修道院など――その数は膨大だった――の寺男たちが拍子木をもって外に出てきて、近隣の人々に呼びかけた。この合図ですべての人はどこにいようともひざまずいて祈らねばならなかった。それはイエスが十字架にかけられて三時間後にその魂を「永遠なる父の腕に委ねた」ことを思い出すためだった。

　その日の夕方にはサンタ・クローチェ教会で死せるキリストの奇跡の姿が展示された。そして敬虔な壮麗さでその葬儀がとり行なわれた。夜になるとジェズ・ペッレグリーノ（巡礼のイエス）会の人々が悲しげな葬列を作った。行列のすべての通り道には照明が施され、家々は黒と白の紐飾りを窓にかけた。磔刑とつながりがあるあらゆる物――十字架、（磔刑に用いた）柱、鞭打ちに使う枝、茨の冠、槍、海綿、水差し、紫のローブ、さいころ、ハンマー、釘、釘抜き――を誰もが身につけていた。そして死せるキリストが、黒と金のヴェルヴェットでできた天蓋の下に横たわった姿で登場する。キリストのあと、行列の最後には全身を喪服で包んで白いハンカチを手にした聖母が続いた。

　四旬節が終わる聖土曜日には、陽気さで知られた「スコッピオ・デル・カッロ（山車の爆発）」が行なわれ、鳩《コロンビーナ》の形をした花火と爆竹が真昼に点火される（この行事については数多くの記述がなされてきた）。黒い布が掛かっていた祭壇と王座は、今度は金色の布地で覆われる。現在でもドゥオーモ広場はこの土曜の朝には人々が押し寄せ、そして十二時の鐘が鳴ると、宝石に飾られた司教冠《ミトラ》をかぶり錫杖をもった大司教が「グローリア・イン・エクセルシス・デオ（いと高きところには神に栄光あれ）」を歌い、鳩の形をした花火が打ち上げられる。この鳩がうまく飛ぶかどうかに、次の収穫がかかっている。「古い大聖堂の主祭壇から白熱して飛び立った花火は、教会の主扉の前に設置された凱旋車の上に積み上げられた、花火・爆竹・回転花火のみごとな組み合わせに火をつける」。悪魔が群衆にまぎれて聖なる休止の邪魔をしないよう二日のあいだ撞木が固定されていた、フィレンツェのすべての鐘が途絶えることなく鳴り響く。

　このように毎年市民たちは心を奪われ、子どものように目を見開いて鳩型の花火を見つめるのであった。

第16章 大公妃はコジモに金をせびり、フェルディナンド公子に助けを求める――フィレンツェの経済状況――アンナ・マリーア公女の結婚――「王としての処遇」――「徳高き者の非道」――税金――クレーシとオンニオーネの聖遺物――正義と教育

フランス王家の女性たちは、その身分が求めるところから、盛大に金を使うことを余儀なくされていた。それをコジモは理解しようとはせず、マルグリット・ルイーズが新たに負債を背負うと、その支払いを拒否した。一六八八年、彼女は医師や薬剤師に支払いをすることができないほどの窮状に直面した。彼女はコジモに二万スクードを求め、国王も彼女の側についた。

トリーノ駐在のフランス大使がフィレンツェに派遣され、議論のなかに脅しを加えることで、大公に強制的に「苦い杯を飲ませ」(大使自身の表現)、支払いを約束させた。それはたいへんな金額であり、コジモは金策に手間取った。数か月が経過し、負債はさらに積み上がったが、一銭も届かなかった。そのあいだに、大公妃のための金が預けられていたヴァレンティ銀行が倒産した。マルグリット・ルイーズは駐在公使ズィポーリに宛てた一六八九年四月の手紙に不満をぶちまけた。

大公は金持ちで幸せであり、満ち足りているのに、誰に対しても悔い改めるように求める。彼は国民の金で肥え太っているのに、わたしは絶食を強いられる。断食をするなら神のためにしたい。彼の

ためではなく。いまも待っている金が得られなければ、嫁資としてわたしが持って行った三〇万スクードの借り入れができる許可を与えるよう、国王に頼むつもりだ。簡単に言えば、わたしが自分の金を取り戻すまで、平和が訪れないことを彼にわからせてもらいたい。

そして六月二十八日には次のような手紙を書いた。

わたしは自分の真珠の首飾りを売った。わたしがダイヤモンドを抵当に入れたことをズィポーリは証言できる。要するに、わたしの所有に帰すものの残額を六週間以内に受け取れなければ、思い切った決断をすることになるだろう。それは大公を仰天させることになる。彼に対して最後の支払いに猶予を与えたのは、わたしの人の良さからだったが、それは愚かなやり方だったかもしれない。それからは物事が彼にとってうまく運ばなくなるだろうから……。わたしの忍耐は限界に達した。彼に伝えなさい。食べるパンもなくなれば、血が沸き立つ。そして彼がわたしをこの上ない窮状に追い込むなら、わたしからのあらゆる報復を覚悟しなくてはならない、と。

最後にもう一度言う。わたしは自分の金を取り戻したい。そして大公がその金を使い果たし、わたしを破滅させることは許さない。彼に汚れなき良心があるのなら、このような不正をわたしに対してなすことはないはずだ。それはわたしの財産を盗む行為であり、山賊行為よりも悪い。なぜなら大公はこの問題で生命を失うような危険を冒してないからだ。わたしに対する憎しみからこうした行動をとっているのだから、それははるかに罪深い行為であり、神の審判の日に必ずやそのことを理解するだろう。大公がわたしに対してなしているすべての悪行が彼を地獄に落とすことになるよう、神に祈りたい。彼は害をなす以外にわたしに対することができない。大公は自分の魂を考えるように、良心を正しく保つようにすべきだ。

ズィポーリは「大公妃の恐ろしい怒りから逃れるために」自分を公使のポストから外してほしいとコジモに苦情を申し立てた。大公妃は侍女であるチンツィアの分別を失わせるまで追い詰めた。チンツィアはゴンディとの秘密の取引が明らかになったあと大公妃を毒殺しようとした、とズィポーリは考えた。彼の神経は限界に近づいていた。コジモは二万スクードを支払わねばならないことで、ズィポーリに腹を立てていた。マルグリット・ルイーズのほうは支払いが遅いことに腹を立てていた。一六八九年七月、ズィポーリはようやく辞任を認められ、あらゆる予防策をとって職を辞した。大公妃にいとまごいをするときには、自分の出発をあいまいな可能性として話し、彼女が示したいんぎんな態度も彼には悪賢さを隠すうわべだけの態度のように思えた。ズィポーリは私用で旅をする者として乗合馬車で移動し、迂回ルートをとった。そしてイタリアの土を踏んだとき、彼は脱出できたことを神に感謝した。

マルグリット・ルイーズの負債と絶望はいや増すばかりで、今度は息子のフェルディナンドに窮状を訴える手紙を書いて、自分を救ってくれるように懇願した。彼を優しく愛している苦境の母親を助けられないのであれば、価値ある宝石をいくつか盗み取って自分に送ってほしい、という内容である。コジモを人々の嫌悪の的にするため、彼女はこの手紙を熱心に回覧させた。

フェルディナンドは返事をするまで三か月近く待った。「残念ですが、厳格な父上に対しては何もできません。わたし自身、やむを得ず受け入れているような困難な状況にあり、わたしが思い通りにできるのは自分の心だけです」。

そしてついに二万スクードが支払われたときには、大公妃の状況はさらに悪化していた。生活費は相変わらず切迫した状態だった。一六九〇年にゴンディ神父はズィポーリの職を継いですぐに死去した。そして新しい公使となった修道士で歌手のメラーニ（「イル・カストラート」と呼ばれた）は大公妃の批判を差し控えるだけの賢明さを持っていた。彼の書簡は政治的な諸事件を取り上げて、前任者たちのようなマルグリット・ルイーズの暮らしの細かな記録は含まれていなかった。

フィレンツェでも金は緊急の問題となっていて、このときばかりはコジモも自国の経済を強化したいと願っていた。しかし彼の計画すべてにフェルディナンドは――自分の人気を気づかい、変化に対するフィレンツェの人々の願望を知っていたので――反対した。公子はあらゆる種類の犠牲を拒否した。そしてコジモがメディチ家の財宝のうちでももっとも価値あるものを売るつもりであると語ったとき、フェルディナンドの怒りは燃え上がった。フェルディナンドは父親に次のように書いた。

わたしは絶対に決意を変えません。わが家のもっとも貴重なものを売却することには同意しません。これらの問題を解決する別のやり方が千通りもあります。紳士として陛下に語る者の言葉に耳を傾ける優しさをおもちください。と申し上げるのも、聖人や良心的な人物として助言をする者たちが、主人のためのよき奉仕としてではなく、自分たちに戻ってくる利益を考えていることがしばしばあるからです。

フェルディナンドは母親の手紙の文体を真似したように思える。彼は家族の不運に対して責任があるとして父親を非難した。彼は言う。父親の失策のせいで息子が苦しむのは正当ではない、と。浪費を抑えるようにという父親からの再度の圧力に対して、四月九日フェルディナンドはコジモに次のように書き送った。

手当に関しては、大公陛下がわたしの書簡を保存されてわたしもその写しを持っておりますが、名誉を重んじる人々が手紙の内容を知ったなら、わたしの立場は正当と見なされることでしょう。わたしは自分の行動を制限するつもりはありません。自分が使った金についてはつねに説明をしてまいりましたし、悪しき熱意で他者に金を与えたこともありません。それはわたしの結婚のための費用や妹を嫁がせる費用が問題になったときでもそうでした（旅行のための費用のことは申し上げません、なぜならあれは陛下がわたしに与えたたくさんの約束のうちの最初のものなのですから）。どのような種類のものであれ決まった額の手当をすすんで受け取るつもりはありません。これまでしてきたように、金の使い道については説明をすると約束します。陛下がお金をくださらないとすれば、わたしはなんとかそれを工面するでしょう。そしてわたしはこれから先、この問題については答えないつもりです。こうした諍いには終わりはないのですから。

コジモには、フェルディナンドのお気に入りだったチェッキーノ・デ・カストリスを利用するしか方策が見つからなかった。チェッキーノは息子の心を完全につかんでいた。この名歌手《ヴィルトウオーソ》は他の人々が失敗したこと――父親の言に耳を貸すように公子を説得すること――に成功した。フェルディナンドは月に千ダブロンという決まった額を「自分の楽しみだけのために」受け取ることで合意し、公子がそのあとコジモに従順になって大臣たちを尊重することをチェッキーノは保証した。こうして大公と後継者の公子のあいだの協定は、その遵守を去勢された男が保証して、締結された。

コジモはおそるおそる将来を考え、どちらの方向に風が吹くだろうかと様子を見ながら、中立の姿勢を保っていた。選択肢はフランスかオーストリアの二つしかなかった。ルイとレオポルトはかわるがわるにコジモを傷つけては、彼が何かの役に立つかと思い返して、傷を癒す軟膏をすり込んでやっていた。メディチ家出身の枢機卿たちは教皇を選ぶ者という伝説的な評判をほしいままにしており、フランチェスコ・マリーアはオーストリアとスペインの「保護者」であった。

一六八九年六月、サヴォイア公ヴィットリオ・アメデーオはスペインおよび皇帝とのあいだで協定に調印して、それ以外のイタリア諸国を仰天させた。皇帝はその見返りにヴィットリオ・アメデーオに対して、彼が長く待ち望んでいた、「王としての処遇《トラッタメント・レアーレ》」——サヴォイア公およびその大使たちを外国諸国が国王として扱う——を承認することで報いた。コジモ三世はウィーンの宮廷に抗議をした。たんなる公爵は自分よりも下位の存在であり、そのままの状態にとどめるべきであるとし、大公の大使たちがつねにヴェネツィア共和国大使のすぐ下に位置していることを思い出させて、大公陛下の大使の前にサヴォイア公の大使を置くことに不満を訴えた。かくのごとき特権が自分の敵に対して認められたことは、大公の威信にとってきわめて屈辱的だった。コジモの不満は「下位にある者が上位の者よりも大事に扱われる」ことにあった。「なぜなら、サヴォイア家は王たちと張り合うほど大きくなったことはなく、メディチ家はその栄華と領土を減少させてはいないのであり、サヴォイア家を持ち上げてメディチ家を辱める理由はないからである」。

コジモはさらに、皇帝に対して彼が行なった頻繁な財政援助を、さまざまな機会に提供した軍隊や補給物資を思い出させた。

コジモがフランスとの同盟を選ぶことだけを恐れていた皇帝は、サヴォイア家に対して彼が特権を与えたことが他のイタリアの君主たちの権利や特典に何の変化ももたらさない、と返答した。だがコジモの不満はおさまらなかった。そして皇帝は、これ以上の摩擦は避けたいと考えて、コジモの娘とプファルツ選帝侯の縁組みを持ち出した。

アンナ・マリーア公女の縁談はスペインからは二度、ポルトガルからは一度、それぞれ拒絶され、サヴォイア公と王太子からも拒絶されていた。王太子妃の死（一六九〇年四月二十日）で、ルイ十四世はアンナ公女を王太子と結婚させることを考えた。アンナ公女の年齢、性格、外見などに関するルイの問い合わせでは、満足のいく回答が得られた。しかし彼女の母親がこの交渉を失敗に終わらせた。

コジモがこの縁組みに関する交渉を委ねたシトー会修道士ピエトロ・ディ・サン・ルイージによれば、「大公妃は自分の娘が王太子妃になることを恐れておられた。というのも、そうなれば彼女の自由が制限され、宮廷を訪れる回数も減る可能性があったためである」。そうしたことからルイ十四世はこの交渉をあきらめた。

イギリスのジェームズ二世からは、アンナ・マリーアがモーデナ公あるいはパルマ公と結婚してはどうかという提案がなされた。しかし公女はこの二人の候補者のいずれも適切ではないと返事をした。フランス、ポルトガル、スペインの王家との縁組みを交渉したあとでは、イタリアの小国の君主と結婚するのは格が下がるように思えたのだ。彼女の狙うところは高かったが、もうすでに二十三歳になっていた。皇帝からの提案は選択の問題というより必要性の問題だった。結婚相手のヨハン・ヴィルヘルムが二人の王妃（スペインとポルトガル）およびひとりの皇后（オーストリア）の弟であることは、おそらくなにがしかの慰めにはなっていただろう。

コジモは義理の息子のなかに熱心で行動的な友人を見いだした。一六九一年二月五日、ヴィットリオ・アメデーオに許されたのと同じ「王としての処遇」を、コジモにようやく手に入れてやったのはプファルツ選帝侯であった。コジモは王国を保有しているとする主張はまったく持ち出せなかったが、彼の願望が誰にとっても害を与えないものであることから、この壮麗にして空虚な称号を得ることになった。とはいえ、それには多くの苦労と莫大な費用が必要だった。

「王としての処遇」とは、王冠の上に棒を載せること、国王陛下 Altezza Reale という称号で呼ばれること、文書中で「この上なくやんごとなき Serenissimo」を使えることなどだった。その一方でイタリアやドイツの同じような君主たちは——ヴェネツィアの統領《ドージェ》とドイツの選帝侯たちを除いて（ヴェネツィアについては Serenissimo、選帝侯については選帝侯殿下 Altezza Elettorale が使われた）。——たんなる殿下 Altezza とやんごとなき Sereno と呼ばれていた。

アンナ・マリーア公女の代理人を立てての結婚式は一六九一年四月二十九日に行なわれた。祝賀行事はわずかながらいつもほど豪華ではなかった。ある目撃者は公女を次のように描いている。「派手なことが大好きで、きわめて堂々としている。身体つきは背が高く、肌の色は美しい。目は大きくて表現に富み、目も髪も黒い。口は小さくて唇は分厚い。歯は象牙のように白い。男性的な声の持ち主で、大声で笑う」。

彼女は弟のジャン・ガストーネとともに五月六日にデュッセルドルフに向けて出発したが、夫がその途中のインスブルックで待っているという、うれしいおどろきがあった。その地で公式の結婚式が行なわれた。インスブルックとデュッセルドルフの両方で盛大な祝賀行事が展開された。しかしながら、その祝賀を伝える報告からは結婚の贈り物のひとつが抜け落ちていた。女性関係の派手だった夫は、結婚後すぐ花嫁に「ヴィーナスの貝殻から吸い取った毒」を感染させたのである。

ルイ十四世は当初アンナ・マリーア公女の結婚に反対だった。というのもプファルツ選帝侯は明確に彼の敵だったからである。しかし、コジモはこの拒絶を撤回するように説得した。

国王陛下には次のことを考慮していただきたいと思います。選帝侯が結婚せねばならない以上、当家の公女が問題の公子と結婚することが、陛下の利害にも都合にも最適と考えます。公女は国王陛下への尊敬と崇拝という普遍の原理のもとにある家系で教育を受けてきておりますので、彼女がどこに嫁ごうとも、陛下の御身と利害を重視することを基本としてふるまうはずです。

フランスの使節レベナックはこの当時、反帝国同盟を構築しようと努力していたが、「皇帝は恐れられているにしても、フランスも好感を持たれていない」ことに気づいた。レベナックはパルマ公とモーデナ公、およびトスカーナ大公に、現在の皇帝からの要求は将来現われてくる野望の序曲にすぎない、と警告をした。皇帝はパルマとモーデナをミラノ公国に併合する意図をもっており、トスカーナは独立を維持できなくなるだろう、というのがその具体的な内容だった。(1)

一六九一年十月九日にフランス、イギリス、スペイン、オランダの領事たちと調印した協定――リヴォルノ港の中立を承認する内容(ルイはしばしばそれを尊重しなかった)――によって、コジモは手なずけられたが、反帝国同盟への参加は教皇が加わった場合に限って受け入れると約束した。それは身を守るには十分な条件だった。というのもインノケンティウス十二世は戦争につながるような同盟関係に加盟することを拒否していたからだった。

皇帝の使節は封建的権利に規定された莫大な貢納金を要求し、コジモに対してオーストリアとの同盟を迫った。フランスに対抗する同盟には加われない、なぜなら、そうすればトゥーロンから出撃するフランス艦隊が自国の沿岸地域を襲撃するから、とコジモは釈明した。イタリアの他の君主たちは怯えて貢納金の支払いに追い込まれたが、コジモは厳密に皇帝の封土にかかわる金額――レオポルトが搾り取ろうとした額よりもはるかに少ない――を支払うことで切り抜けた。ルイは、もしコジモが封建的権利で認められている以上の金額を皇帝に支払うなら、ルイ自身がイタリアに対する同様の支配権を強硬に主張する、と圧力をかけた。

コジモが自分の義務に対処しているとき、皇帝は再び彼の虚栄心をくすぐった。このときには皇帝はトルコ軍から奪った軍旗をコジモに送った。(2)八月十九日の皇帝軍の勝利に対する感謝のしるしとして、この旗は皇帝の名前でサンティッシマ・アンヌンツィアータ教会に贈られた。コジモはこの機会に行なうべき祝祭のためにある布告を発した。おそらくこの旗がモラルの再武装の発作をもたらしたきっかけになったのだろう。旗が据え付けられた三日後にコジモは「不法な性交」を取り締まる布告を発布した。

「若者が娘たちと性交をするために家に入ることを認めたり、ドアや窓から若者たちが卑猥な言葉を発するのを放置することは、レイプや堕胎、子ども殺しの大きな誘因となることから」コジモは次のことを禁止した。「若者と娘たちだけでなく、彼らの父親、母親、親戚に対しても……若者たちを自分たちの家に入れたり、許可の有無を問わず彼らが性交すること、夜間に彼らが家の戸口や窓に立つこと」は、高い罰金と逮捕の対象とする、とした。サンタポッリナーレ広場の若い仕立屋ポンペーオ・ヴァンジェリスティは拷問にかけられた。というのも彼は、ある娘との性交を禁じたサン・ロレンツォ地区の執政官ロレンツォ・フレスコバルディの命令に違反したからだった。セッティマンニは一六九一年一月十五日の記述で、この種の犯罪が大公コジモ三世によって重大なものとされた、とつけ加えている。こうしたことのあとなら、「首がひとつ（警察本部があった）バルジェッロに運ばれ、次のような掲示つきでいつもの壁の前にさらされた。《これは男色の罪で斬首されたアンジョーロ・ディ・アントニオ・デッラ・フォンテの首である》」という記述を見つけてもおかしいとは感じない。

コジモはこのようなやり方で両性のモラルを守りたいと考えていた。聖職者を除けば、誰も大公の統制から逃れることはできなかった。彼のやり方がもたらした圧政は、ロベルト・アッチャイオーリとエリザベッタ・モルモラーイに対する迫害にその典型を見ることができる。語り草になっているこのもつれた物語を、ジャネット・ロス夫人がみごとに要約している。(3)

この一族のつねとして、男らしくハンサムで勇気のある、ドナート・アッチャイオーリの息子ロベルトは、ジュリオ・ベラルディの妻だったエリザベッタ・モルモラーイに長いあいだあこがれていた。そして、彼女の夫が死んで、二人は結婚することで合意した。しかし彼の叔父である枢機卿は、この美男の甥の結婚を教皇に選ばれるという自分の野望に役立てようと心に決めていた。そこで彼は大公コジモ三世を説いて、この結婚を禁じ、エリザベッタに尼僧院に入るように命じさせた。ロベルトは書簡を通じて彼女と教会法にかなった結婚の契約を結び、ミラノに逃亡すると、そこでこれを公開した。同時にロベルトは大公、大司教、枢機卿、そして自分の父親に対して正義にかなった行為を求めた。ロンバルディーアではこの結婚は有効であるとされたが、フィレンツェではそれがたんなる約束にすぎず、法的な有効性をもたないと宣言された。彼女は尼僧院から移され、監獄に幽閉された。

一六九一年に教皇アレクサンデル八世が死ぬと、ロベルトは新教皇選出のために集まった枢機卿たちに手紙を書き、彼らとこれから選ばれる新教皇に対して正義を行なうように請願した。この恋人たちの事件に全イタリアから関心が寄せられ、アッチャイオーリ枢機卿はその全責任をロベルトの血縁者たちに押しつけようとした。大公はエリザベッタを釈放し、彼女はヴェネツィアにいた夫と一緒になった。ヴェネツィアでコジモは、枢機卿の個人的な怨恨に譲歩することで、不正かつ専横にふるまったと公然と非難された。そこで大公は共和国に対して、アッチャイオーリとその妻を反逆罪にあたるとして、身柄の引き渡しを公式に求めた。二人は修道士に扮装して逃亡したが、コジモの密偵たちに追跡され、トレントで捕らえられた。ロベルト・アッチャイオーリは終身刑を言い渡され、ヴォルテッラの監獄に監禁されて資産を没収された。エリザベッタは、結婚を取り消すか、同じ監獄の女囚房に入るかを選択を迫られた。夫への判決の厳しさを弱めることができるかもしれない、と考えた彼女は結婚の取り消しを選択した。

ロベルトは悲しみのあまり数か月後に獄中で死んだ。彼と運命をともにしなかった弱さを理由にエリザベッタを非難する者たちがいたが、彼女には前の結婚でできた二人の子どもがおり、この子どもたちを見捨てることはできなかった。コンティが述べているように、そうしたロマンティックな行動を説くよりも実践するほうがはるかに難しいのである。エリザベッタは悲劇のヒロインとして一七二四年まで生きながらえることになった。

「徳ある者の非道な行ないを、誰が語るのだろうか？」(4)

同時期にコジモは、オーストリアへの支払いを埋め合わせる新しい税金を国民に押しつけた。土地、そこからの生産物、労働それ自体、蹄の割れていない四足獣、男性用かつらなどが課税の対象となった。高額の関税とごく日常的な必需物資に対する入市税――羊毛の梱はリヴォルノからコルトーナまでのあいだに十回も国内税関を通過しなければならなかった――に加えて、年間三五スクード以上の収入があるものは誰でも収入一〇〇スクードあたり一スクードの税金を支払うことを義務づけられた。農業労働者と（収穫に応じて現物で地代を支払い、それ以外の収入がない）折半小作農たちは税金を免除された。額に汗しても年間三五スクード以下しか稼げない者と、そして言うまでもないが、聖職者も同様に税を免除された。この一六九二年六月二十一日の布告は、脱税行為を発見して罰する査察官を密告者が助けるだろう、と脱税する者に警告していた。

聖職者は容易に関税を免れていた。脱税行為に気づいても役人が見て見ぬふりをしたり、あるいは品物を巧妙に隠しもつこともあった。自身が聖職者だったラバットは、聖職者による密輸に関する二つの逸話で、そのことを明らかにしている。逸話は関税査察官たちが聖職者に対していかに丁寧だったかを述べたあと次のように語られている。

フィレンツェでもっとも有名な修道会のひとつに属する入門者たちの一団が、健康のために郊外に出かけていた。一行の指導者である神父が、市内よりも（入市税がないため）はるかに安い値段で大きなタバコの葉を巻いたものを買った。市内に戻る前に神父は入門者たちにタバコを配り、それを僧衣の下の胴のまわりに巻かせた。このご立派な神父自身も同じことをしたが、彼のタバコのベルトは緩んで解けてしまった。入市税の査察官は、二列になってゆっくり歩く入門者たちのあとについて市内に入っていく神父が、タバコの大きな葉の先を地面に引きずっているのに気がついた。

どこであれ他の国なら、税務官は騒ぎ立てて一団を止めて身体検査をし、タバコは没収されたうえで全員が法の裁きを受けていただろう。あるいは、少なくとも誰か有力な友人が呼ばれて、問題をおおっぴらにしないために金をつぎ込まねばならなかっただろう。フィレンツェではそんなことはまったく起こらない。役人は、キリスト教徒かユダヤ人かは不明だが、敬意を込めて神父に近づき、耳元でささやいた。靴下留めを埃のなかに引きずっておられる、と。神父は役人に謝意を伝えてお辞儀をし、それが自分のタバコのことであるのに気づいた。神父は赤面したが、礼儀正しい役人はまたお辞儀をして詰所に戻っていった。こうして神父は何も恐れることなく歩き続けることができた。大公の領土内では、どのようなものであれ暴力を用いずに関税徴収所を通過した場合、税務官は強制的に税金を支払わせたり募集したりする権利を持たない、と法で定められていたのである。

そしてその証拠としてラバットはもうひとつの逸話を紹介している。

フィレンツェで重要な結婚式が行なわれることになっていた。「花嫁の備品《フォルニメンティ・ディ・スポーザ》」と呼ばれる、新婦のための宝石がリヴォルノで購入されたが、家族はこの種の物品に課せられる重い税金の支払いを避けられないものかと考えた。どうすればいいか？　そこで友人であるひとりのフランチェスコ会修道士が、税務官の目を盗んで持ち込んでやる、と請け合った。

それを託すのが誰であれ、こうした企てが成功するかどうかについては疑問の余地がある。しかしフランチェスコ会の修道士たちはつねに機知に富み、臨機応変で実務にも長けていることで知られていた。そこで家族は修道士に赤いモロッコ革の箱に入った宝石を預け、フィレンツェに向かう馬車に同乗させた。税務官たちは密告者たちから、貴重な品々がフランチェスコ会修道士に託されていること、修道士が乗る馬車を引く二頭の馬の毛色、馬車の御者は税務官たちもよく知っている人物であること、などを知らされていた。検閲を突破するのは不可能かと思われた。

フィレンツェから一マイルのところで、修道士は大事な箱を僧衣の下のズボンのなかに入れて馬車を降りると、三十分後に追いつくと御者に伝えた。そしてステッキをつきながら、散歩から戻ってきたようにゆっくりと市の門に近づいた。この日、税務官たちはふだんよりも警戒をしていたが、馬車の姿がないため、この修道士が待ち受けていた人物だとは思わなかった。とはいえ、すべてのフランチェスコ会修道士は疑惑の対象になっていた。税務官たちは修道士を引き留め、申告するものがあるか尋ねた。

修道士は答えた。「はい、あります」。

「何ですか？」税務官の主任が尋ねた。

この問いに修道士は箱を結びつけた部分を僧衣の上から手で押さえ、笑いながら言った。

「花嫁の備品《ウン・フォルニメント・ディ・スポーザ》のひとつです」。

この下品に見えるしぐさに卑猥な意味にもとれる言い方が加わったため、税務官の汚れなき耳には衝撃的に聞こえた。税務官は憤慨して言った。「とっとと行ってしまえ、この下劣な修道士野郎が。お前の上司に言いつけてやるぞ」。

二度までは言う必要がなかった。修道士は通り過ぎた。門から二、三十歩行ったところで修道士は箱を取り出し、税務官たちに見せながら叫んだ。「ほら、ご覧ください。わたしは嘘は申しませんでしたよ！」

皇帝への負担金の支払いが済んでからも、大公はこれらの税金を長く存続させた。税収はさまざまな聖遺物の購入に費やされた。聖人誰それの手、あるいは証聖者《コンフェッソーレ》〔殉教はしないが、迫害に屈せず信仰を守った信者〕誰それの足の爪などが最高の重要性をもつ獲得物だった。

コジモが自分自身を名誉職の高位聖職者と考えていたように見えるときがあった。宗教（あるいは迷信）は彼の生活でもっとも目立つ役割を果たしつづけた。彼はすべてのプロテスタント君主の宮廷に「カトリックに改宗させるために」密偵を送り込んでいた。またギリシアとロシアの教会にローマの教会との統合を働きかけていた。そしてイギリスとオランダにおけるカトリックの利害を熱心に支持していた。

リヴォルノのイギリス領事、トマス・プラットはしばしばイギリスの問題に関するコジモの秘書役をつとめ、イギリスに戻ったときには土地の趨勢や事件についてコジモに情報を与えた。プラットはカトリックの生まれだが、プロテスタントに改宗しており、一六八七年に再びカトリックに改宗するまで、大公の信頼を得られなかった。サー・ヘンリー・ネヴィルは真にイタリア化したイギリス人で、トスカーナ語を流暢に話し、大公のもうひとりの非公式の情報提供者となっていた。長期議会〔一六四〇年にチャールズ一世が招集し、一六五三年まで続いた議会。議会派と王党派の対立から清教徒革命を招いた〕のメンバーであり、明確な共和派だったネヴィルは、王政復古の期間に逮捕されたが、大内乱のあいだチャールズ一世のために戦った兄のおかげで釈放された。その後国外に出る許可を得て、フィレンツェとローマを訪れ、ローマでたくさんの有力な友人を得た。彼は宗教的な人物ではなかったが、カトリックの人々からは大いに好感をもたれた。

コジモはしばしばイギリスの政策や人物についてネヴィルを質問責めにした。たとえば、一六六五年から七一年までフィレンツェ駐在のイギリス大使だったサー・ジョン・フィンチが、ロンドンで自分についてどんなことを語っているのかを知りたがった。コジモはまた、自分が目をかけているトマス・プラットの出自を調べてくれるようにネヴィルに依頼した。

ネヴィルは大公を満足させるために最善を尽くしたようで、イギリス訪問時のコジモを盛大にもてなした。そして彼の手紙は生き生きとしてためになるものだった。コジモはもてなしを受けたときに味わった果実の砂糖漬け《ジェーリ・ディ・フルッタ》のことを長くおぼえていて、その作り方を学ぶためにフィレンツェの彼の料理人のひとりをネヴィルの家に派遣した。コジモがネヴィルを改宗させようと強い圧力をかけたようには思えないが、彼の兄の死を悼む手紙を送ったとき、カトリックの信仰のほうがより大きな慰めを得られるだろうと語っている。

ローマの有力者たちと親しかったために、ネヴィルは旧教徒陰謀事件〔イングランドにカトリックを復活させようとした一六七八年の事件〕に巻き込まれたが、自分に対する告発が誤りであることを証明できた。献呈を受けた『よみがえったプラトン』などのネヴィルの英語の著作――ネヴィルはジョン・スターキーというペンネームでマキアヴェッリも翻訳していた――をコジモが正しく評価していたとは思えない。だがコジモは彼に、他の有力なイギリス人の友人たちに対するのと同様に、精選したトスカーナのワインを定期的に何箱も贈っており、あるときには深紅のダマスク織りを寝室のカーテン用に十分なだけ贈ったこともあった。

オランダではユトレヒトのヤン・ファン・ダムが勤勉な通信員であり、アムステルダムにおけるピョートル大帝の行動に関する生き生きとした彼の報告は、イギリスでツァーリが示した型破りのふるまいについてのトマス・プラットの報告で補足された[5]。

これらの情報源のほかに、一六九一年までロンドンでコジモの連絡員をつとめたトスカーナ人フランチェスコ・テッリエージは、イギリス宮廷について詳細な情報を提供し、きわめて多様な使命を任された。コジモは「陽気な王様《メリー・モナーク》」〔チャールズ二世の愛称〕とその愛人たちに、ショックを受けるより魅惑されたようで、スキャンダルの最新ニュースをしきりに知りたがった。

ロンドン滞在時にコジモは、英語は理解できなかったが、イギリスのダンサーやコメディアンたちの軽快な名人芸に深く印象づけられた。そうした芸人のなかでももっとも悪名高い者のひとり、ジョセフ・ヘインズは一六八六年にフィレンツェにやって来た。彼の機知に富んだ伝記作者によれば、あるイギリス人の仕立屋がヘインズをトスカーナの宮廷に紹介した。

仕立屋は言った。「ミスター・ヘインズ、あなたは、フィレンツェの大公がまだトスカーナの公子であった時代にイギリスに滞在されたおり、その前で踊る名誉を得られました。宮廷での舞踏会が急遽開かれることになったので、あなたが大公の前で踊る機会を得られるようにはからいましょう……」。計画は非常にうまく運んで、ジョーは大公の謁見を許されただけでなく、大公の子どもたち（フェルディナンドとアンナ・マリーア・ルイーザ）のダンス教師に雇われるという名誉まで得た……ことは順調に進み、馬車と馬、トスカーナの公子の教師という重要な役割に必要なすべてのものがヘインズに割り当てられた……要するに、大公の愛顧を得たい者であれば誰でも、自分の願いを叶えたければ仲介役を頼み込む、そうした高い地位にヘインズはついたのである。

しかしながら、この勝利は短期間で終わった。「公女にダンスを教えるにあたって、彼はいささか馴れ馴れしすぎるという大胆なふるまいをした」ために、汚名のなかで没落した。大公の書記だったバッセッティ司祭がテッリエージに送った手紙からは、次のような事情が明らかになる。コジモがジョー・ヘインズをとりわけ気に入ったのは、彼が「自分の異端の信仰を放棄し、大いなる敬虔さと真の改宗を示しつつ、カトリックを熱烈に受け入れた」からだった。だがこれも、ジョーのいつものお芝居のひとつであることを、コジモはすぐに苦い思いで認めねばならなかった。

オラニエ公ウィリアム三世とイングランド女王メアリー二世の治世に、この役者は再び改宗を明らかにし、バッキンガム公(6)の作品『リハーサル』のプロローグでプロテスタント信仰を告白した（その作品で彼はベイズの役を演じた）。そのなかで、彼は若い頃にはフランス宮廷の伯爵を気取っており、「楽しみと気晴らしという理由から」中年にいたって「教皇と枢機卿たちをだまして改宗のふりをした」と語った。

大公の前のパリ駐在公使だったゴンディ――マルグリット・ルイーズとの関係でおなじみの――は、ムジェッロに多少の領地を保有していた。領地には半ば崩壊した礼拝堂があり、長く忘れられてきた二人の殉教者クレーシとオンニオーネの遺骨が納められていた。大公の性癖を知悉していたゴンディの頭にすばらしいアイデアが浮かんだ。この二人の信仰の証人に対する崇拝をよみがえらせていけないことがあるだろうか？

モリージア大司教は賛成した。大公はこの提案に熱狂した。すぐに小さな礼拝堂を再建し、美しく飾り立てるように命令した。この聖人たちについては、殉教したことしか知られていなかったので、コジモは神学者たちに彼らの殉教のいきさつをまとめる任務を与え、教皇に対して殉教の記念日を認めるように要請した。

不運なことに、ある聖母マリア下僕会の修道士がちょうどこのときに二人の殉教者の信憑性《しんぴょうせい》について疑義を申し立てた。彼らの殉教はまったくのでっち上げだというのである。おそらく修道士としての職業的なプライドが、世俗の者の介入によって傷ついたものと思われる。修道士の大胆な批判におどろく者もいるだろう。大公の喜びを台無しにすることを歯牙にもかけなかったからだ。このけしからぬ聖母マリア下僕会の修道士はトスカーナから追放された。彼をぺしゃんこにする役目がオラトリオ修道会のラデルキに与えられた。ラデルキは二人の殉教の記録を含む手稿を編纂することになった。この記録が殉教が起こったすぐあとに書かれた――目撃者によってではないが、本物で正確な陳述にそって書かれた――ことを示そうというのである。複数の著述家がこの記録を引用しており、その真正性に異議を申し立てた者はいない、と彼は主張した。われわれの祖先たちが信じたものをなぜ受け入れてはいけないのか？　そのうえ、これらのキリスト教のヒーローたちのものとされる行為には議論の余地がない。というのも、他の尊敬すべき有力者たちが正しいと認めた報告に、同じような事実が記載されているからである。

しかしながら、何人かの神学者たちはこうした主張を承認することを拒み、複数の文学アカデミーでこの対立が盛んに議論された。それはアカデミー会員たちが喜んで取り上げる問題のみごとな例だった。つまり信じやすい人間と思索家の対立という問題である。前者にとっては単純に見た目だけの証拠で十分であるが、後者はそれを疑い、確信をもつ必要があった。

ラデルキの主張に対するもっとも明確な反対論は次のようなものだった。「記録」によれば、クレーシは二四九年十月二十四日に死んでおり、同じ日に彼と一緒に何人かが殺され、それらの人々はリストにされている。だが、この他の人々が死んだのは二四九年ではなく二五〇年であることは確実である。同じ記録のなかで異端について言及されてはいるが、それは記録が書かれたと想定されている時代よりもあとのことである。そしてクレーシがキリスト教信仰を暴君に説明する際に使っている言葉は、初期キリスト教会が偶像崇拝者たちについて決して用いない表現だった（意図して謎めいた形式が使われている）。そして最後に、この記録にはキリスト暦三世紀には知られていない語法が含まれていた。説得力のある反対論である。しかしコジモの熱意はいささかも衰えなかった。ローマは公平な立場にとどまり、クレーシとオンニオーネを支持するとも反対するとも態度を明確にしなかった。コジモはこの聖者たちを自分の特別な代弁者とした。夏に行なわれた二人の殉教者の祝祭行事は、コジモにとってムジェッロへの楽しい遠足になった。しかしゴンディは彼らの商業価値を過大に評価していた。クレーシとオンニオーネは人気を得るには気取りすぎのところがあった。本物の巡礼が求めるリアリズムに欠けていたのである。

フィレンツェの人々は教化されなかった。貧困と真の飢餓が多くの人々を絶望に駆り立てた。「犯罪は頻繁に発生し、たいていそれには残虐な行為がともなった。死刑はありふれたものになった」。大公は迅速な裁判を望み、死刑執行における道具立てが恐怖を引き起こすことを望んだ。刑事裁判はますます残酷で恣意的なものになっていった。文書館にはそうした実例がたくさん残っている。たとえば一六七二年、アレッサンドロ・コルネージなる男が妻を殺し、彼の年若い甥に傷を負わせた。「魂の問題に取り組むことに喜びを見いだす」コジモは、コルネージを「絞首刑にした上で四つ裂きする」よう命じた。大公は「刑を執行する前に真っ赤に灼けたペンチで拷問を加えることを命じたが、判事はその姿をフィレンツェの人々が見て感じるであろう嫌悪感を考えて、思いとどまるように勧告した。こうして判事の要請でこの刑罰は免除された」。

一般の窃盗犯などは市が立つ広場の柱に縛られて五〇回の鞭打ち刑を受けた（執行者が一回ずつ数え上げた）。若い罪人たちはそれと同じくらい厳しい刑罰を受けた。とはいえ、そのやり方に拍手をするべきケースもあった。セッティマンニは一六九〇年十月に次のように書いている。

ピストイア地方の農民の子で五、六歳ぐらいの男の子が、三歳の女の子を石で殺したために、サンタ・マリア・ヌオーヴァ病院で去勢措置を受けた。女の子が首に掛けていたメダルを奪おうとしたところその子が叫びだしたため、石で頭を殴りつけ、彼女は倒れて死んでしまった。男の子はわれに返ると遺体を溝のなかに引きずり込み、自分の服で彼女の顔を覆った。これほどのずる賢さを示したことにより、男の子は子どもを持つべきではないとの判断が下され、去勢措置を受けることになった。

動物に対する残虐行為もまた、われわれが見習うべきやり方で罰された。悪党は「猫殺し」という札を首に掛けて、市の立つ広場に設置されたさらし台に置かれた。首の札には殺された猫二匹がぶら下がっていた。

イエズス会が教育を統制しており、ガリレオの弟子たちは用心深く影に隠れつづけた。告発の矢は依然として放たれていたからである。もしコジモが彼の内科医レーディの勧告にしたがっていなければ、この時点までに死んでいただろう。だが彼の科学に対する姿勢は、一六九一年十月十日、ピサ大学の教授たちに宛てて彼の書記が送った次の手紙がよく示している。

やんごとなきわが主君の特別な命令により、教授のかたがたにお知らせする。ピサ大学のいかなる教授も、公式の場、非公式の場を問わず、口頭でも書面でも、デモクリトスの哲学もしくは原子論、およびアリストテレスを除くいかなる哲学についても読んだり教えたりすることを大公陛下は禁じる。どのような形であれ大公陛下の意志に反抗する者は、大公陛下の不興を買うだけでなく、教授職から解任されるものと考えるべし……

コジモは一六二六年の古い法律を復活させた。それは彼の祖母たち――「女後見人たち《トゥトリーチ》」と呼ばれ、トスカーナ衰退の最初の原因だった――が権力を握っていた時代のものだった。この法律はすべての学生にピサ大学への通学を義務づけていた。いかなる理由があっても、外国での勉学は許されなかった。コジモはこの時代のもっとも優れた哲学者たちが相手にして闘っていた精神のあり方をまさに代表する存在だった。たしかにコジモはあれこれ詮索好きな性格をもっていた。そしてそれが示されるのは、モンマルトルやその他の場所でのマルグリット・ルイーズの日常生活を微細にいたるまで知ろうとしたことだけではなかった。セッティマンニは一六八三年五月二十三日の日記に次のように書いている。

外国の出来事、外国人の特徴と話し方に関する情報を集め、外国の度量衡制度と通貨（名称・品質・通用範囲・価値）について――イタリアの同じものと比較して――正確で完全な知識を得ることを大公は望んで、ヨーロッパの諸宮廷にいる駐在公使全員に対して、通商関係のある世界のすべての地域からもたらされるニュースを収集するように命じられた。

そして、さらに、

大公は自らの図書館に外国語の本を収蔵することを望まれ、世界各地に注文を出された。今日、リヴォルノに本の詰まった箱が到着した。そのなかにはラテン語の辞書、リトアニア語の辞書、ポーランド語の辞書、リトアニア語で書かれたベッラルミーノの教理問答集、ロシア語の文法書などのほか、ロシア語のアルファベットや原理を扱っている本が含まれていた。

ロンドン駐在のトスカーナ公使だったテッリエージが、さまざまな時計や機械装置のほかにイギリスでの近刊本の長いリストをコジモに送ると、購入を指示する本にコジモによる十字のしるしがつけられて戻ってきた。そのなかには『失楽園』――この長編詩の最初の二三四編はマガロッティによって翻訳された――を含むミルトンの著作があった。

その昔ハーグのイギリス大使館でコジモが面会したサー・ウィリアム・テンプルは、その著作『ネーデルラントの連合地域に関する考察』（一六七三年）を献呈したが、遺作『国王、オラニエ公および二人の人物への手紙』（一七〇三年）――テンプルの秘書だったジョナサン・スウィフトが編集した――はスウィフトの自筆の献辞を添えて、友情のしるしとしてコジモに送られた。こうした事実が示しているのは、コジモが自国でよりも外国でのほうが高い評価を得ていたことである。「海上でも陸上でもきわめて有用な道具」チューバ・ステンテロフォニカの発明者であるサー・サミュエル・モーランドは、拡声器やその他の数学や幾何学の発明品の詰まった箱を――その使い方の説明をつけて――コジモに送った。

イギリス訪問から長い年月がたったあとでも、コジモは自分によい印象を与えた人々にワインや手袋、香水などの贈り物を続けていた。なかでもクリーヴランド公爵夫人のような宮廷でも美人で知られた女性たちがその対象で、夫人の肖像画を――チャールズ二世がしていたように――コジモも収集していた。

ロンドンに滞在していたとき、コジモは当時売れっ子だったサミュエル・クーパーに細密肖像画《ミニアチュール》を描いてもらうためポーズをとったことがあった。そしてコジモはテッリエージにクーパーの未亡人からほかの作品を買い取るようにせきたてたが、テッリエージにはそれらの価格が高すぎるように思えた。テッリエージはサー・ピーター・レーリーに何枚かの肖像画を注文し、ポーツマス侯爵夫人ルイーズ・ド・ケルアルの肖像画をめぐっては長い細かな手紙のやり取りをした。この女性の肖像画をなんとしても手に入れるつもりだったからである。このケースでは細密肖像画家のリチャード・ギブソンは絶望的なほど仕事が遅いことが明らかになった。「この国の人々の粘液質な性格にはうんざりする」とテッリエージは嘆いた。だが、最終的には美しく均整のとれたルイーズの細密肖像画をコジモに送ることができた。

ギブソンはカトリック教徒で小びとだった。そのことは肖像画家として「クーパーの次に位置する」彼の才能とは別に、コジモの好奇心を刺激した。彼は小びとの女性と結婚したにもかかわらず、普通の背高さの子どもを五人もうけた。

こうして、レオポルド枢機卿の細密画のコレクションはコジモからもたらされた数枚のイギリスの細密画によって増補され、現在はウッフィーツィ美術館に所蔵されている。

風変わりな話をたくさん携えて地球の正反対の地域からフィレンツェにやって来た宣教師たちは、必ずピッティ宮殿での謁見を許され、褒美ももらっていい気分でそこを立ち去った。ベネディクト会のモンフォーコン神父のように聖職にある学者は、コジモの宮廷では例外的な歓迎を受けたので、彼は大公に対する感謝の念を、偉大な祖先にふさわしい言葉を用いて自分の『旅行記』を献呈することで表した。モンフォーコン神父は次のように書いている。

多くの人々がわたしの幸運を祝ってくれました。というのも、わたしがラウレンツィアーナ図書館への自由な出入りを許されただけでなく、諸々の鍵を預けられ、そのおかげで知識の宝庫にとどまることができて、もっとも秘やかな場所に好きなだけ入り込むことができたからです。きわめて学識高き人々が大いなる関心と勤勉さをもって作成した、他には一部しかない手稿本のカタログをわたしに与え、フランスに持ち帰る許可を与えてくださったことはまことに希有なお引き立てであり、あなたの寛大さのしるしでありります。かくのごとき善意に対しては限りない感謝が必要であり、永遠に記憶されるべきものと考えております。

だがコジモの司書として雇われていたアントニオ・マリアベーキは、奇妙なことに「フィレンツェにおいて彼が受けていたパトロネージの衰退を強く嘆いていた」。

彼についてはこんな話が伝わっている。ある外国人にフィレンツェを案内しているとき、リッカルディ宮殿の前で「かつてここでは文学の再生が起きました」と述べた。そしてその正面にあるイエズス会の寄宿学校を指して「そしてここでそれは再び埋葬されたのです」と語った。マリアベーキがバーネットに語ったところでは、フィレンツェにはギリシア語を解する者や手稿本を解読できる者がひとりもいない。そして彼は他の訪問者たちにもフィレンツェの文化について似たような印象を与えた。ミッソンは書いている。

マリアベーキ氏はわたしに語った。計算によれば大公の図書館には一二三〇〇点の東洋の手稿が存在した、と。そこでわたしは、それらの本から人類のためにどれほどの恩恵がもたらされたかを教えてほしいと頼んだ。だが彼が言うには、それらの本のなかに何か宝物があるということが本当だとしても、いまのところ、それらは地中に埋まっているかのように、隠されているのだ。

第17章
大公妃はサン・マンデに移る――ヴィオランテの不妊――ジャン・ガストーネのふさぎ込む性格――コジモの中立政策――ささやかな逸話集――民衆の不満

時間の経過はマルグリット・ルイーズの激情を弱めることにつながらなかった。「彼女は鉄のようにたくましい。世界のすべての不快なものを愚痴ひとつこぼさずに我慢するだろう」とサント・メームは書いている。

モンマルトルでは新しい修道院長としてマダム・ダルクールがマダム・ド・ロレーヌの職を引き継いだ。マダム・ダルクールは若く経験不足だった。そして大公妃のことについて彼女がコジモと国王に不満を訴えると、マルグリット・ルイーズはすぐに反撃した。ある日、修道院長が自ら大公妃を強く叱責した。すると大公妃は片手に手斧を、もう片方の手にはピストルをもって、院長を殺してやると脅しながら修道院中を追いまわした。ついにマルグリット・ルイーズは修道院内に院長に反対する党派を作り、ある金融業者(およびそれ以外の悪党たち)と手を組んで不法な策略をめぐらせたことで院長を非難するとともに、自分の慎み深さと良心が踏みにじられた場所から退去する許可を公然と求めた。こうした経過はすべてリュクサンブールで暮らそうという彼女の計画の一部だった。マルグリット・ルイーズはコジモへの手紙でも、ふだんとは異なる調子で書いている。

「わたしたちのあいだで生じた多くの諍いにもかかわらず、あなたの良心の純粋さを知っているので、わたしに対する怒りを抱いておられないと信じたく存じます」。そしてしばしば発熱するという自分の健康状態を説明し、修道院長の行状への遺憾な思いを伝えた上で自分の徳行を次のように語った。

わたしはここで信仰の姉妹〔修道女〕たちと過ごしております。そして自由に使える時間は慈善と病人の付き添いに専念しています。と申しますのも、わたしは病人への奉仕というもともとの計画を放念したことはないからです。そしてパリにとどまるために病院で過ごしているのではなく、親戚や友人がいる場所にはいたくないのです。わたしがいたいと思うのは、ここから百リーグ離れた場所で、誰も知っている者がいないところです。そうすればわたしは気を散らすことなく、神と魂の救済のことだけを考えるでしょう……。この決意が変わる恐れはありません。わたしは世界をよく知っており、もうかなり以前からうんざりしております。そこであなたにお願いしたいのは、わたしへの愛ゆえではなく、わたしたちが心から敬愛する神ゆえに、わたしの魂の救済に手を貸していただくことです。

コジモは次のような条件をつけた上で、マルグリット・ルイーズがモンマルトルから（さらにパリから離れた）サン・マンデへ移ることに同意した。国王の明確な許可なしに修道院の外で夜を過ごすことは認められないこと（その結果として夫の同意なしでは旅行できない）。コジモが認めた〔侍従とともに〕女性の従者をつねに置くこと。これらの条件を破った場合、年額の手当は二万フランまで引き下げられること。

マルグリット・ルイーズがこの取り決めへの署名を拒むと、コジモは手当の支払いを差し止めた。イエズス会士ラ・シェーズ神父はこの取り決めを承認するように国王を説得し、一六九二年九月十九日、大公妃は「自分自身への有罪宣告」と彼女が呼んだ取り決めに署名することを余儀なくされた。

これ以後、彼女は急激な性格の変化を経験することになった。サン・マンデにおいて、更年期が近づくにつれ、人生の新しい章が始まった。修道女たちは愛人に会いに行くために修道院の壁を乗り越えるなど、その不品行で彼女に衝撃を与え、その一方で修道院長は男装して何か月も姿をくらました。大公妃が「魂の売春宿」と呼んだ、この修道院はすべてが混乱しており、彼女は熱意をもって改革に取り組んだ。修道院長を逮捕させ、規則が厳格に守られている修道院に移した。反抗的な修道女たちは追放された。こうしてサン・マンデは再び美徳が支配する場となった。

大司教は彼女に相談を持ちかけ、彼女の助言にしたがった。そしてマルグリット・ルイーズはこの小さなコミュニティの女主人になった。そのことは同時に彼女が愛人を持つことの妨げにはならず、相手はあるときには芸術家で、ときには兵士でもある、還俗した修道士のボナヴェントゥーラという男だった。この男についてわかっていることは多くない。明らかにこの関係は長くは続かなかった。ようやく大公妃は落ち着きはじめ、その行状でコジモを苦しめることをやめた。

だがコジモの平和な気持もまた別の理由で乱されることになった。ヴィオランテ公女が妊娠の徴候を示さなかったのである。

パオロ・ミヌッチは次のように書いている。「この若く優美で気立てのよい公女は、おそらくその経験不足と、そして確実に宗教教育のために、夫に対して魅力を発揮できなかった」。幸運にも彼女は夫の不貞に目をつぶるだけの分別を備えていた。しかしながら、待ち望む後継者が得られるようにコジモが三日間の祈禱を命じたとき、彼女は屈辱を味わった。

大公は信心に凝り固まった自分の姿が嘲笑の的になっているのに気づかないようだった。しかし哀れな公女は、自分の不妊をペテン師たちが利用したことで間違いなくひどく辛い思いをしたのである。ある匿名の文書には次のように書かれている。

一六九四年四月十四日の今日、ラルガ通り〔いまのカヴール通り〕につながるデリ・アラッツィエーリ通りの正面に、柱を建てる基礎工事が始まった。トスカーナ大公コジモ二世の妻としてオーストリアのマリア・マッダレーナがフィレンツェに到着したとき、それを祝うセレモニーのために撤去された柱を建てるためである。再建の理由はこういうことだった。フィリッポ・ピッツィキなる人物が、その柱の上にフィレンツェを祝福する大司教聖アントニオの像を据えるべきだと大公を説得した。フィレンツェにはその仕事をこなすことができる有能な職人たちがいる。費用はかなりかかるが、ピッツィキは寄進だけですべて賄えると提案した。そしてこの敬虔な事業に対して神がフェルディナンド公子に子孫をもたらすだろう、とも提言した。

こうしてコジモはピッツィキにフィレンツェで寄進を集める許可を与え、この男は相当な額を手にした……最終的にピッツィキが数千スクードを手に入れ、基礎工事は終わった。しかし柱を建てる者は現れなかった。ピッツィキは自分の計画に貢献してくれた人々に期待させる話をしつつ、事態が中断されるままに放置し、その間にラルガ通りに美しい家を建てた。その頃までには彼に対するさまざまな風刺詩が生まれた。そのなかの次のような一節が、やっとそこまでしかできなかった柱の基礎の上に書かれた。

ピッツィキよ、女《ドンネ》を妊娠させるのに
必要なものはC……で、柱《コロンネ》ではない〔カッツォ cazzo（ペニス）が示唆されている〕

ヴィオランテは自分の苦悩をめったに口にしなかったが、人と交わす言葉のなかにときとしてそれが顔をのぞかせた。ヴィオランテの侍女のひとりが、乱暴な夫からの庇護を求めて大公への取りなしを彼女に懇願したことがあった。公女はこう答えた。「マダム、あなたに同情いたします。ですが、わたしはこのゆったりした袖のなかに、あなたよりも深い傷を隠しているのです」。

そして、報酬をだまし取られて援助を求めてきた廷臣に対して彼女はこう語った。「宮廷で物事が正しく運ぶようなら、とてもおどろきますわ。いまでは去勢された男《カストローネ》が宮廷を差配しているのですから」。これはチェッキーノのことを示唆していた。チェッキーノは大公に気に入られて以来、その権力は増すばかりだった。

蔑まれた女の怒りほど激しいものはない、という格言をヴィオランテはきっと否定するだろう。彼女の個人的な悲しみは、義弟に対する同情につながった。ジャン・ガストーネは悲痛な印象を与える存在だった。父親からはほとんど関心を払われなかった。「貴族や廷臣たちは最大の権威をもつ者のまわりにしか集まらなかった」。そしてジャン・ガストーネは、なおざりにされ、ただ存在を認められるだけで、他者に依存し、金のない弟殿下にとどまった……。彼はロマンティックな気性の持ち主で、現実的かつ理性的なこの時代のフィレンツェの人々からは、理解も共感も得られなかった。

ジャン・ガストーネは古美術品の収集という気晴らしに逃避し、ひとりの従者も持たずに隠遁生活を送っていた――それは浪費癖のある兄や叔父（ひょうきんな枢機卿）とは正反対で、この叔父はローマとラッペッジのあいだを、従者に小びと、道化、食客などの一団を引き連れて、華々しい様子で旅をしていたのである。フランチェスコ・マリーア枢機卿は甥のジャン・ガストーネをしばしばラッペッジに招いた。枢機卿はピッティ宮殿の修道士の群れから、すでに病的な色合いを帯びはじめていた内省的な憂鬱症から甥を引き離したかった。というのも若き公子は、自分の部屋で泣きながら何時間も過ごし、苦悩をさらに深めていたからだった。おそらく彼はラセラス〔一七五九年に書かれたジョンソンの教訓物語の主人公でアビシニアの王子〕のように、自分がその場にいることでほかの人々の幸せを曇らせることを望んでいなかったのだろう。

中世であれば、人々は彼のことを「白昼の悪魔」に襲われた、と噂しただろう。彼は無気力症のすべての徴候を示していた。それは神秘的な意志の病であり、退屈と悲しみ、絶望が結合したものだった。それは「何にも興味のなくなった陰鬱な心の果実、倦怠が不滅のものの規模をもって広がる」とボードレールと十九世紀のロマン主義者たちが語った病だった。

イエズス会のセニェーリ神父は書いている。

ジャン・ガストーネ公子がすべての者に対する信頼を失った、と聞いてわたしはとてもおどろいている。だがどうやれば聴罪司祭に対しても信頼を失うことができるだろうか？　聴罪司祭が彼に対して自分のなかであれこれと気に悩むことに警告を与えたかどうかはわからない。……陛下がわたしに依頼されたように、公子のために祈ることをわたしは放棄したことはない。しかし彼が自らを助けることが肝心なのだ。

だがジャン・ガストーネにはその力がなかった。旅で癒されるのではという期待から、姉が結婚するとき、トレントまで同行が許された。しかしこの旅は、サルヴィアーティがフランチェスコ・マリーアに語っているように、他の人々よりも自分のほうがものを知っていると思い込ませる以外の結果をもたらさなかった。

しかしながら、彼は完全に自己執着的ではなかった。というのも、古美術研究と植物学になにがしかの慰めを見いだしていた、と伝えられているからである。ボーボリ庭園のなかには、彼の隠れ家として建てられた小さな丸い建物がある。彼は「月に憑かれたピエロ《ピエロ・リュネール》」のように見えたことだろう。無気力で物思いにふけり、ラッペッジの大騒ぎのなかでもふさぎ込んでいた。ところがフランチェスコ・マリーアはジャン・ガストーネがこれほど違っていることを魅力的に感じ、珍しいほどの彼の感じやすさを目にすると自分の粗雑な陽気さが際立つことを喜んだ。口には出さなかったが、この叔父と甥はともにコジモの統治には不賛成だった。

一方コジモは、自らの信仰心を刺激するあらゆる機会をこの上なく大切にしていた。ユダヤ人に対する布告はそれ以上なされなかった。というのも、コジモは彼らを迫害する目新しい方法を考えつくことができなかったからだ。不道徳な行為に対する彼の法令は効果のないものに終わった。そのため、次のような偶発的な事件を利用するしかなかった[1]。

一六九三年一月二日の夜のあいだに、アルノ川沿い通りからサン・アポッローニオ広場につながる狭い道に据えられていた聖母像が、泥やその他の汚物で不敬にも汚された。かかる違法行為の重大性に鑑み、大公は次のような布告を発した。犯人の名前を知っていて十日以内に「八人評議会」にそれを報告しない者は、死刑および財産没収の対象となる。それを報告した者は司法官の判断で二〇〇から三〇〇スクードの報償を得る。

富める者も貧しき者も、全員がこの犯罪を考える以外のことは忘れてしまった。コジモは、現代の新聞がするように、この機会を自分の利益のために大いに利用した。この事件は言うなれば「(ニュースの)

夏枯れどき」に起こった。一六九三年一月二十一日の布告は、「フィレンツェで聖なる処女の像に対してなされた憎むべき犯罪について、神の怒りを和らげるために、信仰を」示したものだった。それは「(とくにこの種のことについては、個人の犯した罪のせいで、ときにひとつの民族全体を罰することもある)神の罰がわれわれに下されないように」するものだった。

その次の金曜日は祝日と布告され、通常の仕事は休みとなって、宗教行進がドゥオーモからサン・マルコ教会、サンティッシマ・アンヌンツィアータ教会へと行なわれた。その場には大司教と聖職者および兄弟信心会が全員出席し、大公とジャン・ガストーネ公子も立ち会った。大公父子は「このためだけに前夜ピサからまっすぐやって来た。厳しい寒さと風にもかかわらず、彼らは徒歩で行進につきしたがい、行進は立派にとりおこなわれた……。その翌朝、大公とジャン・ガストーネ公子および宮廷の人々全員がピサに戻った」。

この件には無関心だったフェルディナンド公子とフランチェスコ・マリーア枢機卿については、何の言及もなかったことに注目してもよいかもしれない。

コジモの中立政策はオーストリアからの分担金というペナルティをもたらし、フランスはもう少しゆるやかなやり方でコジモを妨害した。それはおもにリヴォルノの中立性を無視することで、コジモがレベナックの提案をのらりくらりとかわしていたことにルイ十四世がうんざりしていたためだった。だがコジモはバランスをとりながら、できるだけ引き延ばす方針をとり続けた。

これ以外にもフィレンツェの日常生活のなかに数多く起こった、センセーショナルな小事件は、市民の苦悩を忘れさせるのに役立った。たとえば、二十四歳になる両腕のないドイツ人男性が年に一度の洗礼者ヨハネの祭りにやって来たが、彼は「ほかの者たちが手でやることをすべて足でやってのけた」。

彼はランツィの回廊［シニョリーア広場の角でウッフィーツィに隣接している回廊］に特別な小屋を作ることを

許され、そこで彼自身とその数多い才能を見物人たちに見せることができた。彼は（年代記編者にはしかるべき敬意を払いながら）書き、髪を櫛でとかし、顔を洗い、ほとんどの必要不可欠な行為をつま先でやってのけた。小屋の入場料は「ジュリオ銀貨」一枚で、それは当時としては法外な額だった。この入場料には不満を漏らす者が多かったが、やがて支払ってなかに入った。というのも、フィレンツェ人たちの好奇心はつねに抑えがたいものだったからだ。彼の名声はすぐにトスカーナ全体に広がり、洗礼者ヨハネの祭日にはふだんよりも多くの客を集めた。異常なものを熱狂的に愛好するコジモが彼を実際に見たがったのはしごく当然のことだった。こうして六月三十日にピッティ宮殿で実演するようにという命令が彼に下された。

両腕のない若いドイツ人のデビューはすばらしかった。宮殿に到着すると彼は大公に紹介され、祝福を受けた。紹介を受けたヴィオランテたちもまたきわめて優しい態度を示し、もったいなくも彼にいくつか質問をした。ほぼ二五〇人近い紳士淑女からなる観客を前に、注目すべき片足で帽子を脱いで挨拶をすると、笑い声と拍手喝采が自然に巻き起こった。こうして観客から元気づけられると、彼は針に糸を通して縫いはじめた。両方の足の指で針と糸を支える巧みさは、まるで熟練した仕立て女の素早い手の指のようだった。彼は上手に縫い上げ、近くに立っていたご婦人がたの何人かに向けて片足を伸ばし、縫い上げたばかりのリネンの布きれを見せた。そしてそのできばえのみごとさに彼女たちはほんとうにおどろいた。そのあと彼は右足の親指ともう一本の指のあいだに羽ペンを固定し、自分の母語で手紙を書いた。手紙の内容を理解した者は、ヴィオランテのほかにはいなかったが、誰もがその達筆ぶりに感心した。

クライマックスは、似たような奇跡のレパートリーを延々と見せたあと、彼がケースからさまざまな道具を取り出してひげを剃り始めたときだった。剃刀を右足でつかみ、革砥でそれを研いで、左足の裏に載せた油を剃刀に薄く塗るという動作を素早くかつ確実にこなす様子は見ていても楽しいものだった。数分のうちにひげを剃り終えると、どんな床屋でさえもこれ以上はないできばえに、祝福と賛辞の声は天の恵みのように降り注ぎ、ご婦人がたは熱狂的な反応を示した。この種のエンターテインメントがこのように即座に心からの熱狂で迎えられることは珍しかった。このドイツ人は無為な日々を過ごしていた宮廷周辺の人々に考える糧を与え、それ以前には想像もしなかった真実の手がかりを与えたのである。そして「大公は強く魅了され、彼の出発の際には金の首飾りを贈った」。

フィレンツェは財政的には地方の犠牲によって支えられており、不運な農民たちは重い税負担に耐え、貴族と政府の役人たちのあいだで押しつぶされていた。フィレンツェの周辺地域はしだいに荒廃しつつあった。独占と特権があらゆる利潤を吸収し、耕作する価値がなくなっていったからである。

課税という合法的な強盗行為と吸血行為が山賊活動《ブリガンタッジョ》を生み出し、それが殺人や投獄、死刑をもたらした。恐るべき記録を残したのは一六八三年のことで、フィレンツェでのこの年の公開処刑の数は一日平均六人に達した。

すべての工業は少数の人々によって統制され、彼らは大公国の国庫に巨額を納めることで独占権を保持していた。それらのなかでもおそらくもっとも過酷なものは、小麦粉に対する独占権であった。これはアンドレアとロレンツォのデル・ロッソ兄弟に対して一六七六年三月二十日に九年間の期限で認可され、更新可能な契約条件が付されていた。パン屋は特別な許可なしでは一ポンド以上の小麦粉を購入することも半ブッシェルの小麦を製粉することもできなかった。契約者であるデル・ロッソ兄弟は自由に製粉業者を選んだり排除したりすることができ、自分たちの取り分を確保するために製粉所に監視役を置くこともできた。

製粉業者が、必要な許可なく、自分たちの割り当て地区以外の者のために小麦を製粉したり、「夜のうちに製粉する小麦を受け取ったり、小麦粉を運び出したり」すると、漕船刑の有罪判決を受けることがあった。そして契約者は、彼らが受けた損失の三倍から四倍の賠償金を要求することができた。関税と市場価格は今日のそれよりも高かった。

外国産の小麦と塩（どちらも価格は国内より安い）は輸入が禁止された。すべての人が国家の専売の塩を使うことを強制された。貧民たちがサーディンとアンチョビーを漬けた塩水から塩を取り出して、この禁制を逃れようとしたことが発覚すると、コジモは厳しい罰則を適用してこのやり方を禁止した。

外国産の鉄、亜麻仁油、硫化銅、絹などが輸入禁止とされた。実際のところ、有害かつ行きすぎた保護体制が存在したのである。フィレンツェでは贅沢は目につかなかった。だが衣服への浪費が国民の貧困の原因の一部である、とコジモは主張していた。

「彼らの衣服はたいてい黒くてつつましいものだった」――男も女も、まるでメディチ家に対するいささか時期尚早な喪に服しているかのようだった。というのも、暗黒時代が彼らにのしかかっていたからである。このような状況でも一六九四年十二月二十九日、コジモは娘たちの贅沢を抑える布告を発した。それ以降、若い女性たちは服を着るだけで、刺繍や銀の装飾を身につけてはいけないことになった。結婚後二年間に限って若い花嫁はブロケードのドレスを着ることが許された。しかし未亡人はつねに黒い服を着ることが義務づけられ、リボンや余分な装飾品、あるいは髪に羽をつけたりすることは禁じられた。言うまでもないことだが、女性たちはこの禁令を心で受け入れて、すぐに忘れてしまった。

さまざまな制限的な法律は多くの職人たちを失業状態に追いやった。失業者たちはピッティ宮殿の前に押し寄せ、パンと仕事を要求して怒りの声をあげた。腹を空かせた暴徒たちはからかいの対象ではなかった。突然パニックに襲われたコジモは、「職人たちと彼らが作る製品を売る小売り商人を救済するために、リヴォルノの大商人たちに製品を買うように強制した」。

民衆の怒りの主たる理由のひとつは、宮廷の度外れた浪費ぶりだった。コジモの経済計画にもかかわらず、浪費は決して減少しなかった。彼の数多くの禁令や国の拡大と子孫への後継という期待と同様に、そうした計画も失敗を運命づけられていた。

第18章 娼婦と僧侶——寡婦である大公母の死——公子ジャン・ガストーネの結婚のプラン——ローレートとヴェネツィア

コジモの道徳キャンペーンがいかに無益だったかを計るには、外国の小君主やグロテスクな奇形者の来訪によってときおり乱されるだけの単調な宮廷生活よりも、ふたつの極すなわち娼婦と僧侶に注目することが役に立つ。

その当時フィレンツェには、公衆道徳局《ウッフィーチョ・デル・デコーロ・プッブリコ》という機関が存在し、その役人たちは「サルティ」と呼ばれた密偵たちのパトロール隊を配備していた。この名前は、売春業を規制する法律に違反しているところを見つかった哀れな娼婦たちを、彼らがその場で飛び跳ねさせる《サルターレ》ことから来ていた。サルティたちは街角や暗い細道にひそんで、娼婦を現行犯で捕らえた。そして娼婦はスティンケと呼ばれた恐るべき監獄に放り込まれた。

不道徳よりも空腹から罪を犯した犠牲者たちは、スティンケからメルカート・ヴェッキオ広場まで連れて行かれるあいだずっと警吏たちに鞭打たれた。彼女たちの首に掛けられた札には、大きな文字で「売春婦用《メレトリーチ》」と書かれていた。子どもたちはしばしばこうした賑やかな行進に出くわし、年上の連中も不品行を学んだ。(1)

罰金を払えない場合、サルティによって逮捕された女たちは何年もスティンケに残っていた。囚人たちの食事があまりにも乏しかったため、コジモは彼女らを生かしておくために火縄銃の使用許可に税金をかけた。スティンケの懲罰効果が強かったせいで、その分厚い壁のなかで多くの女たちが死んだ。生き残った娼婦たちも、かつて持っていたような魅力の痕跡さえすべて失ってしまった。釈放される際には、ひとつの道だけはつねに用意されていた。尼僧としての誓いを立てて改心者《コンヴェルティーテ》の修道院に入ることである。死ぬまでそこに避難所を求める女たちもいれば、輝きを取り戻すまでとどまり「神のもとを去って再び悪魔に仕える」女たちもいた。かつての職業に立ち戻った女たちは、悔悛した仲間たちを支援するために、しかるべく課税された。そしてそうした女たちが死ぬと、改心者の修道会がその遺産を相続した。

幸運にも、身持ちの悪い女たちは当時通用していた特権から排除されなかった。年に六スクードを払えば、公衆道徳局に自分の名前を登録することも、帽子や髪に黄色いリボンをつけることも免除され、サルティや警察の係官からいじめられることもなかった。また「売春宿や娼婦が住むことを許される区域に暮らすように強制される」こともなかった。そして「尊敬すべき暮らしに戻るようなら」、改心者の修道会に入る必要もなく、税金も免除された。

六スクードの税金を払ったからといって、暗くなってからの外出を可能にする夜間のパスポートを購入する義務や、仮面をかぶる義務が免除されるものではなかった。そして近隣の者たちから苦情があった場合には、公衆道徳局は彼女たちをその家から立ち退かせることができた。彼女たちは「トルチエ」と呼ばれることがあった。というのも、税金を払える娼婦は夜のあいだ松明《トルチア》をもって通りを歩きまわることが許されていたからだった。現代の自動車運転者たちと同じように、彼女たちが明りを灯していないところを警察に見つかれば、罰金を課せられた。

しかし娼婦に対する対策は、マルツィ＝メディチ大司教にとっては手ぬるいものだった。「この種の女たちは、愛人を見つけて信仰の実践から引き離そうという卑しい動機をもって、宗教儀式のために多くの人々が集まっている公的な場所をつつしみもなく気取って歩きまわる。そのことで汚された公衆道徳を守るために」大司教は次のような脅迫的な布告を打ち出した。

「公衆道徳局への登録の有無を問わず、すべての身持ちの悪い女に対して、いかなる理由があろうとも一年を通じて土曜、日曜および祝日にサンティッシマ・アンヌンツィアータ教会に入ることを禁じる。毎月の第一日曜日には、サンタ・マリア・ノヴェッラ教会およびサン・マルコ教会への立ち入りを禁じる」などがそれだった。彼女たちは、いくつかの教会では「説教を聞くという口実があっても」つねに排除されていた。公衆道徳局の幹部たちは、仕事をしていないと思われないように、大司教の布告から四十日後に独自の布告を発した。この布告は娼婦たちが（仮面をつけていても）馬車で市内をドライブすることを禁じるものだった。

聖職者は実質的に法の枠の外にあったが、ときおり発生するスキャンダルが彼らの私生活に関心を呼び起こした。たとえば、ふたりのフランチェスコ会修道士が上司を殺害し、四人の立会人の前で警察の中庭において修道士の服を剝がされて首を切られた事件がある。またカマルドーリ会の四人の修道士がフィレンツェでひとりの罪なき少年を、火桶を盗んだのではないかと疑って地下納骨堂で縛り上げ、気を失うまで太い縄で殴り続けて半殺しにした事件が起きた。

こうした事件は嘆かわしいほどありふれていた。とりわけ愚かな乙女たちが僧侶によって告解所で誘惑されるケースが多かった。学識ある神学者、雄弁家にして『唯一にして三位一体の神および最初と二度目の神の降臨について』という本の著者だったパンドルフィ・リカーソリは、ドゥオーモの聖堂参事会員をつとめていたが、魂の指導を受け持っていた少なからぬ娘たちを堕落させたことで、一六四一年に宗教裁判所から生きたまま壁に埋め込まれるという死刑判決を受けたとき以来、同じような例が続いた。

セッラヴェッツァの村の教区司祭ジュリアーノ・ルッケッティもおなじような部類に属した。彼は自分がカトリシズムを補完する宗教の「新しい規範の創設者」である、と自分の美しい告解者たちに信じ込ませた。その倫理は告解所において広められ、言うまでもないが、ほかの場所でも適用された。「永遠なる父から生まれた息子である神は、聖霊によって処女マリアの子宮で人となったが、いまや聖霊が人となるときが来た」と彼は語った。

この新しい、胸をときめかせる神秘的な教えは、セッラヴェッツァで数多くの女性信者を獲得した。ルッケッティの活動の結果を待ちきれない女性たちもいた。そして彼はしばしば彼女たちを「神のご意志に逆らうことは正しくない。これほど偉大な奇跡にふさわしくないと神が考えられる」と説得して、その熱狂を抑えるのに苦労をした。まことに異様な集会が何度も開かれ、そこではさまざまな可能性が議論された。迷いから覚めた者もいたが、盲目的に熱をあげて聖霊の子をもうけることを望む者もいた。ある娘の母親は、「司祭の原理に夢中になり、娘が集会に参加するのに遅れてそれを聞くのを拒んだとして平手打ちを食らわせた。そして司祭にしたがうように娘に強制した」。

しかし年月の経過とともに、セッラヴェッツァに男や女の赤子が生まれたが、他の乳児と少しも違ってはいなかった。赤子のどこにも聖霊のしるしはなかった！　教区民たちは我慢できなくなった。彼らは「司祭に対して反抗するようになり、彼の行状をフィレンツェの政府に報告した」。だがその頃までに、ごくわずかしかいなかったセッラヴェッツァの人口はほとんど二倍にまで増えていた。トスカーナでさえ、田舎に住む人々は行動に移るのがゆっくりだったのである。

大公の八人評議会はこの問題を宗教裁判所に委ね、裁判所はドン・ジュリアーノを逮捕するために警吏を派遣した。ルッケッティはサンタ・クローチェ教会の地下室に長く拘禁され、一七〇〇年五月二十一日に大法廷で裁かれた。不道徳な聖職者は、このときには六十三歳になっており、炎と悪魔たちが描かれた衣装を身につけていた。彼は後ろ手に縛られた状態でホールの真ん中に設けられた、黒い布を敷いた台にのぼった。その正面には彼を裁く五人の審問官が位置していた。彼はそこで「深く悔悟しながら、自分が犯した残酷な行為を告白し、忌まわしい異端の説を放棄した」。司祭に叙任されたときに聖油を塗布された、彼の親指には灼熱の鉄ごてがあてられ、彼がその苦痛に身もだえするなかで聖庁の長官が立ち上がって判決を読みあげた。彼は絞首刑に処せられたあと焼却され、その遺灰は風にまき散らすこと、とされた。

他の人々の場合には五年間の漕船刑が言い渡される例が多かったため、この判決はいささかおどろきを引き起こした。その十分後、恐ろしいほどの静けさのなかでルッケッティが自分の運命を考えるには永遠と思えるほどの時間が経過して、大審問官が長官を呼び寄せ、文書を読みあげるように命じた。特別な慈悲によって、判決は終身刑に減刑された。

一般にこうしたケースは秘密にされた。

一六九四年にも別の事件が起こった。サン・マルコ修道院の修道士が、孤児院長のフランス人女性を手はじめに、信仰の指導を任されていた孤児院の少女たちの半分を陵辱していたのである。院長は彼の愛情をつなぎ止めるために少女たちを彼にあてがったのだ。五人の少女を妊娠させたすえ、修道士はジュネーヴに逃亡した。サン・マルコ修道院の彼の同僚たちは、何かまずいことが起こっていると疑惑を抱いた。彼が姿を消すとフィレンツェの大司教は別の僧侶を孤児院の精神的指導の役に当て、修道士の失踪の理由と目的を調査した。ひと目見るだけで十分だった。新任の聴罪師は恐慌に駆られて大司教のもとに駆け込み、大司教は孤児院長を叱責すると同時に大公に事情を伝えた。だがこの時点では何もなされなかった。孤児院長と五人の孤児はオルベテッロの修道院に送られ、そこで彼女たちの罪の報いを産み落とした。

聖職者だけが肥え太り、増え続けた。十七世末のある年代記作者は、ほとんどの親が自分たちの子どもを教育費の節約のためにイエズス会が管理する学校にやっている、と嘆いた。「公立の学校は閉鎖されており、さらに悪いことには誰も学ばない。もはや雇用の機会がないため、教師になる者はごくわずかしかいない。一般に子どもたちに教えられているのは、試験に合格して僧侶になるために必要なことだけである」。

長子相続制は多くの次男以下の息子たちに聖職を選ぶことを運命づけた。そうでなければ、外国で軍務に服するしかなかった。当時イタリア人にとって軍隊でのキャリアを積むには外国に行くしかなかったからである。娘たちには選択肢はなかった。結婚以外には尼僧になることがほぼすべてだった。

ある歴史家が書いている。市民の暮らしの全体が修道院の奇怪なパロディに変わってしまった。都市生活において行動、思想、意見表明、愛情、習慣などの自由が禁止される、もしくは禁令や宗教裁判所の諸措置によって規制され、冷酷な暴力によって制裁を受けることが常態化していた。……民衆はスパイや密告者たちにつねに怯えていた。「誰であれ密告を受けた場合、役人たちが真夜中にやって来てその者を連れ去り、どんな身分の人間もそれに反対できない」。

カトリックへの改宗と洗礼を受けることに対してコジモは即金で褒賞を支払い、これを金の儲かる冗談と見なしていた人々は頻繁に利用した。

依然として続くヴィオランテの不妊は、状況を改善しなかった。それとともにある種の宿命感がトスカーナに広がっていった。コジモはメディチ家消滅の不安に駆られるようになった。悲しみはたて続けにやってきた。一六九四年三月六日、コジモの母である大公母ヴィットリアが七十二歳で死去した。その死にいたるまでコジモの心に対する彼女の支配力は揺るがなかった。民衆は彼女の死を悼まなかった。コジモの治世の害悪のほとんどを彼女のプライド、盲目的信仰と非寛容のせいと見なしていたからである。

この肥った老女は家族の中心となっていた。彼女の人生は、ほとんどのメディチ家の女性たちの人生と同様、決して幸せなものではなかった。ウルビーノ公国の唯一の相続人だったが、遺産をウルバヌス八世に騙しとられた。ウルバヌス八世は聖職録や封土の付与から女性が排除されていることを利用して、彼女の死にかけていた祖父であるデッラ・ローヴェレ家のフランチェスコ・マリーア二世を説得し、その領地を教会に譲渡させたのである。一六三一年の祖父の死にあたって、彼女が得たのはモンテフェルトロとローヴェレ両家の完全私有の領地（あらゆる封建的拘束を免れていた領地）だけだった。気まぐれな夫にひどく嫌われたが、十八年間にわたる仲違いのあと、和解にこぎ着けるまで彼女は、家庭内の調和という落ち着いた外見を保ち続けた。彼女が宗教に逃避するのは無理もなく、誤った考え方にもとづいて長男の教育に打ち込む母親を、厳しく評価すべきではない。

「フェルディナンドが慈悲深く寛容な性格で、他者をその欠点ゆえに罰することができず、自分の心をつかめなかった女性を犠牲にすることができなかったとしても[2]」、コジモの成長にとって彼も同じぐらい責任を負っていたのである。

スステルマンスは大公母ヴィットリアの肖像画を数多く残している。そうした肖像画のなかで彼女は堂々と、控えめな衣装、長い頭に大きな誇りを込め、はっきりした二重顎と大きな輝く黒い瞳、分厚い唇に真っ黒で豊かな髪を垂らした姿で登場している。歳月は彼女の顔と身体を膨れ上がらせ、カルロ・ドルチが描いた巨体の老女にしてしまった。急激に太った、ヒキガエルとカメの雑種に。

彼女の土地資産はフランチェスコ・マリーア枢機卿に遺贈されたが、その後は世継ぎ以外の息子たちに譲られるという条件がつけられていた。ジャン・ガストーネの結婚は日ごとにその必要性が高まっていった。というのも、フェルディナンドのヴィオランテに対する扱い方を強く非難する人々に対して、彼女は自分の趣味に合うほど美しくもなければ才気もない、彼女と結婚したのは父親にしたがっただけのことだ、とフェルディナンドがあけすけに語っていたからである。

コジモ３世の母、ヴィットリア・デッラ・ローヴェレ（スステルマンス画）

後年のヴィットリア（ドルチ画）

目の前で展開されている兄の例を見て、二十三歳になっていたジャン・ガストーネには結婚を望んでいる様子はなかった。だが彼の父は継承問題でやきもきしており、枯渇した大公国の財政にそれ以上の負担をかけずに、ジャン・ガストーネが一定の威信を保つ生活を送ることができるぐらい富裕な姫君を探していた。

ガッルッツィによれば、未亡人である大公母のコジモに対する影響力は、娘のプファルツ選帝侯妃に受け継がれ、コジモはこの娘に相談するようになっていた。彼女は最新の噂から、裕福な相続人だというひとりのドイツ人女性を候補としてあげた。それはアンナ・マリア・フランツィスカ、故ザクセン゠ラウエンブルク公の娘で、ノイベルクのプファァルツ公フィリップと死別した未亡人であり、前の結婚で娘がひとり生まれていた。

この結婚にはふたつの障害があった。娘の存在とアンナ・マリア・フランツィスカ自身が再婚に気乗り薄だったことである。彼女の財産は過大に評価されていたが、コジモは楽観的だった。少なくともたくさんの孫を産んでくれればよかった。彼女がフィレンツェに来るのを望まないのであれば、ジャン・ガストーネをいつでもドイツに送り出す用意があった。いつもと同じようにコジモは空中に楼閣を築いていたのである。彼はもうすでにメディチ家の分家がドイツに地歩を占めることを夢見ていた。ザクセン゠ラウエンブルク公国に対するアンナ・マリア・フランツィスカの相続権の主張を支持し、ジャン・ガストーネが神聖ローマ帝国の諸侯に加わることを期待していた。

この女性の外見はお世辞にもうれしいものとはいえなかった。年齢はジャン・ガストーネとほぼ同じだが、年上に見えた。胸と腹がおどろくほど隆起していた――まさに女の巨人であり、トルコ人なら興奮させるかもしれないが、フィレンツェ人、とくにジャン・ガストーネのような洗練されたフィレンツェ人を凍りつかせた。しかも彼女の再婚に対する嫌悪感は容易に克服できるものではなかった。自身が君主になる資格があると考えている以上、継承権を持たない男性との結婚を望んでいなかったのである。

縁談を進めるためにコジモは義理の息子の力添えだけでは十分ではなく、皇帝の支援を必要とした。そこで皇帝はさらなる貢納金を要求し、コジモはその支払いをためらわなかった。この結婚をまとめるためにコジモは人間と神の両方の手段に訴えた。そして神の助けを懇願するために、考え得る限りのあらゆる華やかさを持たせて、ジャン・ガストーネをロレートへの巡礼の旅に送り出した。ジャン・ガストーネがもたらした贈り物のなかには八キログラムの重さの純金のシャンデリアまであった。

弟の巡礼の旅とは対照的に、フェルディナンドはヴェネツィアに気晴らしを求めた。フィレンツェで彼を苦しめていた退屈――それは主として彼の不幸な妻がもたらしていた――をこの町において振り払うことができた。彼の到着は謝肉祭に間にあった。ヴェネツィア人たちは彼のことをおぼえていて歓迎した。だが、何というべきか！　フェルディナンドの命を縮め、子孫を得るという未来の希望を台無しにした病気に感染したのは、この旅のあいだであった。

到着後すぐに彼は由緒ある家系のあるヴェネツィアの貴婦人と恋愛関係になった、といわれている。チェッキーノ・デ・カストリスはフェルディナンドの気持をそらすためにあらゆる甘言と渋面を駆使し、彼がさらされている危険について警告した。というのも、彼女にはマントヴァ公という恋敵がいたからである。だがフェルディナンドはひるまず、マントヴァ公は彼に自分の立場を譲った。しかしこの貴婦人の攻略は容易ではなかった。わずかな愛撫さえ許さなかった。ある晩、フェルディナンドは彼女の冷淡さを責め、トスカーナ大公位継承者をどれほど長く苦しめるつもりかと尋ねた。貴婦人はこう答えた。

わたしの家はメディチ家には多くのものを負っております。ですから、わたしはあなたを裏切るわけには参りません。わたしがあなたの愛に応えられる状態にないことをご承知下さい。もしわたしがそうしたならば、あなたは永遠に苦しむ病に犯されるでしょう。見た目に惑わされてはいけません。それはいつも人を欺くのです。そして自分よりもあなたのことを愛している女の言葉を信じて下さい。

だが恋に狂った公子は彼女の言葉を信じようとしなかった。彼はこう言い返した。「奥様、わたしはゴンザーガではありません。しかしわたしには彼に負けないほどの富と領地があります。あなたが愛しているのはゴンザーガで、わたしを嫌っていらっしゃる、と理解いたします」。

哀れな貴婦人は、フェルディナンドの情熱に応えて行なった自分の苦痛に満ちて恥ずかしい告白を曲解されて傷ついた。彼女は、結果について自分には責任はない、という最後の警告をしたのち、自分自身を彼に与えた。公子は衝動的な本能にしたがい、「男性機能障害《ディストゥルビ・マスキーリ》」と呼ばれた症状を抱えてフィレンツェに戻った。前回のヴェネツィア行きでフェルディナンドはチェッキーノを連れて戻った。だが今度は彼の性的嗜好が変わってしまった。今回はラ・バンバージア（綿娘の意）と呼ばれる女性歌手を連れて戻り、我慢強さでは抜きんでていた妻に、忍耐の厳しい試練をもたらすことになった。

第19章 ジャン・ガストーネとザクセン゠ラウエンブルク女公の結婚——ライヒシュタットの暮らし——レイスウェイクの講和——パリへの公子の脱出、プラハでの放蕩——自分のトラブルについてコジモに書き送ったあらまし

一六九七年三月四日、ジャン・ガストーネの結婚契約はデュッセルドルフで締結された。ザクセン゠ラウエンブルク女公は「自身の財産のすべてを管理する絶対的自由」を保持する一方で、ジャン・ガストーネは皇帝に対する負債、税金、地代の責任を負わねばならなかった。未来の花嫁はジャン・ガストーネへの貞節と服従を誓い、自らの資産の半分をこの結婚から生まれる男子の第一子および第二子に残すことを約束した。夫婦は通常はボヘミアで暮らすことも取り決められた。フィレンツェではカシーノ・ディ・サン・マルコが彼らの自由に使える施設とされた。コジモは息子がボヘミアで政治的な地位を得ることを望んだが、土地の有力者たちの猛反対によってこのプランは実現することなく終わった。

自分の家系に関するこうした問題すべてについてフェルディナンドは不吉な予感を抱いていた。彼は父親が失策の上に失策を重ねているのを間近で観察してきた。弟のこの結婚については洞察力鋭く当初から彼は反対しており、犠牲者である弟に同情していた。ジャン・ガストーネはいとまごいのためにポッジョ・ア・カイアーノにいた兄を訪ねた。

この縁組みについて何も聞いていなかった様子でフェルディナンドは尋ねた。「貴方はどこへ行かれるのですか?」「ドイツです。子孫をもうけるために」とジャン・ガストーネは答えた。するとフェルディナンドはため息まじりに言った。「ドイツはわが家系にとっては不毛の地であることを示すことになるでしょう。行きなさい。そして結婚されるがよいでしょう。よい旅であることを祈ります。しかし、貴方がそこに幸せを見いだすとはわたしには思えません」。

ジャン・ガストーネはデュッセルドルフに三月の終わりに到着し、そこでは悲惨なおどろきが彼を待っていた。花嫁は彼が心配していたよりもはるかに醜かったのである。その外見を埋め合わせる知性の魅力も彼女には欠けていた。

ドイツの諸公の家系が美術館や邸宅に残している肖像画をじっくり見て、豚のような眼を持ち、張り裂けそうな胴着を着た女性がいかに多いかを知れば、彼女の不器量の程度をすぐに想像できるだろう。ジャン・ガストーネは、父と姉が用意した罠に落ちるために、ありったけの勇気をかき集めた。そして一六九七年七月二日、午後六時に選帝侯の宮殿の礼拝堂で、オスナブリュックの司教補佐の司式で結婚式が行なわれた。翌日にはパストラルが歌われ、それは皮肉なことに、カントリー・ダンスで終わった。ゲルマン風の田舎者とお転婆娘たちが草の上でかかとを打ち鳴らす光景が、この結婚式のエピローグだった。

ジャン・ガストーネの妻は、飾り立てられたボヘミアの田舎女以外の何者でもなかった。彼女は都市を、宮廷を、都市の社交界を嫌い、生まれ故郷である小さな谷間での素朴で自由な暮らしに戻りたいという欲求を隠さなかった。デュッセルドルフでぐずぐずとときを過ごすあいだに、彼女は日に日に機嫌が悪くなっていった。ガッルッツィの記述によれば、田舎暮らしに慣れていた彼女のおもな日課は、乗馬や狩猟のほかに厩で馬たちとつき合うことだった。

九月になると、新婚夫婦はプラハからそう遠くないライヒシュタットの家に向けて出発した。ふたりははじめから不釣り合いなカップルだった。そして妻の性格や容姿だけでなく、あらゆる状況がジャン・ガストーネの嫌悪感の原因となった。数多いドイツの小村とその城のように、ライヒシュタットがヴェルサイユの小規模なイミテーションで、教養ある洗練された少数の人々が住む場所であったなら、ジャン・ガストーネもそこでの暮らしに折り合いをつけることもできただろう。ところがそこは、そうでなくても憂鬱症の傾向がある人間が、その症状を引き起こすにはもってこいの場所だった。ライヒシュタットは、切り立った山々に挟まれた狭い谷間にみすぼらしい掘っ立て小屋と倉庫、菜園が寄り集まっているだけの土

ザクセン=ラウエンブルク女公アンナ・マリア・フランツィスカ

地だったのである。

夫婦の住まいは村の近くの険しい高台にあり、厩舎以外に立派な建物はなかった。これがジャン・ガストーネの配偶者のパラダイスであり、厩舎の中庭が彼女のサロンだった。息子が厳しい気候と退屈、孤独と（すでに持病となっていた）心気症《ヒポコンデリー》によって少しずつ死に近づくことをコジモが望んでいたとしたら、この土地よりも効果的な環境を見つけることはできなかっただろう。

ジャン・ガストーネはフィレンツェではひとりになりたがったが、孤独を強制されたライヒシュタットでは、その反対に仲間を狂ったように求めた。このような未開の土地で過ごすことを余儀なくされている自分を考えると、彼の心は沈むばかりだった。彼は祖国にいたときよりも軽んじられ、屋外での気晴らしに対する妻の情熱を共有できないため、ほぼいつも家のなかにいることを強いられていた。それは熱帯の小鳥が氷に閉ざされた荒野に放置されたようなものだった。

城の窓から外を見ると、弱々しい太陽が光を放っていようが、激しい雨が打ちつけていようが、その景色は彼の気持を落ち込ませるものだった。きちんと設計された街路もなければ、テラスも噴水もなく、あるのは黒っぽいモミの森を背景にして草の繁茂した池と牛の放牧場だけだった。このような環境での暮らしは灰色の色彩を帯びるようになった。

妻の機嫌はジャン・ガストーネのつらい気持を和らげはしなかった。「彼女は傲慢かつおしゃべりですぐに激怒と涙の発作を起こし、欲張りで頑固であり、自分の欠点を強みに変える手管をたっぷり持ち合わせていた。彼女はどれほど強い意志でも変えるように作られた道具のようだった」。ひとつの厄介な横暴から別の横暴のもとに彼は投げ込まれたのだ！　前夫は彼女の不機嫌のせいで酒びたりになり、結婚後三年しか生き延びることができなかった事実をジャン・ガストーネは知った。

こうした厄介な状況をさらに錯綜させたのは、フィレンツェからやって来たジャン・ガストーネの従者たちと女公の従者たちがつねに諍いを続けていたことだった。そして従者たちのなかで、もっとも卑しい出自の下僕であるジュリアーノ・ダーミが主人に対して抗いがたい影響力を発揮しはじめた。

ジュリアーノが馬丁としてフェルディナンド・カッポーニ侯爵に付き従ってピッティ宮殿にやって来たとき、ジャン・ガストーネはまず彼の美男ぶりに魅了された。ジャン・ガストーネがこの使用人を譲ってほしいと頼むと、侯爵は喜んでこれに応じた。こうしてジュリアーノはドイツまで同行することになった。ジュリアーノはずる賢い悪党で、「殿下が結婚一般に対して、とくに自分の妻に対して抱いていた嫌悪感にすぐに気づいた」。そこで「彼は自分に対する公子の異常な愛着をあらゆるやり方で刺激し、自分の魅力によって誘惑することに日々励んだ。その種の手管にかけてジュリアーノは名人級のレベルに到達していた」。彼はフィレンツェにいた頃すでに公子と気安い関係になっていた、といわれる。ライヒシュタットではあらゆることがジュリアーノにおあつらえ向きだった。

一方コジモはジャン・ガストーネの結婚についてはうまくいったと満足していた。大公位の継承問題を解決したと彼は考えていた。だが彼には休息はけっして訪れなかった。落ち着きを取り戻せば、すぐにそれを失うだけだった。

長期にわたる戦争のあと、一六九七年にレイスウェイクでの会議で講和が締結された。フランスが提唱するイタリア諸国の反ハプスブルク同盟はいまでは不可能になった。婚姻を通じてハプスブルク家の同盟の網の目に組み込まれたイタリアの王子はジャン・ガストーネひとりではなかった。皇后の妹にしてプファルツ選帝侯の妹のひとりがパルマ公と結婚することになり、モーデナ公にもドイツ人の配偶者が用意された。帝国の影響力はフランスのそれを決定的に凌ぐようになった。オーストリアは過剰な貢納金を求め続けた。皇帝が押しつけてきた十五万スクードをかき集めるためにコジモは、世俗の臣下だけでなく、教会にも訴えねばならなかった。さんざん立場を主張したあとで、インノケンティウス十二世はコジモに、「他の臣下たちへの課税金額の四分の一に限る」という条件で、領内にいる聖職者からの税金の取り立てを許可した。そこでコジモは布告を発し、そのなかで教皇猊下が目的の正しさをご考慮くださり、その同意が得られたことを説明し、彼の至福の国家にいる聖職者たちに対して、戦争の恐怖を避けるために支払わねばならない巨額の貢納金のために金を集めることを命じた。

トスカーナ大公国内の聖職者資産は二五〇〇万スクードの価値があった。多くの人々が困窮してかつかつの暮らしだったのに対して、聖職者たちは安楽でしばしばふまじめな生活を送っていた。楽しみのために喜劇やバレエを演じさせ、そのなかでは入門者が優美で色っぽいバレリーナとして登場することもあった。修道院でも尼僧たちが役者を真似て、立派な身分の観客たちの前でその魅力を披露していた。そうした聖職者たちから比較的わずかな税金を取るためにコジモはたいへんな苦労をしたわけだが、彼らはコジモと教皇に対して猛烈な憤激を示した。

その一方で、ローマに送り込まれた皇帝の使節は、イタリアにおける封土のすべての所有者に対してその所有の正統性を証明するか、もしくは一定期限内に皇帝から新たな封土の授与を受けるように求めた。この要求は大きな不安を生み出した。とくにコジモは、フィレンツェが神聖ローマ帝国の封土であることが証明された、と伝えられて激しく動揺した。不吉な事態が起こる予感が稲妻のように頭に浮かび、オーストリアが獲物に飛びかかる嵐の予兆のように思えたのだ。

十五万スクードの新たな貢納金をコジモがすぐに支払ったことで、皇帝は自分の発言を取り消した。だがその言葉の陰には意図が潜んでおり、疑惑を抱えた沈黙がそのあとに続いた。皇帝は再び友好的になった。おそらく彼はコジモが決定的にフランス寄りになることを怖れたのだろう。だが皇帝の友好的姿勢がもたらしたのは、自由港リヴォルノに関してフランスがコジモを絶えず悩まし続けることだった。

マルグリット・ルイーズはコジモを悩まさなくなっていた。というのも、一六九六年に彼女は妹であるギーズ公妃から十分な遺産を受けついで、馬車を買い、厩舎を整備し、「神が彼女に与えた身分」にふさわしい状態に戻れるようになっていたからであった。

この相続をめぐっては親族を相手にいくつかの訴訟にまき込まれたが、それにコジモが援助を与え、彼女が勝利したため、コジモに対する攻撃的な姿勢は弱くなった。彼女のなかにあった熱は静まった。「何でもさせる従者たち」をそばに置くことを彼女はあきらめ、これ以後は善行に打ち込んだ。

だがコジモは家族をめぐる紛糾からけっして自由にはなれなかった。ジャン・ガストーネの結婚がメディチ家の伝統ともいえる失敗に終わろうとしているのに彼は気づいた。ライヒシュタットの厳しい冬をなんとか生き延びたジャン・ガストーネは、それまで彼が慣れ親しんできたすべての楽しみから切り離され、落ち着かない様子を示すとともにいら立ちをつのらせる一方だった。十二月に彼はフランチェスコ・マリーアに次のような手紙を書いた。「この地からの知らせは冷たいものでしかありえません。なぜならすべてが雪に覆われているからです。もうそり遊びが始まっています。……明日われわれはザクセン選帝侯の領地であるジッタウの町で昼食をとることになっていますが、それは家々で構成される場所がどんなものかを思い出すためです。というのも、もう三か月も小屋以外のものをわれわれは見ていないからです」。コジモは敬虔な言葉を連ねて息子を慰めようとした。「われわれよりもはるかに苦しまれた、神のご意志のままに行動するのがわれわれの義務なのです」。だがこんな言葉では、哀れなジャン・ガストーネは慰められなかった。

一六九八年の春には彼はもうそれ以上我慢できなくなった。行き先を一言も告げずに、夫婦の隠れ家から彼は去ってしまった。「妊娠しやすくなるよう」に温泉療法を受けていた姉の選帝侯妃に挨拶をするために、エクス・ラ・シャペルに彼は滞在した。ある手書きの史料によれば、彼女は結婚してすぐに二度妊娠したが、いずれも流産に終わっていた。「この不運、すなわち彼女の二度にわたる流産は、夫から感染した病気が原因だった。夫は、彼女を愛して大事にしてはいたが、熱しやすく鷹揚な気質から、しばしば婚姻外の情事にふけっていた」。そうした流産の細かな経緯は隠され、彼女は自分の慢性病を生涯秘密にして、死ぬときも自分の遺体を公開せず防腐措置もとらないように遺言を残した。

ジャン・ガストーネは現状を変える必要性があることを姉に訴えた。田舎の生活にうんざりしており、子どもが生まれる可能性はまったくないと予感していた。実のところ彼は自分の愛情を求める妻からの要求——大食と「肥満」ぶりにに見合った要求——には応えようとしなかった、というのが真実であった。ジャン・ガストーネが妻に対して払ったすべての関心を考えれば、彼女は未亡人のままとどまったほうがよかった。

自由を求める気持がこれほど強かったため、ジャン・ガストーネは父親にこうした解決策をとったことを書き送らなかった。というのも、コジモの同意なしで妻から離れてはならないという指示を受け取っていたからである。数日後、彼は目的地を告げぬままエクス・ラ・シャペルを離れた。

彼は五月の半ばにシエーナの侯爵というふれ込みで名前を隠し、パリにやって来た。母親は、父親と同様に、この息子の予期せぬ到来について知らされておらず、会いたいという素振りもまったく示さなかった。彼女が息子のもとを去ったのは二十三年前のことで、当時ジャン・ガストーネは四歳だった。そして彼がパリに着いてから五日後の金曜日に、マルグリット・ルイーズはサン・マンデでの食事に招いた。

母と息子は自分たちの結婚の失敗を互いに慰め合ったのだろうか？　ジャン・ガストーネはマルグリット・ルイーズの胸に抱かれて、愛と涙にくれたのだろうか？　「罪ある母」は恋愛小説のなかではつねに実り多いテーマであり、このときの母子の出逢いをロマンティックなものとして描き出したくなる者もいるかもしれない。だがマルグリット・ルイーズは変わってしまっていた。彼女の考えは宗教に向かうようになり、過去の思い出には関心を示さなかった。ジャン・ガストーネに対する冷淡さは衝撃を与えるほどだった。彼女はヴェルサイユに向かう彼に馬を貸すことすらしなかった。その前日にサン・クルーに出かけていて、馬たちには休養が必要だ、と言うのだった。

しかしながら、フランス宮廷にジャン・ガストーネはすばらしい印象を与えた。彼のすばらしい顔色と優雅なマナーは賞賛の対象となり、同時期にパリに滞在していたパルマ公とくらべても好意的に受け取られた。彼は手紙をもらったことについて国王に感謝したが、それがなければ母親に受け入れられてもらえないところだった。ルイはこうした申し分のない敬意の表明に喜び、ふたりは互いにお決まりのほめ言葉を述べ合った。自分の近い親戚であるだけでなく、特別な友人であると思ってもらいたい、とルイはジャン・ガストーネに対して語った。

王弟殿下は彼をパレ・ロワイヤルのオペラに連れて行き、トゥールーズ公爵は晩餐に招いた。オテル・デ・ザンヴァリッド（廃兵院）や聖ドニの聖遺物なども見せてもらった。どこに行っても丁寧な態度でもてなされた。

だがコジモは、息子が自分の言いつけを無視し、メディチ家の威信と栄華にまったくふさわしくないやり方でヨーロッパでもっとも輝かしい宮廷を訪ねたことを知ると、激怒した。彼はマルグリット・ルイーズが息子の独立心を強めるのではないかと恐れた。ジャン・ガストーネの妻は彼の出発に対して大騒ぎを引き起こした。夫を最低の恩知らずだと非難し、子どもが生まれない原因が夫の怠慢にあると主張したのだった。コジモはジャン・ガストーネに対して、ただちに妻のもとに戻るように命じた。彼はパリに二週間ほどしか滞在していなかったが、マルグリット・ルイーズはパリに居残るように主張しなかった。

ジャン・ガストーネはルイに突然の出発をわび、自分がパリに来たのは国王に敬意を表することだけが目的であり、このような歓待をこれ以上受けるのは厚かましい行為であるとして感謝の意を表した。ルイは彼に対して、以前その父親にしたように、すばらしい宝石細工の剣とダイヤモンドをちりばめた自分の肖像画を贈った。母親からは何もなかった。

しかしながら、この逃避行はジャン・ガストーネの息を詰まらせていたすべてのものへの健全な反応だった。彼は六月二日にパリを離れ、オランダ経由でライヒシュタットに戻った。オランダでは、フェルディナンド二世の孫でレオポルド枢機卿の甥の息子として、学識者たちの熱烈な歓迎を受けた。

彼の妻は夫を温かく迎えようと努力したが、夫婦のあいだの平和は数日しか続かなかった。女公はあらゆる機会をとらえて彼の趣味を批判した。当初ジャン・ガストーネはプラハで一緒に冬を過ごそうと妻を説得しようとした。しかし彼女は生活の場として価値があるのはライヒシュタットだけだとして、そこを離れるのを拒否し、その話題が出るたびに激怒した。こうして夫は彼女抜きで、ジュリアーノ・ダーミを含むイタリア人従者たちを連れて、プラハに移動した。

フィレンツェを離れる以前、そしてパリにおいても、悲しげな瞳と官能的な唇、ほっそりした身体つきと優美な顔色などから、ジャン・ガストーネは容姿に恵まれているという評価を得ていた。しかしプラハに滞在したのち、彼は肥満して同じ人物とは思えないほどになった。というのも、ボヘミアの首都では、ジュリアーノ・ダーミは主人をさまざまな放蕩にたやすく引き込むことができたので、のちのちジャン・ガストーネにその痕跡が残ることになったのである。フィレンツェのモレニアーナ図書館に残されたジャン・ガストーネの伝記を引用してみよう。


ジャン・ガストーネがプラハにいたとき、そこには数千人のボヘミア人とドイツ人の学生たちがいた。彼らはひげも生えそろわないような若さだったが、ひどく貧しかったので毎週決まった日に家々を訪ねて施しを集めていた。こうした学生たちのなかからジュリアーノはつねに新しい美男の若者を主人に提供していた。さらにプラハにはたくさんの領主や騎士たちの家があり、そこには彼らに仕える大勢の召使いや低い階層の人々がいた。ジュリアーノは殿下にこうした連中と混じり合い、気に入った若者を選ばせ、ともに飲んで食べては酔っ払うようにし向けていった。……それに加えてあらゆる遊びをするようになった。ドイツ人をはじめとして北方の人々はごまかしに長けており、その手のギャンブルは許されるものと考えていた。ジャン・ガストーネはあっという間に巨額の負債を背負うようになり、とくにクネックス男爵は彼から十五万スクードを巻き上げた。

こうしたことやそれ以外の軽はずみな行為のすべてを彼の妻はよく知っており、夫の姉である選帝侯妃に手紙ですべてを知らせた。姉は絶えずジャン・ガストーネに警告を与え続けたが、無駄だった。……そうした警告を彼は気にもかけず、馬鹿にしていた。そこで選帝侯妃は弟のためを思って大公コジモに事情を伝えた。最初は概略を、その後は細部にわたって。

誰が大公に知らせたかをかぎつけたジャン・ガストーネは、そのことで自尊心を傷つけられた。それ以後彼は気晴らしを減らしたり止めたりせずに、かえって増やした。楽しみの奴隷と化していた。身分の高い廷臣たちはむなしくため息をつくばかりだった。ジャン・ガストーネの外科医・侍従であるカルデージは上品で教養ある人物で、育ちがよく学識豊かなバルトロッツィとともに、主人が始めた活動から気持をそらそうと努力した。だが、あらゆる対策も無駄だった。気弱なジャン・ガストーネの病気は日に日に悪化していったからである。

ジャン・ガストーネは夜中に出かけては命の危険を感じることもしばしばだった。変装をして酔っぱらいの下層民たちが集まる酒場を訪ねては仲間に加わった。そうした場所ではしばしば喧嘩や殺人、傷害事件が起こり、ピストルの発砲や剣で切りつける騒ぎにジャン・ガストーネがまき込まれたこともあった。こうした気晴らしのなかで、彼はタバコを吸い、ドイツ式の飲み方をするためにパンやクミンの種といっしょに長トウガラシを嚙んだりすることに慣れていった。

ジャン・ガストーネは父大公からの送金のほかにもさまざまな計略でかなりの額を手にしていたにもかかわらず、賭け事と気晴らしがすぐに財布を圧迫するようになった。妻から長く離れて大騒ぎをする自由を享受するための支出は膨大で、多くの悪徳を維持するにはさまざまな人々から金を借りることになった。のちに彼がその地を去るときになってこれらの借金は大公コジモから直接支払われることになる。

洗練された道楽者が下層階級の暮らしに惹きつけられることは、イギリスでもチャールズ二世の時代の「放蕩連中《ヴィヴアール》」――バッキンガム、ドーセット、エサレッジ、セドリー、ロチェスターら――の場合のように、ありふれた現象だった。しかしながら、イギリスの放蕩者たちは陽気で愚かな連中だった。ジャン・ガストーネはどちらでもなかった。彼は自分という存在全体を抑圧しているさまざまなことを考えないようにしたかったのである。にもかかわらず、ロビオニーが言っているように、「彼が置かれていたすさまじい環境のなかですら、トスカーナの辛辣な機知がときおり冗談の形をとることがあった(1)」。彼の恐ろしい妻からでさえ、ひょうきんで乾いたフィレンツェ風の冗談を引き出しているように思える。パリ訪問の結果送られてきた父親からの叱責の手紙や、妻や姉からの非難に対して彼は次のように答えた。

女性の気分のあり方に関しては、大公陛下もまたご意志にそむく措置をとらざるをえなかったことを思い起こさせる失礼を申し上げることをお許し下さい。わたしの場合の動機はそれほど説得力のあるものではなかったにしろ、解決法はまずまず同意できるものでありました。と申すのも、わたしは妻のもとに戻ったからでございます。

コジモには、彼のすべての行動が示しているように、ユーモアの感覚に欠けており、ジャン・ガストーネからのこうした手紙に激怒した。フェルディナンドが――ヴェネツィアの貴婦人との情事の結果――健康を失ったいまでは、ジャン・ガストーネを花嫁のベッドに縛りつけておくことがますます必要になっていた。コジモの脅迫と共感の欠如はジャン・ガストーネをプラハに追いやった。彼はまたライプツィヒとその他のドイツの宮廷を巡回し、ボヘミアの妻の隠れ家にはときたま戻るだけだった。フィレンツェからは怒りの手紙が次々に届いた。一六九九年四月十八日、ジャン・ガストーネは自分の結婚生活を知らせる手紙で弁解をしている。

陛下はご存じでしょうが、結婚指輪の交換から十九日後（それ以前ではなく）に、妻は、わたしとわが国民に対して失礼な物言いをしながら、気まぐれと怒りっぽい顔と辛辣な言葉をわたしに示しました。というのも、わたしがデュッセルドルフを離れようとしなかったからです。妻は選帝侯にろくに敬意も払わず、もうそれ以上デュッセルドルフにはとどまれないと言っていました。そしてボヘミアまでのわたしたちの旅のあいだ、それよりもたくさんのしかめ面と涙、かんしゃくが生まれました。彼女は旅のあいだなされたことが何ひとつ気に入りませんでした。この旅はわたしがすべての費用を負担したのですが。

彼女はいまにいたるまでそうした調子を続けており、それがこちらの都合や礼儀、利益に反するようなときですら、彼女の性格に合わせるようわたしは全力で努力をしてまいりました。その努力は大公陛下のためにわたしが行なった努力よりも大きいもので、この二年間というものわたし自身の魂のためというよりも、彼女への嫌悪と苦痛に悩んできました……。

彼女はボヘミアにほんのわずかな土くれを所有しているからといって、自分こそ世界でもっとも偉大な貴婦人だと信じており、あらゆる者の感情を踏みにじるほど傲慢でうぬぼれが強く、誰にでも威張り散らします。彼女は自分の憎しみと嫌悪に折り合いをつけることができず、そのことはわたしの従者たちも（怒りのあまり虐待を受けている）彼女の従者たちも目撃しています――彼らがここにとどまっているのは、ほかに生計を立てる手段がないからです。

今後わたしたちが一緒に暮らすのは、次のような条件にかぎってのことで、それ以外には無理だと思われます。……短期間は彼女とともに田舎にいて、短期間は町にいるという形です。というのも、彼女のように一年のうち十か月も田舎で過ごすこと、わたしたちのあいだで起きたような場面を十か月も一緒に味わうことは、わたしにはできません。……説明したような彼女のすさまじい性格が、ともに暮らす人々をみじめにする以上、世界でもっとも楽しい場所であろうと、わたしは彼女と一緒にはいられないのです……。

それが妻とともに暮らす唯一のやり方と思われます――これよりよい方法もなければ、より悪い方法もなく、それを修正することができる者はおりません。妻の召使いたちの話では、前の夫と結婚していたときも、未亡人になってからも、彼女はこうだったということです。前夫は彼女に対する怒りと嫌悪をまぎらわすために過度の飲酒にふけったためにこの世を去ったそうです。

最良の道を見つける希望を持ち続けましょう。ときとともに、多くのものが壊れ、多くのものが修復されます。いまのところ、妻をフィレンツェに連れて行くことはまったく不可能です。第一に、彼女は自分の領地を離れることができません。第二に、彼女はイタリアとイタリア人を恐ろしいほど嫌っており、結婚する以前は、自分の家にフランス人とイタリア人を入れることは絶対できない、と言っていたのです。しかし、彼女をフィレンツェに連れて行くことができたなら……彼女はいまやっているように自分の領地を見回る――そのおかげでわたしは平和に過ごせます――ことができなくなるので、朝昼夜とわたしは彼女の怒りを耐えねばならないでしょう。わたしは息をつくためにどこか別の場所に行かねばならないでしょう。彼女は一年の十二か月のあいだずっと食べつづけるような食べ物ではないのです。

第20章

世紀末——大公は聖年を祝うためローマに行き、ラテラーノ聖堂参事会員となる——教皇インノケンティウス十二世の死——スペインのカルロス二世とその遺言——クレメンス十一世の選出——フランチェスコ・マリーア枢機卿とラッペッジ

十七世紀が終わる頃には、コジモは自分を心から慕ってくれる人々をほとんど失ってしまっていた。卓越した内科医・科学者で詩人でもあったフランチェスコ・レーディ——かってその賢明な助言によってコジモの寿命が延びた——は一六九八年に死去した。

レーディにつづいて、コジモの専任の神学者だったペンノーニ神父が一六九九年に死んだ。この僧侶に対する大公の愛着に共感しない人物が悪魔の住み家の絵を描いたが、そこではペンノーニ神父が窓辺にいてコジモがドアを叩いていた。絵のなかで「よろしいでしょうか？《ポッソ》」と尋ねるコジモに、「けっこうですとも《ポテーテ》、けっこうですとも《ポテーテ》」とペンノーニは答えている。それはコジモが別の税金を臣下に課してもよいか尋ねたときに神父がいつも答えていたのと同じやりとりだった。

このカリカチュアはピッティ宮殿の正面にある噴水に貼りつけられ、それを見つけた警邏隊が大公のもとにもって行った。コジモは治安維持の責任者である「八人委員会」のメンバーを召喚し、カリカチュアの作者を捜すように命じた。だが彼らが見つけたのは、警察本部での絞首刑執行の際に使われる綱に結びつけられたボロボロの古いマントと詩が書かれた札だけだった。その詩は、彼らにあらゆる災厄が降りか

かることを願いつつ、マントを絞首刑に処するように勧めていた。

家族をめぐる不幸以外でコジモが落胆したのは、フランスとスペインが皇帝の認可をまったく考慮しない一方で、キプロス王の称号を得たサヴォイア公に王としての栄誉を認めたことだった。コジモにとってさらに悔しかったのは、フランスから国の所有権を取り戻したばかりのロレーヌ公が何の反対もうけずにエルサレム王を名乗ったことだった。サヴォイアとロレーヌの両公は、コジモへの王としての処遇を拒否する点でもっとも頑固な敵対者だった。コジモがサヴォイア公と同等の扱いを受けるのはローマにおいてだけだった。

弟である枢機卿が気前よく使う金とそのオーストリアの保護者としての権力、枢機卿や高位聖職者たちにコジモが毎年ばらまいている巨額の資金、そして彼らの願いをいつも喜んで聞き入れること、教皇庁に対する彼の政府の盲目的な服従といったことで、ローマでのメディチ家の威信は保たれていた。だがそれだけでは十分ではなかった。コジモは世界が自分を国王陛下という敬称で呼ぶことを望んでいた。

一六九九年の半ばにコジモはヴィテッリ侯爵を特別使節としてローマに派遣した。その表向きの使命は、「聖ステーファノ修道会に与えられた小さな恩恵」について教皇に感謝することだった。この使節が得た成果でコジモの虚栄心は満足させられた。というのも、ヴィテッリは国王たちの特別使節と同じ栄誉で受け入れられたからだった。

痴愚のスペイン王カルロス二世は死の床にあり、ルイ十四世と皇帝レオポルトは瀕死のカルロスの後継をめぐって策をめぐらしていた。ルイは自分の孫のひとりが王位を継ぐべきだと主張していた。レオポルトは次男の大司教カールを後継者にあげていた。戦争は避けられなかった。イタリアの君主たちは、フランスあるいはドイツによる占領に反対する、防衛的同盟を結成しようとした。しかしヴェネツィアは加盟を拒否し、サヴォイア家のヴィットリオ・アメデーオは状勢の変化を待つことにして態度を保留した。

コジモは教皇と協議することにした。それはもっともな考え方だった。なぜなら教皇の政治的重要性は、「イタリア諸国のあいだでの地位、列強のバランスを保つその役割」にかかっていたからである。とはいえ教皇は「一度も経験したことがないため、戦争をいっそう恐れており(1)」、実際には中立を保つことを考えていた。

コジモは、聖年の免罪と宗教的特典にあずかるという名目で、ローマへの巡礼に出発した。一七〇〇年五月十五日、彼は六〇人の随員を引き連れてリヴォルノから出発したが、ピティリアーノ伯爵という旅行用の変名を使っていた。二十日間の航海ののち彼はアンツィオの港に到着した。ここで彼はインノケンティウス十二世が巨費を投じて建設した水道設備を見学した。彼は教皇の泉に近づくと、うやうやしくそれに口づけし、その水を飲んだ。そしてアルバーノを経由してローマに向かった。静かにローマの街に入って、ピンチョの丘にあるヴィッラ・メディチにおさまった。

ローマでの彼は絶えざる陶酔のなかで漂う日々を過ごした。インノケンティウス十二世からは兄弟のように歓迎された。彼はすべての教会を訪ね、毎日告解をして聖体拝領を受けた。だがそれでも敬虔な信仰心は満足しなかった。というのも、彼は「聖なる顔《ヴォルト・サント》」を抱きしめたいと心から願っていたからだった。それは処刑の場に向かう救世主の顔を拭くのに使われたことでキリストの顔だちが奇跡的に写っているといわれる、聖なるハンカチーフであった。これが展示されるのはごく限られた場合だけで、その際も遠く離れた信者席から見るしかないため、だいたいの輪郭以外のものを見分けられたのは、例外的な視力の持ち主だけだった。サン・ジョヴァンニ・イン・ラテラーノ聖堂参事会員だけがこの聖遺物を掲げて祭壇にあがることを許されていた。だがコジモはあきらめず、教皇にラテラーノの聖堂参事会員にしてほしいと頼み込んだ。コジモはもう長いあいだ妻とは別居しており、実質的に寡夫であると見なすことができた。そこでインノケンティウス十二世は彼をサン・ジョヴァンニ・イン・ラテラーノ教会の聖堂参事会員に任命する書簡を与えた。

これこそコジモが現世で達成したすべての成功のなかの頂点であった。高価なカズラ〔司祭が羽織る袖なしのミサ服〕を身にまとったコジモが聖なる布を掲げ、彼の権限を証明するために、集まった群衆に教皇の書簡が読み上げられた。彼の虚栄心をさらに満足させたのは、自分の眼下にいる七万人の信者たちに祝福を分け与えることが許されたことだった。彼はその行為を大いなる熱情と厳粛さでやってのけた。

コジモがピウス四世の豪華絢爛たる礼拝堂の主祭壇の前でひざまずいているとき、教皇が近づいてくるのが見えた。そこでコジモはひざまずいたまま教皇の椅子に向かって進んだ。インノケンティウス十二世は国王陛下に立ち上がるように頼んだ。「いいえ」とコジモは答えた。「キリストの代理人に対する敬意を表することをトスカーナ大公にお許し下さい。それは義務なのですから」。コジモは教会から出るとすぐに、二〇万スクードの価値がある受胎告知の絵を教皇に贈った。

お忍びであるがために、やんごとなき聖堂参事会員に対して枢機卿たちはおおっぴらに敬意を表することができなくても、コジモが教会を訪れるときにはその機嫌をとる機会をけっして見逃さなかった。ローマでは「つつましい僧侶の身分に自らを引き下げた君主」は、人々の注意を引くに値する現象だった。こんな話が伝えられている。教会の祭壇の前にいるコジモをあるご婦人が見かけ、彼が高貴な身分のフィレンツェ人だと知って、自分の夫に対して出された追放令を撤回するように主君である大公に仲介してもらいたいと懇願した。伯爵と思われたその人物は、不運な紳士に関心を寄せることを約束し、まもなく追放令の取り消しが行なわれた。また別のおりには、ある美しい女性が自分の送ってきた誤った生活を悔悛する告解を聖職者としてのコジモに対して行ない、その改善を真剣に望んだことがあった。コジモは彼女が修道院に入れるよう、五〇〇スクードを与えた。

彼はこういった聖職者としての気晴らしに気前よく金をつぎ込んだが、それは臣下たちの犠牲の上に成り立っていた。山ほどの聖遺物や珍品を携え、敬虔さと気前の良さの評判を得て意気揚々と彼はローマを出発した。ローマで説教こそしなかったものの、少なくとも押し寄せる信者たちに青白い手で祝福の所作をしたのである。新たに列聖された聖フランシスコ・ザビエルの腸の一部をコジモが受け取ったのは、[2]ちょうど十一月のスペイン王の死のニュースで狂信的な夢から目覚めさせられたときのことだった。スペイン王が死の前にサインした遺言は、ヨーロッパを十五年間にわたってスペイン継承戦争に引きずり込むことになった。

カルロス二世はスペイン・ハプスブルク家の最後の、そして家系の特徴をもっとも強く受け継いだ人物だった。迷信をポルト・カッレーロ枢機卿にあおられ、カルロス二世は王国をルイ十四世の孫にあたるアンジュー家のフィリップに遺した。ルイ十四世が晩年にきわめて熱心なカトリックとなった一方、オーストリアの主たる同盟者はウィリアム三世で、彼はプロテスタント勢力を代表する存在だった。オーストリアはイタリアにおいて影響力を確立すると、帝国としての要求を再び主張しはじめ、それは教皇にははなはだ具合が悪かった。教皇庁の姿勢はこれで説明がつく。

インノケンティウス十二世は一七〇〇年九月二十七日に死去した。それに続いて枢機卿たちが一か月間教皇選挙《コンクラーベ》のために閉じ込められているあいだに、カルロス二世が死んだ。

メディチ家のフランチェスコ・マリーア枢機卿の立場は、オーストリアとスペインの保護者であるだけに、きわめてむずかしいものとなった。カルロス二世へのインノケンティウス十二世の助言に影響を与えた有能な政治家である、アルバーニ枢機卿を支持することを彼は決意した。十一月十六日、ジャンフランチェスコ・アルバーニがクレメンス十一世として選ばれたことで、ローマ教皇庁はフランスの政治的立場を支持することを明らかにした。

新教皇が即位するとすぐにフランチェスコ・マリーアは大急ぎでフィレンツェに戻った。彼は愛するラッペッジに戻りたくて急いだのである。

この兄弟が役割を取り替えていれば——享楽主義者のフランチェスコ・マリーアが大公で、コジモが教会の擁護者であれば——トスカーナはもっとうまくいっていたかもしれない。どちらにしろメディチ家の滅亡は運命づけられていたにせよ、より楽しい終わり方になっていたのではないか。フランチェスコ・マリーアはめったにローマには行かなかった。コジモは、機会さえ与えられれば、ローマから離れようとはしなかっただろう。メディチ家出身の歴代の枢機卿たちはつねに食い道楽であり、フランチェスコ・マリーアもそうした快楽主義の伝統を受け継いでいた。彼の主たる身体的特徴は肥満であった。脂肪が彼の外見に影響を与えていた。彼は開放的で思いやりがあり、つねににこやかだった。

ファジュオーリは詩のなかでラッペッジでの楽しみや枢機卿と彼の雑多な宮廷の活動について詳しく語っている。レーディはラッペッジのブドウについてほめちぎっている。ラッペッジがフランチェスコ・マリーアの持ち物になったとき、そこは農村のつつましい家でしかなかった。前の所有者だったマッティア公はシエーナの執政官だったため、めったに足を運ばず、マルグリット・ルイーズはポッジョ・ア・カイアーノにもましてそこを嫌った。

枢機卿はここでプラトリーノの驚異を真似しようとし、庭園をもっと大規模に設計し直した。彼はヴィッラの設計者として宮廷お抱えの建築家アントニオ・フェッリを雇い入れ、改良のためにいくつかの案を作らせた。フランチェスコ・マリーアはもっとも豪華な案を採用して、その費用がどれほどになるか尋ねた。「長もちするものを作るなら、八万スクードが必要になります」とフェッリは答えた。「三万スクードしか使いたくなくて、このプランでヴィッラを作ったら、どれぐらいもつだろうか?」と枢機卿は問いかけた。建築家が十八年はもつでしょうと答えると、枢機卿は叫んだ。「じゃあ、それでやってくれ。十八年もてば十分だ。わたしが生きているあいだだけでいいのだから」。

ファジュオーリにも庭園に植えるべき木の相談があったことは『心地よき詩』から推測できる。詩人は月桂樹をたくさん植えるように勧めた。

月桂樹は常緑だが、糸杉のように陰鬱ではなく、王たちがその葉で冠を作るほど高貴な木です。そして何よりも、ラッペッジでは頻繁に起こる落雷を遠ざけます。しかし、どうであれお好きな木を植えられればよろしい。誰もがそれをほめたたえるでしょう。なぜなら、君主は間違えることがないのですから。万が一ひどい誤りを犯した場合でも、嘘つきやご機嫌取りたちは奇跡を前にしたように叫ぶでしょう。貴方がカボチャを植えられたら、彼らは声を合わせて「なんとエキゾティックな美しい植物でしょう！」と大声を上げるはずです。ソラ豆を植えられたら、まったくありふれた植物ですが、彼らはこう言うでしょう。「なんたる奇跡！　なんとみごとな形！　枢機卿はなんと美味なソラ豆を作られることか！」

ヴィッラは短期間で完成した。枢機卿の死後、それは崩壊しはじめた。だが残っているあいだは、ヴィッラはテレームの僧院〔ラブレーの『ガルガンチュア』に登場する架空の僧院。その唯一の規則は **Fay ce que vouldras**（汝の欲するところをなせ）〕であり、まさに幸せな精神が寄り集まるところとして詩人が描いた場所であり続けた。安らぎと陽気さがそこを満たしていた。猊下はその権力の絶頂にあり、比類なき影響力を享受していた。詩人や音楽家、俳優、美術家たちが絶えず出入りしていた。誰もがアーチ状の緑の並木道の好きな場所に陣取ったり、猊下とパローネ〔手首まで手につける円筒状のガードで大きな革のボールを打つ、テニスに似たゲーム〕に興じたり、木陰に座って近隣の人々の噂話を楽しんだりしていた。日が暮れると、彼らは家に戻って小劇場の幕が上がるまでバセット〔十八世紀ヨーロッパで流行した賭けトランプの一種〕に興じた。

枢機卿は俳優たちにたいへんな早口でセリフを言うように要求した。さもないと彼は眠ってしまうのである。ファジュオーリの日記によれば、枢機卿からしばしばフィレンツェまで迎えの馬車がよこされ、ラッペッジに着くと、即興劇の筋書きを考えるように言い渡された。ファジュオーリはその場で俳優たちのセリフを書き、役を割り振り、稽古をし、手直しをしてその夜のうちに上演可能にしなければならなかった。

また別の同時代人の証言では、別世界のものごとがそこでは語られ、実行された。女性たちは男性に扮し、少年たちは少女の姿になって食卓や舞踏会、寝室で仕えた。そして最下層の身分の使用人たちも枢機卿の負担で楽しむように奨励された。太鼓腹の猊下は、自分の血管の中を流れるのが反応が鈍い彼自身の血液ではなく、不老長寿の妙薬であると感じたかったのである。馬丁や従僕たちが近隣の農民たちと芝生の上で取っ組み合いをして転げまわるのを見て楽しむために、枢機卿は気前よく施し物をバルコニーからばらまいた。ときには十スクードの価値があるクラーツィア貨幣が詰まった袋を二〇〇袋もばらまくことがあった。

こうして枢機卿は彼らの肉体的エネルギーの発散を受動的に共有することができ、ふくれ上がる空想の影響で、活力の感覚が高まって痛風を忘れることができた。年間十二万スクード以上の収入がありながら、枢機卿の財政状況がしばしば惨憺たる状態に陥ったのは不思議ではない。使用人たちの給料を支払えないときには、もっとも値うちのある所有物を担保にして金を借りねばならなかった。

奉公人たちは枢機卿から盗みを働いており、彼もそれを知っていたが、気にかけなかった。盗みをほとんど奨励することすらあった。復活祭には執事から厩の下働きまで奉公人全員を集め、ひざまずいて彼らの許しを乞うた。そのあと、冗談半分、まじめ半分で彼らに対して次のような熱弁をふるった。「それでは、名うての悪党諸君、急いで懺悔したまえ。わたしのほうは、きみたちの盗みのすべてを許そう。そしてわたしから盗んだ物をきみたちに進呈しよう」。

このセレモニーは毎年繰り返され、悪党連中は間違いなくそこから利益を得ていた。あるとき枢機卿が書き物机の引き出しに筒状のものをふたつしまうのを見られたことがあった。それぞれに千枚のルイ金貨がおさめられていた。彼が戻ってきて見ると、銀貨の二巻きに変わっていた。これは彼をひどくおもしろがらせた。明らかに、ピタゴラスが教えたように、金が転生して銀になったのである。これ以後彼はおどろくべき哲学を信じることにした。同様に夜になってヴィッラの門を閉じるとき、枢機卿は寝室に下がる前に最高級のチョコレートが入った箱をふたつ門番に預けた。その箱は翌日ローマの友人に送ることになっていた。翌朝、門番はふたつの箱が半ば空になっているのを発見し、大声をあげて家中の人々を起こしてしまった。枢機卿がその場に現れ、騒ぎの原因を尋ねた。事情を説明されて彼は叫んだ。「それじゃあ、腹を立てた理由はそれだったのか？　チョコレートの残りを食べて、落ち着くんだ、この馬鹿者が！」

ラッペッジでは何かがなくならずに一日が過ぎることはなかった。とくに賭博師や自堕落で手先が器用な若者たちが大勢いるときは。こうした連中が枢機卿の宮廷を形成し、その領地のどこにでも入ることを認められていた。何かが消えたという話で自分をわずらわせてはならない、という厳しい命令を枢機卿は奉公人たちに与えていた。

ビスタ・ディ・スパウリートと呼ばれる大胆でひょうきんな若い従僕が、枢機卿の不在だったある朝に彼の部屋を掃除していた。そこに枢機卿が戻ってきたが、ビスタはそれに気づかないふりをしていた。テーブルの上からは美しい盆と銀の燭台ひとつがそれまでに消えてしまっていた。そこでビスタは埃を払いながら、人に聞こえる程度の小さな声で独りごとを言った。「昨日の夜に盆と銀の燭台ふたつをここに置いたのに、燭台ひとつしか見つからないや。きっと泥棒がここに来たんだ。うちの間抜けなご主人ときたら、そんなことは気にするな、って言うんだものなあ。ジャンブラコーネが言うように、こんなことをた。「何も言っていません」とビスタは答えた。「口を開いてもいません」。

枢機卿は彼に近づき、なにをぶつぶつ言っているのか尋ねた。「何も言っていません」とビスタは答えた。「口を開いてもいません」。

それに対して猊下は「お前の言ったことをちゃんと聞いたぞ、このならず者が。もうひとつの燭台も持って行け、そしてぶつぶつ言うのをやめろ」と申し渡した。そしてさらにつけ加えて、ビスタが自分を喜ばせようと思うなら、いつもそうしたやり方で自分を扱うように、このような率直さこそ大いに推薦できる、と語った……

このように一風変わったユーモア感覚の持ち主であったにもかかわらず、枢機卿は実務的な賢明さをしっかりもっていた。彼は聖職禄を熱心に集めていた。彼にとってそれが宗教のおもな魅力のひとつだった。高位聖職者がひとり死ぬと、急いでその詳細についてローマに問い合わせた。死んだ聖職者の修道院や聖職禄は国王の指名によるのか、教皇の指名にもとづいているのか？　それを受け継ぐ候補者として自分が登場するチャンスはあるのか？　策謀をめぐらせる本物の才能と「対象を選び、観察する」洞察力を彼はもっており、つねにチャンスをつかむ必要があることを固く信じていた。

極端な肥満のせいで動きが鈍い彼は、こうした仕事を精力的で狡猾な書記の集団に委ねていた。けっして仕事に自分の楽しみを邪魔させはしなかった。そして彼の主たる快楽は食卓にあり、桁外れの食欲をさらに増大させようとして用いていた催吐薬のせいで健康を害していた。彼はけっして知識人ではなく、演劇のパトロンをつとめたのは、ただ楽しい気晴らしをするためだった。そして香水に夢中になり、宮殿のなかに膨大な費用をかけて蒸留所を作った。香水へのマニアックな耽溺は枢機卿猊下に限ったことではなかった。その当時フィレンツェでは香水が大流行し、香水騎士団アカデミーまで結成された。誰もが自分だけの香りを用意することが流行した。

鋭い嗅覚をもつ犬たちをうらやんだマガロッティは、オレンジの花を讃える賛歌を書いたが、彼が言うには、スイカズラのほうが人気があった。「手袋、バッグ、扇、花瓶、おしろい用のパフ、薬用ドロップ、ポマード――力を強くするためと愛のために――などすべてにこの花の香りが使われている」。マガロッティはのちに、(香水入りの花瓶と同じように)部屋に香りを漂わせる、香りつき粘土を考案して有名になった。

こうしたものに加えて、枢機卿は異常なまでにいたずらを好んだが、それはフィレンツェの人々にとってその歴史の早い段階からありふれた楽しみでもあった。悪ふざけに満ちたいたずらをしているとき、この遊び人はこの上なく幸せだった。

ファジュオーリは枢機卿による気の利いた悪ふざけの実例を紹介している。あるときラッペッジにロバの子がやって来て、猊下にあるインスピレーションが湧いた。彼はそれを買いシェフのムッシュー・ニコロにこう言って渡した「明日のためにこの小さなロバを使って美味なる昼食を作ってもらいたい。だが、秘密を明かさないよう気をつけるように。お前の好みと思いつきで趣向をこらしたら、たっぷりと報酬をやろう」。

翌日、元老院議員や枢密院議員、判事などの客に加えて、詩人や常連の廷臣たちが旺盛な食欲を抱えて昼食の席に着いた。茹で肉のコースのあと、シチューが運ばれ、次にパイ、そしてフリカンドー〔子牛の腰肉にラードを加えて蒸し煮にした料理〕、スイス風のタン、最後にすばらしいロースト肉が出された。ムッシュー・ニコロがこれほどバラエティーに富んだ昼食を出したことはなかった。お客たちはすっかり喜んで、シェフをその場に呼び、料理の才能と創意の才能を讃えた。客の全員が満腹したところで、小さなロバの血まみれの蹄とたてがみの生えた頭部がテーブルの真ん中に静々と置かれた。枢機卿猊下は立ち上がって、にこやかに一同に対して語りかけた。

ご列席の皆さま、食事の前に出しておくべきものを最後に出した間抜けなわが執事をお許し下さい。しかしすべての手違いが害をなすとは限りません。ここまでロバの肉でお腹が温かくなりました。それでは皆さまが目の前にご覧の美味なる食べ物――これが今日の料理の目玉です――でお腹を冷やすことにいたしましょう。

枢機卿のスピーチのあと、会席者たちのあいだに料理がまわされたが、誰も手を出さなかった。というのも、それを食べるだけの強靱な胃袋をもつ者がいなかったからだ。動揺のあまり見ただけでその場を離れた者もいたが、出席者のほとんどは枢機卿のウィットに笑うか、笑うふりをした。ファジュオーリは決心して長い耳を自分用にもらった。

ルネサンスの時代のトスカーナなら、枢機卿はまったくくつろいで過ごすことができただろう。ロレンツォ・デ・メディチも知人たちに対して同じぐらい奇抜な悪ふざけをしかけている。

メディチ家の人々の全員が――コジモ三世でさえも――庭園の華麗さを愛し、トキワガシなどの常緑樹を使ってイギリス刺繍の模様に生け垣を刈り込み、どの季節でも散歩を楽しめるようにした。これらの庭園では設計が優先され、風雨に打たれて変色した彫刻の色合いやイトスギの多様な緑色（深い青にも黒にもなる）が配置された。花壇の代わりに噴水が置かれた。フランスやイギリスの庭師が景色の中心にするみずみずしい緑の絨毯、なめらかに起伏する芝生はたっぷり雨が降らない限りここには存在しなかった。夏になれば、草はひからびて赤茶けた土の色になった。

フランチェスコ・マリーア枢機卿はこうした限られた色合いでは満足できなかった。彼は食卓でと同じように、庭園にも多様性とコントラストを要求した。著名な外国人たちは猊下に敬意を表するためラッペッジに足を運び、エキゾティックな植物や匂いを放つ木々を眺めた。そうした木々は、枢機卿お気に入りの一本を除いて、すべて同じ高さに切り揃えられていた。訪問者たちはたいていその木の前で立ち止まり、感服の気持で放心し、最上級の形容詞を惜しみなく用いて、それ以外の立派な木々を無視するのだった。

あるとき枢機卿は近くの木陰に隠れてこうした賛嘆の声を立ち聞きしていたが、ほかの木々についてはは何も語られないことに腹を立てた。訪問者たちがその場を去ると、彼はビスタ・ディ・スパウリートにのこぎりをもってきてその木を切るように命じた。主人が突然心の平静を失ったと考えた、哀れな従僕はためらった。「あの木を切るんだ。さもないとお前の首を切り落とすぞ！」と、かんかんに怒った枢機卿は叫んだ。そこでビスタは震えながら木をのこぎりで切り、木は雷鳴のような音を立てて地面に倒れた。そして枢機卿とビスタは誰からも見とがめられずに急いでヴィッラに戻った。庭師たちは解雇を恐れて震える足で駆けてきた。彼らはこの大災厄を主人に知らせるとき、主人の足下にひざまずいて泣きじゃくった。猊下はいたずらっぽい表情を浮かべて庭師たちの誰が犯人か尋ねた。恐ろしいほどの静寂が訪れた。犯人が誰か知らない、と彼らは誓い、全員が無実を訴えた。「罪があるのはわたしひとりだ」と枢機卿は落ち着いて説明した。「安心して仕事に戻りなさい。わたしがあの木を切ったのだ。というのも、あの木のせいで、訪問者たちはほかの木を無視するからだ」。

ラッペッジは慰めを求めることができるオアシスだった。だが死の天使はトスカーナの上で舞いはじめた。

第21章

フランチェスコ・マリーア枢機卿がフランスとスペインの守護者となる――コジモはフェリペ五世を承認する――ジャン・ガストーネの結婚生活――リヴォルノのスペイン王――ジャン・ガストーネの帰還――コジモ三世に関するラバ神父の報告

コジモはいまやもっともつつましい近隣の国々からの敬意も失ってしまった。ルッカ共和国――モンテスキューによれば、この国の三原則は、異端審問・イエズス会・ユダヤ人の三つを国内に持ち込まないことだった――は、ふたりの自国民がトスカーナ大公国内で犯した犯罪の容疑で、ルッカの国内であるピエトラサンタで逮捕、投獄されたことに怒りを表した。愛国的なならず者の一団が監獄の壁をよじ登って、ふたりの解放に成功した。ふたりの容疑者が自国の領土に戻って安全な状態になると、熱烈な歓迎を受けた。奉納物《エクスヴォート》が教会内に掛けられ、彼らの脱出が祝われた。

コジモはこの侮辱に激怒した。フェルディナンドはルッカに軍隊を送って直ちに賠償を強いることを提案した。コジモがもっとも戦争に近づいたのはこのときだった。そして彼はためらった。犯人たちとその逃亡を助けた共犯者たちのほか、ルッカの代表ふたりが人質として身柄をゆだねることをコジモは要求した。こうして服従が示されたのち、法的な手続きをとった上で彼らを自由にするつもりだった。だがルッカ側はこうした要求をどれひとつとして受け入れなかった。指定した賠償の期日が過ぎると、フィレンツェ人たちは報復に出た。小さな共和国はコジモが息子の助言にしたがうことを恐れ、教皇、皇帝、フランス王、スペイン王に救援を訴えた。介入に積極的な姿勢を示したのは、スペイン王とミラノの執政官だったヴォードモン公だけだった。コジモはこれが小さな出来事であって注目に値するものではない、と彼らをなだめようとした。正義の名において彼が賠償を求めるのは正当であり、言い逃れは認めなかった。

フェリペ五世の選択に続いて生まれた緊張のなかで、この事件は雲散霧消してしまった。教皇はイタリアの諸君主に対して諍いの決着をつけるように促していた。オーストリアは戦う準備を整えていた。というのも、レオポルトは末息子の大司教カールがフェリペの代わりにスペイン王として認められるべきであるとしていたからである。フランスはイタリア諸国にオーストリアの侵略に対抗して防衛同盟を結成させようと働きかけていた。ミラノとマントヴァを占領したフランスがオーストリア軍のトスカーナ侵入を防いだとしても、オーストリアがそれ以上に強い要求を押しつけてくるであろうとコジモは予見していた。トスカーナ大公国の沿岸地域はフランス艦隊の攻撃からは無防備だった。スペインの守備隊は国境のわずかに外に位置していた。コジモがオーストリアの側に一歩踏み出せば、トスカーナはどちらの陣営からも占領される可能性があった。

ローマにおけるオーストリアとスペインの保護者を任じていたフランチェスコ・マリーア枢機卿は厄介で不愉快な状況に追い込まれていた。公然とブルボン側を支持すれば、ハプスブルク家の後ろ盾を失うことになる。そしてその埋めあわせをするというフランスの約束を信じるのは安全ではなかった。そこでフランチェスコ・マリーアはキツネのルナール〔フランスで編纂された中世の寓話集『狐物語』に登場するキツネ。言葉巧みに他の動物たちを騙す〕のようにふるまうことにした。

彼は自分の宮殿の入り口にあった紋章に覆いをした。それは枢機卿たちがよくやっていることだった。そして覆いが取り外されると、盾型紋章の四つの区画のなかにフランスとオーストリアの双方のしるしが描かれていた。しかしどちらの陣営も十分には満足しなかった。オーストリアは、紋章のなかの鷲がフランスの百合よりも低い位置にあることに侮辱されたように感じた。そしてルイ十四世は紋章のなかにどのような形であれ鷲が描かれたことに不満だった。

枢機卿は両方の陣営に二股をかけていることを厳しく非難された。オーストリア大使の妻は「枢機卿の訪問がフランスを怒らせることを非常に心配している、と主張した」。猊下はそれに対して「普遍の神が聖職者を通じてもたらす恩恵は、捨ててしまうには価値がありすぎます」と答えた。彼女はさらに、彼のつつましさは高い身分をもつメディチ家にふさわしいものだ、と言い返した。

ルイ十四世は、フランチェスコ・マリーアがオーストリアの代わりにフランスとスペインの精神的後ろ盾になったらどうか、と提案した。枢機卿は自分の収入を大いに増やすことになるこの申し出を受け入れることを決意した。コジモはその用心深さにもかかわらず、だまされてフェリペ五世を承認することになってしまった。しかしプッチ侯爵は謁見を取りつけることがきわめて困難なことに気づいた。そしてようやく国王との面会を果たしたときも、その話を一言も聞き取れなかった。フェリペ五世は小さくて単調な声でもの憂げに話したからである。マントノン夫人はフェリペ五世についてダルクール公爵へ次のように書き送った。「彼の声とゆっくりした話しぶりはまことに不愉快です」(1)。彼の性格はその声に見合っていた。

謁見を許されるのに苦労したプッチだったが、信任状への返答を得るのはさらに困難だった。マドリードの宮廷はフェルディナンド公子夫妻に対して王としての地位を認めることを拒否した。この問題をめぐって大公の大臣たちのとあいだで長い書簡のやりとりが始まった。プッチに対する説明は次のようなものだった。国王陛下はかたじけなくもヴィオランテを叔母ではなく従姉妹として遇してくださるので、彼女に対しては女王陛下と呼ばれる権利を認める。しかし同様の名誉をフェルディナンドについて求めるのは無駄である、というのである。コジモの返答はこうだった。マドリードの宮廷が好きなようにふるまうのは自由だが、自分の息子が嫁と異なる扱いを受けるのは許さない、家族の威信を守るのは自分の義務である。この断固とした姿勢は、プッチの信任状に対する礼儀正しい返答をもたらすことになった。

プッチが帰還すると、コジモはシエーナとポルトフェッライオをスペイン王の封土としてフェリペから公的に授与されることを受け入れた。ブルボン家は喜んだが、コジモに対して「王としての処遇」を認めることは頑なに拒んだ。皇帝は礼儀正しくコジモに援助金を要請した。そしてコジモが金持ちであると誤解されていたとすれば、責められるべきは彼自身と彼の無用な虚栄であった。

ジャン・ガストーネの結婚は悲惨な状況に陥っていた。彼は賭博で金を失い、あらゆる人々に食い物にされていた。金を借りては負債を背負い、暴利をむさぼる貸し手たちによって身動きがとれなくなってしまっていた。経済的に追い詰められた彼は、妻に与えた宝石のいくつかを、本来の価値の半分以下で質に入れた。ジャン・ガストーネはこの不作法な行動をコジモに弁解して、「起こりうる損失あるいは不運な事件」と妻の貪欲に備えるためのなにがしかの予防措置である、と伝えた。コジモは同意したが、当然のことながら妻は腹を立て、プラハの法廷でそれを声高にまくしたてた。

弟の苦境を知ったフェルディナンドは、夫婦ともどもフィレンツェに呼び寄せてはどうかとコジモに提案した。だがコジモはその助言にしたがうのに手間取った。まずはじめに彼はデュッセルドルフとプラハへ代理人を送って情報を集め、ジャン・ガストーネの負債を片づけた。一七〇二年、リヌッチーニ侯爵がボヘミアの夫婦を訪ねた。侯爵はジャン・ガストーネが退屈から評判のよくないいかさま師連中と一緒に暇つぶしをしていることに気づいた。ジャン・ガストーネの負債を積極的に買い込んでいたのはユダヤ人たちだったが、リヌッチーニは彼らから負債の総額を聞き出すことに失敗した。というのも、ユダヤ人たちは負債をすべて清算するつもりがなかったからだ。尊敬すべきプラハ大司教でさえジャン・ガストーネの債権者に含まれていた。リヌッチーニは公子の堕落ぶりに衝撃を受けた。

女公は予期せぬほどの丁寧さで侯爵を迎え入れた。彼女は自分の領地の耕作や経営改善に関するプランを滔々と語った。明らかに彼女は自分の家政に自信をもっており、侯爵に自分の部屋、個室、衣装部屋、調理場を案内し、最後にもっとも聖なる場所である厩舎を見せた。彼女は自分の馬については雄弁に語り、馬たちの口を開いたり愛撫したりした。そして彼女は侯爵に自分の宝石を見せ、夫に与えられたものがなくなっていることをことさらに強調した。

ジャン・ガストーネに関して彼女は自分の気持を打ち明けた。夫はほとんど彼女に近よらなかった。ところが彼女はイタリアの貴婦人たちが慣れ親しんでいるよりも多くの愛情のしるしを夫から期待していた。

リヌッチーニはこうした発見を彼女がフィレンツェに来るように説得する材料に使った。彼はフィレンツェでの温かい歓迎を約束し、もっと温暖な気候のなかならジャン・ガストーネが模範的な夫になるだろうとも主張した。彼女はコジモの招待を喜ぶふりをしたが、それを受け入れるつもりはなかった。自分の意志に反してボヘミアにとどまらねばならない理由を、彼女は山ほどあげた。どうやってもこの女性をフィレンツェに来る気にさせることはできない、とリヌッチーニはすでに理解していた。

コジモはジャン・ガストーネに対して、最上級の優しさで妻に接するように促した。間違いなくジャン・ガストーネは可能な限り感じよくふるまったのだが、この努力は冷たく拒絶された。彼女はけっしてボヘミアを捨てることはないと明言した。ラバ並みの頑固さだった。コジモが懇願すればするほど、頑なに拒否された。大公はいつもの手を用いたが、イエズス会士の言葉にも、オーストリア皇后の言葉にも彼女は耳を貸さなかった。

女公の聴罪師であるドイツ人のカプチン修道士には、彼女にとどまってもらいたい個人的な理由があった。修道士は、断固とした態度を保つように助言しただけでなく、トスカーナへの憎悪とメディチ家に対する恐怖をかき立てた。メディチ家の家系のなかの悲劇のあれこれ——イザベッラ・オルシーニとトレドのエレオノーラの運命など〔イザベッラはトスカーナ大公コジモ一世の娘でオルシーニ家に嫁いで夫に毒殺され、イザベッラの母エレオノーラも急死したため暗殺の噂が絶えなかった〕——についてもっとも恐ろしい詳細を長々と聞かせて、メディチ家の公子たちの全員が自分の妻を毒殺したり絞殺したりする、と彼女に信じ込ませた。

皇帝と皇后はジャン・ガストーネに対して「恐ろしいほどの孤独のなかで妻とともに暮らすことへの強い嫌悪感を乗り越える」ように促した。こうして哀れな公子は再びライヒシュタットに戻った。サレン夫人の格言（「結婚の規律として、男が妻を奴隷にしようとするなら彼女を急いで田舎に送り込み、女が夫を支配するならその馬鹿者を口車に乗せて町へ連れて行く[2]」）はジャン・ガストーネの場合には逆になっていた。大勢による策略によっても、彼は妻を——プラハでもフィレンツェでも——町へ連れて行くことに失敗し、急いで田舎に再び戻ったのである。

この時期にジャン・ガストーネは父親に次のような手紙を書いている。

> 最愛の女性を説得するにあたって、わたしは彼女の聴罪師であるカプチン会の神父にできる限りうまく話してみようと考えました。そしてわたしのために彼女を説得してくれるように頼みました。まだその返事はありません。神父を通じたほうが彼女は、少なくとも良い悪いいずれかの理由をはっきり教えてくれます。ところがわたしに対するときは、不機嫌であること以上に、あまりにそっけない対応なのでとりつくしまもありません。というのも、彼女は女性、それもドイツ女性であり、という

ことは女性以上のことを意味するのですから。

わたしはこれまで彼女の怒りを静めるために、誰であれわたしの立場にいる人なら我慢できないような、細やかさと甘い言葉を用いてきました。わたしは彼女に何も求めませんでした――結婚にあたっての取り決めで認められた自分の権利さえも。彼女が公の席でわたしを泥棒呼ばわりするのを、誰にも真似できぬほどの忍耐心で我慢しました。慣習に反して、わたしはあらゆる点で彼女を優先させることをつねに受け入れました。どこに行っても、まるで従僕のように、馬車を降りる彼女に腕をさしのべました。そんなことはこの国の、ドイツの王子の誰ひとり（妻を甘やかす者でも）やらないのですが。そしてあなたへの愛ゆえに、陛下が望まれるゆえに、彼女の態度を和らげるため、それ以外にも数多くの自分にとって不愉快なことをやってまいりました。

コジモの政治的にあいまいな立場は、ジャン・ガストーネの問題に対して皇帝がそれ以上関与しない結果をもたらした。ジャン・ガストーネにとってそれはおそらく慰めになっただろう。彼は依然として多額の負債を背負っており、粗野で手に負えない妻とともにフィレンツェに戻るという案は、魅力的には思えなかった。さらに二か月間のライヒシュタットでの苦行に耐えたのち、ジャン・ガストーネはハンブルクに向かった。

ハンブルクで一七〇三年十月から翌年二月まで彼は気楽な酔っ払いの生活を送った。そしてプラハに戻ると、再び心気症の呪いに落ち込んでしまった。優柔不断と無気力な暮らしが彼を衰弱させていった。一七〇四年九月、ウィーン駐在のフィレンツェ大使であるマルテッリ伯爵が彼を訪ねた。伯爵はジャン・ガストーネの楽しみが「一日の大半の時間を窓辺に座って通り過ぎる人々を見ることであり、あれこれと考えをめぐらすこと」であることがわかった。「殿下はそれが唯一の楽しみだとわたしに言われた」。

マルテッリはしばらくプラハにとどまり、公子の性格を研究してそれを徐々に改善しようと試みた。マルテッリは自分が精神的逸脱症状を扱わねばならないと理解していたに違いない。彼は自分が得た印象を大公に説明している。忍耐強くかつ如才なく扱えば、ジャン・ガストーネはかなり従順になることにマルテッリは気づいた。だが公子は何をなすべきか自分自身では決められなかった。何かを達成するには圧力を避けること、彼が気むずかしい気分のときには話し合うことが必要だった。「公子には気力、活動性、勤勉さ、落ち着きが欠けているわけではありません。神を恐れ、近くにいる人を愛しておられますが、彼の扱い方を知る必要があります」。書斎で公子のもっとも重要な問題についてじっくりと話し合うときでさえ、マルテッリは彼に座って話すように説得できなかった。歩きながら、もしくは馬車のなかでのみ、ジャン・ガストーネはそうした話し合いに応じた。

マルテッリはジャン・ガストーネをもう少し筆まめにしたいと考えた。「殿下は書記が書き上げた手紙にサインさえしないことがよくあります。書記が実につらそうに語るところでは、送られてきた手紙の多くが、身分の高い方からのものでさえ、殿下が署名を拒否されるために、返事が書かれないままにされております」。これはずるをしているのではなく、書き物机を公子が怖がっているからではないか、とマルテッリは観察している。

書くことは、政治への関心、とくにこの当時の危機への関心などと同様に、ときとしてジャン・ガストーネにとって気晴らしになるかもしれない。そして最後に「公子には何か真剣に取り組む仕事が必要です。なぜなら、危険な遊びをしたり、低い身分の不良たちとつき合うのも、もとはいえば何もやることがないからです」。

ジャン・ガストーネにマルテッリはよい影響を与えたと言えるかもしれない。というのも、ジャン・ガストーネは一七〇四年十月にコジモに次のような手紙を書くだけの気力をかき集めたからだ。「もうひとりの放蕩息子であるわたしは、父の足下にひれ伏して、若さ故のわが過ちに対する許しを乞います」。

幸運なことにフィレンツェはフランスとオーストリアが戦っていた地域からは距離があった。一七〇一年、オーストリア軍の精力的な指揮官オイゲン公は、ポー川の南の要塞をいくつか占領し、マントヴァを封鎖してフェラーラとパルマに侵入すると、パルマを帝国の封土と宣言した。一七〇二年一月、オイゲン公は夜襲によってクレモーナをもう少しで奪取するところまでいき、フランス人将軍ヴィルロワを捕虜にした。だがすぐにヴァンドーム公が八万人の大部隊とともに到着し、二万八千人の兵力しかなかったオイゲン公をマントヴァから追い払った。

ルイ十四世はこのとき、若きスペイン王が戦火の洗礼を受けヴァンドームの指導下で戦争術を学ぶのによい機会だと考えた。こうしてフェリペ五世は、即位から十五か月後に新婚五か月の妻を残して、自らの王国から渋々はなれ、ナポリに一七〇二年四月十七日に到着した。コジモは教皇がフェリペ五世のもとに使節を送っていることを知って、フェリペに敬意を表するためにフランチェスコ・マリーア枢機卿をトスカーナのガレー船団とともにナポリに派遣した。枢機卿がスペインの宗教的保護者であったことから、オーストリアもそれが不公平だとは非難できなかった。

ナポリの人々にはむっつりと不機嫌な様子だったフェリペも、枢機卿に対しては温かい歓迎ぶりを示したようだ。フェリペはナポリを出発すると、フランチェスコ・マリーアとともにゆっくりとリヴォルノへ向かった。フランスとトスカーナの同盟が間もなく発表されるものと誰もが語っていた。

コジモは五月二十一日にフィレンツェを出発した。スペイン王に強い印象を与えるため、自分がもっているもっとも貴重な陶磁器、最上のタペストリーと派手な祝祭用の馬車、絢爛豪華な制服を着た従者や御者たちを引きしたがえていた。

当時のリヴォルノはマルセイユによく似た近代都市で、大公フェルディナンド一世によって創られた国際市場で自由港だった。しかしながら、そこでの貿易の大半はイギリスとオランダが支配していた。フィレンツェがそこから得ていた利益はわずかなものだった。一六四四年にイーヴリンはリヴォルノを次のように描いている。

奴隷たち、トルコ人、ムーア人、そしてその他の民族が群れ集まる様子はおどろくべきものである。奴隷を買う者がいれば、売る者がいる。奴隷のなかには酒を飲む者、遊ぶ者、働く者、眠る者、喧嘩をする者、歌う者、泣く者もいて、ほぼ全員が裸で鎖につながれている。この都市にはテントがあり、そこでは怠け者がサイコロやその他の賭け事に数クラウンの金を賭け、自分の自由を危険にさらすことができる。そして、もし負ければ、その場で鎖につながれ、ガレー船に連れて行かれる。ガレー船での年季は数年単位だが、戻ってくる者はめったにいない。飲んだくれの連中の多くが酔っ払ったあげくに、そうやって自分たちの運を試すのだ。

この時期（一七〇二年）のリヴォルノには約二万二千人のユダヤ人がいた。これらのユダヤ人たちはリヴォルノと大公国の他の領土を新たな約束の地と見なしていた。ラバは次のように書いている。(3)

ユダヤ人たちは、キリスト教徒と区別するようなしるしを身につけることなく、自由に歩きまわっており、ほかの場所のようにゲットーに閉じ込められることもない。重要な商業を通じて豊かになり、政府の契約のほぼすべてを独占している。彼らはあまりにも強力な保護を得ているため、トスカーナでは「殴るならユダヤ人より大公のほうがいい」が格言になっているほどだ。その結果ユダヤ人はコミュニティの他の人々からは激しく憎まれているが、そんなことは気にもとめない。世界中でユダヤ人がこれほど傲慢でいる場所はないとわたしは信じる。……家に入って、そこにユダヤ人が住んでいるか尋ねる必要はない。というのも臭いがするからだ。

ユダヤ人たちは、とくに結婚式にあたっては、金持ちに見えることを喜ぶ。ユダヤ人のなかでももっとも富裕な者のひとりが、息子の結婚式に大公とその家族全員が出席する名誉を賜りたいと申し出た。大公にはそうしないだけの理由があったが、息子のフェルディナンドが出席することを許した。フェルディナンドは食事をともにしなかったが、宴会のあとの舞踏会に出席して新婚夫婦に敬意を表した。そして彼は、廷臣たちと同様に、その家の豪華さにおどろいた。タペストリー、ダマスク織り、ヴェルヴェット、すばらしい刺繡のほどこされたベッド、皿、そしてとくに、新婚夫婦の部屋、控えの間、ダンスをしている舞踏室などに指一本ほどの厚さの銀の煉瓦が敷き詰められていると教えられて驚嘆した。それは花婿の父親が、それまでの陶製のタイルの代わりに敷いたものだった。

ラバはトルコ風呂がこうした嘆かわしい状態に対する慰めであると感じた。「(トルコ風呂に入ったあとは)あたかも肉体を捨てて精神だけになったように軽く感じるのである」。

六月八日、スペイン王のガレー船団が視界に入ってきた。トスカーナ軍の全員は新しい制服とたなびく旗とともに王宮から港に行進し、要塞からの礼砲がとどろいた。華麗な式典を楽しもうと、ピサやルッカなど近隣から多くの人々が押しかけた。宮廷の人々は国王の上陸を巨大なあずま屋の下で待ち受けた。上陸のために手の込んだ橋が作られた。

はじめにリヴォルノの執政官がスペイン王を迎えて上陸に関する国王陛下の命令を受けとるために乗船

した。宮廷の全員がスペイン王を待っており、トスカーナの大公位継承権を持つ公子自身が乗船して迎えると彼は伝えた。だが執政官はスペイン王のガレー船から戻ると、王は上陸しないという奇妙な知らせを伝えた。フェリペ五世は、大公自身が乗船して敬意を表する努力を払わないことに気分を害していた。そこでコジモ、フェルディナンド、ヴィオランテの三人は、苦労して王のガレー船に乗船した。フェリペは大公を誰の目にも明らかな冷淡さで迎えた。「(コジモとのあいだで)尊大かつ威厳ある距離を置き、もっとも高い身分のスペインの有力者たちがカトリックの王の前で帽子をかぶったままだったのに対し、コジモには帽子をかぶるようには言わなかった」。

きわめて形式的な短い会話ののち、フェリペは叔母であるヴィオランテとふたりだけにしてもらいたいと求めた。そこでコジモとフェルディナンドは引き下がり、国王と公女の話が終わるまで、有力者たちと過ごすことで満足しなければならなかった。

コジモは屈辱を我慢し、スペイン国王の艦隊に「休息と喜びのための、すばらしく美味な贈り物」を送った。国王のガレー船は投錨地に碇を下ろし、夜どおし明るく照らされた。上陸したスペインからの一行は盛大にもてなされた。その翌日大公とその息子、嫁は国王のもとに戻って旅の成功を祈った。不機嫌な王は彼らの丁重な配慮になにがしかの満足の意を表した。王はコジモに対して、サヴォイア公が彼よりも高い名誉を与えられないことを約束した。これはフェリペ五世とその義父のよく知られた決裂の原因のひとつだった。しかしあれほどの尽力と多大な支出のわりには、壮大な見世物という点から見て、この訪問は失敗だったとコジモは感じたに違いない。ヴァイオリンの音が響き渡り、舞台装置はあらゆる豪華な装飾で描かれたが、怒りっぽく気まぐれな「若き王」はその場に登場することを拒んだのである。

コジモは依然として中立という不確かな位置でバランスをとっていた。リヴォルノを自由港のままにして、オーストリアに艦船の地中海での避難所を与えたことで、フランスの不興を買ってしまっていた。皇帝の末息子をスペイン王カルロス三世として認めることを拒否したことで、オーストリアも喜ばせなかった。コジモは自分自身を喜ばせることすらできなかった。彼は家系の断絶を死ぬほど恐れていた。相変わらずジャン・ガストーネの妻——もっとも硬い金属、とマルテッリは呼んでいた——にフィレンツェへ来るようにせきたてていた。というのも、日陰にあった植物が太陽の下に置かれたときのように、トスカーナであれば女公も子どもを産めるのではないか、とひそかに期待していたのである。

女公はあいまいな返事を繰り返した。最初は招待を受け入れ、そして遅れる理由をあれこれあげ、コジモがその続きの言葉を期待するように仕向けた。「二年後に、わたしはフィレンツェに行って、陛下の手にキスをしたいと考えております」。

ジャン・ガストーネは、ウィーン、インスブルック、ヴェネツィアでぐずぐずしたあと、一七〇五年六月にフィレンツェに戻った。帰還に手間どったのは、周期的に決断不能になるためで、父親は早くするように迫っていた。再び独身状態を手にしたことで、到着時の彼はふだんよりも陽気だった。一方彼の妻のほうは、自分の問題を片づけているところだと考えられた。ジャン・ガストーネは一年以内に妻をライヒシュタットから連れてくることになっていた。

コジモは熱心な家父長という役割をけっして放棄しようとしなかった。僧侶にして宣教師でもあるラバは、トスカーナの君主をバラ色のレンズ越しにしか見なかったが、その彼にしてもコジモのあまりに厳格な保守主義にはショックを受けることがあった。ラバは次のように書いている。

大公は真の、そして率直な敬虔さを偉大な賢明さと君主としてのすべての美徳に結びつけており、国民に信仰の稀なる手本を示している。体調が悪くて宮殿から外出しない日を除けば、毎日教会で聖体を拝領するためにわれわれのサン・マルコ修道院を訪問される。そこにはわれわれの修道会のメンバーであり、フィレンツェの大司教もつとめられた聖アントニオの遺骸が安置されている。

大公の姿をこうした敬虔な儀式の際に見かけることが多い。多くの修道士が彼に会いに行き、修道院長が彼に聖水をかける。二列に並んだ修道士たちが大公に挨拶をし、彼もにこやかに挨拶を返す。聖体を拝領するため、祭壇の前に用意された大公専用の祈禱台に赴く前に院長と語り合う。修道士たちは同じ儀式で彼を教会の外へ導くが、今度は聖水をかけない。というのも、イタリアでは聖域に入る前に聖水をかけることが義務の場合、出るときには聖水はかけない習慣になっているからである。

大公はサン・マルコのすべての修道士の顔を知っており、新顔がいると、誰であるかと尋ねる。わたしのときもそうだった。大公はわたしをじっと見つめ、服装と日焼けした肌の色から、外から来た者と判断して修道院長にわたしが誰であるか、どこから来たのか尋ねた。わたしがフランス人で長く滞在していたアメリカから来たことを知ると、数日後、昼食の前に宮殿に来るように命じられた。

大公は背が高くずんぐりした体型で、オーストリア人のように見えた。下唇が突き出ていて、縮れた白い大きな口髭を生やしていた。その外見からは知性と血筋の高貴さ、礼儀正しさを見てとることができた。黒い生地の身体にぴったりした服を着ており、すべてのボタンがきっちりとめられ、襟はネクタイをするように折り曲げられていた。長めの剣に絹の靴下、モロッコ革の靴、黒い生地のマントのほか、白い髪を覆う縁なし帽をかぶっていた。

身のまわりには十人ほどの衛兵（あるいは騎兵隊将校）のほか、それと同数の従者、四人の小姓、それぞれ二頭の馬で引く馬車を二台持っているだけである。移動時には一台目の馬車に大公だけが乗り、二台目に四人の将校が乗る。矛槍をもった十二人のスイス兵が大公の馬車の両側を行進する。スイス兵、従者および小姓たちは徒歩だが、馬車が人の歩く速さで進むので、それについて行くのは問題ではない。

大公が通過するときに人々は喝采はしないが、馬車に乗っている者は誰でも下車して彼に挨拶をする。すると、大公は人々のこうした敬意の仕草をきわめて礼儀正しく受け入れる。歩いている人々は立ち止まって、同じようにふるまう。聖職者や修道士、あるいは尊敬すべき人物と出会った場合、必ず互いに挨拶を交わし合う。貴婦人たちは馬車から降りないが、身をかがめてする彼女たちのお辞儀には配慮をもって挨拶が返される。

大公は自分に仕える人々全員に目をかけており、とくに小姓たちについては特別な配慮をしていると聞かされた。彼らは貴族の子どもで、外国から来ている者もいる。勉強について報告をさせたり、訓練に立ち会ったりすることもある。彼らに対しては非常に気前よく対処しており、優れた教師を確保するのに費用を惜しまず、その身分にふさわしい教育を与えようとしている。きわめて若い時期に採用し、それぞれに適したキャリアを開始できる年齢になるまでその任務につける。大公が外出時に雨が降り始めると、親切にもこれらの少年たちを自分の馬車に集めて乗せてやる……

大公陛下はこれまで多くの旅をしており、ヨーロッパのすべての宮廷を訪ねて複数の言語を学んできた。これは表敬するため訪れる外国人たちにとっては恩恵である。大公は彼らをその身分に応じて、つねにきわめて礼儀正しく受け入れ、彼らの言葉をおどろくべき流暢さで話す。彼は教養があって知識欲が旺盛である。大公は遠隔地の話を聞くことが好きで、平凡なものと優れたものをうまく見分ける。謁見を得るのは容易である。侍従に申し出るだけで、丁重に受け入れてもらえる。この種の謁見のための特別な機会が設けられている。自ら定めた日課を邪魔しないよう大公は求める。侍従が「国王陛下のお召しである」と呼びかけると、馬車や従者たち、および控えの間で待機していたすべての者のなかで大公と同行しない者はただちにお役ご免となる。それはその日の勤務終了を告げる丁寧なやり方である。

この決まりをめぐって、あるトスカーナの司教に起きた出来事を語ろう。この司教についてはさまざまな苦情が大公のもとに持ち込まれていた。司教は正直で美徳にあふれた人物であり、自分の信徒たちの面倒をよく見る人物ではあったが、改革を好み、つねに新しい習慣を作り出そうとしていた。それ自体は優れたものであったが、古くからの習慣とは異なる新しいやり方を。イタリアは、他の国すべてをあわせた以上に保守的な国である。大公は司教を宮廷に呼び寄せ、少々屈辱を与えたうえで古来の習慣を守るように教え諭そうと決意した。豪奢な控えの間に司教が着くとすぐに侍従が大声で叫んだ。「国王陛下のお召しである」。それは全員に退出するように命じる丁寧なやり方だった。そして司教は他の人々とともにそれにしたがわなければならなかった。あきらめるしかなかった。それは古い慣習であり、誰も無視できなかったからだ。そしてこれがほぼ六週間続いた。

そして古い習慣は厳密に守らねばならないことを司教が心に刻み込んだと思われてから、とうとう侍従が初めて彼の存在に気づいたふりをした。侍従は司教に近づくと、いつからそこに来ているか、何のために宮廷に来たのかを尋ねた。司教は挨拶を交わすと、国王陛下の命令でほぼ六週間前から来ており、いまだに謁見の栄誉を賜っていないと答えた。

それは遺憾に思う、と侍従は言った。というのも、国王陛下が貴殿を高く評価しておられるのを知っており、お会いになればたいへん喜ばれるだろうと思う。しばらくお待ちを。陛下のもとにご案内申し上げる。

大公はつねにも増して丁重な態度で司教を迎えた。よくある話題について言葉を交わしたのち、大公は司教に聖エリージオの生涯について何か読んだことがあるか尋ねた。司教はしばらく考えて、まったく読んだことがないと答えた。大公は言った。おどろきました。なぜなら、貴方と同じように司教をつとめたこの聖人の生涯には、多くの興味深い部分があるからです。彼は蹄鉄工でもありました。ほめたたえるべき蹄鉄工でした。というのも、馬に蹄鉄をつけるときに一度も痛みを感じさせたことがなかったからです。その理由がおわかりになりますか？

この問いの意図がわからなかった司教はこう答えた。優れた職人であった聖人は、仕事の際に自分の知識を十分に活用できたからではありませんか。知性と経験の点で劣っている職人たちが陥る失敗をしなかったからではないでしょうか。

大公は言った。理由は貴方があげられたものではありません。というのも、貴方でも同じことができるからです。聖エリージオは蹄に新しい釘を打つ際つねにもとの穴に入れていたからです。このやり方なら、やりそこなう危険に陥りません。貴方も司教区のなかで同じようになされば、すべての人が満足するでしょう。いつでもお望みのときに司教区にお戻り下さい。

第22章
一七〇八年、ジャン・ガストーネは妻をともなわずにフィレンツェに戻る――フランチェスコ・マリーアがエレオノーラ・ディ・グァスタッラと結婚するために聖職を放棄する――デンマーク王のフィレンツェ訪問――一七一一年、フランチェスコ・マリーアの死

皇帝レオポルトは一七〇五年五月に死去し、ヨーゼフ一世があとを継いだことで帝国の政策はより大きなエネルギーと一貫性を持つようになった。

フェリペ五世をスペイン王として承認したために立場を危うくしていたコジモは、スペイン王に大司教カールを推す皇帝の主張にしたがうことで事態を紛糾させるべきではないと考えた。幸いなことにドイツには強力な友好勢力――とくに娘婿であるプファルツ選帝侯――がいた。しかしトリーノの戦いのあと、皇帝の使節がフィレンツェにやって来てコジモの帝国封土から巨額の拠出金（三〇万ダブロン）を要求し、騎兵および歩兵それぞれ三個連隊の冬季宿営地を求めた。またコジモに対して大司教カールをスペイン王として承認し、シエーナの聖職禄を譲り渡すように要求することも、使節は命じられていた。コジモがこれに応じない場合には、イギリスおよびオランダの艦隊が報復を行なうという脅しがかけられた。それらの条件の大半をコジモはどうにか切り抜けて、カールをスペイン王として認めることは避けられた(1)。

ヨーゼフ一世はメディチ家の断絶を予測し、トスカーナを領有する見通しを持つようになっていた。公子フェルディナンドはほぼいつも半昏睡状態だった。彼は記憶を失い、会いに来る人々を識別できなくなっていた。

ジャン・ガストーネは一七〇七年五月にライヒシュタットへ戻った。妻に約束を守るよう促すためだった。だが野生の馬ですらザクセン＝ラウエンブルク女公をフィレンツェに引きずっていくことはできそうになかった。コジモは教皇に影響力を行使してくれるように懇願した。クレメンス十一世は彼女に要請にしたがうように促す雄弁な文書を送り、プラハの大司教にも同じようにするよう書き送った。だが女公は自分の土地から動こうとはしなかった。彼女は大司教に対して、なぜフィレンツェに行かねばならないのかを理解できないと伝えた。現在の大公妃がまだ子どもを産める年齢で夫のもとを去ったのに、教皇はコジモとの和解を彼女に強制しなかったではないか。

コジモに分別が欠けていたことの明白な証拠は、スペイン王にひれ伏すために莫大な浪費を行なう一方で、自分よりも長生きするだろうただひとりの息子に対してしみったれた姿勢をとり続けたことだった。ジャン・ガストーネはこの点について選帝侯妃である姉に辛辣な言葉を伝えている。

自分の問題を解決する必要があることをわたしは十分承知しています。しかしそれは金がなければできません。いまの困窮した財政状態では援助を求めるしかないのですが、何らかの決着がつけられるよりも逃げ出すほうが可能性としてははるかに高いように思われます。

ご存じないかもしれませんので申し上げておきますが、フィレンツェのわが家にはびた一文残っておりません。あるいは、金があったとしても、聖霊のように誰もが口にするが見たことがないのです。フィレンツェに行ったことがあるドイツ人で、ベルヴェデーレの要塞が何百万もの金で満たされているとロにしない者はいないのですが。わたしがもちだす証拠は、メディチ家には多額の負債があり、それは家系全体ととくにその構成員一人ひとりが背負っている負債であること、フェルディナンド公子の負債を支払わねばならぬときにつねにそうした声が強くなるということです。かつてわたしは必要にせまられ一万フィオリーニというはした金をお願いしたことがありましたが、大公陛下からいただいたのは美辞麗句だけでした。いまではわたしたちの困窮はきわまり、わたしの手当の半分から四分の三は支払われず、督促状を出しつづけているのです。

コジモは教皇に、女公に対してその権威を使って圧力をかけるように求めた。プラハの大司教は彼女に妻としての義務を果たすように迫った。大司教との最後の会談は、意外な事実を明らかにして終わった。彼女は夫とのあいだで子どもを持つことが不可能であると証明するありのままの事実を隠さなかった……彼女の側には責任がないことを。夫婦のあいだであった暴力的な場面を語り、そのためにフィレンツェに行くことを考えるだけで不愉快になるほど心の傷として残っていると彼女は大司教に伝えた。教皇と大公の双方に彼女はこうした詳細を知ってもらいたがった。そうすれば、彼らの希望にしたがうことが自分にとっては無意味であることがわかるだろうというのだ。こうしてザクセン＝ラウエンブルク女公は、夫と別居している妻として、ライヒシュタットに残った。

大司教からの手紙は、和解の望みがないことをコジモに理解させた。彼はジャン・ガストーネにひとりで戻るように促した。「早く戻るように。わたしは死ぬ前にお前をもう一度抱きしめたいのだ」とコジモは懇願した。

だがあるときは叱責し、あるときは懇願する父親の態度に、ジャン・ガストーネは腹を立てて頑なな姿勢をとった。生まれ故郷を懐かしく思う気持ちも消えてしまった。父親が寄越す手紙にも動かされず、彼はプラハで思い悩みながらアルコールに逃避して無為に過ごしていた。だが最終的に気を取り直して、一七〇八年にひとりで恐る恐るフィレンツェに戻った。彼は三十七歳の年齢の割には老け込んだ紳士となっていた。小さな宮廷での引きこもった暮らしを彼は選んだ。そこを支配していたのは従僕のジュリアーノ・ダーミだった。

ジャン・ガストーネの酒癖はシニカルな大衆を喜ばせた。彼はしばしば馬から落ち、夕食後はいつも泥酔状態だったといわれる。ほとんど病的なほど孤独を愛する――ノーマン・ダグラスが述べたように非ラテン的な――性格や夢遊病の性癖などは精神錯乱の徴候を示していた。

彼は一晩中イゾロットあるいはカッシーネ、もしくはアルジングロッソですごし、そういうときには侍従のジュディチやお気に入りのジュリアーノたちも遠ざけて、月を眺めた。そして夜明けが近くなってからフィレンツェに向かった。ジャン・ガストーネは、その異様な黙想とおどけた意見ですべての人々を困惑させた。

それでも彼の異常さのなかには、一定の行動の基準と叔父の枢機卿のそれよりも繊細なユーモアの精神があった。

ジャン・ガストーネはピッティ宮殿前の広場でバラッド売りを見かけて呼び寄せると、ツェッキーノ金貨六枚を与えて、手持ちの作品をうぬぼれの強いある元老院議員の家に置いてくるように命じた。この元老院議員は法律に関する知識を自慢にしており、ジャン・ガストーネは歌を研究して教養を身につけるように指示した。

また、ひとりの農民が箒を売っていると、ジャン・ガストーネはそれをすべて買って、父親の大臣たちに将来のために保管するよう命じた。町のなかと近隣の執務所を掃除するのに役に立つかもしれない、というのだった。

メディチ家に男子の相続人が生まれる望みは薄かった。オーストリアはトスカーナを自分のものにするあらゆる口実を捜しはじめた。皇帝は親切にも、信頼の置ける法定相続人が幻となれば、臣下がコジモに対して反乱をおこす可能性を示唆した。そうした場合、トスカーナを外国の侵略にさらすような秩序の混乱を防ぐ必要が出てくるだろう、と皇帝は主張した。オーストリア人たちはイタリアにおいて自分たちが外国人ではないつもりだったのである。

こうした議論のさなかにコジモは爆弾を破裂させた。相続人を得るために、打てる手は残らず試みると決意していた彼は、弟を聖職から離脱して結婚するように説得したのである。甥たちが失敗したことに叔父が成功するかもしれない、というわけである。

フランチェスコ・マリーアは自身の還俗にまったく乗り気ではなかった。それは生きるに値する暮らし――「つねに新しく、活気ある暮らし」――をもたらしていたすべてを失うことを意味していたからである。フェリペ五世はトレドの大司教職を（それが空位になり次第）提供すると約束をしていた――それはスペインに旅する必要のない職だった。彼は大きな富と権力、威信をすでに得ていた。そしてもはや若くもなかった。だが義務が求めるものから逃れることはできなかった。家族の利害が何よりも優先されねばならなかった。

教皇、フランス王、スペイン王は、枢機卿の職をサルヴィアーティ猊下に譲るという条件で、フランチェスコ・マリーアの年金を維持することに合意した。ラッペッジの領主は頭を下げるしかなかった。そして、それ以降二度と彼の笑顔は見られなかった、と伝えられる。さらば、跳ね回るニンフや牧神たちよ！　さらば、ラッペッジでのバッカスの宴と独り者の馬鹿騒ぎよ！　満面に笑みを浮かべた顔、豊かな外見、これ見よがしの突き出た腹、陽気な物腰などはフランチェスコ・マリーアから失われてしまった。

彼に適したパートナーを見つけるというのは難問だった。子どもを産めることが第一の条件で、なおかつ結婚によってメディチ家が当時戦っていた列強のどちらにも巻き込まれない、そうした娘が求められた。グァスタッラとサッビオネータ公領の領主であるヴィンチェンツォ・ゴンザーガの娘、エレオノーラ公女がそうした条件を満たすように思われた。偵察のためにさまざまな要員がひそかに送り込まれた。そうした人々はエレオノーラが完全な健康を保持していることをたしかめた。彼女は背が高く、すばらしいプロポーションで動作も滑らかである。肌は美しく、生き生きとした瞳、サクランボのような唇の完璧な口、胸は丸くしっかりとして十分に発達し、ウェストはほっそりしている。その動きは機敏で身軽である。……そうした証言を信用して、医師たちは彼女がたくさんの子どもを産むだろうと明言した。彼女は二十歳を過ぎたばかりだった。

フランチェスコ・マリーアは四十八歳で、全身が脂肪に包まれていた。そして結婚は彼の弱った身体に破滅をもたらす恐れがあった。それまで彼は消化器を酷使し続けてきており、痛風やカタルのほかにさまざまな疑わしい病気に苦しんでいたが、模範的なユーモアによってそうした病気に耐えていた。メディチ家は彼らの期待のこの要を大事にしていた。姪である選帝侯妃はしばしば手紙を書いて、健康に留意するようになだめすかした。フランチェスコ・マリーアに宛てた彼女の書簡からは、甘やかされた子どもに対する愛情深い乳母のような調子を読み取ることができる。

健康に注意するようにお願いします。わたしたちに小さな王子という慰めを早く与えていただくために。そうなれば一件落着と感じることができますし、貴方へのお祝いの言葉を差し上げることができます。わたしたちが切望する相続者を得るために、賢明と思われるあらゆることをしてください。貴方の妻を満足させるように。それが大いに貴方のためになるからです。貴方が聖職者の服を脱ぐとき、貴方の部屋ではおもしろいことが見られるでしょう！

フランチェスコ・マリーアがカタルから回復したとき、彼女は再び慎重にふるまうように警告をした。「明らかに貴方はこれらの病気にかかっておられました。そして注意されるように。もう向こう見ずなことはしてはいけません。貴方が考えるべきなのは、小さな従弟《クジーノ》をわたしたちにもたらすことです」。選帝侯妃は彼に暑さ、寒さ、煙草を吸ったり嗅いだりすることを避けるように勧めた。小さな従弟はいまでは家族全員の妄執になってしまっていた。「わたしが貴方の侍医になったと言われるでしょうが、お許しください。それは貴方の幸せを思う気持ちと小さな従弟を強く強く願う気持から出ていることなのです」。

弟の結婚をめぐる交渉のさなかに、コジモはデンマーク王フレゼリク四世が、一七〇九年の謝肉祭をヴェネツィアですごしたあと、フィレンツェ訪問を希望していることを知らされた。(2) トスカーナが経験したさまざまな災厄に加えて、イタリアの気候としては例を見ないような異常な寒さが襲った。この寒さは穀物の収穫を台無しにしたほか、とくにワインと並んでトスカーナの主たる収入源だったオリーヴに打撃を与えた。しかし、デンマーク王を楽しませながら得意がっているときのコジモは、それ以外のすべてのことを忘れていた。

フレゼリクは一六九一年にもコジモを訪ねていた。その当時王太子だった彼は、お忍びで旅をしており、ルッカの貴族の娘であるマッダレーナ・トレンタと恋に落ちた。この物語には哀れを誘う部分があった。マッダレーナは美しく聡明な娘であり、父親によってエルコラーニ伯爵と結婚の約束がなされていた。しかしデンマークの王子は彼女に別の望みをかき立てた。おそらく娘は野心的で女王の座をめざしたのであろう。彼女は伯爵との婚約を破棄し、王子はルッカを去った。そして三年のあいだ愛する人の知らせを空しく待ち続けたあと、彼女はサンタ・マリーア・マッダレーナ・デ・パッツィ修道院に避難所と慰めを求めた。王子は彼女と手紙のやり取りはしていなかったが、その行動については情報を得ていた。彼女が修道女になったと聞いて、もう一度会いたいという願望に襲われた。これが彼の二度目のトスカーナ訪問の理由だと噂された。

貴族たちはデンマーク王のために舞踏会を催した。そうした舞踏会で彼は「朝の五時まで一度も座ることなく踊り続け」、その持久力で周囲をおどろかせた。いくつものパーティーやピクニックが行なわれた。ボーボリ庭園では噴水がほとばしり、松明や色彩豊かなランタンがテラスを染めあげ、冷たい石の彫刻を燃え上がらせた。ほっそりした近習たちがシャーベットや砂糖漬けの果実をもって歩きまわった。ポッジョ・インペリアーレでは若い農民たちのグループが夜遅くまで踊り続けた。

フランチェスコ・マリーアはデンマーク王にラッペッジへの来訪の栄誉を懇願し、王の相手をするためにフランス語を流暢に話す十人の貴婦人を招待した。ジャン・ガストーネは王と同行して叔父のヴィッラに赴いた。ヴィッラの門では貴婦人たちが腰をかがめて王を迎え、晩餐の王のテーブルにもジャン・ガストーネとともに同席した。枢機卿は痛風の発作でこの席には現れなかった。しかしながら、彼の精神はその場に同席していた。というのも、「この晩餐では次から次へと料理が登場し、最後にはさまざまな種類の菓子が出され、それらが賞味されたあとに砂糖菓子がピラミッドのように積み上げられてありとあらゆるリキュールがテーブルに並んだのである。四つの噴水をもつ泉の形をした巨大なコーヒーポットが王の前に据えられ、テーブルの両端には四枚の金の皿が用意された。そのうちの二枚の皿にはココアが入ったカップが三つ、残りの皿には水が入ったカップが置かれた。金の皿のあいだの空間はサボイビスケットやその他のビスケットで覆われ、コーヒーポットが片づけられるとサン・ロレンツォなどの珍しいワインの瓶が並べられ、使われたゴブレットはすべて美しいカッティングがほどこされた最高級のボヘミアン・グラス製だった」。晩餐のあいだ音楽が演奏され、この演奏家たちはその日一日ずっと王のあとにつきしたがった。そして彼が立ち止まれば、そこで演奏を聴かせた。

晩餐が終わると王は自室に引き下がって朝の四時までカードで遊び、その後馬車で遠出して農場を訪れた。そこではオレンジの果樹園に豪華な冷たい食事——クリームの菓子、去勢雄鶏のゼリー寄せ、凍らせた果実にさまざまな砂糖菓子など——が用意されていた。王とお付きの人々は彼らにとって目新しい料理だった凍らせた果実をとても喜び、国王陛下はそのうちのいくつかを自分の小びとに与える許可を求めた。この小びとは高貴な生まれで、王のお気に入りであるとともに信頼される助言者だった。そこから離れたところに置かれたテーブルには、レーディが『トスカーナのバッカス』で口を極めて激賞したトスカーナの精選されたワインのフィアスコ瓶が並べられていた。国王と一行は座ってたっぷりと食べ、そのあとにダンスの誘いがあった。王が率先してダンスを始めたが、日が暮れると同時に夜露がおりはじめた。屋内に戻るのがよかろうと思われた。

王は礼儀作法を無視して家族のように扱われることを好んだ、と言われている。ヴィオランテが自室で化粧着のまま侍女たちとおしゃべりをしたり刺繡をしているところへ、何の遠慮もなく出入りする彼にフィレンツェの人々は驚愕した。突然の訪問は彼女をはじめはおどろかせたが、王はまったく気にかけず、そのまま座り込んで二時間ほどおしゃべりをして針仕事をほめた。フィレンツェでは前代未聞のことだったが、ヴィオランテが彼の目の前で着替える許しを乞うはめになり、王が彼女にピンを手渡したこともあった、という。フェルディナンドはその場に顔を出すには病が重すぎた。

昔の恋人に会いたいという王の希望は困惑を引き起こした。王はトレンタ修道女がいる修道院の院長にふたりだけで会わせてほしいと伝えた。しかし院長は大司教の特別な許可なしでは面会に同意できないと返答した。この返事に当惑した王は大公に訴えたが、コジモは介入を断った。大司教の管轄下にある問題には口を挟めないというのである。大司教もためらった。そうした重い責任を誰も引き受けようとしなかった。「大司教に問い合わせることなく」修道女との面会を許してはどうか、という示唆が修道院長にあった。院長はおびえたが、拒否することはできなかった。彼女はトレンタ修道女に降りかかった危機を追い払うため、他の修道院にともに祈ることを懇願した。

大司教が述べたように、ふつう王の望みにはしたがうものであった。トレンタ修道女には面会のあいだヴェールを上げることが許されたが、別の修道女がひとり、会話が聞こえる距離に配置された。しかし彼らがフランス語で話したため、この修道女は話をよく理解できなかった。のちにわかったことだが、王から小さな肖像画を送られた彼女は、お返しとして十字架を送って、これこそ彼女が選んだ夫であり貞節を守り抜くのはそれに対してのみである旨を伝えた。王に対するトレンタの最後の言葉――これは聞き取られて報告された――は「カトリックに改宗しない限り、地獄に落ちるでしょう」というものだった。王はそれに反論して「自分の宗教は他のどれよりもカトリシズムに近いので、まだ救われる望みを持っている」と語った。

「どうなるか、わかるものか」と王は別れ際に、彼女から贈られた十字架をつねに身につけると約束しながら、つぶやいた。彼の目には涙があふれ、それを押しとどめることはできなかった。

だが彼はすぐに持ち前の陽気さを取り戻し、アルトヴィーティ侯爵夫人の家で貴婦人たちとランスクネットに興じたり、ヴィオランテにピンを渡してお世辞を述べたりするようになった。こうしたことすべてが四旬節のあいだに起こり、「虚栄と野心がコジモの盲信ぶりを上回った」と評された。聖金曜日でさえ、雨のために屋内に閉じ込められた客人の王は、窓辺に座ってコインを貧民たちに投げて楽しんだ。貧民たちは金をつかもうと街路に群れ集まって「本来なら住民全員が祈りを捧げるべき日に無作法な大騒ぎを引き起こすという恥ずべき事態を引き起こした」。

フレゼリクに大公の宝石を見せたとき――そのなかには有名なメディチ家のダイヤモンドと最上のトパーズがあった――コジモはいつにない丁重さで言った。「ダイヤモンドは代々信託遺贈として受け継いだものです。トパーズはわたしが買い求めたもので、陛下に受け取っていただくことでわたしに名誉を与えていただきたい」。王は謝意を表したが、この光り輝く贈り物を断り、引き下がった。コジモはデンマーク王の訪問を記念してメダルを鋳造させた。

フランチェスコ・マリーアの婚約のニュースは大いにセンセーションを巻き起こした。枢機卿職を退くしるしとして、マニエーリ猊下がフランチェスコ・マリーアの代理として教皇に彼の帽子を届けた。この儀式のために枢機卿や高位聖職者、ローマの貴族たちが二〇〇台の馬車を連ねた。まるでフランチェスコ・マリーア自身がその場にいるかのように。

元枢機卿が自らを犠牲にして結婚に向かってよろめき進んでいたとすれば、若き花嫁のほうも結婚の儀式のあと花婿の権利にしたがうことに対して同じぐらい気乗り薄であった。というのも、怒りっぽい眼が膨れ上がった顔から飛び出していて、腹はふくらみ、シミとあばただらけの肌といったフランチェスコ・マリーアの外見は、誰もが予想しなかったほどの恐怖を花嫁にもたらした。おまけに二十五も歳が離れていた。彼女は夫の腕に身を委ねることを拒否した。気を変えることができるいかなる媚薬も見つけられなかった。彼女を説得するために僧侶たちが集められた。かつての聴罪師がグァスタッラから呼び寄せられた。彼女の父親とコジモもこの説得に加わった。花嫁の抵抗は処女の経験のなさと過度な慎みによるものと考えられたが、本人の説明によれば――周囲の人々が驚愕したことに――それはおもに肉体的な嫌悪感と「恥ずべき病に罹患する」恐怖から来ていた。夫は彼女をきわめて寛大に扱い、そして最終的に彼女も惨憺たる性交を受け入れた。だが何もそこからは生まれなかった。エレオノーラ公女はフランチェスコ・マリーアを避けるあらゆる口実を見いだした。彼女は度を越して酒を飲み、病気を装い、そして回復すると気分転換に用意されたダンスやあらゆる気晴らしに加わった。

フランチェスコ・マリーアは自分の失策に死ぬほど傷ついた。彼は自らの地位と心の平和、公的な評価を犠牲にした。ガルガンチュアのような食欲も失ってしまった。蔑まれること以外に彼がこの結婚から得たものがあっただろうか。精神と肉体の双方で苦しんだ末に、一七一〇年二月三日、「彼が洗礼を施したムーア人、エマヌエーレの腕のなかで」水腫のために息を引き取った。彼は結婚から二年も生きられなかった。こうして枢機卿に見いだしたつかの間の輝きであるメディチ家の最後の望みは、狐火のように消えてしまった。

不運の風がピッティ宮殿のなかを吹きすさんでいた。宮殿の外では不満を抱いた民衆が「パンか仕事をよこせ」と叫んだり、下品で脅迫的な歌をがなり立てていた。早くも一七一〇年五月にピッティ宮殿に打ち付けられた板には次のような言葉が書かれていた。

賃貸しします。
メディチ家は今年中に立ち退く予定。

そしてサン・ロレンツォ教会に置かれたフランチェスコ・マリーアの絢爛豪華な棺台を支える柱のひとつに結びつけられた板は次のように語っていた。

水腫患者《イドロピコ》は死んだ（フランチェスコ・マリーア）

喘息病《アスマティコ》みは具合がよくない（ジャン・ガストーネ）
肺病《エティコ》病みはさらによくない（フェルディナンド）
異端者《エレティコ》だけが残っている（コジモ）

「賃貸しします」と同じ板がフランチェスコ・マリーアの死の翌朝、再びピッティ宮殿の正面に貼り付けられた。

叔父のジャン・カルロ枢機卿と同じように、フランチェスコ・マリーアも莫大な負債を残したため、三月にはその個人資産の競売が行なわれた。セッティマンニは日記に次のように書いた。「最近になって、大公は亡き弟の従僕、小姓、馬丁たちの多くを処罰しはじめた。彼らの大半は少年時代にその顔立ちの良さから公子の寵愛を受け、大人になってからも引き立てを享受した。それはハンサムな少年を紹介して、公子がたいへん好んだ不名誉な悪徳の相手をさせたからだった。とくに、ダンテが『地獄篇』で語ったことは正しく、枢機卿だった頃が激しかった。彼は運動をしているところを見るのを非常に好んだ。そのためラッペッジのヴィッラは体育館のようになった」。

大公国から追放された者もいれば、ガレー船に送られた者もいた。例外的な扱いを受けた者としてセッティマンニはひとりのローマ出身の聖職者をあげている。「彼は十分それに値するにもかかわらず、まったく処罰を受けなかった」。それどころか大公の書記職を与えられた。たまたま彼は非常によく知られたバルナバ会修道士の甥だったためである。コジモは聖職者が犯した過ちに対してはつねに許し、忘れることができた。だがあの大胆でひょうきんな従僕ビスタ・ディ・スパウリートはどうなっただろうか……。

第23章
最終局面——トスカーナの継承問題——一七一三年、継承権を持つ公子フェルディナンドの死その事績——最終的に選帝侯妃アンナ・マリーアが継承することを期待するとコジモ三世は表明する

フランチェスコ・マリーア枢機卿の死とともにメディチ家の歴史の一時代が終わる。コジモは最終局面、しなびて黄ばんだ葉の段階に入った。自分が棺桶に片足を突っ込んだ状態であることを彼は感じはじめた。孫を得ようとした彼の一連の多様な努力は甲高い嘲笑を招くだけで終わった。そして誇り高く、頑固で妄信的な老人であるコジモは、自らの挫折からあらゆる恥と苦しみを味わっていた。彼なら、同時代人たちの誰よりも、人間の欲望のむなしさについて説くことができていたはずである。

老人の目覚めは若者の目覚めよりもはるかに苦痛に満ちたものである。コジモはすばらしい同盟関係をいくつも夢見ていた。自分の子どもたちそれぞれの結婚がトスカーナと世界全体にとってきわめて重要な問題としてそこでは扱われていた。それでも、深い失望のなかで彼はボロボロになった自らの威信をかき集めた。商人から始まった高貴な家系が不妊に襲われたのである。品位を保ちながら墓に入る以上のことは残されていなかった。

それは英雄的な落日の光景ではなく、暗闇のなかで燃える硫黄の光のごとき光景だった。にもかかわらず、コジモは不運によって鍛えられた人間としてそこからよみがえった。メディチ家が断絶するとすれ

ば、誰がトスカーナを受け継ぐのか？　この問題は新しい世紀の初頭から考慮されはじめた。

アディソンは次のような意見を述べている。[1]「サン・ロレンツォ教会は、完成すれば、地上でもっとも金のかかった建物になるだろう。しかし作業の進行があまりにも遅いので、一族の墓所が完成する前にメディチ家は消滅してしまうだろう」。そしてさらに次のようにつけ加えている。「こうした状況下では、現在は大公国の下に置かれている市民の共同体が、かつての自由を取り戻そうとなにがしかの努力をすることもあり得る」。

祖国の父コジモ一世は、ラルガ通りの宮殿の空っぽの部屋を歩きまわりながら、叫んだ。「これほど小さな家族にはこの家は大きすぎる」〔初代トスカーナ大公コジモ一世（一五一九～一五七四）は晩年に妻と二人の息子をマラリアで失い、退位して隠遁生活に入った〕。同じ考えがメディチ家のすべての君主たちのなかでももっとも不運な、最後のコジモの頭を悩ませた。二世紀以上も経過したあとで、絶望や後悔とともに同じ思いがよみがえってきた。メディチ家の臣下であった市民たちが他の君主の手中に落ちる、という考えである。それが誰であるかは彼にはわからなかったし、誰もその段階では予想できなかった。しかしながら、ヨーロッパの市場を注意深く観察する者ならすぐに恐るべき原理を想起することが彼にはわかっていた。帝国の封土、という原理である。

トスカーナ公国はカール五世からアレッサンドロ・デ・メディチに与えられた。アレッサンドロが暗殺されると、フィレンツェの元老院はコジモ一世をトスカーナ公に選出し、カール五世は一五三七年にこれを承認した。だが、このときのカール五世の介入にもかかわらず、フィレンツェはつねに帝国からの自らの独立を宣言し、メディチ家はトスカーナが皇帝の封土ではないと主張しつづけた。このように、コジモの系統が断絶するにあたって、主権は――メディチ家にそれを付与した――フィレンツェ市に戻るように思われた。しかし次のような障害が存在した。シエーナとルニジアーナの大公領は間違いなく皇帝の封土であり（すでに皇帝はシエーナの宗主権をスペインに与えていたが）、大公の処分権のおよぶところではなかった。

フィレンツェは二世紀ものあいだ埋もれていた共和政を不死鳥のようによみがえらせることが可能だったであろうか？　フィレンツェが過去の偉大さを回復させることができただろうか？　共和国の再興に必要な要素はいまでは消失したようだった。公的な活動に必要な機構はもはや粉々に崩壊してしまって久しかった。

コジモは自分の死後にトスカーナがその領有を主張して争う者たちの獲物にならないように、継承問題は当時進行中の講和会議の席で友好的に決着がつけられるように願った。いくつかの点についてはきわめて鋭かった彼の判断力も、この問題については気づくのが遅く、枢密院の助言も当初はフィレンツェの主権を市民に返還するという考えに彼を導いた。列強に対するスポークスマンとして、コジモはカルロ・リヌッチーニをゲトルイデンベルクで開かれている講和会議に派遣した。フィレンツェの共和派とのつながりでよく知られていた人物である。リヌッチーニはオランダとイギリスの代表団に自らの熱狂的な共和主義の主張を受け入れさせることに成功した。この計画は会議で承認される間際まで行ったが、その段階でコジモはすべてをぶち壊しにせずにはいられなかった。コジモは突然次のような留保条件をつけた。彼およぴ息子ふたりが選帝侯妃アンナ・マリーアよりも先に死んだ場合、直接の継承権は彼女に委ねられ、共和政は彼女の死後に再建される、としたのである。

ホラント州法律顧問だったハインシウスとイギリスの駐ハーグ大使ロード・タウンゼントはともに共和政の構想に好意的だったが、コジモがつけた条件に態度を硬化させた。選帝侯妃を犠牲にできなかったのだろうか？　彼女の存在が事態を果てしなく複雑にすることをコジモは確実に理解していた。すぐにメディチ家の姻族たちが彼女の例を持ち出して自分たちの権利を主張するだろう。遠い血縁関係にある者たちもこの争いに加わってくるだろう。この留保条件がなければ、問題は決着がつくはずだった。フィレンツェは独立を回復し、大公の良心は安らかに保たれただろう。

だがコジモの利他的な衝動は徐々に消えていく。自分の家族がまず第一で、選帝侯妃はお気に入りの子どもだった。トスカーナが共和国に戻ることでどのような利点が得られるのか、と大公は自問した。シエーナとルニジアーナを欠いたトスカーナでは卑小な国になってしまい、自由を享受することができないのではないか。まるで彼の統治下のトスカーナが自由を享受したかのように！　リヌッチーニはコジモにトスカーナをフィレンツェの人々へ遺譲するよう懇願したが、失敗に終わった。コジモはそうした理想主義を受けつけなかった。そして一七一一年四月に皇帝ヨーゼフ一世が死去すると、より重要なものごとが新しい状況に落ちつくまで、トスカーナの問題は棚上げされてしまった。

選帝侯妃はジャン・ガストーネよりも年上だったが、自分が弟よりも長生きすると信じていた。傲慢な性格の彼女は、トスカーナの支配者として戻ることを期待していた。ドイツの諸公や選帝侯たちは彼女を自分たちの一員と考えていたのでこれを支持した。しかしハプスブルク家は、イタリアでの諸問題について自由に行動することに慣れており、どの陣営からのものであれ干渉を許すつもりはなかった。選帝侯妃は新皇帝カール六世と会談する必要があり、この会談は一七一一年十二月に行なわれた。皇帝の態度は柔軟で、問題を検討してコジモの提案に対する最終的な回答をすると約束して会談は終わった。

皇帝の返答が届くと、コジモと選帝侯妃はともに仰天した。カール六世はアンナ・マリーアの継承に対して、彼女の死後自分がそれを受け継ぐという条件で、賛成していたのである。おそらく皇帝は自分がやり過ぎたことを理解したのだろう。というのも、一七一二年一月九日、ツィンツェンドルフ伯爵はプファルツ選帝侯に手紙を書いて、大公がハプスブルク家の敵国に有利な形で処理しないと約束すればコジモ三世の案を皇帝は受け入れるだろう、と伝えたからである。

明らかにこの手紙は言質を与えないことを目的としており、たんなる交渉の打診である「話の流れのなかに漂う小さなものごと」を含んでいただけだった。ところがコジモと選帝侯妃はそれを真剣に受け取った。こうして、一七一二年にユトレヒトで正式の講和会議が始まると、コジモはリヌッチーニに対して控えめな姿勢をとるように申し渡した。五月三十一日の書簡でコジモは書いた。「まわりをよく見て、話をよく聞くように……人間の予測が役に立つような状況ではない以上、すべては主として神のご意志にかかっている」。

講和会議の結果、トスカーナはきわめて有益であったはずの国際的な保証を得ることに失敗した。唯一イギリスとスペインのあいだの協定第三条で、スペインはシエーナを封土としてオーストリアから受け取る以上コジモを苦しめないことと、問題の封土を選帝侯妃に譲ることを約束した。

それは弔いの祈りの時期だった。コジモはリヌッチーニに与えた手紙のなかでトスカーナを葬る言葉を書き連ねた。一七一三年のあいだ継承問題は、フェルディナンド公子が十月三十日に死去するまで、停滞状態に置かれた。十八年ものあいだ彼の健康は悪化するばかりで、最後の四年間は癲癇から痴呆へと症状が進み、早すぎる死の恐怖のなかで過ごした。

この最後の数年間ヴィオランテは、夫から受けた苦しみにもかかわらず、彼を献身的に看護した。彼女は盛大に施しを行ない、修道院や尼僧院に夫のために祈ってくれるように懇願し、自身も熱心に祈った。フェルディナンドの死は、彼女がベッドで寝ていたときに伝えられた。それを最初に知らせたのは素足のカルメル会修道士で、次いでフェルディナンドの死に立ち会ったフランチェスコ会修道士が現れた。ピッティ宮殿の廊下は修道士たちのささやきで満たされた。まもなくコジモがジャン・ガストーネとともにヴィオランテの部屋にやって来た。急いで服を着て義父の足下にひざまずいた彼女に、コジモは手を貸して立たせ、慰めの言葉をかけ自分と息子の愛情を信じるように伝えた。そして宮廷医師の指示で、未亡人に対して瀉血が片足にほどこされた。

未亡人となった最初の日にヴィオランテに対してコジモは服喪の贈り物として一組のサファイアを贈った。フェルディナンドの遺体は、メディチ家の慣習にしたがって、死の十二時間後に防腐処理をほどこされた。そして遺体に服が着せられてピッティ宮殿の一階で人々に公開された。ピッティ宮殿にはいくつかの祭壇が作られ、翌日の正午までミサが執り行なわれた。二日後フェルディナンドはサン・ロレンツォ教会に埋葬された。

フェルディナンドは、ある同時代人の表現によれば、ヴィーナスの殉教者、美の三女神《グレイシズ》〔美・魅力・幸福を人にもたらすエウプロシュネ、アグライア、タレイアのこと〕の門弟だった。異なる条件の下でなら彼がどれほどのことを成し遂げたか考えるのは、無意味なことかもしれない。トスカーナにとって不運だったのは、彼の意志が弱かったことだ。彼には芸術家の気質を思わせる衝動的なところがあった。そして、ジャン・ガストーネと同じように、ほとんどの快楽主義者が抱くペシミズムの傾向があった。コジモは自分の信仰をよりどころにできたが、息子たちは両方ともシニカルで、フェルディナンドはジャン・ガストーネよりもいっそうその度合いが強かった。あるときフェルディナンドはフランチェスコ・マリーアに次のように書き送った。「われわれは雨乞いのためにここに十字架像を飾りました。そのうち雨が止むように祈ることになるでしょう」。彼はつねに父親の生き方を軽蔑していた。父の宮廷の偽善と父を取り巻く聖職者たち――呪わしき悪党《バロン・フォットゥーティ》たちを略して「ｂｆ」と呼んでいた――の狡猾さを見抜いていたが、それに対抗するだけの気力が彼には欠けていた。

七歳の頃、彼は母親の生き写しだと言われていた。マルグリット・ルイーズから受け継いだものは、独立の精神と乗馬や軽々しい人々との交流を好むこと、音楽への情熱などだった。父親からはもの憂い沈んだ雰囲気を受け継いだ。不満を感じるほどには頭がよかったが、自らの不満を乗り越えるほどの知性はなかった。それでも彼はその当時としては最大の美術の後援者のひとりであり、よい意味でのディレッタントだった。この点で彼はメディチ家の著名な祖先たちと比較される。彼はレオポルド枢機卿が始めた自画像のコレクションに新しい作品を加え、芸術としてのランクよりも見た目のきらびやかさが求められた時代に、版画であれ陶器であれ、彼が購入したすべてのものは趣味の良さを示している。

コジモがものを買うのはそれが好奇心を刺激するからだった。たとえば、双頭の羊や子牛の等身大のポートレート、珍しい小鳥や四足獣、巨大な果実などで、アンブロジアーナの部屋はそうしたものであふれていた。また宗教的感情を高めるもの、たとえば、卒倒する聖母やすすり泣くマグダラのマリア、あるいはサッソフェッラートやカルロ・ドルチらが描いた殉教図などである。コジモが全面的な保護を与えた唯一の芸術家がガエターノ・ズンボ（一六五六～一七〇一）だったことは示唆的である。シチリア出身のズンボは蠟を使って塑像を作り、その作品の性格がコジモに強くアピールした。ズンボは不気味なものをとくに好んだ。煉獄の苦しみ、地獄の拷問、キリストの遺骸、疫病の結果などが、恐ろしいほど細部にまで気を配った写実主義で再現された。

ズンボが表現した人体がしだいに腐敗していく様子について、はるかに陽気な時代に属するキースラーでさえ、一七五六年に次のように熱狂的に書いている。

このすばらしい作品の片側には「時」が座っていて、その足もとには引き裂かれた古いフォリオ判の本がある。そして全体はいくつかの人物像からなっている。最初は膨れ上がった女性の死体で、そばに土色の別の死体が横たわっている。その次は子どもで、身体には青と黄色の斑点が浮かび上がり、腐敗が近いことを示している。四番目の像は全身が化膿したできもので覆われていて、そこからウジ虫が這い出している。それ以外の像は、人体の腐敗が段階的に進行するとともに、ウジ虫が増えていくことで、破壊が進み、最後には骸骨になるさまを示している。臆病なうぬぼれにとって、かくのごとき見世物がいかに不愉快であろうと、それを作る手際がまことに自然かつ繊細であるため、決して見飽きることがない。

趣味は変わって、バルジェッロ宮殿を訪れる近代の見学者のほとんどは、ズンボの傑作が保存されている禁断の小部屋に立ち入らなくなってきている。

フェルディナンドは目利きだった。彼はラファエッロとアンドレア・デル・サルトの聖母を購入した。そして過小評価されていた天才パルミジャニーノのいわゆる「長い首のマドンナ」を自分のコレクションに加えたときのように、作品を手に入れるためにトラブルや訴訟を経験することすらあった。同時代の画家たちに対するフェルディナンドのパトロネージは、彼の独特な直感力をより明確に浮かび上がらせている。ジュゼッペ・マリーア・クレスピは彼によってピッティ宮殿で長く雇用され、その最良の作品をそこに残した。そして、フィレンツェで最初の公的な美術展（一七〇五年、サンティッシマ・アンヌンツィアータ教会回廊で開催）を組織したのはフェルディナンドであった。

彼が力を貸した詩人たちのなかにヴィンチェンツォ・ダ・フィリカイアとベネデット・メンツィーニ――ともにその名声は死後も残った――がおり、そのほかにアカデミア・デイ・ノービリというディレッタントの結社を創設した。この組織は実際には知的な娯楽よりも、仮面をかぶって浮かれ騒いだりするなどの気晴らしにふけった。シピオーネ・マッフェイが『文人たちの日記』（一七一〇年）をフェルディナン

ガエターノ・ズンボ『時の勝利』

ドに捧げているのは、彼の幅広い名声の証拠である。『メロペ』の著者であるマッフェイが、コジモ三世に自分の雑誌を献呈したとされるのは疑わしい。

だがフェルディナンドの業績は主として音楽の領域にあった。彼は対位法とハープシコードをジェノヴァ出身のジャンマリーア・パリアルディから学び、さまざまな弦楽器、おそらくヴァイオリンをピエーロ・サルヴェッティの下で習得した。彼が催す宴では音楽が重要な位置を占め、彼の書簡のなかでも主要なテーマになっている。音楽評論家たち——レート・プリーティやピッチーニ（ヤッロ）——は、フェルディナンドが十八世紀の音楽文化に注目すべき影響を与えたことを認めている。ピッチーニは、プラトリーノにあった彼の劇場が今日の世界的な劇場のひとつに匹敵する重要性を何年にもわたって保持していた、と書いている。

彼がフィレンツェに招いた音楽家たちのな

『長い首の聖母』（パルミジャニーノ画）

かには、アレッサンドロとドメーニコのスカルラッティ父子、ジャーコモ・ペーリ、ベルナルド・パスクィーニ、ヘンデル、バルトロメオ・クリストーフォリらがいる。クリストーフォリはハープシコードを完璧なものにして、ピアノを発明した人物と言われている。フェルディナンドはオペラの上演にきわめてきめ細かな個人的関心を注ぎ、自身で台本作者を選び、音楽で実現すべきスタイルに関して作曲家たちに詳細な指示を与えた。彼はあらゆる点で完璧を求め、フィレンツェとリヴォルノの劇場を改良するために、ジョヴァンニ・マリーア・ガッリ（ビッビエーナ）とアントニオ・フェッリを雇って舞台のデザインをさせた。こうして大勢の歌手たちと作曲家たちを雇い入れ、何人かの批評家たちには新しい才能の持ち主を捜して町から町へ旅する任務を与えた。

毎年少なくとも一本の新作オペラが作られた。アレッサンドロ・スカルラッティはプラトリーノの劇場のために五作以上を作曲し、フェルディナンドと交わした書簡は膨大な数にのぼる。典型的に十八世紀らしい比喩の形で表現されている派手な賛辞のなかに、仕事に励む作曲家の姿や口やかましい批評家である君主の姿を垣間見ることができる。

　フェルディナンドはスカルラッティに書き送った。「『イル・グラン・タメルラーノ』の音楽を、スタイルとしてもう少し簡素で優美なものにしてもらえるとうれしい。そして、可能な部分はもう少し陽気なものにしていただきたい」。スカルラッティはこの指示にしたがうよう全力を尽くしたが、フェルディナンドはまだ音楽がもの悲しく難しすぎると不満を述べている。一方スカルラッティは、問題のオペラ（ルーチョ・マンリーオとイル・グラン・タメルラーノ）にはもの悲しい部分はゼロで、「それが不可欠な部分にさえ含まれていない」と抗議した。

　フェルディナンドが厳格なオペラ・セリア（正歌劇）から逃れることをおぼろげながら意図していた、と推測する者もいる。だがヴァーノン・リーは次のように指摘する。

> 十八世紀も終わり頃まで、イタリアの喜劇オペラ《オペラ・コミカ》はオペラ・セリアから完全に切り離されたものとはならず、芸術的レベルの点でははるかに低いものだった。そしてそれを演ずる人々は全体として別の階級に属し、決定的に劣る存在であった。『マトリモーニオ・セグレート（秘密の結婚）』のような長編の喜劇オペラや『ドン・ジョヴァンニ』のように半ばまじめなオペラ《セミセリア》は同じように知られていなかった。

おそらくフェルディナンドが現実に望んでいたのはこれであった。

フィレンツェにおいて彼は盲信家の支配に譲歩を余儀なくされていた。アディソンは次のように書いている。

わたしは運良くオペラが上演されるときにフィレンツェに居合わせた。それはわたしがイタリアで見た八回目のオペラだった。台本の一頁目でそれを書いた詩人が次のように明言しているのを見て微笑まずにはいられなかった。すなわち詩人は運命の女神、さまざまな神々、宿命も信じておらず、それらの言葉を使っているとすればそれは純粋に詩としての自由からであって自分の真の感情からではない。というのも、自分は聖母と教会が信じるように教えていることすべてを信じているから、というのだった。

フェルディナンド自身も作曲をしているが、それがどの程度のものか、あるいは後援していた音楽家の助けを得たものか、判断できない。一六九八年の日付のあるブラウンシュヴァイク公女アマーリエの署名の書簡が現存しているが、そのなかでアマーリエはフェルディナンドから送られた音楽に対して感謝して次のように書いている。「殿下の脳から生まれたすばらしい曲をわたしは大いに楽しみました。それはとても美しく明快で、貴方のお仲間たちが感じている満足を、貴方の高き徳が生み出す価値ある果実を身近に楽しんだと申し上げたい」。

歌手たちが男も女もフェルディナンドに対する影響力を保ち続け、彼らの歌うメロディーが彼の病んで切れ切れになった記憶のなかで死ぬまで響いていた理由を、こうした事情が説明している。歌手たちの雰囲気を彼は愛したのだ。歌手たちは時を超えた情念やさまざまな楽しさを呼び起こした。フェルディナンドはそれらの歌手たちとともに、自身が生きた時代のとげとげしい盲信から、彼の父と不運な妻から逃れたのである。彼は園遊会《フェート・ギャラント》を好み、人工の天国で生きた。フェルディナンドが「ヴィーナスの殉教者」として息絶えたというのはおそらく当たっている。その死後、プラトリーノの劇場は永遠に閉鎖された。

コジモにはこのときがプファルツ選帝侯妃に関する意志を公表するのに好都合と思われた。一七一三年十一月二十六日、コジモはジャン・ガストーネと自分自身が選帝侯妃よりも先に死んだ場合彼女が大公国のすべての領土を継承する、と宣言した。その翌日、この王令を元老院が承認した。この決定にはそれぞれの個人的な想いが混じっていたに違いない。これほど長いあいだ良くも悪くもこの国を統治した家系が死に瀕していた時期において、元老院は感情的な熱狂を示し、それが彼らを他のすべてのことに対して盲目にしてしまった。

おそらく畏怖に似た何かが彼らの上にのしかかっていた。というのも、メディチ家を欠いたフィレンツェは想像するのが難しかったからだ。メディチ家とフィレンツェというこのふたつの言葉はほとんど同義語になっていたのである。表面的にはこの決議は喜びに満ちた喝采と感謝の念で迎えられたが、元老院はもはやかつてのそれのたんなる影でしかなかった。コジモ三世は、フランスでのルイ十四世がそうであったように、トスカーナでは絶対的な専制君主だった。両者とも老年期に入って、ルイもまた信仰への傾斜を強めると、大公は偉大なる王のカリカチュアでしかなくなった。

カール六世は、選帝侯妃を後継者として指名したというこのニュースに怒りを表明した。一七一四年五月二十五日、彼はプファルツ選帝侯に書簡を送り、大公にはそうした措置をとる権利をまったくもたず、彼の国は教会に属するわずかな領土を除けば皇帝の封土であることを伝えた。

一方ルイ十四世は、フェルディナンドの死についてコジモに哀悼の意を表明するとともに選帝侯妃に関するコジモと元老院の決定を讃えるため、アルベルゴッティ将軍を派遣した。アンナ・マリーアはもはや若いという年齢ではなく、近い将来よりもさらに遠い未来を見据えてメディチ家の栄光を強め、大公国の平和と特権を保つような後継者を選ぶことをルイはコジモに期待する、と伝えた。だがコジモはこうした見た目だけ立派な罠には引っかからなかった。カール六世とフェリペ五世のあいだで講和が成立するまでは、自分には決定する力がない、とコジモは答えた。

事態をさらに複雑化させたのは、フェリペ五世がこの当時エリザベッタ・ファルネーゼと婚約していたことであった。エリザベッタはマルゲリータ・デ・メディチ（フェルディナンド二世の妹）の曾孫にあたり、ファルネーゼ家の財産と同様にトスカーナに対する直接の継承権をもっていた。この新たに固められたスペイン、パルマ、トスカーナの関係に皇帝はいっそう困惑の度を高めていた。皇帝が強硬手段に訴えかねないように思えた。コジモは急いでリヌッチーニをロンドンに派遣し、いまでは深刻な危機にある大公国の独立にイギリスの支援を得ようとした。一七一五年六月十五日、トスカーナ大使をスタンホープ将軍は次のように安心させた。

貴国の主張を支持するために、国王陛下は喜んでこの機会およびその他すべての状況を利用されるでしょう。しかしながら、大公閣下のごとき聡明なる君主であれば、国王陛下の支援の有効性を減じるような形でものごとを進めることはない、とわれわれは信じております。国王陛下は大公閣下の要請に対してつねにこれを行なうことを決意しておられます。

スタンホープの言葉遣いは、彼が仕える王のことを考えれば、愉快である。この保証の文言に含まれているものはわずかであるが、フィレンツェに対して漠然とした安心感をもたらした。オーストリアはその脅しを実行する前にためらうだろう。だがオーストリアは自らの主張を裏づけする文書をかき集めるあらゆる努力を払い、ツィンツェンドルフはトスカーナ大使のグァダーニ侯爵を侮辱した。

一七一六年五月、ウィーン政府の戦略に突然の変化が起こった。というのも、その年の一月、スペイン王に男児が生まれたのである。カール六世の宰相であるステッラ伯爵は、選帝侯妃に対する皇帝の返答は彼自身がトスカーナを獲得する意向を意味するものではない、と冷静に述べた。それどころではない！ステッラは続けて言ったのである。選帝侯妃による継承には大きな障害はない。しかし彼女の死後にトスカーナを受け継ぐべき家系について、両方の陣営を満足させるような合意が短期間のうちになされねばならない。この点について彼らが合意に達することができれば、大公の領土を拡大することさえ考えている、と皇帝は示唆された、と。コジモは皇帝からの提案をすげなく拒否するべきではないことを見てとった。なぜならファルネーゼ家の血を引く者がスペインとトスカーナの王冠を統合する可能性が生じており、それはトスカーナの独立の終焉を意味していたからだ。皇帝に同意することにはさらに慎重になるべきであり、さまざまな伝統を守ると同時にハプスブルク家にとっても受け入れやすい後継者を選ぶことが重要である、とコジモは考えた。しかし一七一六年五月の時点では、こうした条件を満たす王家がどれなのか、誰にも予言できなかった。コジモは——人生の終わりにおいてさえ——領土が拡大する可能性に元気づけられた。だがまさにこの年こそブランダーノが予言した年だった。

一七一六年に《ネル・ミッレ・セッテ・チェント・セディチ》
メディチ以外のすべては正常《トゥッティ・サーニ・ノン・ピウ・メディチ》

ギヨー・ド・メルヴィルは書いている。(2)「フィレンツェの人々はこの予言が実現することを望んでいた。そしてその年が終わるときに、ブランダーノの予言が実現しなかったことにひどくおどろいた」。やはり同じようにおどろいたマルフォーリオがパスクィーノに尋ねると、パスクィーノは事情をこう説明した。

アルバーノ家の教皇よりも先に死なないように《ペル・ノン・モリーレ・プリマ・ディ・パーパ・アルバーノ》
宇宙はブランダーノさえ嘘つきにした《コスモ・ア・ファット・ブジャルド・アンケ・ブランダーノ》

しかし、クレメンス十一世と大公はどちらが先に死ぬかで争っていたとパスクィーノが断言したとしても、フィレンツェの人々は両者が別の問題で争っていたように描写している。当時描かれたカリカチュアのなかでクレメンス十一世、コジモ、イエズス会士の三者は、地獄の門の前で互いにお辞儀をしつつも、誰も最初に入ろうとはしない。そこにプルトン（冥界の王）が三つ叉の矛を持ってやって来て、彼らをいっぺんに突き刺してしまうのである。フィレンツェの町のなかにこの戯画が何枚も貼られ、それを説明する詩がつけられた。その著者は言う。

フィレンツェ人がどれほどその君主を憎んでいるかを見たまえ。とはいえ、公平な目でものごとを検討してみれば、コジモ三世がそうした扱いを受けるほどではないことを認めねばならない。たしかに彼は一方で民衆に過剰な税金をかけたが、他方ではそれよりも大きな悪である戦争を避けた。イエズス会のために散財したかもしれないが、貧者のためにも金をばらまいた。実際のところコジモ三世の心があまりに柔弱だったため、（この表現を使わせてもらえれば）蠅も殺さなかったのだ。

若い頃は大いに狩猟を愛し、ほとんど毎日のように自分の禁猟区に通っていた。しかし野生の動物を殺すのを決して好まず、彼らが逃げ去り、飛んでいくのを見るだけで満足していたという。目の前で鳥が飛び立つと、それを撃とうとするかのように銃を構えるが、「哀れなやつだ《ポヴェリーノ》」と何度か口にすると、弾丸を放つことなく銃口を下げるのがつねだった。猟師が獲物を持たずに家に戻るときに「大公のような狩りをした」というのは、これがその理由だ。とはいえ、大公は喜んで猟獣を食べ、とくにキジを好んだ。そのためキジを殺すことは厳しく禁じられ、違反者に対する罰はきわめて峻烈なものになった。

第24章

選帝侯妃アンナ・マリーアがフィレンツェに戻る――トスカーナの継承問題は解決されない状態が続く――三国同盟と四国同盟――聖ヨゼフ――同時代人たちが描き出した晩年のコジモ三世――トスカーナの衰退――マルグリット・ルイーズの晩年と死（一七二一年）――ヨーロッパ列強に対するコジモの最後の抗議と一七二三年の死

プファルツ選帝侯は六月に死去したが、アンナ・マリーアはもう一年間デュッセルドルフにとどまった。フィレンツェに戻って、自分の求める役割を引き受けたいという切望をあからさまにしたくはなかったからだ。彼女は夫と暮らすあいだに集めた財宝を荷造りしてはフィレンツェに送っていた。

フェルディナンドの死とともに、未亡人であるヴィオランテの暮らしはよいほうに変わったといえるだろう。多くの北方人たちと同じように、長い時間をそこで過ごしたことで、彼女はフィレンツェ人とその暮らしぶりに深い愛着を抱くようになっていた。自分の生活と個性をフィレンツェで作り上げており、自分にとってはもはや異国になってしまった故郷に戻りたいという願望はなくなっていた。コジモは自分の宮廷にいるプリンセスが、枢機卿だった亡き弟の酒好きの未亡人である公女（エレオノーラ）ひとりになるのを避けたかったので、ヴィオランテにとどまるように懇願した。コジモは彼女の美徳を評価しており、君主たちや教会の要職にある人々、イタリアの重要な家系の人々と彼女が頻繁に手紙のやり取りをしていたことも、彼の威信にはプラスにはたらいた。ヴィオランテはまた立派な分別の持ち主でもあって、自分の手当を現金で支払わせる取り決めをしており、自分で選んだ人々による宮廷を保持していた。ピッティ宮殿のなかの自分用の区画のほかに、ラッペッジが彼女に与えられた。ラッペッジは一種の文学アカデミーとなった。というのも、ヴィオランテは、夫が音楽を愛したように、文学を愛し、即興詩を愛したからである。

　彼女が後援したさまざまなスタイルの即興詩人たちのなかにはギヴィッツァーニ、ルッケージ、モランディらがおり、みな当時はもてはやされたが、いまでは忘れ去れている——唯一の例外は騎士ベルナルディーノ・ペルフェッティで、その比類なき才能についてはブロッスがすばらしい証言を残している。

　ペルフェッティはシエーナの貴族の家に生まれ、聖ステーファノ会の騎士にして法学教授であり、即興詩を作るのは純粋に楽しみと栄光のためであった。一方、即興詩人の多くは卑しい出自だった。ヴィオランテが保護を与えていたお気に入りの即興詩人のひとりに、レニャイア出身の農民の娘マリーア・ドメーニカ・マッツェッティ（略してメニカと呼ばれた）がいた。この娘は三韻句法《テルツァ・リーマ》にすばらしい才能を持ち、洗練されたギヴィッツァーニとの即興詩の競争をしたあと、ヴィオランテは彼女に読み書き、ラテン語、音楽を教えることを決めた。そしてそれらすべてをメニカはやすやすと修得した。教育が彼女のインスピレーションを弱めることはなかった。生まれつきの才能は学ぶことによってさらにみがかれ、ヴィオランテが彼女を宮廷やのちにはローマにまで連れて行くほどになった。女性詩人は、慣れ親しんでいたものときわめて異なる、こうした環境の変化に自分を失うことはなかった。唯一、もうメニカと呼ばれることだけは望まなかった。

　スポーツを好まないという評判にもかかわらず狩猟が好きだったコジモは、勘違いで人を撃ち殺してしまった一七一七年一月以降、銃を手にしなくなった。彼はこの事故にひどく動転したため、聖ステーファノ会の十二人の騎士からなる評議会で自分を裁くように要請した。評議会は彼に対して死者の家族に毎月五スクードを与えることと数年間の巡礼を課す判決を下した。この判決を実行するため大公陛下は自分の代わりにひとりの騎士に巡礼をさせ、これ以後狩猟をつつしむようになった、とセッティマンニは書いている。

もう四十歳を過ぎていたジャン・ガストーネは、可能な限り宮廷から距離を置くようになっていた。若い頃に屈辱的な扱いを受けたせいで、彼は貴族を嫌っていた。家族のなかでジャン・ガストーネが愛情を抱いていたのはヴィオランテだけだった。プファルツ選帝侯の死後、その未亡人である姉が戻ってくることが明確になった。ヴィオランテは義姉の傲慢な性格を承知していた。彼女は自分の立場が耐えられないものになることを予期して、意に染まないものの、ミュンヘンの弟の宮廷にいさぎよく身を引くことを決意した。ピッティ宮殿にはれっきとしたプリンセスはひとりいればよいので、コジモは彼女の決断に異を唱えなかった。だがジャン・ガストーネは、たとえ姉を怒らせても、ヴィオランテがとどまるべきだと心に決めていた。

ふたりのプリンセス——そのうちのひとりは一国のファースト・レディだった経験があり、もうひとりは自分のほうが上位にあると考えていた——が軋轢を引き起こすことなくフィレンツェで共存できないのは明らかだった。そこでコジモはヴィオランテに対してシエーナの執政官に任命する提案をした。彼女はこの申し出を喜んで受け入れた。選帝侯妃が戻る前に自分の立場を明確にしておきたいという彼女からの要請がなければ、こうした提案はなされなかっただろう。

そうではあっても、公式の行事でヴィオランテが選帝侯妃に出会うことは確実なので、彼女たちの馬車の優先順位などもろもろに関する慎重な取り決めが作られた。そして興味深いことに、こうした取り決めのなかには長く不在だった大公妃マルグリット・ルイーズに関する部分も含まれていた。

選帝侯妃のために、彼女が中年の未亡人ではなく輝かしい花嫁であるかのような、歓迎式典が準備され、フィレンツェの町を活気づけた。彼女は一七一七年十月二十二日に到着した。コジモはお気に入りの娘をサンティッシマ・アンヌンツィアータ教会で待った。教会では、ふだんは隠されている、奇跡の絵の覆いが取り外された。コジモが娘と会うのは二十六年ぶりだった。臣下たちは彼の父親としての愛情の発露を芝居がかった形で見せられた。

ヴィオランテ公女は祝賀行事に招待されたが、選帝侯妃が彼女の席をとってしまったため憤慨するしかなかった。そこでヴィオランテはロレートの聖母に対する重要な誓いを果たさねばならないことを欠席の口実にした。彼女たちが出会ったときには争いが避けられなかった。儀式のあらゆる部分でどちらも自分の立場を主張して譲らなかったからである。アンナ・マリーアはあたかも大公妃のごとくふるまい、ふたりが同時に公的な場にあるときには自分の優位をつねに当然と見なした。コジモは多くの儀式にもはや参加しなくなっていた。父親と反目していたジャン・ガストーネはたいていペーシアにとどまっており、儀式にうんざりしていたため、バルブ馬の競走が行なわれる洗礼者ヨハネの祭日に、自分の代わりとして儀礼に厳格なふたりの公女に出席してくれるように依頼した。

選帝侯妃は競走開始の合図を出すことになっていた。そしてシエーナ執政官は、少なくとも礼儀として、義姉が自分に事前に相談するよう主張していた。しかしヴィオランテに一言も語ることなく、アンナ・マリーアは競走開始を命じた。ヴィオランテは侮辱されたと感じ、それ以降は義姉と同じ席につくことをやめてしまった。

一方そのあいだ、選帝侯妃のあとを誰が継ぐべきかという問題は、さまざまな立場から検討が続いていた。コジモは、ピオンビーノと守備隊国家〔一五五七年トスカーナ南部の沿岸の戦略的要衝にスペイン王フェリペ二世によって作られた軍隊の駐屯地。オルベテッロ、ポルト・エルコレなど五つの都市を含み、一八〇一年にナポレオンによって廃止されるまで存続した〕を皇帝が自分に譲渡するのであれば、皇帝が望むことは何でもする用意があった。だがウィーンではその要求は過剰と思われた。そこで外交をめぐるどたばたが続いた。皇帝はコジモのほうから最初の提案をすべきだと考えたが、コジモはそれを皇帝にさせることを選んだ。一七一七年三月二十日、とうとう帝国宰相ステッラがしびれを切らして、コジモの使節であるバルトロンメーイ侯爵に次のように通告した。コジモが自分の考えを伝えることを頑なに差し控えるのであれば、何もなされぬであろう――皇帝は自分の心を決められない人物には贈り物（すなわちピオンビーノと守備隊国家）を与えると約束できない、と。

さらにしばらくためらったのち、コジモは皇帝の意見を受け入れた。六月に彼は、自分の選択はモーデナのエステ家であることを明言した。エステ家のリナルド公はブラウンシュヴァイクのシャールロッテと結婚していた。シャールロッテは故ヨーゼフ一世の未亡人であるアマーリエの妹にあたり、当然のことながらアマーリエはウィーンにおいてエステ家に有利に運ぶようにそのあらゆる影響力を行使していた。コジモの提案は受け入れられた。しかしカール六世はピオンビーノと守備隊国家に関するあいまいな約束を引っ込めてしまった。それらの領土を割譲できないとコジモに通告した。メディチ家は百五十年ものあいだその土地を熱望してきた。領有の夢が気をもませる蜃気楼のように目の前で消えてしまったことにコジモは激怒した。さらに彼の怒りを強めたのは、スペインがサルデーニャを占領したとき、皇帝はモーデナとトスカーナの統一を決して許さない、とステッラ伯爵がバルトロンメーイに冷ややかに通告したことだった。このようにころころと戦略を変えてくる相手とどうやれば交渉が可能になるだろうか。一方そのあいだに、トスカーナの運命はロンドンで決着がつけられようとしていた。

イギリス、フランス、オランダ、そしてのちに（一七一八年四月四日）加わったオーストリアは、フェリペ五世とエリザベッタ・ファルネーゼの長男――コジモとカール六世が再接近する理由になった王子――がメディチ家とファルネーゼ家を継承することを決定した。この四か国の決定を進めたのは、イギリス国王ジョージ一世とフランスの摂政であるフィリップ・ドルレアンだった。英仏蘭の三か国は、ヨーロッパの平和を守ることおよびユトレヒトとラシュタットの条約が尊重されることを求めて、一七一七年にハーグで三国同盟を結んだ。ドイツでの利害によって皇帝と結びついていたジョージ一世は、生まれたばかりのカルロスがパルマを受け継ぎ、カール六世がトスカーナを自由に処分できる権利を持つべきであると示唆した。

　こうしたことすべては、コジモがイギリスの支援をあてにし、イギリスの大臣たちがトスカーナからの使節に対して気前のいい約束をしていたときに展開したのである。ロンドンに駐在していたコジモの大使ネーリ・コルシーニが衝撃的な知らせで彼をやっと目覚めさせたのは、一七一八年三月二十五日のことだった。だがコジモはそれでも何らかの反対がこの計画に対して出てくるだろうと予測していた。王子《インファンテ》が皇帝の臣下となるような屈辱的な条件を含む申し入れにスペインが満足することはありそうになかった。オーストリアとスペインの相互の不信と疑惑はコジモを、締めつけていたくびきから解放してくれる可能性があった。三国同盟が決定をマドリードに送付すると、アルベローニ枢機卿はそれを検討することさえ拒否した。そしてフィレンツェ駐在のスペイン大使は、トスカーナが封建的な束縛から免れていると断言した。

　コジモの外交使節たちはいつものようにふたつの陣営を対立させるようにつとめた。一七一八年の四月から五月にかけてバルトロンメーイがウィーンから書き送った報告によれば、皇帝はインファンテ・カルロスに約束された封土の授与を拒み、エリザベッタ・ファルネーゼがトスカーナとパルマにスペインの守備隊を送り込むのを阻むために、皇帝は最善を尽くすだろう、と伝えていた。コルシーニはロンドンのスペイン大使に対して、インファンテが皇帝の宗主権を承認するのは屈辱的であることを指摘する一方、ウィーンのバルトロンメーイは、トスカーナとパルマにスペインの守備隊が配置される危険性に対してオーストリア政府の注意を喚起した。そしてコルシーニとバルトロンメーイは、それぞれの相手が自分たちの意見に同意したと見て気をよくしていた。

七月一日、スペインの部隊がパレルモの近くに上陸した。シチリア人たちは熱狂的に彼らを迎え入れる準備を整えていたが、そのときバイング提督が皇帝の援軍としてイギリス艦隊を率いて登場し、パッサーロ岬沖でスペイン艦隊を撃破した（八月十一日）。八月二日、ロンドンで英・蘭・仏・墺の四国同盟条約が締結された。スペインとサヴォイアには同盟参加への三か月間の猶予期間が与えられた。皇帝がシチリアを得て、サヴォイアはその見返りにサルデーニャを得ることになった。パルマとトスカーナの継承権はエリザベッタ・ファルネーゼの息子に与えることで落ち着きそうだった。コジモ、ジャン・ガストーネ、選帝侯妃は完全に無視された。

コルシーニはロンドンで、バルトロンメーイはウィーンでそれぞれ抗議を行なった。四国同盟はトスカーナを皇帝の封土と認め、エリザベッタの息子がトスカーナとパルマを皇帝の宗主権の下で継承することを提起したのである。だがコジモとエリザベッタの両者ともそうした宗主権を認めることを拒否し、その一方で皇帝は、たとえ自分の臣下としてであってもイタリアにスペイン・ブルボン家が領土を得るという方策を受け入れるつもりはなかった。

四国同盟はスペインとの関係で大いなる困難に直面した。スペインの宰相アルベローニの野望は、「ユトレヒト講和条約でフェリペ五世が譲り渡したすべての領土を取り戻すことによってスペインのかつての強大さを回復させること、皇帝に対抗するトルコとの同盟を作り上げること、中立を許すことでオランダとの友好関係を保つこと、王位僭称者を武装させて送り込みイギリスに混乱をもたらすこと、フランスにおいて内戦を引き起こすこと、摂政の座をオルレアン公から取り上げてフェリペ五世をその代わりとすること、そして最終的にこうして征服した全ヨーロッパをパルマ公に引き渡して自分が宰相となること」であった。

アルベローニにとって残念なことに、彼が支配していた国にはそのような壮大な計画を達成するだけの手段もエネルギーも欠けていた。オランダは四国同盟に加わり、バイングはシラクーサ沖でスペイン艦隊を壊滅させ、王位僭称者は嵐のせいでイングランド沿岸からたたき出され、摂政に対するチェッラマーレの陰謀は発覚し、オルレアン公がスペイン領内に送り込んだ部隊は進撃を続けた。アルベローニは一七一九年十二月に追放され、結局のところフェリペ五世は四国同盟に参加を余儀なくされた（一七二〇年一月二十六日）。

その後カンブレーでの三年にわたる無駄な議論が続いた。コジモにとって最も重要だったのは、トスカーナの封建的紐帯が解消されたと宣言されることと、後継者を選択する自由が列強によって妨害されてはならないことだった。封建的支配を認めよとするオーストリアの頑固な主張に対してスペインを立ち向かわせる、いつものゲームが続くことになった。

だが大事のために小事は道を譲らねばならない！　政治とは別に、コジモはフィレンツェのためにもうひとりの神聖なる守護者を選ぶことに関心を注いでいた。ノーブルが語るように、独立君主の主権をこうして侵害されたことに対して弱々しい抗議を行なったのち、コジモは宗教的愚行というもの習慣に落ち込んでいった。この緊急の事態においては他の聖人たちを助けるために聖ヨセフが必要だ、と彼は考えた。他の聖人たちとは洗礼者ヨハネと聖ゼノビウス（その遺体に触れるだけで枯れたニレの木に緑の葉がよみがえった）であり、特別な場合にはパッツィ家の聖女マリーア・マッダレーナも加わった。

新しい守護聖人は一七一九年十二月に元老院によって公式に発表され、フィレンツェの市民生活の日常的行事となっていた宗教行進と祝祭が行なわれた。片面に聖ヨセフの頭部が、裏側にメディチ家の紋章の球を支える六人の天使が刻まれたメダルが作られた。

その二年後、何人かの狂信者たちから不適当だという指摘を受けて、コジモは大聖堂の祭壇に一五五一年から飾られていたバンディネッリの手になるアダムとイヴの露骨な裸の大理石像を撤去させた。撤去作業は真夜中に行なわれ、そのためにその事実に対するあらゆる人の関心を招いた。ウッフィーツィの裸体の彫像の数々でさえコジモの良心を困惑させた。モンテスキューの記述によれば、聖職者たちは告解を受けるなかでそれら裸像の邪悪な効果を絶えずコジモに訴えつづけた。その当時フィレンツェにいたひとりの司教座聖堂参事会員は愚かにも十字架像に半ズボンを穿かせたがった。

この当時フィレンツェに滞在していたギヨー・ド・メルヴィルは次のように書いた。

実際のところコジモは統治を息子にゆだねるべきだが、父子の緊張した関係はすでにきわめて厳しいものになっている。公子に気に入られるだけで、その父親の不興を買うのに十分な理由となり、父はしばしば息子に屈辱を与えている。一週間前に公子はもっとも不愉快な屈辱を味わった。公太子《グラン・プリンチペ》（そう呼ばれていた）は、父の近衛部隊の隊長であるベッティーノ・リカーソリに自分のお気に入りのスイス人を入隊させるように頼んだ。リカーソリはスイス人の背の高さが足りないことを口実に要請を拒否した。隊長の拒絶に怒った公子は、スイス人に制服を着せてリカーソリのもとに差し向けた。それは隊長の同意がなくても自分には彼を入隊させる権限があり、リカーソリにまず依頼したのはたんに隊長の対面を尊重しただけであることを示すためだった。しかしリカーソリは自分の過ちを認めようとはせず、スイス人の服を脱がせたうえで、厚かましくも再びその制服を着るようなことがあれば監獄に送ると脅した。手短に述べると、公子は譲歩せざるをえなかった。というのも隊長が大公にこの事件を報告すると、大公が息子ではなくリカーソリの側を支持したからである。この公然たる屈辱は少なからず人々の不満を募らせている。なぜなら民衆は公子に統治されるほうが幸せだと予感しているからである。
しかしながら、ジャン・ガストーネは強い態度で権力を行使できるようには見えない。おそらく父親の冷たい扱いによって味わった屈辱が彼の奇妙な無関心を説明している。彼の無関心は、返事をしなければならないのを避けるために、届いた手紙を開封しないとさえ言われるほどになっている。こうした暮らし方は、喘息に苦しまなかったり、大量のアルコールの摂取が原因の病気が悪化しなければ、彼を長生きさせるかもしれないのだが。彼が父親よりも早く死ぬと考えている人もおり、大公が丈夫な体質で健康に非常に気を配っているのに対して、息子のほうは自分の死を早めようとしているように思えるのだから、そうなってもおどろくことはない。

一七二〇年にコジモと会ったエドワード・ライトは、次のように書いた。

大公陛下はおよそ八十歳になる。健康状態は外国行きを許すほどではないが、可能なときには毎日五つから六つの教会を訪ねている。部屋には暦に登場するすべての聖人を表した銀の小像群を載せた機械があるという話だ。機械はまわって、その日の聖人が正面に来て止まるようにできており、その前で彼は祈り続ける。食事と就寝の時間はきわめて早く、起床時間も早い。火を使って暖まることを決してせず、目覚めて寝室から出るとき、控えの間にはお目覚めを待つ従者たちの息しか熱源はない。ローマ教会への改宗者を得ようとする彼の熱意は非常に強く、改宗した何人かのわが同国人たちに多額の報酬を与えた（改宗はこの報酬が目的だった）。
過去二十年のあいだ、大公が飲むものといえば水だった。料理は簡素である。聖ヨハネの祝祭日やその他の特別な日に家族の誰かを同席させるのを除けば、たった一皿の料理をつねにひとりで食べる。父親と同じように、彼もフィレンツェ、ピサ、リヴォルノで過ごす。

コジモの宗教への執着は日に日に強くなっていった。

大公陛下は七歳から十二歳までの三人のコサックの少年たちにキリスト教の教義を教え込むのを楽しんでいる。彼らはクラクフの司教からの贈り物として大公のもとに送られた。彼らはきわめて横柄にふるまうが、陛下はこの三人の魂を神の道に導くことで得られる功績を考えながら、すばらしい忍耐強さで彼らを許している。

大公国はその君主と同じように衰弱しつつあった。この国のあらゆる場所で嘆かわしい荒廃と老朽化の光景が見られた。こうした物事の状態は軍隊にも反映した。一七一八年、大公国の軍隊は正規軍《ペルマネンティ》、リヴォルノ、ポルトフェッライオ、グロッセートの守備隊、そして重騎兵と軽騎兵の中隊の三つに分かれていた。予備軍も設置されていた。軍の主力は兵員一七一一名のリヴォルノの守備隊および七〇三名のポルトフェッライオの守備隊からなっており、グロッセートのそれは取るに足りない存在だった。

軽騎兵十七個中隊と重騎兵五個中隊が騎兵部隊を構成するとされていたが、残っていたのは枠組みだけだった。彼らは年に四回、閲兵を受けるために招集された。そして陸軍の核にあたる選抜部隊が作られ、大公の近衛部隊となっていた。それはドイツ重騎兵中隊と公式に呼ばれる八〇名の騎兵部隊とトラバント守備隊と呼ばれる歩兵部隊で構成されていた。この「より抜きの」連隊の司令官には必ず貴族が任命された。

大公国内には大小合わせて全部で四三の要塞が存在したが、リヴォルノとポルトフェッライオの要塞だった。

けが十分な兵員数の守備隊を備えていた。国内ではリヴォルノとポルトフェッライオに次いで大きいフィレンツェ近郊のバッソ要塞には、わずか百名の守備隊しか配備されておらず、その隊員たちは他の任務に加えて、この要塞に設置されていた一六五門の大砲を受け持っていた。ほとんどの要塞は、サン・ミニアートのそれのように、たったひとりの管理人と「年間で国家から十二スクードの俸給を受ける砲兵がひとり」しかいなかった。

大公国の兵士のほぼ半数は結婚していた。一七二三年にリヴォルノの守備隊は九四四人の独身者と七六七人の既婚者で構成されていた。既婚者の妻たちは夫とともに兵舎で暮らしていたが、そこから引き起こされる規律の混乱は容易に想像できる。コジモの兵士たちのかなりの部分は老耄の古参兵だった。一七〇〇年十月二十一日の日付のある興味深い記録集のなかに、リヴォルノの守備隊に在籍する勤務不能の兵士たちのリストがあって、そこには次のように記載されている。

ドメーニコ・カンパーナ、俸給五スクード、七十歳、勤務期間三十四年。老齢のため目が見えず、歩行には杖を必要とする。

ジョヴァンニ・バッティスタ・レオナルディ、俸給四スクード、七十歳、勤務期間四十年。視力を失っている。

ミケーレ・リッチ、俸給七スクード、八十歳、勤務期間五十九年。年老いてよぼよぼであり、歩行には杖を必要とする。

決してリヴォルノ港を離れることがない三隻の武装ガレー船と数隻の就航不能の船が、トスカーナ艦隊に残っていたすべてであり、乗組員は全部で一九八人だった。「長らく畏怖されてきた軍旗を地中海にひるがらせて、トルコ軍やキプロス、ファマグスタ、アルバニア、アルジェリア沿岸の海賊たちに対する大胆な勝利を数多くあげた」――ベルナルディーノ・ポッチェッティ、マッテーオ・ロッセッリ、アントニオ・テンペスタらの画家たちとカロの珍しい版画などにその傑作のテーマを与えた[1]――栄光ある聖ステーファノ騎士団も海に乗り出す慣行を失って久しかった。

トスカーナの未来はもはや別の場にあり、残っているのは過去だけだった。コジモは八十歳になっていた。マルグリット・ルイーズは夫と張り合いながら生きながらえていたが、愛する人々のすべてに先立たれてしまった。わが子のなかでただひとり愛した息子は死に、ルイ十四世の死（一七一五年九月一日）は彼女にとって真の気高さが失われて世界が雷鳴のうちに崩れ落ちるかのように感じられたことだろう。

一七一二年、大公妃はパレ・ロワイヤルで脳卒中に襲われた。嗅ぎタバコ入れを開けようとしたとき、彼女の腕が突然こわばった。話そうとしたが、白い泡が唇に現れただけで、侍女たちは大公妃が麻痺状態になったことを見てとった。左半身がほとんど動かなくなり、口がまがり、左目は閉じたままだった。医師たちは、大公妃はもちこたえられないだろうと考えたが、彼女が遺言を口述する場に立ち会ったふたりの公証人は彼女の精神と記憶、判断力が正常であると宣言した。彼女の冷静さは驚くべきもので、ゆっくりと病状は回復していった。自分の身に起きた事件がフィレンツェで何らかの大騒ぎを引き起こしているか、彼女は公使メラーニから知りたがった。メラーニは何の騒ぎも起こらなかったという事実を彼女から隠そうとした。

その後の数年間を彼女はレパント・ア・ピクピュスのノートルダム修道院およびあちこちの湯治場で過ごした。二度目の発作は一七一三年に起こり、再び彼女の口は曲がって左目は閉じてしまった。自分の意志を伝えるのに努力が必要になった。マムシの粉に少量の琥珀、そしてワイン酢のおかげで、彼女はまたもや回復し、冬の厳寒期でさえ外に出ると言い張るまでになった。コジモは妻の資産に注意を払うよう密偵たちに指示した。モン＝ドールとヴィシーで治療を受けたのち、彼女はパリで暮らすことを望んだ。摂政は彼女にロワイヤル広場の家（現在のヴォージュ広場十五番地）――そこに彼女は個人の礼拝堂と絵のギャラリーを作った――を買うことを認めた。ここで半身不随の彼女は人生最後の数年間を暮らした。サン＝シモンによれば、彼女なりの敬虔な信仰を保ち、慈善に夢中になるとともに、誰彼かまわず聞く者がいれば倦むことを知らず自分の人生を詳しく語るのだった。

摂政オルレアン公の母であるマダムがこの頃には彼女の相談相手になっていた。マダムは次のように書いた。

大公妃が夫のもとを去ったことに賛成した人はひとりもいなかった。彼女が夫のことをほめたたえ、フィレンツェでの生活をこの世の天国のように描いていたため、なおさらだった。しかし彼女は自分の立場の変化を不運とはまったく考えなかった。フィレンツェで自分が享受していたすべての栄華も、そのとき手にしている自由とは比較にならないように思えたのだ。自分のことを物語るとき彼女は楽しんでいた。「ねえ、あなたは自分に不利なことを話しておられるのをわかっていらっしゃる？」とわたしは彼女に言うことがよくあった。「あら！」と彼女は答えた。「大公をこの目で見なくてすむ限り、そんなことは気にしませんよ」(2)。

フィレンツェと同様にパリでも彼女はほとんど忘れ去られた存在だった。摂政の娘であるマドモワゼル・ド・ヴァロワがモーデナ公の公子と婚約した際など、ときおり宮廷は彼女のことを思い出した。それについては次のような話が伝えられている。

大公妃はマドモワゼルと会いたくないと言われた。その理由は自分がイタリアをよく知っており、マドモワゼルが彼の地の奇妙な習慣にけっして慣れることはないと考えているからだと言われた。さらに、マドモワゼルがフランスに戻ることを考えるようになれば、みんなに「トスカーナ大公妃の二の舞だ」と言われ、マドモワゼルが何か愚かなことをするたびに「叔母の大公妃に命令されたせいだ！」と言われないか心配なのだ、とつけ加えた。こんなわけで大公妃はマドモワゼルに彼女の未来の暮らしについて話すまいと決意された。(3)

年を重ねるごとに彼女は衰弱し、言葉も不明瞭になっていった。妻の死を予期したコジモは彼の新しい代理人ペンネッティに細かな指示を送りつけた。というのも、彼女がなにもかもを摂政に遺贈するものと信じられていたからだった。

一七一八年五月十三日、マダムは次のように書いた。「大公の狡猾なことといったら！　自分の妻がもうすぐ死ぬと考えて、彼女への負債の支払いをできるだけ少なくするように考えている。その上に彼女の手当の支給をいつも遅らせている……」

マルグリット・ルイーズは七十六歳になった一七二一年九月十九日まで生きながらえ、ピクピュス墓地に葬られた。彼女の遺言は、メディチ家に対する憎しみが続いていたことの証拠だった。彼女は自分の財産を遠い血縁関係にあるエピノワ公女に遺贈し、カステッロで署名した約束――その死にあたって所有するすべてを自分の子どもたちに残す――を踏みにじった。マルグリット・ルイーズは自分の遺言が引き起こすであろううんざりするような訴訟を予見していたに違いない。コジモが勝訴したとしても（実際そうなったのだが）、自分の死後も夫を困らせて苦い過去の思い出を残そうとしていたのである。

国王陛下およびラテラーノ聖堂参事会員という称号に加えて、コジモはいまや寡夫という称号ももつようになった。テ・デウムを歌わせる——コンティが述べているように、それこそがコジモの本当の思いだっただろうが——代わりに、彼は妻の輝かしき思い出がサン・ロレンツォ教会で厳かにたたえられることを命じた。ジャン・ガストーネはその場に出席して玉座についた。ヴィオランテとエレオノーラのふたりの公女は棺台の正面の特別席についた。だが選帝侯妃は母親のために行なわれたこの儀式——それは純粋に形式的なものだった——に参加しなかった。そしてコジモはどうだったかというと、自宅にとどまっていた。

フィレンツェの外交官たちはしだいに困惑を深めていった。一七二一年の終わり頃には、スペインとオーストリアを対立させる彼らのゲームを続けることはできないよう思えた。アルベローニの屈辱のあと、スペインは萎縮してしまったように見えた。エリザベッタ・ファルネーゼは、息子へのパルマとトスカーナの継承を確実なものにするには、いままでは帝国への封建的な服従を認めたほうが安心だと考えていた。オーストリア政府が公的な同意を与えた以上、それを撤回させるのは容易なことではなかった。

スペインが自らの政策を明らかにするまでフィレンツェではかなりの動揺が続いた。フィレンツェ国家の自由に関する覚え書がヨーロッパの諸宮廷に配布された。オーストリアはライプツィヒでのアカデミックな議論をもとにした反対論で反駁した。そこでネーリ・コルシーニはジュゼッペ・アヴェラーニの論考『フィレンツェ市の法的支配の自由について』が、「ピシス、一七二一年」という偽物の日付をつけて、パリで秘密裏に刊行されるように手配した。それはもっともらしい偽装だったが、「誰も信じないとしてもライプツィヒ以前に刊行されたと見せかける」ためだったと彼は告白している。彼らの手の込んだ工夫は見当違いだった。こうしたわかりにくい学問的論争に列強はほとんど関心を払わなかった。

オーストリアは、ロンドンでの決定にしたがって、トスカーナにスイスの守備隊に代わってバイエルンの守備隊を送ることを言い出した。そして選帝侯妃は後継者として完全に見捨てられた。すべてが解決できないほどもつれ合っていた。一七二二年十二月七日、オーストリアはスペインに対して、インファンテ・カルロスが臣下と変わらない内容の文書を受け入れさせようとしたのち、ロンドン条約に調印した列強からもっと穏やかなものに代えるように要求されたが、封建的紐帯という考え方は変えなかった。コルシーニによればスペインは、封土であることを宣言することで解決を早めるべきと考えるようになっていた。一七二三年十月二五日、コジモはコルシーニ侯爵を通じて最後の抗議を行なった。そのなかで彼は次のように主張した。講和会議が全体的な平和の確立を望み、持続的な平和はあらゆる国の権利が尊重されることを前提としている以上、トスカーナ大公は以下のことを求める。

一、プファルツ選帝侯未亡人が旧フィレンツェ国家を継承するとの決定の変更を会議が行なわないこと。

二、この決定を拡大すること、もしくは国民の平安を保つのに適した形で大公およびその息子である公太子が継承者を決定するのを会議が阻まないこと。

三、会議に参集した諸国はそれぞれ代表たちを通じて、賢明な措置をおのおのの君主たちが取りはからうと保証すること。

四、フィレンツェとその支配地域の独立が脅かされないこと。誰であろうと相続者として大公および公太子の地位を持つ者は、メディチ家がこれまで保ってきたのと同じ威信と特権を与えられるようにすること。

これらの条件下に限って大公およびその息子たる公太子は、継承を決定し、それが正義にもとづく有効かつ議論の余地のない法によってのみ行なわれることを保証する、列強との合意のため手段を講じることによって、全体の平和ととりわけトスカーナの平和に貢献するであろう。

これは、その無力と威信の乏しさから考えて、悲しい抗議の声であった。打ち壊された廃墟が風に向かって叫ぶようなものであった。「顔が失われれば、首筋には何の尊厳も残らない」。

ピタゴラス派の食養生を厳密に守っていたコジモだったが、老齢から来るさまざまな病気にかかっていた。ピッティ宮殿から外出することは稀になり、そういうときには大勢の群衆が彼をひと目見ようと集まった。彼は興味関心の対象となり、一種の聖遺物となった。ジャン・ガストーネは、父親が微熱と丹毒――当時はローザあるいは聖アントニウスの火と呼ばれた――で病床につくと、統治の仕事を引き継ぐためペーシアの隠遁所から呼び出された。

摂政としてジャン・ガストーネはすでに知性と他者を元気づける善意の徴候を示していた。一七二二年七月に父の代理として枢密院に出席するようになり、才気と陽気さを持ち込んだ。サント・スピリト広場などで舞踏会や仮面行列、さまざまな楽器の演奏が行なわれた。貴婦人たちは馬車に乗ったり歩いて現れ、「フィレンツェの町中でこれほどの自由を見かけるのに慣れていなかった多くの人々に驚きをもたらした」。聖ヨハネの祭日に表敬を受けるためジャン・ガストーネが玉座に座ったおり、「あらゆる場合に大公陛下がたいていなさる」真似をしながら、近くにいた人々に向けてまるで喜劇の王の役を演じているようだと冗談を飛ばした。

最期のときにいたるまでコジモは自らの権威を失うまいとしていた。彼は依然としてあらゆることを自分で行ない確認しようとし、自らの義務と信じることに対しては疲れを知らず、大使たちと連絡を取り、その一人ひとりに自ら指示を与えた。一七二三年九月二十二日、いつものように書き物机の前に座っていたとき、震えの発作が起こり、二時間それが続いた。回復したが、それが終焉の前兆だった。

聖職者たちは自分たちのパトロンの命をできるだけのばそうと最善を尽くした。すべての修道院と尼僧院は彼の回復のために特別な祈禱を行なった。インプルネータの奇跡の聖母像が宗教行進に持ち出され、パッツィ家の聖女マリーア・マッダレーナの遺体が公開された。コジモはピサ大司教フランチェスコ・フロシーニ猊下を死の床の立会人に選んだ。ふたりはしばしば話し合ったが、そうした話し合いのあとで大公の寝室を去る際に大司教はこう明言した。「この君主はよき死のための助力をほとんど必要としていない。その長い人生のあいだに死に対して準備する以外のことは何も気にかけず考えてこなかったからだ」。大司教の意見は奥深いものである。意図せずしてコジモの人生と統治に対する批判であり、非難と墓碑銘を同時に意味している。

「死を忘れるな《メメント・モリ》。死こそ生である」がまさにコジモのモットーであり、彼の心のなかで死は中心かつ支配的な主題だった。メディチ家の他の誰よりも長期にわたったコジモの治世は、死のための準備でしかなかった。彼は死を育て、養った——彼自身の死に加えてトスカーナの死をも。これほど十分な準備がなされたあとでは、ジャン・ガストーネとプファルツ選帝侯妃にはなすべきことがどれほど残されていたことだろうか？　彼らには何を取り消すことができただろうか？

最終的な死までに多くのアンチクライマックスが訪れた。コジモはフィレンツェの大司教に対して、民衆によき模範を示すことができなかったことへの後悔を彼らに伝えるように頼んだ。自分の身近に仕えた召使いたちに悪い例を示したことについて許しを求める、同じような要請をコジモは聴罪師に伝えた。肉体がまだ生き延びているあいだ、もったいぶったメッセージの数々を送り出し、迷信に満ちた畏れを抱きつつ死を待ちながら、それでもまだある政令に署名するだけの力がコジモに残っていた。それは臣下たちに対する彼の愛情の最後の想い出であり、国民の収入と報酬の五パーセントを徴収する新たな税を課す内容だった。

死の床について五十三日目、大公の枕元に教皇大使とフィレンツェ、ピサの大司教たちが呼び集められた。教皇大使から「死にあたっての《イン・アルティクロ・モルティス》」教皇の祝福を受けたのち、彼は聴罪師とふたりだけになった。聴罪師からコジモが加入していたフランチェスコ会第三等級（すなわち修道院での生活を送っていない者）に通常与えられる罪障消滅の言葉を与えられた。ドゥオーモやその他の教会に聖体が展示され、コジモのいまわの際には高位聖職者たちも戻って祈りで彼を支えた。教皇大使は朝の二時に彼の魂のために祈り、その後フィレンツェ大司教は聖ヨセフへの祈りを唱えた。それらの祈りが終わって万聖節の前日にあたる一七二三年十月三十一日、コジモは息を引き取った。

コジモへの賞賛の言葉は数多く現れた。そうした言葉のいくつかからは、主人を失った都市の住民全体が絶望の淵に沈んだような印象を受けるが、五十三年にもわたる破壊的な治世のあとでは市民たちも心から喪に服すことはできなかった。コジモの死は確実に何の衝撃ももたらさなかった。一般的な感情はむしろ強い安堵であった。市民たちはコジモの遺骸を見るために明るい表情でピッティ宮殿を訪れた。彼の埋葬の壮麗さは目を見張るものがあった。ヴェッキオ宮殿とすべての教会の鐘は六時間半のあいだ鳴り続けたが、葬儀そのものは楽しげで熱狂的に見えた。市民たちはすでにより活気に満ちた光景を予期し、もはや抹香臭さが消えた空気を呼吸していた。

第25章
ジャン・ガストーネの大公位継承——フィレンツェの状況に関するモンテスキューの観察——大公の「レッセ・フェール」——ウィーン、ハノーファー、セビリアの諸条約——ジャン・ガストーネ、ベッドに引きこもる——ジュリアーノ・ダーミと「ルスパンテ」たち

ロード・ブローアムは次のように書いている。

ただ上っ面だけを見るだけでも、イングランドのジョージ三世とジョージ四世の場合ほど、二代の君主のあいだで性格や習慣の点で対照的である例を見いだすのは困難であろう。

この意見はメディチ家のコジモ三世とジャン・ガストーネの場合にもあてはめることができるだろう。コジモ三世は五十三年のあいだトスカーナ大公国を統治し、病の床について五十三日目で逝去した。メディチ家の最後の男性相続人であるジャン・ガストーネが議論を引き起こすことなくあとを継いだ。彼は五十二歳という年齢にしては老けており、疲れ切った風貌だった。堕落した酔っ払いだという者もいたが、怠惰な見かけにもかかわらず、賢明で寛大な人物だった。それまで彼は支配者になりたいという欲求を一度も示したことがなかった。権力を求めることはなく、静かにひとりで放っておいてもらうほうがありがたかった。彼は自分の国が政治的に衰退していくのを目撃しなければならなかった。結婚生活は失敗

ジャン・ガストーネ（フェルディナント・リヒター画）

であり、ワインを飲むことでそれを忘れようとした。その習慣はいまやすっかり定着してしまっており、もはやその奴隷となっていた救済法を捨て去ることはできなくなっていた。あまりにも長いあいだ、彼は世捨て人として、仲間であり悪事の仲介者であるジュリアーノ・ダーミとともに生きてきた。

ジャン・ガストーネは変わることができなかったが、彼の潜在的な能力は明らかになり、十四年にわたる彼の統治のあいだには心地よい反応も現れた。それはあたかも秋の季節のなかに突如として春が芽吹いたような印象だった。一七二三年十一月、やんごとなき大公は従者たち全員にフランス風の服装をするように命じ、フィレンツェの人々は宮廷でのやり方を真似しはじめた。ジャン・ガストーネはキリスト教に帰依したユダヤ人やトルコ人、カトリックに改宗したルター派、カルヴァン派にかけられていた「信仰に対する課徴金」制度を廃止した。また彼の父親の支配を特徴づけていた個人の生活へのスパイ活動をも廃止した。

コジモが死去した時期にフィレンツェを訪れた旅行者たちは、陰気な都市の印象を描き出している。そこは無気力に陥ることを運命づけられ、迷信とみすぼらしさのなかに沈んでいて、主として老女たちからなる乞食が群れ集まる場所だった。

この都市の衰退状況ははっきり目に見えている。城壁内の広い範囲にわたって何も建築物がなく、空き家もたくさんあるので、人口もそう多くない。働いている住民はわずかで、市民の大半は聖職者である……。ある宗教行進で四千人の修道士がいるのを数えたことがある。そのほかに在俗聖職者としてその半数が在住している。大勢の老齢者のなかには病人や虚弱な者が多数いる。

また別の旅行者の述べるところによれば、「この都市の見た目が悪いのは、多くの窓が割れたガラスの代わりに破れやすい油紙を使っているせいだ」。だが、ローマと同様に、旅行者たちだけが周囲の衰微ぶりにショックを受けていたのである。

政治のすべての悪弊を改革することはジャン・ガストーネにはほとんど期待されていなかったが、彼は賢明な矯正者として行動した。ジャン・ガストーネは引きこもった暮らしを選び、取り巻きもごく少数しかもたず、派手なことは嫌って、強く印象づけることは望まなかった。したがって贅沢な儀礼にふけることもなかった。コジモは長いあいだ節約を説いたが、ジャン・ガストーネはそれを実践した。だらしない暮らしぶりや常習的飲酒の問題があり、懐疑主義的な傾向はあっても、ジャン・ガストーネは信仰篤かった父よりも、神聖なるものに対して健全な理想を持っていると思われた。その父はたんに見せびらかすためだけに毎年莫大な金額を費やし、信仰ゆえに聖職者と修道院にみさかいなく施しをばらまいた結果、国家を破産の淵に追い込んだ。

ヴィオランテはシエーナを離れた。それ以後彼女は民衆と会う機会を多く持った。キースラーは次のように書いている。「彼女は快活な性格だったが、義姉を刺激しないように控えめにふるまう慎重な面もあった。この義姉は宮廷よりも修道院や教会にいることのほうが多かった」。

選帝侯妃は表面に出なくなっていた。ジャン・ガストーネは自分の結婚で演じた役割から、姉をけっして許さなかった。コジモ三世の精神はこの公女に受け継がれた。彼女は深く嫌っていた同時代の動きや変化を目のあたりにせざるを得なかった。ジャン・ガストーネは皮肉な喜びとともに復讐を行ないつつあった。姉の当惑ぶりを彼は喜んだ。

ジャン・ガストーネが大公位に即位して最初の数年間はまだ公衆の前に姿を現すことがあったが、しだいに孤独を求める性癖が強くなり、昔からの伝統的な役割を果たすためにわざわざ登場することもなくなっていった。一七二五年十二月三十一日には、一年の最後の日であるため慣習にしたがって、過ぎ去った年の恩寵を神に感謝する荘厳なテ・デウムが、すべての名士の出席のもとサン・ロレンツォ教会で歌われた。やんごとなき大公は、コジモ三世がしてきたようにそれまでは出席してきたが、その場に現れなかった。こうして敬虔さを実践することが好みではないことを明らかにしたのである。

しかしながら、人々は死刑を廃止したこの世捨て人の慈悲深さを評価した。そしてジャン・ガストーネが小麦の価格を一スタイオ〔二四・三六リットル〕あたり四パオロ引き下げたので、大きなかがり火を焚いて喜んだ。君主が宗教に対してシニカルで、たいてい酔っ払っていたとしても(「大公殿下はいつも大酒を飲まれる」あるいは「かなりの飲み助である」)、それが市民たちにどれほどのことがあっただろうか。彼らはもはやスパイたちのなすがままではなく、精神的な負担は取り除かれ、税金の重荷も軽減された。そしてフィレンツェは偽善がもたらす致命的な悪影響から逃れ、ようやく息をつける場を取り戻した。

ジャン・ガストーネは即位してすぐに、「コッレッテ〔家屋などの不動産にかけられる税金〕」などの、もっとも煩わしい税金のいくつかを廃止した。フィレンツェの町にはびこっていた(「健康な者も病気の者もいる」)乞食たちの群れに対して、救貧院を設置して彼らにできる仕事につかせるようにした。

貧民は自分たちをそれほど不幸だとは考えていなかった。自らの困窮をそれほど意識していなかったのである。生まれながらの貧しさと節度ある暮らしに慣れていた彼らには、配られる施しもので十分だった。無数にある教会の階段は、安楽な長いすと暑い午後の昼寝に適した涼しい寝床となった。つらいのは冬だけだった。病気になれば、たくさんある病院の門を叩くだけでよかった。彼らは祭を愛し、そのために生きていた。それに加えて「小さなことを重要なものに変え、何でもない機会を大きな喜びに変える」

能力をもっていた。

全体として、ローマと同様にフィレンツェでも、貧しさには楽しげな側面があった。何か見て楽しいことや興味深いことなしに一日が終わることはまずなかった。こうした点に加えて、彼らの信仰は深く、順応性に富み、揺るがなかった。「定期的にミサに出席し、習慣として祈りの言葉を唱えていれば、天国は約束されている」。ともかくそう彼らは信じ、憂うことなく生きていた。

貴族たちは祖先から受け継いだ豪壮な宮殿を維持していたが、彼らの立派な道具立てはたいてい見せかけだけのものだった。外国人たちは、こうした殿様たちの控えの間にいる従僕の多さに強く印象づけられた。実際にはこうした奉公人たちはその家で寝泊まりするわけでもなければ食事も与えられていなかった。並んでいた奉公人たちがそこにいるのは一日数時間だけで、賃金は不条理なほどわずかだった。それでも彼らは貴族の保護とときおりの心付けを期待することができた。

貴族たちの楽しみは、ささやかな金を賭けてカードで遊びながら——たいていはオンブラあるいはタロッキで、これは太陽・月・悪魔・修道士の四組からなる七十二枚のカードで遊ぶ——する会話に、「氷で冷やした果物など気分を爽快にする食べ物」をとったりすることだった。食事を客に出す貴族はごくわずかしかいなかった。貴族のほとんどは食事を近くのトラットリアから取り寄せていて、それも一日一スクードほどの出費だった。

一七二八年にモンテスキューは次のように書いている。


フィレンツェほど暮らしぶりがつましい都市はほかにはない。ここでは夜のための暗いランタンと雨のための傘があれば、完璧な身支度ができていることになる。たしかに女性たちのほうが少しは金遣いが荒いかもしれない。というのも彼女たちは古い馬車をもっているからだ。田舎へ行けば洗礼や結婚のためにもう少し金を使うことが多くなるといわれる。道は幅広い敷石でみごとに舗装されているので、歩いて移動するのに適している。大公の宰相であるモンテマーニ侯爵が家の入り口に座って足をぶらぶらさせているのを見たことがある……。ランタンと傘をもって外出しながら、かつてのメディチ家の人々もこんなふうに近所の人々の家を辞去していたのだろうと考える。フィレンツェにはきわめて穏健な政府が存在する。大公あるいはその宮廷の人々を誰も知らないし、誰もその存在に気づかない。まさにこうした理由で、この小さな国は偉大であるように思う。

イタリアの名門は列聖化に大金を費やす。フィレンツェのコルシーニ家は聖アンドレア・コルシーニの列聖化（一三七三年）に十八万スクード以上の金をばらまいた。年老いたコルシーニ侯爵はよく次のように語ったものだ。「子どもたちよ、徳高き人になるように。だが聖人になってはならぬ」。一族の聖人が眠る礼拝堂にコルシーニ家は五万スクード以上の金をかけた。家族にとってこの聖人よりも高くつく、どら息子はそういない。

宗教に則った埋葬にもまた大金が費やされる。簡単に言えば、イタリア人は快適さよりも栄華を誇ることのほうに財布の紐がゆるくなるのである。あらゆるイタリア人は立派な格好をするのが好きだ。

薪はフィレンツェではいい収入をもたらす。倹約の精神が冬に身体を温めるのは有害だという原理を生み出した。だが、彼らが有害と考えるのは自分の家で燃やす火であり、他人の家であたたまる分には別である。

ジャン・ガストーネの主たる望みは、スペインの軍隊が駐留する屈辱やドン・カルロスがたとえ一時的にせよトスカーナに来るのを避けることだった。彼はオーストリアの提案を受け入れる用意があるように見えた。駐屯軍の問題とドン・カルロスが未成年で即位した場合に立てられる摂政をめぐって、オーストリアとスペインのあいだでさまざまな争いが起こることをジャン・ガストーネは理解していた。そして身を低くしてときを待つことで得られるメリットを確信していた。オーストリアがぐずぐずしていることは彼にとって好都合だった。フィレンツェ駐在のスペイン大使であるアスカニオ神父は、一七二五年一月二日付けのパルマ公に宛てて書いた手紙のなかで、次のように怒りをぶちまけた。

しばらく前から大公は、狂人のようにベッドから動かないという馬鹿げた暮らしを、さまざまな折に目撃されているが、今度はそれに政治的狂気が加わった。というのも、大公陛下とトスカーナ政府は、義務を負わずに時間をかせぐことを最善の政策と考え、この宮廷をめぐって世界で繰り広げられているすべてのことを無視しつづけているからである。

一七二五年の初めにフランスとスペインの外交関係が断絶し、しばらくのあいだトスカーナ大公位の継承問題は議論されなくなった。十五歳の十分成長した少年だったルイ十五世はせっかちにも後継者を求めて、まだ七歳の幼い（スペインの）インファンタ・マリアナ・ビクトリアとの婚約を解消し、より成熟した（より目立たない）ポーランドの王女を結婚相手に選んだのだ。この予期せぬ事態は状況を全面的に変えてしまった。スペインは、新しい宰相リッペルダの影響のもとで、オーストリアに接近し、一七二五年四月に（第一次）ウィーン条約が両国のあいだで締結された。この条約はパルマとトスカーナの継承をドン・カルロスに保証していたが、同時にオーストリアの宗主権を承認していた。

皇帝とスペインを和解させようと何年も苦労してきたイギリスやオランダなどの海洋諸国は、オーストリアとスペインが自分たちだけで取り決めをまとめたときには、喜ぶどころではなく、条約のなかに危険な秘密条項があるのではないかと疑い、実際にそうした条項は存在した。ウィーン条約がもたらした最初の影響はフランス、イギリス、オランダのあいだで締結されたハノーファー条約（一七二五年九月）だった。これがまたオーストリアとスペインの秘密の新しい合意につながった。この合意ではイギリスに対する戦争と、エリザベッタの二人の息子と二人のオーストリア皇女の結婚が計画されていた。そしていまや二つの陣営のあいだでの戦争は避けられないように思えた。

だがスペインとオーストリアの同盟は長続きしなかった。リッペルダは不名誉な形で失脚した。現実にスペインのブルボン家がイタリアに地歩を占めることに皇帝は尻込みし、提案された結婚の取り決めを実行せず、イギリスとの戦争にも加わろうとしなかった。また彼は、その時点でのパルマ公である（エリザベッタの叔父にあたる）アントニオに結婚の手はずを整えることで、継承問題でも決着をはかろうとした。アントニオに息子が生まれれば、その子もトスカーナの相続権を主張する可能性があった。

こうなるとフルーリー枢機卿は、スペインでのフランスの影響力を復活させるのが容易になった。彼はエリザベッタに対してパルマとトスカーナへのスペイン駐屯軍の導入を請け合い、ドン・カルロスが皇帝の宗主権からの自由を保つべきことを約束した。したがってイギリスがフランス、オランダ、スペインを含むセビリア条約（一七二九年十一月）の交渉をしたとき、エリザベッタにフルーリーがした約束のすべてが保証され、皇帝がその受諾を拒否した場合同盟国は宣戦することを約束した。

皇帝の返答はイタリアに大部隊を派遣することだった。カール六世はジャン・ガストーネに対してトスカーナにも部隊を送り込む意志を示したが、大公はなんとかこれを避けることができた。彼の大臣たちは策略をめぐらせ、約束をし、両陣営と同時に交渉しながら入り組んだ解決策を求めた。[1] しかしながら、フィレンツェでのジャン・ガストーネの暮らしぶりから、最小限の行動すら期待した国はなかった。

『法の精神』の著者は次のような意見を述べている。

彼は優れた頭脳を備えたよき君主だが、きわめて怠惰であり酒におぼれている。自分の大臣たちを信用せず、しばしば彼らに対して辛辣にふるまう（おそらくほろ酔いかげんのときに）。そうでないときには、非常に善良な人間である。ある男が大臣たちおよび大公自身を攻撃する小冊子を刊行したために逮捕され漕船刑の宣告を受けた際に、その判決の承認を大公は求められた。大公は承認を拒否した。ひとりの元老院議員が大公に抗議をした。「しかし陛下、われわれは彼を見せしめにしなければなりません。彼は元老院議員を無礼に扱いました」。「わたしのこともだね」と大公は答えた。「しかし、彼は真実を伝えており、それを理由に処罰したいとは思わない」。彼はほぼいつも使用人たちと一緒にいる……。

モンテスキューはジャン・ガストーネの並外れた無精さの例として、ドイツから帰還する際に彼の従者の何人かが自分たちの服を主人の手荷物のなかに入れた話をあげている。

ほぼ十二年が経過したのに鞄は開けられず、服は虫に食われてしまった。彼はもらったものをすべて（獣の肉や果物でさえ）しまい込んで腐らせてしまい、あとでその価値を調べさせてそれに見合う心付けを与えた。そうしたことはあっても、彼はよい君主である。

ジェリーニ侯爵という人物は父親の大公から年二千スクードのポストを与えられていたが、息子の公子には嫌われていた。そのために宮廷には顔を出さなくなった。息子が大公位についたが、このポストを取り上げなかった。

たんに無精なだけでなく、持ち前の優柔不断さも加わって、彼はわずかな良心しか持ち合わせていない山師たちの格好の標的となった。ジャン・ガストーネは、彼の小さな独立した宇宙が音も立てずにまわっているあいだ、あいまいな言葉で言い逃れ、ふざけ散らしつづけた。「放っておけ《レッセ・フェール》！　世界はひとりでにまわっている」が彼がしばしば繰り返した決まり文句だった。

その間に彼はベッドに引きこもるようになった。最初は数週間、そして数か月、最後には数年という単位で。そして彼がそこで自分の使用人たちとしていることは公然の秘密となった。使用人たちのリーダーだったジュリアーノ・ダーミは典型的なずる賢いトスカーナの農民で、どうやれば私腹を肥やせるかを知っていた。コジモが死去する前でさえ、もっとも尊敬すべき元老院議員や大臣たちが彼と親しくなろうとつとめはじめていた。ジャン・ガストーネが大公に即位したいまでは、ダーミが君主の引き立てを配分する最高の役割を果たすようになり、「ジャン・ガストーネの宮廷の独裁者にして、大公の欲求の絶対的な支配者」となった。

誰であれ引きこもった大公に近づくことを望む者から、ジュリアーノはたっぷりと賄賂を受け取った。彼の稼ぎと権力はしだいに大きくなっていった。メディチ家に伝わる本能のうち、ジャン・ガストーネが受け継いだのは物を買うことだった。しかし彼は兄のフェルディナンドのような目利きではなく、ジュリアーノに高率のマージンを払った古美術商から数多くの無価値ながらくたを法外な値段でつかまされた。その種の買い物をするとき大公はたいていジュリアーノに相談した。そして「この二枚舌のお気に入りがそのがらくたを誉め、美しいと言って賞賛の言葉を並べるだけで、大公はそれを自分のものにしたいという欲求に駆られた」。

大公をその気にさせるために都合がよいタイミングが選ばれた。それはたいてい大公が「倹約にうんざりした」ときだった。叔父のフランチェスコ・マリーア枢機卿と同じように、ジャン・ガストーネも欺されることに倒錯した喜びを感じていたように思われる。大公が自分の所有物を別の物と交換するときには、商人たちは自分たちが提供する物には信じられないような高い値段をつけて、受け取る物については低い価格を提示した。時間がたってから商人たちは受け取った物を、まるで大公がそれを見たことがないように、また売り込みにくることがあった。彼はまた同じようにそれらを買った。ある日彼はそういう形で戻ってきた嗅ぎタバコ入れに目をとめた。楽しそうに驚きを示しながら、彼が述べた言葉は次のようなものだった。「おお、不死の人にはまた会えるものだな！」

だが大公の買い物は無生物に限られていたわけではなかった。その本能は人間にまで対象を広げていた。奇妙で見慣れぬものに対する彼の情熱はあらゆる領域に向かわずにいなかったのである。ジュリアーノ・ダーミにはこうした情熱をけしかけるもっともな理由があったので、大公の気まぐれに（下品な形で）取り入って厳しい政治状況や日常生活の単調さをまぎらわせることだけが仕事の、男や女の一団を集めた。彼らの報酬は演じる悪ふざけによって異なっていた。しばしばジャン・ガストーネは彼らに自分を道化師であるかのように侮辱し、手荒に扱うことを求めた。給料が火曜日と木曜日にルスポ（フィレンツェで使われていた少額貨幣で、かつては一〇フランに相当した）で支払われたため、彼らは「ルスパンテ」と呼ばれてその悪名をはせた。たいていルスパンテたちは最下層民からリクルートされた（「浮浪者やごろつきの出身で、乱暴かつ不道徳な連中であり、アドニスの容貌をもっているかどうかは問題ではなかった」）。騎士や市民、さらには外国人のルスパンテたちまでいた。やがて彼らはほかの人々を排除する形で大公の時間をほぼ独占するようになった。ルスパンテたちが目立った存在になったことは上品な歴史家の困惑の種になっている。しかし彼らがジャン・ガストーネの晩年に演じた役割を歴史家は否定できない。当然のことながら彼らの存在は時代の全体像を曇らせるが、そこにより深い情念《パトス》を与えてもいる。

ジャン・ガストーネがアレッサンドロ・マニャスコをピッティ宮殿に招いたことはよく知られている。

マニャスコは数年間滞在し、パトロンが喜ぶようなメロドラマ的な一連の絵を描いてその熟練の技を発揮した。そこには、ユダヤ教のシナゴーグや正気を失った修行者、魔術師、ジプシー、乞食、修道士の生活の場面が、震えるような不安なタッチで描かれていた。

「リッサンドリーノ〔アレッサンドロの愛称〕」に対するジャン・ガストーネの賞賛は、彼の趣味を明らかにしている。というのも、ランツィが書いているように、(2) この画家はイタリア人より外国人から寄せられる評価のほうが高かった。「彼の大胆なタッチは、いかに気品あるコンセプトと正確な構図をともなっていても、(生地である) ジェノヴァでは受け入れられなかった。なぜなら、その地の画家たちが用いていた繊細さと色づかいからかけ離れていたからである」。マニャスコの不気味なユーモアは、現代の批評家にとっても陰鬱で嫌悪感をもたらすものだが、ジャン・ガストーネの肖像を描き出す役には立つかもしれない。両者はともに同時代の古くさい因習からは遠いところに位置していた。嗅ぎタバコの汚れをつけて、ナイトキャップあるいはボロボロの鬘をかぶってベッドに横たわったパトロンの肖像画を、マニャスコが残さなかったのはつくづく残念なことである。それを描いていれば、たいした傑作になっていたはずなのに！　ルスパンテたちのなかにいるジャン・ガストーネの姿、この不思議な場面をマニャスコであれば目に見える形で正確に描き出していただろう。

大公の謁見は正午に行なわれ、彼に用事のある者は寝室に呼ばれた。彼はつねに夕方五時に正餐をとり、朝の二時に軽食を食べた。食事はいつもひとりで、ふつうはベッドのなかだった。毎日同じことを一年中繰り返した。夏のあいだはピッティ宮殿の一階で暮らした。毎年、桃を背負ったロバが大公のもとにやって来た (それはサン・ジミニャーノの町からの贈り物だった)。ロバを寝室まで連れてこさせるのは、ジャン・ガストーネがおもしろがってやったことだった。毎年冬になると、彼は箱形椅子《ポルタンティーナ》かごに乗って二階の部屋に移動し、かごを担いだ人々には気前のよい報酬が与えられた。

ジュリアーノとルスパンテたちには大臣たちよりもジャン・ガストーネのことがわかっていた。大公の冗談は広く伝えられ、また彼はあらゆることについて冗談を飛ばした。「一ダースほどの自堕落な若者たちを贅沢な食事に招き、彼らのひとりひとりをもっともよく知られた国家の要人たちの名前で呼んだ。そういった連中と夜の会議を開いた」。

この当時ジャン・ガストーネはヴィオランテの甥のひとりが自分の後継者になることを望んでいたようだ。大公はある陽気な夜の会議の席上でこの偽物の大臣たちに意見を求めた。彼らはこの問題に関して厚かましい判断を口にした。他の連中よりもずる賢いひとりが、大公の選択がどこにあるかをたまたま推測し、彼の機嫌をとろうと答えた。「全ヨーロッパとトスカーナはスペインの布地を欲している。しかし、これがバイエルンの織物に変わるほうがあきらかによいと思う」。ジャン・ガストーネはこの返事を大いに賞賛し、バイエルンのフェルディナント公とその息子たちに乾杯を捧げた。この優れた助言者には他の者よりも気前よく金をやり、卓越せる枢密院を夜明けに解散させた。

大公は貴族たちをひどく嫌っていたため、ルスパンテの男女たちとともに祝祭を挙行するときには、娼婦や堕落した女たちを貴婦人たちの名で呼び、ごろつきや浮浪者たちをもっとも高名な騎士たちの名で呼んだ。そうした連中を、まるで本物の貴族であるかのように、あらたまった様子で並ばせた上で誰それ侯爵夫人あるいは誰それ侯爵のために乾杯を重ねた。ルスパンテたちが貴族の名で呼ばれるのを聞いて狂ったように笑い転げる大公は、食後にはこう言うのがつねだった。「それでは、X侯爵殿、Y侯爵夫人を気に入られたか？　そうなら、仕事にかかられよ。さあ、思い切って」。口には出せないような吐き気のするシーンがその後につづいたと言われている。そうした噂を全面的に信じはしないが、ことわざにもこういうものがある。「火のない所に煙は立たぬ」。おまけにこうした話は、自分たちの行動を自慢するルスパンテたちによって外に広められたのである。

一七二七年四月、教皇ベネディクトゥス十三世は、メディチ家に対する敬意のしるしとして、ヴィオランテ公女に黄金の薔薇《ローザ・ドーロ》を与えるとジャン・ガストーネに伝えてきた……。元老院議員にして執政官の主任国務長官モンテマーニが、黄金の薔薇がローマから到着する際に行なうべき適切な儀式に関してジャン・ガストーネと協議したいと願い出ると、大公陛下はこう答えた。「お前はこの問題を［ボーボリ庭園の主任庭師の］ラーパと協議するべきだ。あの男はバラのことをよく知っている。このわたしはバラについてはほとんど知らないのだから」。

コジモ三世の例にならってヴィオランテは一七二五年の聖年にローマに赴き、ベネディクトゥス十三世は彼女の徳の高さに強く印象づけられていた。彼女がイタリア最大の即興詩人であるベルナルディーノ・ペルフェッティを呼び寄せたことで、そのローマ滞在はいっそう記念すべきものになった。ペルフェッティはコッレッジョ・クレメンティーノや（彼女の滞在先だった）マダーマ宮殿、ポリニャック枢機卿の屋敷、フランス大使館などで即興詩を披露して賞賛を集めたため、教皇はカンピドリオで彼に冠を授けることを決意した。

ローマから戻ったヴィオランテは、ジャン・ガストーネを夜明けまでつづく宴に招いてルスパンテたちから引き離そうとした。招かれたのは、ジャン・ガストーネのほかには、「グラスを手に持った」四人の貴婦人で、そのうちの三人は毎回違っていたが、ひとりは必ず機知に富んだマリーア・アンナ・ヴァルヴァゾーニだった。彼女はバリ・バルダッサッレ・スアレスの妻で、この当時の才気ある女性のなかでももっとも目立つ存在であり、フィレンツェ社交界の花形だった。この年、ジャン・ガストーネはリッカルディ侯爵が年に一回グアルフォンダの彼の庭園で開く晩餐会に出席した。晩餐会のあとには、ファリネッリという名のほうがよく知られていた［ファリネッリは十八世紀に活躍したカストラート］高名なナポリ人、カルロ・ブロスキが何曲かアリアを歌った。

だが軽い夜食を出すような席でさえ、大公は招待主に恥をかかせがちだった。年代記作者は、そうした席のひとつ（おそらくラッペッジ）でフィレンツェのもっとも上流の人々が出席していた際の話を伝えている。ワインのせいで大公の舌はひどく軽くなり、考えられる限りでもっとも卑猥な言葉を発しながら、頭を前後左右にふらふらさせ、そのうちにナプキンに吐いたかと思うとすぐにげっぷを連発し、不愉快な話をつづけて集まった人々にショックを与えた。そしてまた嘔吐して、垂れ下がった鬘のカールで口を拭いたので鬘は滅茶苦茶になった。

この光景にがまんできなくなったヴィオランテは侍女たちに出発することを伝え、自分たちの馬車が用意されてるか尋ねることで、他の人々にもあとに続くように合図した。酔っ払って身体中汚れた状態の大公も自分の馬車の用意を命じ、到着するとたくましい付き人四名によって干し草の束のように乗せられ、家に戻り、吐瀉物で覆われた自分のベッドに放り込まれた。

ルスパンテの数は増えていき、ジャン・ガストーネは変わったやり方で「その場限りの楽しみを味わった」。一七二九年の聖木曜日、フィレンツェを訪れていた何人かのポーランド人が三頭の熊を連れていた。熊たちを太鼓とトランペットの音に合わせて踊るように訓練してポーランド人たちは生計を立てていた。選帝侯妃とエレオノーラ公女がそれぞれの礼拝堂にいるあいだに、大公はポーランド人たちをピッティ宮殿の中庭に呼んで騒々しいラッパと太鼓の音とともに熊たちを踊らせた。

それが終わると大公陛下はポーランド人たちを自分の部屋に来させて一緒に大酒を飲んだ。すっかり酔った大公は、酔っ払いがするように、ポーランド人たちの顔にグラスやワインを投げつけはじめ、ポーランド人たちも同じことを大公にやり返した。幸いなことに侍従のなかにこの騒ぎを聞きつけた者たちがいて、部屋に入ってみると大公はポーランド人たちに強く抱きしめられて動きがとれずにおり、すぐさま解き放たないと怪我をしかねない状態だった。

ある歴史家がジャン・ガストーネについて次のように書いている。(3)

たんなる怠惰とものぐさから晩年の十三年のあいだまったく服を着ず、最後の八年間はベッドを離れることもなかった君主の個人的な歴史について、多くを語ることは不可能である。彼の格好はまことに気まぐれそのものだった。許可を得た者に謁見をする際には、ひだ飾りなしのシャツ姿で恐ろしく長いモスリン（最上級ではない）のネクタイをしてナイトキャップをかぶっていた。身につけていたものはすべて嗅ぎタバコで汚れ放題だった。故サンドイッチ伯爵が筆者［マーク・ノーブル師］に教えてくれたところによれば、この「不潔な」習慣はジャン・ガストーネの晩年にはますますエスカレートしたため、ベッドからの悪臭を抑えるために、伯爵が大公の謁見を受けたときには摘んだばかりの薔薇で部屋は埋め尽くされていた。

そこからトスカーナを統治したこの部屋を、スティンケ——一八三五年に廃止された恐ろしい監獄——の独房と比較した人々もいる。一七二九年七月にジャン・ガストーネはつまずいて足首を脱臼したが、侍従のひとりザノービ・アメリーギはたまたま外科医ですぐさま手術を施した。「選帝侯妃は大公陛下にあえて手術をしたことでアメリーギを激しく叱責した。アメリーギは熟練した外科医ではないと考えたからだ。この迅速な手術がなければ、彼は死ぬまでびっこを引くことになっていただろう」。

八月には地震が起きた。そして多くの人々はそれが神の下した罰だと考えた。というのも、フィレンツェには——とくに上流社会において——あまりにも放埓な風潮が持ち込まれていたからだ。そこで三十人の身持ちの悪い外国人女性が追放された。その女性たちは、セッティマンニに言わせれば、フィレンツェの女性とくらべればはるかにましだった。ものがよく見えているフィレンツェ人はわずかしかいない

——「盲目のフィレンツェ人たち《フィオレンティーニ・チェーキ》」と冗談で呼ばれていた——と語りながら、キースラーは次のように書いた。

箴言にもあるように、ソドムとゴモラに神の怒りをもたらした、悪質で人倫に外れた罪に彼らは染まっていた。そうした淫らな性向のフィレンツェ人たちが最良の目を持たなかったことには何の不思議もない。無分別で絶えず肉欲を追求する行為はものを見るためにはまことに有害である。ザクセンのハレで約二十年前に、ある娼婦が「肉欲の行為ゆえに」回復不能の盲目状態になったことがあった。

第26章

遠出は稀になる——第二のウィーン条約——ヴィオランテの死——一七三二年、ドン・カルロスのフィレンツェ訪問——寝たきりの大公——ポーランド継承戦争——ロレーヌ公によるトスカーナ継承——一七三七年、ジャン・ガストーネの死

ジャン・ガストーネが統治した時代のフィレンツェは、摂政時代のパリ〔ルイ十五世の治世のうち一七一五〜二三年のこと〕と比較できるだろう。フィレンツェの上流社会はフランスを模倣していた。フランスでは「ルイ十四世の晩年の禁欲政策に対する自然な反動として、悪徳をこれ見よがしに行なう連中が現れた」。フィレンツェでのそれは陰気さと偏狭な盲信に対する避けがたい反応だった。こうした不道徳の広がりについてはジャン・ガストーネだけの責任ではない。

サン゠シモンが書いているところによれば、摂政オルレアン公は生まれたときから自分自身にうんざりしていた。彼は救いをワインと才気ある女性たちに求めた。彼のなかにある悪徳は情熱でもファッションでもなく、疲れ切った男の退屈な性癖だった。才気ある女性の代わりがルスパンテであるだけで、同じことがメディチ家の最後の大公にもあてはまる。

ジャン・ガストーネが最後に公的な行事に姿を現したのは一七二九年のことだった。彼が死の淵で伏せっているという噂がおびただしく流れたため、意に反して説得に応じ、洗礼者ヨハネの祝祭に登場して噂を一掃したのだ。

そうした場合に彼は元気づけに大酒を飲んだ。バッカスが臣下たちの凝視から守る鎧を与えてくれるように彼には感じられたのである。それ以外のことにはこだわらないほうがよかった——見つめる民衆がお辞儀をし、ひざまずき、帽子を脱いでいるなか、フィレンツェの通りを盛装して走る馬車の窓から酔っ払った大公がときおり嘔吐したとしても。この肥満した、悲惨な見た目の酒飲みが、人間の文化の完成を体現した家系の最後の男子相続者なのであろうか？

プラート門では、大公は毎年バルブ種の馬によるレースを見るテラスに助けを得て登った。恥ずかしい思いをしていた廷臣たちは大公からできるだけ離れて立っていたが、嘔吐をしていた当のジャン・ガストーネ自身は明らかに楽しんでいた。甲高い声をあげてひっきりなしに彼らを呼び、近習や侍女たちにげっぷやしゃっくりを聞かせつづけた。そして突然うとうとと眠りはじめた。召使いたちは彼をカーテンのついたかごに乗せてピッティ宮殿に連れ戻した。そして大公はピッティにとどまった。

この醜態をさらした外出ののち、ジャン・ガストーネはほとんどピッティ宮殿に閉じこもったきりだった。まれに外に出るときは、その常軌を逸した様子のせいで、市民の話題として記憶にとどまった。彼の性格は心理学的な謎であり、人を当惑させるとともに楽しませもした。

一七三〇年二月、夜の二時に彼は箱型いすかごで宮殿を出発してサン・スペランディーノの浴場に向かった。四人の槍持ちと近習たちが松明を持って同行した。そして朝の七時までそこにとどまった。大公は監視役に一〇ゼッキーノ、その助手たちにひとり一ゼッキーノを与え、そのほかに監視役の兄弟にも心付けをやった。

国王陛下のこの興味深い遠出は大いに議論を呼んだ。というのも、あの洗礼者ヨハネの祭日以来彼は一度もピッティ宮殿を離れたことがなく、だいいち宮殿内には豪華な風呂があったからである。チェッキの喜劇『釜焚き《ロ・ストウファイオーロ》』をじっくりと読めば、この遠出からペトロニウス風の印象を受けるだろう。ルーカ・

ランドゥッチの『フィレンツェ日記』の一五〇六年十一月十三日の部分に次のような記述がある。

夜の八時頃、（公衆浴場《ストゥーファ》の正面にある）サン・ミケーレ・ベルテルディ教会で戸口の上にある聖母像が奇跡のごとく目を閉じたという噂が流れている。それはあたかも公衆浴場のなかで犯されている罪を見たくないというように。数時間後には多くの蠟燭が灯されて大いなる敬意がその絵に向けられ、その前には教会のような壁が作られることになった。壁がなかったら、女性が行くのにふさわしくない公衆浴場に近いこの場に、多くの女性が行けるようになった……。

時代が異なるとはいえ、意味深い一節である。

これ以外には五年後のたった一回の遠出だけが記録に残っている。それは一七三五年七月五日のことであった。何年もピッティ宮殿を離れたことがなかった大公が、思いがけなく夜の九時半にかごに乗ってボーボリ公園を経由しポッジョ・インペリアーレの豪奢なヴィッラへ移動したのだ。寝間着の上からガウンを羽織り、麦わら帽をかぶったジャン・ガストーネに付き添っていたのは、カナーレ・ダ・テルニ伯爵と侍従たち、およびふたりの式部官だけで、護衛役が先導していた。何の用意もなしに行なわれたこの決定はフィレンツェ全体を驚かせ、国王陛下がこれほど長い期間のあとで人々に姿を見せたことを喜んだ。

先に引用した回想録によれば、廷臣たちはもっと威厳ある服装を身にまとうべきだと説得したが、無駄に終わった。そのとき隣接するヴィッラ・デルチでパーティーが行なわれていた。そこに集まっていた人々は主君がやって来ることを聞くと、夜の闇のなかで輝く松明を掲げて迎えに出た。しかし大公は彼らの姿を見ると、大きな声でしかりつけた。「明かりを消せ！　明かりを消すんだ！」。彼らが近づくのを禁じた理由を、大公はのちになって友人たちに明かした。それはその場にふさわしくない服装で登場するのが突然恥ずかしくなったからだった。

トスカーナの継承問題は一七三一年に決着がついたように思われた。危機はこの年一月のアントニオ・ファルネーゼの死とともに訪れた。未亡人は自分が妊娠していると確信していたが、外交官たちは懐疑的だった。カール六世は名目上ドン・カルロスのためにパルマを占領した。海洋諸国〔イギリスとオランダ〕は国本勅諚〔カール六世が娘マリア・テレジアを王位継承者とした勅令〕への保証を申し出て、その見返りに皇帝は第二次ウィーン条約を作成した。スペインはこれを七月に受諾した。未亡人となったパルマ公妃が男子を産んだとしても、スペインの部隊が駐屯することになった。ドン・カルロスによる両公国の保有よりも、皇帝による封土の授与が優先されるとされた。スペインは四国同盟条約の諸条項と一七二五年七月七日の第一次ウィーン条約を承認した。

第二次ウィーン条約はジャン・ガストーネへの打診がなされることなく作り上げられた。この頃までに当のジャン・ガストーネ自身も、特定の後継者に関心を持つことよりも平和に自分の人生を終わらせることを心がけるようになっていた。彼は目を閉じ、頭をそむけ、心を閉ざして漂っていた。ヴィオランテが五月に死んだ。彼女の死はジャン・ガストーネにとっては真の喪失だったが、それを表に出そうとはしなかった。悲しみや喪に服することは、「死を忘れるな《メメント・モリ》」は、もう十分だ、というのが彼の感情だった。

彼女は死の床についているとき、別れのために会いにきてくれるよう彼に頼んだ。しかし、どのような説得にも彼は応じなかった……。そして彼女が死に、遺体が墓に向かおうとするとき、その豪壮な葬儀を見ようと群衆がピッティ広場を埋めた。何らかの支障が起こって葬列の出発が遅れたため、騒ぎが起こった。

そのあいだ大公の部屋は武勇ではなく色事で名を馳せた若者たちであふれ、遺体の最後の旅を早くせよとのメッセージを大公は何度も発した。とうとう大公はかんしゃくを破裂させた。激しい怒りのなかで彼は葬列を急がせた。そしてやんごとなき公女はおろか、最低の売春婦にさえふさわしくない罵りを口にしたといわれる(1)。

少なからぬ人々がこのときのジャン・ガストーネのふるまいを思いやりがないと非難した。そうした人々の洞察力の欠如にはおどろくしかない。自分がもう長くないのは大公の痛む心にとって明白なことだった。ヨーロッパ列強にはいやというほどそれを思い知らされていた。ルスパンテたちに囲まれてはいても、ジャン・ガストーネはそれまでにも増して自分のなかに閉じこもり、孤立して生きていた。彼の感じやすい心は死の妄念から逃れることができなかった。義姉の遺体が彼の寝室の窓の外に永遠に横たわっているように思われたとき罵言を口にしたのは、威信を気にもかけず生命にしがみつく者の自然な反応である。加齢によって自ら味わえなくなった楽しみを思い出させる若者たちの一団をまわりにはべらせていたジャン・ガストーネにとって、真に愛情を寄せたヴィオランテが現実に(彼にもいずれ起こる)消滅することを残酷なまでに気づかせたのは、耐えがたいことだった。こうした状況を考えれば、大公が義姉の死にあたってとった態度を厳しく判断すべきではない。

ドン・カルロスがなさねばならぬのは、新しいイタリアの領土に足を踏み入れることだけだった。インファンテ・カルロスは決して受け入れがたい人物ではなかった。主としてイタリア人たちから教育を受け、イタリア人の特徴を数多く持っていたのである。スペイン人たちは不人気ではなく、インファンテが継承することで少なくとも皇帝の宗主権はたんに名目的なものになるのは確実だった。それはトスカーナにブルボン系諸国の支援をもたらし、パルマとの統一はトスカーナの重要性を大いに高めるはずだった。

その結果ジャン・ガストーネはスペインとの満足のいく個人的な取り決めを行なったが、そのなかでは皇帝の宗主権に関する言及は慎重に避けられていた。まだ未成年だったドン・カルロスは大公とパルマ公未亡人の後見の下に置かれることになった。

「彼らは親切にもわたしをこの王子の後見人に指名してくれた。それと同時にわれわれを保護下に置いてもくれた」とジャン・ガストーネは（駐屯軍についてほのめかしつつ）述べた。ただしいつものように彼は状況のなかから何か笑える部分を引き出してくる。「というわけで、六十歳の老人が立派な息子を産んだところをお目にかけることになった」と不平をもらしたのであった。

スペイン軍の部隊は一七三一年十月まで到着しなかった。その一方で、三七〇人にまで膨れ上がったルスパンテたちは公然たる脅威となりつつあった。スペインの兵士たちですらこのけんか好きのごろつき集団ほど恐れられはしなかった。給料をもらおうとピッティ宮殿の中庭にある列柱の下に彼らが集まるたびに大混乱が持ち上がった。セッティマンニによれば、一七三一年八月二十五日の夕方、前日に陛下への奉仕に対する報酬を得られなかった大公のルスパンテたちは、メルカート・ヴェッキオ（旧市場）に行って金を払うことなくトラットリアで食べようとした。しかし、店の主人たちが抵抗したため乱闘が起こり、石を投げたりナイフを振り回したりという騒ぎが続いた。だが事件に対する司法の対応は、この下層民たちが大公陛下の愛顧を得ていたために、皆無だった。

そうした光景が毎日のように見られた。同じ年の九月、ルスパンテたちは、ボーボリ庭園の門を無理やり突破して大公陛下が眠っている部屋の窓の外で無礼な叫び声をあげ、陛下の生死を知るために部屋に押し入ろうとまでした。この事件が起きたあと、夜間も武装した警備兵を配置する番小屋が作られ、問題の窓に近づこうとする者は誰であれ引き下がるように告げること、したがわない者には即座に発砲する命令が警備兵に与えられた。やんごとなき選帝侯妃も、ルスパンテたちからのこうした無礼を恐れて、自室の番人を二倍にした。

　この事件に関する、より正確な事情はモレニアーナ図書館の手書きの回想録から得られる。ジュリアーノ・ダーミは選帝侯妃を恐れて大公の無秩序な集まりを奨励することをやめていた。選帝侯妃はダーミが騒ぎをけしかけていると見なし、激しく憎んで追求していたからである。その結果、ジュリアーノをはた目よりも愛し評価していた大公は、しばらくのあいだ騒ぎをつつしんだ。とはいえ大公にとってその種の集まりの楽しみは大きすぎたため、結局は我慢できなくなった。ジュリアーノに知らせることなく、大公は十数名のルスパンテに大きな広場側の門からボーボリ庭園に入るように取りはからった。この門は番人がたったひとりで、つねに半ば開いた状態だった。庭園から宮殿に入るには秘密の入り口があり、簡単に大公の住む部屋にたどり着ける手はずになっていた。

　ルスパンテたちは、おそろしげな仮面をかぶりドミノ仮装衣〔舞踏会で用いるフードと小仮面付き外衣〕を身につけて、約束の時間に門のところに集まった。しかし番人がルスパンテたちを追い返したので、彼らは石を投げて番人を追い払った。ルスパンテたちはこの障害は乗り越えて庭園に入ったが、暗闇のせいで秘密の入り口を見つけることができなかった。そのあいだに番人が警備兵たちに警告を発していた。松明が灯され、完全武装した十人の強健な兵士がルスパンテたちを追った。

　ルスパンテたちは闇のなかを手探りで捜したが、入り口を見つけられなかった。警備兵たちの松明が近づくのを見て、彼らは疑惑を避けるため宮殿から距離を置いた。ところが、わき道あるいは茂みのひとつに入れば簡単に逃げられたはずだが、彼らは大胆にも兵士たちの前に飛び出していった。警備兵たちは捕まえる用意はしていたが、ルスパンテたちが思いがけなくピストルを手に剣を抜いてまとまって目の前に現れたため、そのまま通過させるしかなかった。身柄を確認することなく、ボーボリ庭園の出口まで付き添うだけだった。

ベッティーノ・リカーソリは、この連中が泥棒だったのではないかと考え、これ以後すべての警備兵は夜間においてマスケット銃に銃剣を装着するべしという命令を下した……。ルスパンテ以外のせいであれば、犯人を見つけるために町全体が捜査の対象になっていただろう。だがこの事件はもみ消され、捜査の手続はまったくとられなかった。この件を知らされた大公の喜びは果てしなかった。ジャン・ガストーネは当のご立派な若者たちを呼び寄せ、冒険の詳細を語らせた。彼らの勇気は讃えられ、気前よく褒賞が与えられた。

同じ回想録は、姉がルスパンテたちを恐れていたことをジャン・ガストーネが知っており、ルスパンテを扱う自分のやり方を彼女が知っていることも承知していた事情を伝えている。報酬を支払う日には、遠く離れたバルコニーに姉が立って見つめていることに彼は気づいており、彼女のお楽しみを増やすためにルスパンテたちを三時間も四時間も待たせた。一週間給料が支払われなかったあとの、ある土曜日には三五〇人もそこに集まって大騒ぎになったこともあった。

ルスパンテたちの側も選帝侯妃を軽蔑していた。彼らのリーダーだったアントニオ・フリッツリは、貴族のように見せようと銀のレース飾りのついた黄色いシカ革の衣装をまとい、鞍頭にピストルを差して、市内を馬で走りまわった。ある日その格好で馬に乗っていたとき、ラルガ通りのリッカルディ宮殿の近くで彼は選帝侯妃と行き会った。フリッツリは馬を止めて数ヤードの距離から彼女が通過するのをじっと見すえた。彼はお辞儀も帽子を取ることもしなかった。この侮辱行為を大公陛下が知れば、フリッツリがさらにお気に入りになるだろう、と噂された。

一七三一年九月十三日、パルマ公未亡人は自身の妊娠についてそれがまったくの誤りであったことを公にした。フィレンツェの人々はスペイン軍の到来を恐れてはおらず、むしろ目新しい経験として期待をもっていた。人々の好奇心を満足させたのは、頭がふたつある赤子の死産、五十歳を過ぎた女性のお産、奇跡的な病気の治癒、井戸に落ちる事故、卒中の発作といった事件だけで、政治に関するニュースはほとんど届かず、届いたとしてもひと月半からふた月も遅れる、そんな町での日常生活はさぞや単調だったに違いない。スペイン軍は、市民を楽しませる喜劇役者たちの大きな一座か何かのように待ち望まれていたのである。

十月二十五日、あらゆる階層からなる大勢の人々がフィレンツェを出発してリヴォルノへ向かった。トスカーナ人のほか、多くのロンバルディーア人や外国人もイギリス・スペイン艦隊の到着を見ようとリヴォルノに向かった。リヴォルノでの生活は高くついた。膨大な食料を載せた数多くのはしけがフィレンツェから送られたのではあるが、ひとり用の寝室が一日ギニー金貨一枚、去勢雄鶏一羽が一ターレルもし、その他の飲食物も同様だった。

ドン・カルロスはスペインの守備隊が到着して二か月後の一七三一年十二月二十七日の夜に上陸し、照明が輝く通りを通って大聖堂に向かった。彼はその後すぐに天然痘にかかり、すっかり回復した一七三二年三月九日、フィレンツェへの正式な入城を果たした。彼はあらゆる場所で、若さがもたらす快活さと熱心に学ぼうとする態度によって、好感をもたれた。ドン・カルロスは母親エリザベッタ・ファルネーゼの影響を強くうけており、スペイン人というよりもイタリア人だった。「スペイン人たちは気前よく使うための金と、友好的であることを示すようにという命令を受け取っていた。イタリア人たちには友情を結ぶ用意があり、ドン・カルロスはすべての人の心を容易につかんだ」。

主権の問題は老人の気むずかしさと病気に関連づけられるようになった。大公がほんのわずかな時間姿を見せると、それは人間というよりも肥満した亡霊の出現だった。大公が死んだ――あるいは何か月にわたって瀕死である――という噂が頻繁に流れたため、万聖節の前夜などに、「バルコニーに立って自分の姿を見せて、主君の様子に慣れていない人々をおどろかせた」。

フィレンツェの社会は自分たちの顔となる人物を強く求めていた。生命力に満ちた若者がやって来たことで、この町の動脈を血はより速く流れた。六十歳の老人が元気あふれる少年の父親になるというのはまことに真実であった。ドン・カルロスは鷹狩りと狩猟を愛した。彼はボーボリ庭園で銃を撃ち、魚を釣った。カッシーネで狩りをした。毎日広場では軍隊のパレードと軍楽隊の演奏が行なわれた。しかしフィレンツェ人たちはドン・カルロスの随員たる紳士たちを見下した。その大半は無教養な人々だったからだ。グロスリーは次のように書いている。(2)

外国人たちの甚だしい無知の例のなかで、フィレンツェ人たちが大いに笑いものにしたのは、ドン・カルロスの聴罪師がラウレンツィアーナ図書館の入口で示したふるまいである。フランチェスコ会修道士であるこの聴罪師は、トスカーナを継承するためにやって来た若き君主と同行して現れた。ドン・カルロスの一行のなかでなにがしかの学識を有する唯一の人間であることから、図書館員はメディチ家の君主たちが文学に対して気前よく金をつぎ込んだすばらしい成果を修道士が見たがると考え、丁寧な招待状を送った。修道士はこうした敬意を喜んで受け入れ、訪問の期日が定められた。

図書館長はフィレンツェでももっとも優れた学者たちを集めた。聴罪師は、きわめて優雅な会食のあと、図書館に向かった。彼のうしろからは高名な人々が付きしたがった。図書館の入口まで来たところで聴罪師は立ち止まり、大きな広間を見渡して図書館長を呼んだ。「図書館長閣下におうかがいしたいが、ここには七つのラッパ〔『ヨハネの黙示録』で七つの封印が解かれたときに登場する神の使いが吹き鳴らすラッパのこと〕の本は所蔵されていますか?」図書館長はないと答え、そこにいた人々もうろたえながらそんな本のことは何も知らないと認めた。「それでは、あなたがたの図書館は煙草のパイプほどの価値もありませんね」と聴罪師は言った。すぐにその本の詳細について尋ねられたが、それは信仰に関わる出典の疑わしい話ばかりの寄せあつめを、ひとりのフランチェスコ会修道士がスペイン語に翻訳したもので、最下層の人々の読み物だった。

スペイン人たちはたしかに意外性のある人々だった。一七三二年十月、十四年間軍務についていたカスティーリャ連隊のある「軍曹」は、リヴォルノで警備の任務にあたっているあいだに突然男の子を産んだ。ジャン・ガストーネは自分の後継者を気に入っていた。彼がプレゼントしたもののなかには、金の刺繍をほどこしたパラソルやヴェルヴェット張りで銀の飾りのついた小さな無蓋馬車があった。ドン・カルロスはこの馬車を二頭の小さなロバに引かせてボーボリ庭園の小径を走らせた。夜になると王子はペルゴーラ通りでのオペラに行ったが、一幕以上を見ることはめったになかった。「今夜のオペラは王子がまだ聞いていない二幕目から始まった。というのも、彼はいつも早くに宮殿に戻るからである」と年代記作者は書き残している。

洗礼者ヨハネの祭日にジャン・ガストーネは、皇帝に問い合わせることなく、ドン・カルロスがトスカーナの諸地方からの臣従の誓いを受けることを許した。この年の五月、ジャン・ガストーネは重い病気になっていた。心拍が非常に弱くなり、生命の危険が迫ると「臣下たちは、陛下の死が自分たちにとってプラスにはならない、と大いに懸念した」。五月二十五日には大公の六十二回目の誕生日が熱狂的に祝われた。そして一度も姿を見せたことがない彼の妻の誕生日を祝う盛大な祝祭が宮廷で行なわれたのは、まことに奇妙なことだった。運命が与えてくれたこうした人生を楽しむことができる、と彼自身もこの頃には感じるようになり、ルスパンテの数はさらに増えていった。彼は自分が経験した悲劇に気がついていないように見えた。彼の無関心さはおどろくほどで、それを悲劇と考えていた同時代人たちには衝撃的だった。

フォン・ペルニッツは次のように書いている。

自らの家系が消滅し、自分の国が他者の手にわたるのを目のあたりにしている今、大公はメディチ家がこれまで獲得して子孫に残してきた偉大な資産の目録を刊行することで、祖先の栄光を不滅のものにすべきである。サン・ロレンツォ教会の礼拝堂は百五十年前に建設が始まったが、やっと三分の一が完成したにすぎない。

君主たちの行動を批判することが法にかなうのであれば、偉大な家系が自分とともに終わろうとしているのを目の前にして、大公はこの、メディチ家の壮麗さのモニュメントを完成させるべきである、とわたしは言わねばならない。なぜなら、自分の家系の名声を後世に伝えることをおろそかにしていては、彼とまったくあるいはほとんど関係のない後継者たちにはそれを期待できないからだ。

だがトスカーナ大公ジャン・ガストーネの気分はまさにそういう状態である。彼はあらゆることに無関心で関わりをもとうとしないため、諸外国が自分の国を処分して後継者を決めるのを見ているだけだ。廷臣たちも彼を見捨てて、件の後継者にへつらっている。こうした見通しがあって、それがどれほど不愉快なものでも、大公はまったく居心地の悪さを感じていないようだ。数日前、スペインの（王位継承者でない）王子であるドン・カルロスを後継者と認める遺言に署名したあと、こう言われた。三十四年間の結婚生活で得られなかった息子と後継者を、ペンをちょっと動かすだけで獲得できた、と。

オリヴァー・ゴールドスミスは幸福に関するエッセイのなかで次のように述べている。

わたしはフランドルの要塞で見かけたひとりの奴隷のことを思い出す……。彼は片脚がなく奇形で、鎖につながれていた。夜明けから夜までつらい仕事を強制され、それが生涯続くことになっていた。しかし、このみじめな境遇においてさえ、彼は歌を歌い、脚さえあれば踊っていただろう。この要塞のなかで彼はもっとも陽気で幸せな人間のように見えた。生きるための哲学を彼こそが備えていたのだ！　……あらゆることが彼に喜びを感じる機会をもたらした。その鈍感さから彼を馬鹿者と考える人々もいたが、彼こそ哲学者たちが真似しようとしてもできない愚か者だったのだ。

苦痛にさいなまれた孤独なペシミストであるジャン・ガストーネは、そうした明るい気質を持つにいたっていた。ゴールドスミスの言葉を言い換えれば、ジャン・ガストーネ自身あるいは他の人々のどちらにとっても、もっとも悲惨な事件が起きたところで、もはや新たな苦痛はもたらさなくなっていた。全世界は彼にとっては劇場であり、そこで演じられていたのは喜劇だけだった。すべてのヒロイズムの騒々しい動きや野望を語る声高な発言などは、場面の滑稽さを強め、それを笑う舌鋒をさらに痛烈にするだけだった。

ドン・カルロスは未成年のうちに両公国を支配する許可を求め、その代わりに結果として封土の授与をすぐに行なうことを求めた。フィレンツェ元老院がドン・カルロスに臣従の誓いを立てたことに困惑したカール六世は、この要請を拒否した。そこでドン・カルロスはパルマに公式の入城を果たし、トスカーナ公太子という未承認の称号を名乗った。公然たる争いが勃発しようとしたが、イギリスがあいだに入った。そしてカール六世はジョージ二世を喜ばせるために、ドン・カルロスが公太子の称号を放棄するなら、年齢を大目に見てすぐに封土を授与することにした。ちょうどそのとき、二月一日（一七三三年）ポーランド王アウグスト二世が折悪しく死去した。

五十年ものあいだヨーロッパは君主たちの死とその領土の分割をめぐって懸念をつのらせてきた。ポーランドの継承問題はスペインにとってはまったく、フランスにとってはほとんど重要性をもたなかったが、すべての国にとってその不満を表明する別の口実となった。策動をやめないフランス＝スペイン＝サルデーニャの同盟は、オーストリアを辱め、ウィーン条約と国本勅諚を破棄することを願っていた。同盟のあいだの話し合いでルイ十五世の義父スタニスワフ・レシチニスキがポーランド王となり、ドン・カルロスがナポリとシチリアを、その弟ドン・フェリペがファルネーゼ家とメディチ家の領土を得ることになる。サルデーニャ王がミラノを獲得し、フランスはその見返りにサヴォワを確保するとした。こうしたことすべてがフランスとサルデーニャの両国が結んだ一七三三年九月のトリーノ条約および、同年十一月七日のフランスとスペイン間のエスコリアル条約で確認された。

こうしてジャン・ガストーネは再びトスカーナの継承という終わらない問題と取り組み、彼のまわりで争うあらゆる人々から中立を保たねばならなくなった。数か月というよりほんの数週間のうちにドン・カルロスはナポリの支配者となっていた。北部ではフランスとオーストリアのあいだで一連の戦闘が行なわれたが決着はつかなかった。ジャン・ガストーネにとって幸いなことに、オーストリアとフランスは無意味な流血が二年続いたあと、戦いにうんざりしてしまった。

フランス軍とスペイン軍が何らかの勝利を得るたびに、カルロ・エマヌエーレ〔サルデーニャ国王〕はあいまいかつ変わり身の早い姿勢で後方に退いた。彼は見返りさえあればいつでも陣営を変えると考えられていた。このように異質な同盟国を長くまとめておけないこと、エリザベッタが自分の立場から協定を結ぼうとしていたことがわかっていたので、フルーリーは他の同盟国を出し抜いて、フランスにとって満足がいく講和を獲得した。皇帝の側も、同盟諸国全体よりフランス一国と取引するほうが有利な条件を期待できた。実際のところ交渉に皇帝は失望しなかった。一七三五年十月三日、オーストリアとフランスのあいだで予備講和条約が調印された。マントヴァの包囲は解除され、スペイン軍部隊はトスカーナに撤退した。

フランスは自国にとって絶好の機会をうまく利用した。長くその獲得を望んできたロレーヌ公国を確保し、その見返りにロレーヌ公はトスカーナを得ることになった。ロレーヌ公フランソワ（フランツ）がマリア・テレジアの婚約者であることから、トスカーナが将来自らの王朝の領土となるため皇帝はこの解決策を受け入れた。守備隊国家に加えて両シチリアをドン・カルロスが領有することの見返りとして、パルマとピアチェンツァはすぐに皇帝の領土となった。皇帝はミラノ公国も取り戻したが、カルロ・エマヌエーレはその西部の三地域（ノヴァーラ、トルトーナ、ヴィジェヴァーノ）を領土として得た。そのほかにフランスは国本勅諚の承認を約束した。

こうしてトスカーナとロレーヌの運命は、そのどちらの国に対しても意見を求めることなく変更された。まったくの異邦人となる外国の公国君主の地位と引き替えに、父祖の地をあきらめることをロレーヌ公は望まなかった。ジャン・ガストーネも喜ばなかった。彼はドン・カルロスを自分に近い血縁者と見なしており、ほぼ法にかなった後継者と考えていた。ロレーヌ公についてはまったく何も知らなかったが、おそらく彼が次の皇帝となり、トスカーナをたんなる属国として見下すとともにその支配のために憎むべきドイツ人たちを送り込んでくるものと考えた。

一七三六年二月、スペインが予備条約を渋々受け入れると、ジャン・ガストーネは「諸王朝が自分の領土の三人目の相続人を作ってくれるのか、フランスと帝国のどの子どもが自分を父親にしてくれるのか」と皮肉を交えて尋ねた。

しかしながら、最終的な講和条約はまだ調印されなかった。というのも、スペインが果てしなく難題――とくにトスカーナからの自国部隊の撤退に関して――を持ち出していたからであり、メディチ家の莫大な私有地と個人資産をめぐってすべての陣営のあいだで激しい議論が続いていたからだった。ジャン・ガストーネはトスカーナが皇帝の封土ではないことをもう一度主張しようとしたが、この点については満足は得られなかったにしても、その埋め合わせとなる条項を獲得した。それはフランツが皇帝になった場合には、トスカーナは彼の家系のより若い構成員が受け継ぎ、こうすることで少なくともトスカーナ独自の大公がいる、という条項だった。

こうしてトスカーナ大公国がオーストリアの世襲の領土の一部とはならないという条件によって、講和条約の展望がかなりの程度まで確実になった。大公とその兄弟に男子の相続者がない場合には、女性による継承も正当なこととされた。そしてトスカーナは国本勅諚を支持する義務を免除された。ジャン・ガストーネが死ぬまではメディチ家の資産に関しては何も取り決められなかった。ヨーロッパは彼の死をいまかいまかと待ち望んでいた。ロレーヌ公は自分の国を離れ、トスカーナを差配できるようになるまで、一七三七年三月からは手当を受ける身分となった。

一七三七年一月、スペイン軍部隊がトスカーナから撤退した。そのあとを埋めたオーストリア軍部隊を指揮するヴァヒテンドンク、ブライトヴィッツ両将軍からの忠誠の誓いをジャン・ガストーネは受けた。その直後から彼はゆっくりと死に向かっていった。六月には著しい衰弱で倒れた。ロレーヌ公の代理としてクラオン公がその月の八日にフィレンツェに到着し、主君に次のように書き送った。

大公は憐れを催す状態であります。ベッドを離れることができず、顎髭は延び放題でシーツは汗まみれ、リネン類はクシャクシャになっています。視線はうつろで弱々しく、声も小さくてはっきりしません。もうひと月ももたないような印象を受けます。

ジャン・ガストーネは食べ物を消化することもできなくなっていたが、平常心を失ってはいなかった。六月二十一日、彼がけっして顔を合わせようとしなかった、選帝侯妃が秘密のドアを通じて寝室に入ってきた。その姿を見るやいなやジャン・ガストーネは出ていくように命じ、彼女を考えられる限りもっとも侮辱的な名前で呼び続けた。あとになって、こうした扱いを受けたために彼女がみじめな気持で泣いていたと聞かされたジャン・ガストーネは態度を和らげ、これからはいつでも好きなときに訪れてもよいと伝えた。そこで選帝侯妃が彼を改心させようとすると、彼にはもはや抵抗するだけの力は残っていなかった。最良の医師たちですら、もっと清潔なベッドに移らせる以上のことはできなかった。

死の床でのジャン・ガストーネの改心の記録は、彼の夜の楽しみの記録よりも苦痛に満ちたものである。七月十日の前、もはやわずかな力しか残っていない彼がサンタ・フェリチタの教区司祭ドン・イッポーリト・ロッセッリを呼び寄せた。司祭に向かってジャン・ガストーネはへりくだった態度で言った。「ご覧のように、われわれは誰でも死なねばなりません」。

司祭はこの機会をキリスト教徒たる敬虔な感情を喚起するために利用し、大公はきわめて真剣かつ注意深く話を聞いた。大公はそうした言葉が真実であると確信したことを伝え、できるだけ早い機会に聖なる秘蹟を受けたいと語った。同じ日の午前中にロッセッリ司祭は再び大公の部屋に案内された。ジャン・ガストーネは告解をし、心から悔い改めた。そして姉の選帝侯妃および親しい友人たちがいる前で終末の秘蹟を受けた。彼の真剣な信仰の姿勢、神の慈悲と許しを乞う態度はその場にいる人々に感動を呼び起こした。

そのあいだに元老院議員ピエール・フランチェスコ・リッチが聖ステーファノの十字を大公陛下に授けるために宮殿にやって来た。リッチはこの聖騎士団の団長をつとめていた。こうして教皇が騎士団のメンバーに与えた特別な贖宥を大公も得ることができた。このことが説明されると、ジャン・ガストーネは満足の意を表した。翌日の昼に彼は終油の秘蹟を選帝侯妃と彼女のお付きの人々がいる前で受け、真に敬虔な姿勢を再び示した。彼は油を塗ってもらうために自発的に四肢を差し出しただけでなく、そのあとに十字架像を見据えながら弱々しいがはっきりした声で言った。「かくしてこの世の栄光は過ぎ去る《シック・トランシット・グローリア・ムンディ》」。聖なる儀式が終わると、大公は自分が経験した霊的な慰安を示すことを望み、僧侶への感謝の意を表した。そして従者のひとりに言った。「行って人々に告げよ。わが魂の救済を助けたこれらの僧侶たちに神が報いられることをわたしが願っていると」。

大公は彼の救済に訪れた三人の高位聖職者を歓迎した。それはコリント大司教で教皇大使のジョヴァンニ・フランチェスコ・ストッパーニ猊下、フィレンツェ大司教のジュゼッペ・マリーア・マルテッリ猊下、フィエーゾレ司教のフランチェスコ・ジノーリ猊下の三人だった。ストッパーニ猊下は彼に祝福と「死にあたっての」教皇の赦免を与えた。フィレンツェ大司教は大公の魂を救う祈りを読み上げ、そのあいだロッセッリ司祭は聖書の言葉を彼に思い出させた。司祭が語り出した一節を大公が引き継ぐ様子はかなりの気力を示していた。その日の遅くになると大公は救いを得たように見え、彼を休ませることが賢明と考えられた。

夜になって高位聖職者たちは自分の住まいに帰った。ロッセッリ司祭は突然呼ばれる場合に備えて何人かの聖職者たちとともに居残っていた。自分の罪に対するさらなる赦免を望むかと問われると、大公は「はい《シ》」と弱々しい声で答えた。彼の悔悟は心からのもので感動的だったので、周りにいた人々はみなそれを聞いて涙を流した。真夜中をわずかに過ぎた頃、近づく死の徴候がさらにはっきりとしてきた。本人がそれをわかっていた。心と魂のすべてを傾けて神への許しを絶えず願う声を人々は聞いていた。

次の朝早くに高位聖職者たちが戻ってきた。そしてすべての教会には死にゆく君主のために熱心に祈るように指示が出された。最後の数時間、彼はつねに司祭たちとともにこれらの高位聖職者たちに付き添われて過ごした。選帝侯妃と大公の大臣たち、廷臣たちもかたわらに立っていた。午後二時二十分、彼は安らかに最後の息を引き取った。十三年八か月と九日間の治世であった。

ジャン・ガストーネの死に、クラオン公はただちに自らの職務を実行した。選帝侯妃に哀悼の意を表したあと、彼女に対して新大公フランソワ・エティエンヌの全権を通告し、彼の指示を伝えた。それによれば、新大公陛下は自分に代わって統治を受け持つ摂政評議会を選び、それはクラオン公、デル・ベーネ行政長官、リヌッチーニ侯爵、ジラルディ行政官、アントニオ・トルナクィンチからなっていた。七月十二日、四八人の元老院と二〇〇人からなる評議会は代理人であるクラオン公の前で新大公への忠誠を厳かに誓い、トスカーナをロレーヌ家のフランソワ・エティエンヌに封土として与えるという皇帝の証書が読み上げられた。集まった群衆に対して銀貨が雨のようにばらまかれた。新大公はバルカンでトルコ軍を相手に戦っていた。彼がフィレンツェに来るのはようやく一七三九年一月二十日のことで、そのときも三か月しかとどまらなかった。

第27章　ジャン・ガストーネ統治下での諸改革——ホレス・マンと新体制——選帝侯妃アンナ・マリーアの晩年と一七四三年の死——「そして鳥は一羽も歌わない」

コジモ三世がトスカーナの継承問題の解決に初めて取り組んでから四十年ほどが過ぎ去った。トスカーナの運命は、最後の二代のメディチ家君主が抱いたあらゆる意図と臣下たちの願望に反する形で、ヨーロッパの外交官たちによって確定された。平和は保証されてはいたものの、そして平和が保たれたおかげで繁栄の時代を予想できたが、歴史のなかで唯一のもの——「イタリア精神、実際には近代ヨーロッパ精神、を醸成するもっとも重要な工房」——となるはずの都市にとっては屈辱的なクライマックスが訪れた。

繁栄の時代は実際に訪れたが、歴史家たちはジャン・ガストーネがその道を整備したことを忘れがちであり、ロレーヌ家がすべての功績を独占している。奇妙なことに、統治に対するジャン・ガストーネのやる気のなさや彼の飲酒衝動は、あらゆるものがどん底にあったフィレンツェに対して彼がやれることを妨げなかった。彼には高邁な目標や思想はなかったし、熟考を重ねた改革のプログラムもなかった。しかし、豊かな常識が教えるところにしたがい、聖職者の権力乱用に対する鋭い批判精神と知識人たちに対する共感に支えられていた。

ジャン・ガストーネの最初の政策は教会と国家の機能を分離し、国家を聖職者の専横から解放して、コジモ三世の時代に宮廷を支配した僧侶たちをそこから追放することだった。彼は四人評議会を廃止してかつての司法局を再建し、その長官の選択において少なからぬ洞察力を示した。最初はフィリッポ・ブオナッローティで、彼が一七三四年に死ぬと、次はジュリオ・ルチェッラーイがつとめた。ルチェッラーイはロレーヌ家の支配下でも一七七八年に死ぬまでこの職にとどまった。クレメンス十二世がルチェッラーイの罷免を要求したとき、ジャン・ガストーネはそれを議論さえせずに拒否した。

一七三二年にフィレンツェ大司教マルテッリが世俗の諸権利を侵害する教会会議の決議を刊行しようとすると、(ブオナッローティに影響された)ジャン・ガストーネはその発表と実施を禁止した。「大司教猊下は霊的なものごとと聖務にのみ関わる権利があることを理解するべきである。いかなる理由があろうとも、世俗者に対して物理的な刑罰を課すような措置をとることをわれわれは望まない」。

その直後に、トスカーナで最初のフリーメースンが許可されたために、聖職者たちのあいだに猛烈な抗議とパニックが起こった。しかし、ジャン・ガストーネはフリーメースンの会合にはいかなる害悪も認められないとして、抗議を申し立てた異端審問官を穏やかに遠ざけた。

教育に対するジャン・ガストーネの姿勢もコジモ三世とは正反対だった。「新しい哲学」に対する聖職者特有の不満に耳を貸さず、彼はピサ大学の哲学講座の教授職にパスクァーレ・ジャンネッティを再びつけ、ジャンネッティの教える領域を医学のみに限った措置を撤回した。ジャン・ガストーネは(一七二七年にニッコロ・アヴェラーニが編纂した)ガッセンディの全著作の刊行を許可し、サンタ・クローチェ教会でガリレオをたたえる厳かな儀式を行なうことを許した。

イエズス会はピサ大学をもっとも危険な異端が育まれる場であると公言していた。ジャン・ガストーネの死後、ルチェッラーイが述べたように「ピサ大学という唯一の障害があったおかげで、イタリアのほぼ全体を窒息させていた無知の状態にトスカーナが陥ることを免れた」のである。一七三五年六月、メディチ家の支配下ではきわめて珍しい寛容の精神から、ジャン・ガストーネはユダヤ人迫害を禁止する布告を発布した。

経済に関する立法の面でも同じ性格の政策が推進された。ジャン・ガストーネは荷役用の動物への有害な課税を廃止した。そして輸出入関税を大幅に引き下げた。一七二六年八月、その年の収穫が十分あることから、(「価格を正当な水準に保つため」あるいは生産者と消費者にとって適正な水準に保つため)穀物の輸入を禁止した。

一七二七年まで、特別な優遇を得ていないすべての国民はコッレッタと呼ばれる年ごとの税金を支払わねばならなかった。特権を得ていた聖職者ですら、その割当額を支払うことになっていた。施しによって生計を立てている貧民だけが免除されていた。貧農、小自作農、下級職人たちは、豊かな地主や商人、銀行家たちと同様にこの税金の納付を強制されていた。前者は他の土地では類を見ない重税に苦しんでおり、さらに複雑な土地資産をめぐる特権——強制労働、木材伐採権、放牧権など——は貧しい人々をほとんど奴隷の状態まで引き下げ、農業に重い負担となってのしかかっていた。一七二七年以降、折半小作農、農業労働者、職人など「自分の労働からわずかな収入を得ていた人々は、年収一〇〇スクード以下の者たちと同様、コッレッタの支払いを免除された」。こうして貧農たちの状況は大幅に改善された。

(スペイン大使アスカーニオ神父の情報を信じれば)コジモの死の時点で二〇〇〇万スクードという膨大な額に達していた公的負債も、ジャン・ガストーネの治世のあいだにかなり減少した。一四〇〇万スクードまで減った、とアスカーニオは述べている。[1] おそらくこの数字には誇張があるだろうが、歴史家たちから白痴と見なされていた大公が国家の莫大な負債を減らし、税金を引き下げ、貿易もわずかながら回復させたという事実は残る。

ジャン・ガストーネの死の一年後、サー・ロバート・ウォルポールは若いホレス・マンをフィレンツェのイギリス公使館に配属した。マンはその後フィレンツェに半世紀近くとどまることになる。新体制は彼の書簡のなかでありありと描かれた。不在の大公は自分の仕事をクラオン公に任せ、すべての要職にはロレーヌ家の人々がついた。クラオン公の父親であるボーヴォー氏は、大公の父親〔ロレーヌ公レオポルド〕の「信頼された奉公人」だった。クラオン公自身がレオポルド公の愛人と結婚し、公の息子フランソワの個人教師をつとめるという二重の奉仕の経験者だった。フランソワは大公になると、ボーヴォー氏を神聖ローマ帝国の君主に仕える人物にふさわしい地位に引き上げた。クラオン公夫人はもともと野原でシチメンチョウの番をしている魅力的な少女であったのをレオポルド公が見初めた、といわれている。この女性がいまではトスカーナにある雰囲気をもたらしていた——それは興味深いことに、オーストリアの田舎の喜歌劇風宮廷の雰囲気であった。仮面舞踏会、地震、クラオン公の浮気と公妃の「浣腸」、陰謀、セレナーデ、決闘、素人芝居などが、精力的な改革者であるピエトロ・レオポルドがやって来るまでの二十八年間の主題である。

ジャン・ガストーネの時代でさえ、この頃よりもフィレンツェ宮廷の表向きの威信は高かった。クラオン公は「ペトラーヤ〔アルノ川沿いにある大公のヴィッラ〕」で自分の身体を掻いている」かオペラ劇場の大公のボックス席で夕食を食べたりしており、全体として嘲笑の対象となっていた。マンは次のようなことを書いている。「クラオン公はわたしのうしろに来て両手をわたしの肩に載せ、ふり返れないようにして言った。《わたしが誰だか当ててごらん。わたしが触っている手の熱でわかるでしょう》。とっさにわたしが答えられたのは《は、は、お殿様。ええ、わかりますとも》ということだけだった。そんなときにこれ以外のことが言えるだろうか?」

クラオン公は嫌うには愛嬌がありすぎた。しかしオーストリア＝ロレーヌ家から来た官僚や軍人たちはひどく嫌われた。多くの人々にとってはドン・カルロスのほうが好ましかったが、ある賢明な市民はこう語った。「わたしならスペイン人たちよりロレーヌ家の人々のほうを選ぶ。なぜなら、ロレーヌ家の連中はわたしの服［財産］を奪うが、スペイン人たちはわたしの皮膚［思想の自由］まで奪い去るからだ」。（ディジョン議会の初代）議長ド・ブロッスは一七三九年に次のように書いた。「トスカーナ人たちはメディチ家が戻ってくるなら自分の財産の三分の二を差し出して、残りの三分の一でロレーヌ家をお払い箱にするだろう。彼らは、ミラノ人がピエモンテ人を嫌うように、ロレーヌの人々を嫌っている。ロレーヌの人々は彼らを手荒に扱っているだけでなく、さらにまずいことに、彼らを軽蔑している」。こうした直截な言葉はメディチ家に対する証明書である。つまり、メディチ家は自由な共和政府にとってかわったのち、その消滅を嘆かれる存在になった、ということの。

メディチ家の最後の代表者であるプファルツ選帝侯未亡人は、かつての栄華と力を思い起こさせる青ざめた影として、自分の母国では異質な存在として、彼女の豪奢な宮殿の客人として生きながらえていた。彼女には摂政職の申し出がなされたが、これを尊大な態度で断り、ピッティ宮殿の自分の部屋で誰にも邪魔されずに日々をすごした。新王朝の創設者たちは彼女を恐れることは何ひとつなく、如才のない卑屈な態度でよい印象を与えた。

彼らを迎えるアンナ・マリーアの態度は純粋に形式的なものだったが、彼女との相互理解を求める彼らの明らかな願望に対して頑なな態度はとらなかった。「後半生において彼女は、機嫌がよくてだらしない弟の正反対だった。実際のところ彼女は威厳を失うことなく、微笑むことさえなかった」。

彼女の寝室の家具は、テーブル、椅子、スツール、ついたてにいたるまですべて銀製だった。ある貴族の著述家によれば、それは美しいというよりも、いかにも金がかかっていて風変わりな印象を与えた。死の数年前から彼女は、教会へ行くとき、あるいは夜にフィレンツェを見るため以外には、まったく外出しなくなった。外に出るときには、八頭立ての馬車に乗り、護衛をひとりだけ連れていた。いまのオーフォード伯爵が彼女を表敬訪問したときのことを筆者に話してくれた。(2) 選帝侯妃は黒い大きな天蓋の下で彼を立って迎えたが、数分間の会話ののち、ご多幸を祈ると言うとその場から下がらせた。彼女のもとを訪れる者全員にこういうおかしなやり方でふるまった。

彼女は自分のなかにある深い信念によって絶望から立ち直ったが、その信念は彼女を当時の状況から遠ざけ、時代の精神からはさらに遠ざけた。生きているあいだ彼女は、すばらしい幻想と習慣を守り、わずかな特権的訪問者だけを受け入れ、厳粛かつ荘重な物腰で、巨大な黒い天蓋の下に柱のようにまっすぐ立っていた。

彼女はあらゆる不名誉の杯を飲み干すことを強制されたが、その苦い味は細かな形式にこだわる気持をもたらした。彼女は莫大な金額を慈善に費やした。それ以外の主たる仕事は家族の霊廟を完成させることで、これが彼女の支出の大半を占めることになった。

一六〇四年にフェルディナンド一世が霊廟の建設を開始したが、資金が枯渇して作業は中断した。それから一世紀以上が経過して、選帝侯妃は週に一〇〇〇スクード以上を注ぎ込んで労働者たちを働かせた。自分の埋葬に間に合わせなければならなかった。オーフォード伯爵の目に彼女は奇妙な世捨て人と見えたかもしれない。それでも、老女の凛とした誇り高い物腰と羊皮紙のような顔の洗練された落ち着きぶりのなかには、人を厳粛にさせる何物かがあった。それは偉大なる老女の威信であり、笑うべきものではなかった。

彼女の死もそう遠くはなかった。一七四三年一月、サー・ホレス・マンは、彼女が再び病気になったと書いた。

彼女は熱があって胸に圧迫感があり、片脚に痛みがある。容態がすぐさま危機的なものになると考えられてはいないが、近年かなり衰弱していることから、多くの人は彼女がこの冬を越せないのではないかと恐れている。二日前、プファルツ選帝侯〔亡夫の弟にあたるカール三世〕の死が伝えられて彼女はひどく動揺した。それは義弟に対する愛情からではなく、選帝侯妃自身も死ぬことを考えたからではないか。

劇場から完全に人影は消え、「誰よりも敬虔な選帝侯妃を侮辱しないように」謝肉祭の仮面は認められなかった。

そして二月十八日にマンは次のように書いた。

われわれのすべての楽しみは終わり、謝肉祭も打ち切られ、仮面をかぶる計画は台無しにされてしまった。選帝侯妃は一時間ほど前に亡くなった。メディチ家の憐れな生き残りは、すぐに祖先たちと合流することになる……。庶民たちは彼女が突風に乗って去っていったと信じている。いちばん激しかったのは今朝から二時間ほどで、いまではいつものように太陽が輝いているのがその証拠だ。ジャン・ガストーネが死んだときも同じように、もっと強い風が吹いた。自分たちこそ目撃者だと信じているこうした庶民の考えは、何をもってしても覆すことはできない。フィレンツェの町全体が彼女を失ったことで涙にくれているが、多くの人々にとってそれは立派な理由がある。それは見ていてよくわかる。四旬節の開始まで彼女が生き延びていれば、多くの者たちにとって悲しみはかなり薄くなっていただろうが。

彼女の終焉がこれほど近づいているとは誰も考えていなかった。廷臣たちは昨夜はオペラに行っていた。夜のあいだに病状が悪化した。今朝の六時に終末の秘蹟を受け、その一時間後に終油の塗布を受けた。わたしはこの国のために心から残念に思う。もはや「メディチ家の」宝石についての論争もこれからは起こらない。何であれ大公が望むことに関して彼と争う者もいなくなる。それは誰もが見たがることだったのに……。フィレンツェの町中が選帝侯妃の死について話している。そのせいでスペイン人たちは忘れられているが、彼らのことを思い出す者は選帝侯妃の死より前に彼らが撤退させられていたのは運がよかったと考えている。そして彼らが戻って来て選帝侯妃の莫大な遺産に対する権利を主張できない状況であることが喜ばしい、と。彼女が息を引き取るとすぐさま、市の門が閉鎖されて誰も外に出られなくなった。おかげで周辺の農村から来ていた数百人がそっくり昨夜はフィレンツェにとどまることを強制され、フランスの特使も市から出ることを許されなかった。こうした予防措置は、スペイン人たちにニュースを知らせまいとしてとられたと考えられている。宮殿内外の警備兵の数は三倍になり、昨夜遅くには今後の対応をめぐって枢密院が開かれた。

それは二度目の死だった。ジャン・ガストーネが一七三七年に埋葬されたとき以来、彼女は世界にとっては死んでしまっていた。サン・ロレンツォ教会の霊廟は完成しなかったが、彼女の告別の言葉は終わっていなかった。よく知られている遺言のなかで、アンナ・マリーアはメディチ家の私有地や財産（世界最大の美術コレクション）を新大公とその後継者たちに遺贈したが、それにはコレクションのひとつたりともフィレンツェから動かさないことと、すべての国の民衆の利益になるという条件をつけた。この条件がフィレンツェおよび美術を愛するすべての人々にとって計り知れない重要性をもったことを繰り返す必要はあるまい。
大げさな賛辞を避けるために、その場に居合わせた報告者であるホレス・マンの叙述にしたがったほうがいいだろう。

その事実を知っていたと主張する人々は、かなり以前から選帝侯妃が週に一〇〇〇ゼッキーノを慈善に注いでいたと証言している。そして、病気が重くなってからは、ひと月に九〇〇〇ゼッキーノを配布していたことがよく知られている。彼女が貧民たちに何かを残したという話は聞かないので、彼らはみな絶望しており、彼女の死の間際に起きて死後に止んだ風は悪魔が来たのだと信じている。ほかの誰もと同じく、彼女は確実に自分がそんなにすぐ死ぬとは考えていなかった。亡くなった月曜日の前週の金曜日には状態がかなりよく、医師たちは食事の量を増やした。そして彼女もウゴッチョーニ猊下にとても気分がいいと語った。日曜日の夜にふだんよりも胸に圧迫感があることを訴え、そのために瀉血を受けた。これが死を引き起こしたと考えている人が多い。月曜日の朝、彼女の聴罪師が計略で連れてこられた。というのも、彼女は聴罪師を呼ぶようにとはひと言も言っていなかったからだ。その日の午後五時頃、聴罪師は間もなく死ぬことを告げるように命じられた。その言葉に対して彼女は何の感情も交えることなく聞き返した。「誰がお前にそう言ったのか?」聴罪師は答えた。「医師たちです」。

「よろしい。それではなすべきことをしましょう。手早くやりなさい」。そこで選帝侯妃のもとに聖体が運ばれてきた。その後彼女は遺言への補足を作らせたが、署名はできなかった。だがその場にいた三人と弁護士ひとりが彼女の命じたことを遺言につけ足した。彼女は最後まで意識があったが、死の直前一時間半ほどはもう話せなかった……。英国王への遺贈もあったと言われているが、それはローマで彼女がそう呼んでいた人物への遺贈ではないかとわたしは思う。しかしそれについて調査をするのは適当とは思われない。

彼女は自分の遺体を防腐処理しないように命令を与えたが、人々はこれをつつましさから出たものと解釈し、命令にしたがわなかった。遺体は木曜日の朝から宮殿の大広間に安置されており、今夜埋葬されることになっている。

日曜日の朝。昨夜の葬儀には変わったことは何もなかった。葬儀の壮麗さはさまざまな聖職位の僧侶たちが手にしていた桁外れの数の松明によるもので、その明かりのための費用は一万二〇〇〇スクードにのぼった。遺体は無蓋馬車に載せられ、彼女の頭には覆いがかけられていた。そのほかに二台の馬車が付き添い、そこにはお付きの貴婦人たちが乗っていた。

「英国王」への遺贈について、わたしは「クラオン」公から少しずつ聞き出した。それは――わたしが考えた通りだが、デリケートで慎重な配慮がされていた――指輪で「イングランド王ジェームズ二世の息子である王子」に贈られていた。

メディチ家の最後の子孫のために多くの人が涙を流したのだろうか？　サー・ホレス・マンの手紙の一節がこの疑問に答えを与えている。

謝肉祭よりも四旬節のあいだのほうが楽しみが多いだろう。従姉の死によってほとんど破産に瀕した（小さな劇場の興行主である）フィリッポ・メディチは、いまでは劇場の近くにある大きな部屋でアカデミーを始めており、それはこの先人気を集めると思われる。月曜日の夜、そのアカデミーで彼は大勢に向かってこう言った。「選帝侯妃は心から仮面を憎んでいたので、それをやめさせるために死んだのだ！」そしてそのあとこうも言った。「こうして彼女はメディチ家の終焉のために人々を泣かせる方法を見いだしたのだ！」人々は拍手喝采した。だがフィリッポが彼女の家系とまったく関係がなかったわけではないことはわきまえておかねばならない。

訳者あとがき

本書はハロルド・アクトン Harold Acton（一九〇四〜九四）の *The Last Medici*, London, 1932. の全訳である（底本にしたのは一九五八年の Methuen 版で、一九六二年に Einaudi 社から刊行されたイタリア語版を参考にした）。アクトンはその生涯において三十冊近い著作を残しているが、日本に紹介されるのはこれが最初なので、その経歴を簡単に述べておきたい。

アクトンはイギリスの著述家であるが、生まれたのも亡くなったのもイタリア、フィレンツェである。アクトンの血筋をたどると、十八世紀にナポリ王国のフェルディナンド四世に宰相として仕えたジョン・アクトン（一七三六〜一八一一）にまでさかのぼる。正確にはジョンの弟であるジョセフ・アクトン（一七三七〜一八三〇）の玄孫《やしゃご》がハロルドである。十八世紀という時代は国民国家の枠組みがまだそれほど強固なものではなく、軍人や芸術家・知識人など特殊な技能を備えた人々は国家の枠を越えて行動していた。そもそもジョンとジョセフのアクトン兄弟が生まれたのはフランスのブザンソンで、母親はフランス人だった。ジョンがナポリ王国に迎えられたのも、当初は海軍の専門家をフェルディナンド四世が求めて、その当時のトスカーナ大公レオポルド（フェルディナンドの妻マリア・カロリーナの兄）の推薦があったためである。ジョン・アクトンはナポリ王国で海軍の強化に貢献し、その後徐々に王国内での立場を強めて最終的には宰相の地位を得るまでにいたった。ジョセフ・アクトンもナポリ王国の軍人として仕えた。こうしてアクトン家はイタリアで地歩を占めるようになる。

ハルロド・アクトンの父親アーサー（一八七三〜一九五三）は美術品の蒐集と販売を手がけていたが、アメリカ、シカゴの大銀行家の相続人だったホーテンス・ミッチェル（一八七一〜一九六二）と結婚したことで巨額の財産を得て、フィレンツェ郊外にある十五世紀に建てられたヴィッラ・ラ・ピエートラを購入した。長男ハロルドはこのヴィッラで生まれた。

ハロルドは九歳までフィレンツェにあった私立学校、というよりも私塾に近い学校で教育を受け、第一次大戦の前年にイギリスのプレパラトリー・スクール〔パブリック・スクールの進学準備をする学校〕へ送られた。そして一九一八年にイートン校に入学し、ジョージ・オーウェルらと同期生となり、最終学年在籍中にイートン・アート・ソサエティーを創設している。一九二三年にオックスフォード大学に入学し、クライスト・チャーチ・カレッジで哲学・政治学・経済学のコースを学んだ。このように彼はイタリア生まれではあるが、イギリスにおいて高等教育を受けたのである。

オックスフォード時代のアクトンは文学や美術に心酔するグループの中心として活動し、早熟な書き手として詩や散文を書きはじめた。大学時代のエピソードとして、彼が暮らしていたメドウズ学寮の部屋のバルコニーからメガフォンを手にしてT・S・エリオットの『荒地 *Wasteland*』の一節を朗読したことがよく知られている。イーヴリン・ウォーの小説『回想のブライズヘッド *Brideshead Rivisited*』のなかでアクトンはアントニー・ブランシュという名前で登場しているが、彼が初めて登場する部分を引用してみよう。

　彼は背が高くほっそりしていて、顔色はやや浅黒く、きかん気の大きな目をしていた。ほかのものはみな粗い織りのツイードの服に頑丈なブローグという格好なのに、彼だけは派手な白い縞が入ったしゃれたチョコレート色の上下に、スエードの靴をはいて大きな蝶ネクタイをしめ、部屋に入ってくるなり黄色い革の手袋をぬいだ。フランス人のようでもあれば、アメリカ人のようでもあり、それに多少はユダヤ人的なところもあるとでもいうか、どこから見てもエキゾチックだった。

もちろん、これがアントニー・ブランシュだった。チャールズ・エッジのボート部員からソマヴィル・コレッジの女子学生にいたるまで、オクスフォードじゅうで知らない者はいない耽美主義者の大立物、悪《わる》の代名詞なのだ。彼が孔雀のように傲然と歩いているところを指さして教えられたことは一度や二度ではなかったし、ジョージ軒で、常識に挑戦するようなことを言っている声を聞いたこともあった……

　食事がすむと、彼はセバスチアンの部屋のがらくたのなかから思いがけず出てきたメガホンを手にしてバルコニーに立ち、セーターと襟巻き姿で川へボートを漕ぎに出かけて行く連中に向かって、やるせない声でT・S・エリオットの「荒地」の一節を朗誦した。

（岩波文庫　小野寺健　訳）

若き日のアクトン

　当時のオックスフォードでは（知性や感性のあまり感じられない）スポーツに打ち込むheartyと呼ばれる学生たちと、芸術を愛好するaestheteと呼ばれるグループが対抗しており、アクトンは後者のリーダー格であった。前述のエピソードのほか、ガートルード・スタインをオックスフォードに招いて、物議をかもす講演をさせたりしている。そして、ウォーの小説でも描かれているが、アクトンは同性愛者であり、しかもそれを彼はまったく隠さなかった。

　ダイアナ・モズレー〔一九三〇年代にイギリスのファシスト運動の指導者となったオズワルド・モズレーの妻〕はその当

時のアクトンについて次のように述べている。

パブリック・スクールやオックスフォードでハロルドとともに過ごした経験を持つ者なら、彼の愉快な人柄を、イタリア訛りを、才気にあふれ自由奔放な会話を、極端に誇張された儀礼と卓越したウィットをけっして忘れることはないだろう。

（Harold Acton, *Nancy Mitford. A Biography*, London, 1975）

アクトンは書き手としてもきわめて早熟だった。オックスフォードに入学した直後に『オックスフォード・ブルーム』という雑誌を創刊し、最初の詩集 *Aquarium* を出版している。二十代のうちに著書は七点にものぼった。

そして一九三二年にメディチ家の最期を取り上げた本書を発表したあと、アクトンは中国に向かった。一九三九年までの七年間、アクトンは北京大学で教鞭をとり、そのあいだに中国の劇作の翻訳や中国美術のコレクションに没頭する。しかし、日本軍の侵略による情勢の悪化とヨーロッパで第二次世界大戦が勃発したことが理由で中国を離れて帰国し、イギリス空軍 RAF に加わった。彼はインドやスリランカで極東専門の情報担当将校として勤務した。戦争中フィレンツェのヴィッラ・ラ・ピエートラはドイツ軍や連合軍に接収され、彼の両親はスイスに逃れていたが、戦後になって一家は（戦中に死んだ弟ウィリアムを除いて）フィレンツェに戻った。第二次世界大戦後のアクトンは著述活動に精力を注ぎ、戦後だけで二十点の著書を発表した。このような功績に対して一九六一年に大英帝国三等勲爵士 Commander of the Order of the British Empire（CBE）を、一九七四年には同二等勲爵士 Knight Commander of the Order of the British Empire（KBE）を得て「サー」の称号を与えられている。

ハロルド・アクトンは一九九四年に八十九歳で死去した。遺体はフィレンツェの福音派教会墓地に埋葬された。弟は第二次大戦中に死んでおり、アクトン家の財産の唯一の相続人だったハロルドは、前述のように、同性愛者で子どもはなかった。総額五億ドルと評価された遺産のうち、もっとも価値の高いヴィッラ・ラ・ピエートラはニューヨーク大学に寄贈され、現在は大学の海外研究施設になっている。

以下がアクトンの主要な著作のリストである。

1 *Aquarium*, London, Duckworth, 1923
2 *An Indian Ass*, London, Duckworth, 1925.
3 *Five Saints and an Appendix*, London, Holden, 1927.
4 *Cornelian*, London, The Westminster Press, 1928.
5 *Humdrum*, London, The Westminster Press, 1928.
6 *The Last of the Medici*, Florence, G. Orioli, 1930.（私家版）
7 *This Chaos*, Paris, Hours Press, 1930 [1931].
8 *The Last Medici*, London, Faber & Faner, 1932.（本書）
9 *Modern Chinese Poetry* (with Ch'en Shih-Hsiang), Duckworth, 1936.
10 *Famous Chinese Plays* (with L.C. Arlington), Peiping, Henri Vetch, 1937.
11 *Glue and Lacquer: Four Cautionary Tales* (with Lee Yi-Hsieh), London, The Golden Cockerel Press, 1941.
12 *Peonies and Ponies*, London, Chatto & Windus, 1941.
13 *Memoirs of an Aesthete*, London, Methuen, 1948.
14 *Prince Isidore*, London, Methuen, 1950.
15 *The Bourbons of Naples (1734-1825)*, London, Methuen, 1956.
16 *Ferdinando Galiani*, Rome, Edizioni di Storia e di Letteratura, 1960.

17 *Florence* (with Martin Huerlimann), London, Thames & Hudson, 1960.
18 *The Last Bourbons of Naples (1825-1861)*, London, Methuen, 1961.
19 *Old Lamps for New*, London, Methuen, 1965.
20 *More Memoirs of an Aesthete*, London, Methuen, 1970.
21 *Tit for Tat*, London, Hamish Hamilton, 1972.
22 *Tuscan Villas*, London, Thames & Hudson, 1973.
23 *Nancy Mitfford: a Biography*, London, Hamish Hamilton, 1975.
24 *The Peach Blossom Fan* (with Ch'en Shih-Hsiang), Berkeley, University of California Press, 1976.
25 *The Pazzi Conspiracy*, London, Thames & Hudson, 1979.
26 *The Soul's Gymnasium*, London, Hamish Hamilton, 1982.
27 *Three Extraordinary Ambassadors*, London, Thames & Hudson, 1984.
28 *Florence: a Travellers' Companion* (introduction; text ed Edward Chaney), London, Constable, 1986.

六十年にもおよぶ期間に書かれたアクトンの著作は、大きく四つのカテゴリーに分けることができる。第一は青年時代に数多く刊行している詩集。第二は中国関係の著書で、劇作や詩の翻訳・紹介がその内容である。第三はオックスフォード以来の経験や彼の周辺の人々に関する回想の類。そして第四がイタリア史・イタリアの歴史や文化に関するもので、質においても量においてもこれがもっとも重要である。このイタリア文化に関するもののなかでも、本書 *The Last Medici* および *The Bourbons of Naples* (1734-1825), 1956. と *The Last Bourbons of Naples* (1825-1861), 1961. の三冊は、十七世紀から十九世紀のイタリアを扱った著作として現在でも高い評価を得ている。

さて、本書の「はじめに」でアクトンが指摘しているように、メディチ家およびフィレンツェに対する関心は、学問的なものも一般的なものも、もっぱらルネサンス期に集中している。具体的には、コジモ・イル・ヴェッキオからロレンツォ・イル・マニフィコまでの三代のメディチ家の当主たちがフィレンツェ共和国を事実上支配していた、十五世紀がそれにあたる。華やかなルネサンスの文化がわれわれを惹きつけるためである。しかしその反面、十六世紀――トスカーナ大公国という君主政に移行して――以降のメディチ家やフィレンツェに関する著作はいまでもそれほど多くない。そのなかで本書はメディチ家の断絶にいたる過程をあつかった先駆的な著作であると同時に、バロック文化への目配りも利いた著作として現在でもきわめて高い価値を持っている。

『メディチ家の黄昏』は、一六四二年のコジモ三世の誕生から一七三七年の最後の大公ジャン・ガストーネの死、そして一七四三年のアンナ・マリーアの死にいたるトスカーナ大公国とメディチ家の歴史を語り、ひとつの王朝が崩壊していく過程を描き出している。それは少なくともイタリアにおいては、いまだ国家の諸制度が未整備な時代であり、国家は王朝の所有物であって君主の資質や行動が大きな影響をもたらす時代であった。したがって王朝の歴史を追うことがその国の歴史を叙述することになる。アクトンの視線がもっぱらメディチ家の人々に注がれているのはごく自然なことなのである。そして原史料にあたりながら宮廷周辺の興味深いエピソードを数多く積み上げることを通じて、フェルディナンド二世、コジモ三世、ジャン・ガストーネの三代のトスカーナ大公とその配偶者たち、家系に属する人々、廷臣たちの姿を陰影深く浮かび上がらせている。また、政治的な事件だけでなく、同時代の美術や音楽などに対する言及も行き届いている。

自らの血統が絶えることは、すべての君主にとっての悪夢である。ヨーロッパの歴史のなかにはそうした悪夢が現実のものとなった例がいくつも存在するが、メディチ家の断絶はその典型的なものにあたるだろう。最初は小さな誤謬にすぎなかったことが、しだいにメディチ家とトスカーナ大公国全体を覆う黒い雲となっていき、最終的には動かしがたい運命としてこの家系の死にいたるのである。衰亡のドラマを紡ぎ出すアクトンの筆は、優しさと冷たさがほどよく入り交じっていて読者の心をつかむ。

わたしがハロルド・アクトンの著作を知るようになったのは三十年以上前の大学院生時代だったと記憶している。とにかくイタリア史に関するものを乱読しているうちに出会ったのである。そのときには単純におもしろがっていただけだったが、そのアクトンの作品に再会したのは十年ほど前の在外研修のおりにナポリで半年間すごしたときのことだった。

古代ギリシアの植民市に由来するナポリの町だが、そのなかでもっとも目立つのは十八世紀から十九世紀に形成された部分である。そうしたナポリの近代史について知らないことがあまりに多かったため、書店で目についたアクトンの *The Bourbons of Naples (1734-1825).* のイタリア語版を読みはじめた。これは八〇〇頁以上もある、枕にできるぐらい分厚い本なのだが、まさに抱腹絶倒のおもしろさで一週間もかからずに読み終えてしまった。『メディチ家の黄昏』の最後に登場するドン・カルロスがナポリ王国の新しい君主として登場するところから始まるこの本は、ある意味では本書の続編と見ることも可能であるが、舞台がナポリであるだけに輪をかけて人間くさい歴史書なのである。ともかく、これほどおもしろいアクトンの著作を日本に紹介したいと白水社に企画を持ち込んだ、というのが本書が世に出た背景である。まずはメディチ家の最期から始めて、それが日本の読書界に受け入れられれば、ナポリのブルボン家の消滅の次第もやってみたいと考えている。

アクトンの英語は明解であると同時にわずかな皮肉が込められおり、まことに楽しく読みやすい。したがって、翻訳の作業そのものは非常にスムーズに進み、第一稿は五か月ぐらいで完成した。ただし、このスピードがくせもので、こちらの思い込みが少なからずあった。白水社編集部の糟谷泰子さんには、わたしの訳稿を丁寧に読み込んでいただき、索引から図版の選択まで細かなご配慮をいただいた。本書を読めばおわかりだろうが、図版がたくさんあるほうが内容の理解が深まる、そういう本なのである。アメリカでは一九八〇年に *Illustrated* 版が刊行されている。これは一〇〇枚以上の写真や図版が掲載されている美しい版なのだが、ここまでは無理としてもできるだけ多くの図版を載せたいというわたしの希望を白水社には汲んでいただいた。

イタリアの十七〜十八世紀は「沈滞の時代」あるいは「衰退の時代」と呼ばれることが多い。それはルネサンス文化が花開いた十五世紀との対比で言われるわけだが、実際には都市景観や文化遺産の点でこの時代に作られた部分が非常に大きい。バロック文化にはルネサンスを継承しながら発展させた側面が強い。過去の遺産を上手に生かしている。実のところ、われわれ日本人にとっていま必要なことは、「立派に衰えていく」という後退戦をうまく戦うことではないか。そうした視点から、十七〜十八世紀のイタリアを考えることは十分に意味があることではないだろうか。

二〇一二年一月　信州山形村にて

柴野　均

訳者略歴
一九四八年生
信州大学人文学部教授（イタリア近現代史）
東京大学大学院人文科学研究科修士課程修了
主要著訳書
「大学で学ぶ西洋史　近現代」（共著）
A・カパッティ、M・モンタナーリ「食のイタリア文化史」
E・ルッス「戦場の一年」
G・ヴェネ「ファシズム体制下のイタリア人の暮らし」
N・ファレル「ムッソリーニ」

メディチ家の黄昏

二〇一二年二月一〇日　印刷
二〇一二年二月二五日　発行

著　者　ハロルド・アクトン
訳　者　©　柴《しば》野《の》　均《ひとし》
発行者　及　川　直　志
印刷所　株式会社　理　想　社
発行所　株式会社　白　水　社

東京都千代田区神田小川町三の二四
電話　営業部〇三（三二九一）七八一一
　　　編集部〇三（三二九一）七八二一
振替　〇〇一九〇-五-三三二二八
郵便番号　一〇一-〇〇五二
http://www.hakusuisha.co.jp
乱丁・落丁本は、送料小社負担にてお取り替えいたします。

松岳社 株式会社 青木製本所

ISBN978-4-560-08192-1

Printed in Japan

索引

人名は君主とその家族以外は原則として姓・名の順とした。コジモ三世は頻出するため取り上げない。

か行

さ行

た行

な行

は行

ま行

や行

ら行

原註

第 1 章

(1) *Architettura Barocca in Italia*, Bergamo, 1912.

(2) ベルニーニがローマで活動したように、トレッリとバッチョ・デル・ビアンコはマドリードで、インディゴ・ジョーンズはイングランドで活動した。

(3) サー・バーナード・ガスコーニュ（1614 ～ 1687）、あるいはベルナルド・グァスコーニはフィレンツェ生まれの外交官・軍人だった。彼はイングランドでチャールズ一世のために戦い、1661 年にサー・バーナード・ガスコーニュとして爵位を与えられた。

(4) この人物はアンニーバレ・カロである。

(5) Janet Ross, *Old Florence and Modern Tuscany*.

(6) Richard Garnett, *Italian Literature*.

(7) 『さまざまな自然の事物、とくにインドよりもたらされた事物に関する経験』イエズス会士Ａ・キルヒャーへの手紙。

(8) フィレンツェの自然史博物館では、天体観測儀、四分儀、実験に使われたガラス製の壺や管などを、ガリレオのもっとも価値のある道具――彼の最初の温度計、彼が考案した顕微鏡、天然磁石、パドヴァ大学で数学講座の教授だった 1609 年に作った二つの望遠鏡（そのうちのひとつで木星の衛星を「発見」した）――などと一緒に、今でも見ることができる。その多くはピッティ宮殿の片隅でクモの巣とゴミに埋もれ完全に忘れ去られた状態で発見された。そうしたもののなかに大きな太陽系儀がある。これはプトレマイオスの宇宙観にしたがっており、のちに綺麗にされ、修復されている。このユニークな装置は 1588 年から 1593 年のあいだに、トスカーナ大公フェルディナンド一世の宇宙誌学者、アントニオ・サントゥッチによって作られた。ホーナー姉妹が述べているように、「中心にある地球儀はとくに興味深い。その理由は白ナイル川の源であるアフリカのアルバート湖とヴィクトリア湖がそこに記されているからである。というのも、二つの湖はこの地球儀が作られたのちかなりの期間完全に忘れ去られ、1858 年のスピーク大尉による探検と、1864 年のサー・サミュエル・ベイカーによる探検でようやく知られるようになったのである。」(Susan and Joanna Horner, *Walks in Florence and its Environs*, vol.II, 1884)

　それ以外の装置はチメント・アカデミーが消滅してからも長く使われ続け

た。ドレスデンのブレザンツによって作成された高性能のクリスタル・レンズが博物館に展示されているが、これをヴィヴィアーニとレーディの弟子であるアヴェラーニとタルジョーニが、ダイヤモンドおよびその他の宝石の可燃性に関する実験をしたときに、使った。こうした装置はフェルディナンドが確かな判断力をもって巨額の資金をつぎ込んだことを示している。

第２章

（1） *Travels of Sir John Reresby*, London, 1904.

（2） Lady Morgan, *Salvator Rosa.*

（3） Baldinucci.

（4） Mademoiselle De Montpensier, *Mémoires*, VIII, p.376.

第３章

（1） 第五代ロレーヌ公で、未来のウィーンの守護者「トルコ人の恐怖の的」になる。

第４章

（1） キースラーは『旅行記』（1756 ～ 57）のなかで次のように書いている。「このダイヤモンドは、イギリスの紳士ピット氏が東インドからそれを凌ぐダイヤモンドを持ち帰るまで（そしてそのダイヤモンドはフランスの摂政殿下に売却されて王冠にはめこまれ、冠の宝石のなかでもっとも価値があり見事なものとなっている）、ヨーロッパ最大のものだった。ダイヤモンドのカッティングの際に出た破片でピット氏は 6 千ポンドを得た。カット後のダイヤモンドは 144 カラットもの重さにくわえ、他のものにないほどの透明さを誇る。一方フロレンティン・ダイヤモンドはやや黄色みのかかった透明なものである。大公はこのダイヤモンドを 7 万 5 千スクード（約 18,750 ポンド）で、あるイエズス会神父から購入したといわれる。だがこの神父は、クリスタルとして売られていた（ローマの）ナヴォーナ広場で、わずか 1 パオロ（約 7 ペンス）で買ったため、法外な利益を得た」。一方、1833 年にダイヤモンドを見た N・P・ウィリスは『旅の途中での走り書き』でこう書いている。「この宝石はグランソンの戦場でブルゴーニュ公が紛失したもので、ある兵士がそれを見つけた。彼は宝石を 5 フローリンで手放し、その後転売され、最終的にそれはウィーンで購入されてフィレンツェの宝物庫におさまった。重さは 139.5 カラットで、その価値は 1,043,334 フローリンになると鑑定されている。それは光の塊のように見える。そのまわりには無数のダイヤモンドが配置されているが、まるで星々のなかの宵の明星のように輝いている」。珍しい打ち出し模様の膨大な数の銀器や金細工、宝石をちりば

めた剣、めのうが丹念にはめ込まれた皿などのなかで、フロレンティン・ダイヤモンドこそウィリスが切望したものだった。「ダイヤモンドの美しさにはまさに王の風格があった。その価値を感じるためには想像力は必要なかった。野蛮人が砂漠でそれを見つけたならば、空から星が落ちてきたものと思っただろう」。

第5章

(1) このパリオ〔競馬の勝者に与えられる旗〕は深紅のヴェルヴェットにグレーの毛皮とオコジョの白い毛皮で裏打ちとふちどりがされ、絹と金の房飾りがついていた。この旗は戦勝を伝える車に飾られ、その車に彫られたライオンは生きているように見えるリアルさだった。車を引いているのはダマスク織りの馬衣をつけた二頭の馬で、馬衣にはメディチ家の紋章が大きく金色で刺繍されていた。

(2) 1300年に始まり、1808年まで毎年行なわれた。

(3) 当時の年代記には、このスペクタクルが得た驚くべき成功に関する証言が含まれている。たんに「幸運な事件」と呼ばれた事態は、大勢の著名な人々に対して単独唱がどのような効果をあげるかを確かめようという、カッチーニの大胆な企みから来た可能性が高い。カッチーニがこの事件を示唆しながら自分の持ち歌「祝福を受けたこの日に（ベネデット・ジョルノ）！」をしばしば歌ったため、彼は生涯「ベネデット・ジョルノ」というあだ名を持つにいたった、と歴史と伝説は伝えている。

(4) *Rime*, 350, t.II.

(5) *The Diary of John Evelyn*, p.114. The Globe Edition.

第6章

(1) ゴンザーガ家のカルロ二世。1665年9月15日死去。

第7章

(1) リシュリュー枢機卿の姪で、リシュリュー公の叔母にあたる女性。

(2) フォンテーヌブロー、1664年6月14日。*Louis* と署名あり。そしてその下には *De Lionne* と記されている。

(3) *Journal du Voyage en France du Cavalier Bernin par Chantelou*. September 23rd, 1665.

第8章

(1) 1665年11月23日。

(2) このときのコジモのイングランド旅行記は1821年に英訳出版されてい

る。高名な旅行家であるラランドは手書きの旅行記をラウレンツィアーナ図書館で見て、次のように書いた。「(ロシアのツァーリ、ピョートル大帝を除けば) これほどの好奇心、趣味の良さ、有用性などを携えて旅行した君主はほかに知らない。」Lalande, *Voyage en Italie*, Tom, ii, p.286.

(3) *Diary of Samuel Pepys*, vol.VIII, p.267.〔『サミュエル・ピープスの日記』臼田昭ほか訳、国文社、1987 年 –〕

(4) 王立協会初代会長。

(5) これはプファルツ公女シャールロッテ・エリーザベト、フランス摂政公フィリップ・ドルレアンの母親のこと。

(6) ケント州ウォトリングベリのサー・トーマス・スタイル準男爵の長男で相続人だったが、父親よりも先に死んだ。

第 9 章

(1) J. Gailhard, 1668.

(2) *Travels*, by the late Reverend and Learned Mr. John Ray, Fellow of the Royal Society, 1664.

(3) カリマーラ通りは主として羊毛商人たちが住んでいた。それはイングランドであれば、スミスフィールドの外れにある、バーソロミューあるいはクロース・フェアに相当する。聖バーソロミュー修道院教会の北側に広がるこの地域は、ヘンリー二世の時代以降イングランドの織物を扱う大市場になっていた。

(4) *Lettere familiare e critiche di Vincenzio Martinelli*, London, G. Nourse Libraio nello Strand, 1758.

(5) ポルティアン子爵、ラス男爵などの称号を持ち、のちにモンディディエの総督をつとめる。秘密の使命を帯びてしばしばイタリアに派遣されていた。

第 12 章

(1) 「ポッピ山の麓」のカンパルディーノ平野で 1289 年 6 月 11 日にグリエルミーノは戦死した。

(2) イタロ・ズヴェーヴォの『悪ふざけ *Burla rustica*』から引用したこの表現が、コジモ三世には完全に当てはまる。

(3) プファルツ公女シャールロッテ・エリーザベト。

(4) のちに長兄が死んでギーシュ伯爵となり、元帥だった父親が死んでグラモン公となる。

第 13 章

(1) この書簡はガルッツィによって最初に刊行された。

(2)　Norman Douglas.

第 14 章

(1)　*Master Johann Dietz*, Allen & Unwin, 1924.〔ヨーハン・ディーツ著、E・コンゼンツィウス編『ディーツ親方自伝——大選帝侯軍医にして王室理髪師』佐藤正樹訳、白水社、2001 年〕

(2)　1685 年から 86 年にかけて、彼がスイスやイタリアなどを旅した際に、もっとも興味深いと思われた物事についての報告が、書簡の何通かに記されている。

第 15 章

(1)　ヴィオランテ公女の嫁資は現金 40 万ターレル、および同額の価値をもつ宝石と定められた。フェルディナンドが彼女よりも先に死んだ場合、公女が嫁資の宝石を手放せば 20 万ターレルを、宝石を手元に置くなら 10 万ターレルをメディチ家は返還する、とされた。ヴィオランテ公女には嫁資を含めてハンガリー金貨二万枚の収入が保証された。これについては「王女が指名した官吏たちが統治する都市の収入」をコジモが保証した。

(2)　A. Segni, *Le feste per le nozze di Violante di Baviera con Ferdinando di Toscana*, Firenze, 1688.

(3)　さまざまな祝典の公式報告を書いたセーニによれば、このファサードはコリント式の柱によって三つに分けられ、それぞれの部分に扉がひとつずつあった。それぞれの柱のエンタブレチュア〔古典主義建築で柱の上に構成される部分〕はファサードの全幅にまで広がっていた。それぞれの扉の上には二重の柱で支えられた大きなアーチがあり、そのなかにはさまざまな時代にフィレンツェで開かれ、別の教皇に主宰された三つの公会議が描かれていた。ファサードの上部にはやんごとなき大公の紋章（金地に二、二、一の五つの赤い球があり、その上には円盤の中心に金の百合がある）を描いた大きな札があって、それは中央の身廊に対応し、炎をあげる七つの甕でさらに飾られていた。これを誉め讃える声が非常に大きかったので、フィレンツェの人々は大理石で永遠のものにすることを望んだ。だが時間と天候によって、色あせて崩れかけた漆喰を汚れが浸食した結果、1877 年には古いファサードは、最終的に今日われわれが見ているような、大理石とモザイクにパッサーリアの彫像と「偉大な彫刻家、故ジョヴァンニ・デュプレの娘」の彫像が壁龕に納められた形になり（Horner, *Walks in Florence*, 1884.）、コメンダトーレ勲章拝受者デ・ファブリスが設計したイタリア・ゴシック形式のファサードがもたらされた。

(4)　かつて使用された銀貨でほぼ 3 ペンスの価値があった。

第 16 章

（1） H.M. Vernon, *Italy 1494-1790,* Cambridge 1909.

（2） それは目を引く旗で、緑色の錦織りに金色の星と半月が刺繡されていた。帯状の飾りには「アラーのほかに神はなく、ムハンマドはその預言者なり」という言葉が三度繰り返されていた（ロレンツォ・カンティーニ博士の冗長な報告を参照)。

（3） *Florentine Palaces and their Stories,* by Janet Ross. Giuseppe Conti, *Amori e Delitti di nobiltà e di plebe.* も参照せよ。

（4） *Alone,* by Norman Douglas.

（5） Anna Maria Crinò, *Fatti e Figure del Seicento Anglo-Toscano,* Firenze, 1957. を参照せよ。

第 17 章

（1） 司教座聖堂参事会員サルヴィーニの手稿（日記）で言及されている。

第 18 章

（1） セッティマンニの日記には次のような例が数多く記載されている。「1681年 9 月 10 日、ロバに乗せられ、警吏によって鞭打たれているひとりの女が通るのを見た。その夫がロバの端綱をもっていた。夫婦はふたりとも胸に『女衒 *ruffiani*』という恥ずべき札を掛けていた」。

（2） Giovanni Masselli.

第 19 章

（1） Emilio Robiony, *Gli Ultimi dei Medici.*

第 20 章

（1） Vernon, *Italy from 1494 to 1790.*

（2） ゴアのボン・イエズス教会内にあるフランシスコ・ザビエルの聖域に対する寄贈の返礼としてもたらされた。その寄贈物とは、碧玉と大理石でできた三層の石棺で、上部にはフィレンツェのモザイクで聖人の生涯の代表的な場面を描いたパネルが象嵌されていた。

第 21 章

（1） Lavallée, *Correspondance de Madame de Maintenon,* iv, 350, letter of December 3rd, 1700.

（2） Farquhar, *Beaux' Stratagem.*

（3） Jean Baptiste Labat de l'Ordre de FF. Prêcheurs, *Voyages en Espagne et en Italie*, 1730.

第 22 章

（1） Vernon, *Italy from 1494 to 1790.*

（2） *Relazione di tutti le Cerimonie, Feste e Trattanimenti seguiti in Firenze l'anno 1708 in 1709, nella venuta di Frederigo IV, Re di Danimarca e Norvegia.*

第 23 章

（1） Joseph Addison, *Remarks on several parts of Italy, etc., in 1701-1703.*

（2） Guyot de Merville, *Voyage historique d'Italie.*

第 24 章

（1） *Rivista d'Arte Anno VIII*, 1912, p.115.

（2） 1716 年 5 月 19 日。

（3） 1720 年 6 月 25 日。

(

第 25 章

（1） H.M. Vernon, *op. cit.*

（2） Abate Luigi Lanzi, *The History of Painting in Italy*, London, 1847.

（3） Rev. M. Noble.

第 26 章

（1） Settimanni.

（2） *New Observations on Italy and its Inhabitants*, written in French by two Swedish gentlemen. Translated into English by Thomas Nugent, LL.D.

第 27 章

（1） ロスコーの『ロレンツォ・デ・メディチの生涯 *Life of Lorenzo de' Medici*』では「ガストーネ・デ・メディチの愚かな手腕」という表現がある。

（2） Mark Noble. を見よ。また *Letters of Thomas Gray and Horace Walpole.* も参照せよ。

参考文献

メディチ家のビブリオグラフィーはそれ自体が大部のものになってしまうだろう。1826年にフィレンツェで刊行されたモレーニの *Serie d'Autori di Opere Risguardante la celebre famiglia Medici.* は391ページにもおよんでいる。したがって、フェルディナンド二世からジャン・ガストーネの時代を扱ったこの本で参照した、史料・公文書・著作の完璧なリストをまとめるつもりはない。もっとも有用で重要なものには＊を付した。

フィレンツェ　国立公文書館

**Diario fiorentino del Settimanni* は、1532年から1737年までのメディチ家の絶対的支配下のフィレンツェで起こった、もっとも注目すべき出来事を記録している。
Diario di Corte del Tinghi.

**Bibliotechina Grassoccia* は、フィリッポ・オルランドとジュゼッペ・バッチーニが編集者だったフィレンツェの *Giornale di Erudizione* によって刊行された貴重な書物の叢書であり、そのなかにはモレニアーナ図書館所蔵の未刊手稿本 *Storia della nobile e reale casa de' Medici* から抽出された、以下の短い報告が含まれている。

1. *Vita di Ferdinando II Quinto Granduca di Toscana*. 1886.
2. *Vita di Gio. Gastone I Settimo ed ultimo Granduca della R. Casa de' Medici, con la lista dei provvisionati di Camera, dal volgo detti i Ruspanti*. 1886.

（ハロルド・アクトンによるその翻訳にはノーマン・ダグラスの序文がつけられ、1930年にフィレンツェの G. Orioli, Lungarno Corsini によって予約購読者むけに私費出版され、ちょっとした滑稽な訴訟沙汰を引き起こした。Richard Aldington; 'Books and Booksmen', *Sunday Reféree*, December 28th, 1930 と February 22nd, 1931. を見よ。）

3. *Vita di Cosimo III Sesto Granduca di Toscana.*
   Vita del Principe Francesco-Maria gia Cardinale di Santa Chiesa.
   Vita del Gran Principe Ferdinando di Toscana. 1887.
4. *Vita di Tre Principesse di Casa Medici* (*Violante, the Electress Palatine and Princess Eleanora*). 1887.

34-35. *Margherita Luisa d'Orléans, Granduchessa di Toscana. Documenti inediti tratti dall'*

Archivio di Stato di Firenze con un discorso proemiale di Giuseppe Baccini. 1898.

Acton (William). *The trayeller in Italy. A new journal of Italy; containing what is most remarkable, etc.* 1691.
Addison (Joseph). *Travels through Italy and Switzerland.* 1705.
Allodoli (Ettore). *I Medici.* Florence, 1928.

*Baccini (Giuseppe) see : *Bibliotechina Grassoccia.*
Baldinucci. *Notizie de' professori del disegno da Cimabue in qua.* 1768 ed.
Baretti (Joseph). *An account of the manners and customs of Italy.* London, 1768.
Bautier (Pierre). *Juste Sustermans, peintre des Médicis.* Bruxelles, 1907.
Benvenuti (Edoardo). *Agostino Coltellini e l'Accademia degli Apatisti.* 1910.
Bourdin (C.). *Voyage d'Italie.* 1699.
Bromley's Remarks in the Grand Tour of France and Italy. 1691.
Brosses, C. de. *Lettres historiques et critiques sur l'Italie.* Paris, 1799.
Buondelmonti (Abate Giuseppe). *Delle lodi dell' Altezza Reale del Serenissimo Gio. Gastone.* 1737.
*Burnet (Gilbert), Bishop of Salisbury. *Some letters containing an account of what seemed most remarkable in travelling througk Switzerland, Italy, etc.* 1689.
(and : *Three Letters concerning the present state of Italy, written in the year 1687, being a supplement to Dr Burnet's Letters.*)

*Caggese (Romolo). *Firenze della decadenza di Roma al Risorgimento d'Italia.* Florence, 1921.
**Cambridge Modern History, The.* Vols. IV, V, VI.
Carmichael (Montgomery). *In Tuscany.* London, 1901.
Chantelou. *Journal du Voyage du Cavalier Bernin en France.* chez Stock. Paris.
Clenche (J.). *A tour in France and Italy made by an English gentleman.* 1676.
Colbert (Jean Baptiste). *L'Italie en 1671.* 1867.
Conti (Giuseppe). *Amori e Delitti di nobiltà e di plebe.* Florence. (No date.)
*Conti (Giuseppe). *Firenze dai Medici ai Lorena.* Florence, 1907.
Coulanges (Philippe Emmanuel de). *Mémoires de M. de Coulanges suivis de lettres inédites à Mme de Sévigné.* 1820.
Crinò (Anna Maria). *Fatti e figure del Seicento Anglo-Toscano.* Florence, 1957.

Dati (Carlo Roberto). *Prose Fiorentine, etc., 1661-1723.*

Dent (Edward J.). *Alessandro Scarlatti: his life and works*. London, 1905.
Doran (Dr), F.S.A. *Mann and Manners at the Court of Florence, 1740-1786*. London, 1876.
D'Orléans, Madame, Duchesse. *Correspondance complète, traduction entièrement nouvelle de M. G. Brunet*. Paris, 1912.

Eachard (Laurence). *The History of England*. 1720.
*Evelyn (John), F.R.S. *Diary*. The Globe Edition. London, 1908.

Filicaia (Vincenzo da). *Poesie Toscane*. Florence, 1823.
Forsyth (Joseph). *Remarks on Antiquities, Arts and Letters during an excursion in Italy in the years 1802 and 1803*. London, 1835.
Freschot (C.). *État ancien et moderne des duchés de Florence, Mantoue et Parme, etc.* 1711.

*Galluzzi (R.). *Istoria del Granducato di Toscana sotto il governo della casa Medici*. Leghorn, 1781.
Garnett (Richard). *Italian Literature*. London, 1911.
Gondi (Jean François Paul de). *Memoirs of the Cardinal de Retz*. English translation, 1723.
Gori (Cav. Piėtro). *Il Palio de' Cocchi*. Florence, 1902.
Grangier de Liverdys (Balth). *Journal d'un voyage de France et d'Italie*. 1667.
Gray (Thomas). *Letters, selected by John Beresford*. Oxford University Press, 1925.
Guyot de Merville (Michel). *Voyage historique et politique d'Italie*.

*Hare (Augustus J. C.). *Florence*, revised by St Clair Baddeley. London, 1907.
Horner (Susan and Joanna). *Walks in Florence*. London, 1884.
Hutton (Edward). *Country Walks about Florence*. London, 1908.

Imbert (G.). *Francesco Redi uomo di corte e uomo privato*. Florence , 1895.
*Imbert (G.). *La Vita Fiorentina nel Seicento*. Florence, 1906.
Inghirami (F.). *Storia della Toscana*. Florence, 1843.

Keysler (Johann Georg). *Tralvels through Germany*, etc., 1756-57.

Labat (Jean Baptiste). *Voyages en Espagne et en Italie*. 1730.
Lalande (Joseph Jerome de). *Voyage en Italie, etc.*, 1765 & 1766.
*Lanzi (Abate Luigi). *The Histrory of Painting in Italy*. London, 1847.

Lassels (Richard). *The Voyage of Italy*, 1670.
Leader (John Temple). *Life of Sir Robert Dudley, Earl of Warwick and Duke of Northumberland*. 1895.
*Lee (Vernon). *Studies of the eighteenth century in Italy*. London, 1881.
Lungo (Isidoro del). *I Medici granduchi*. 1896.

Mabillon (Jean). *Correspondance inédite de Mabillon et de Montfaucon avec l'Italie*. 1846.
*Mann (Sir Horace). *Letters to Horace Walpole*.
Martinelli (Vincenzio). *Lettere Familiare e critiche*. London, 1758.
*Maugain (G.). *Étude sur l'Évolution Intellectuelle de l'Italie de 1657 à 1750 environ*. Paris, 1909.
*Menzini (Benedetto). *Satire*.
Mercey (F. B. de). *La Toscane et le Midi de l'Italie*. 1858.
Misson (Maximilian). *A new voyage to Italy*. 1714.
Montesquieu (Charles de Secondat, Baron de). *Voyages*. 1894-96.
Montfaucon (Father). *Travels from Paris through Italy*. 1712.
*Montpensier (Mlle de). *Mémoires*. Amsterdam, 1746.
Morgan (Lady). *The Life and Times of Salvator Rosa*. London, 1824.
Mutinelli (Fabio). *Storia arcana ed aneddotica d'Italia raccontata da. Veneti Ambasciatori*. Venezia, 1858.
Napier (Henry Edward). *Florentine History*. 1846-47.
Noble (Mark), Rev. *Memoirs of the House of Medici*. 1797.
Northall (John). *Travels through Italy*.
Nugent (Thomas), LL.D. *New Obsenlations on Italy and its inhabitants*, transl. from Grosley. 1769.

Palagi (Giuseppe). *La villa di Lappeggi e il poeta G. B. Fagiuoli*. Florence, 1876.
Pepys (Samuel). *Diary*.〔『サミュエル・ピープスの日記』臼田昭ほか訳、国文社、1987 年 –〕
Peruzzi (Bindo Simone). *Esequie di Gio. Gastone*. 1737.
*Pieraccini (Gaetano). *La Stirpe de Medici di Cafaggiolo*.
Poellnitz (Carl Ludwig, Baron von). *Memoirs*, transl. by S. Whatley. 1745.
Prezziner (Dottor Giovanni). *Storia del pubblico studio e delle società scietifiche e letterarie di Firenze*. 1810.

Ranke (Leopold von). *History of the Popes*.
Ray (John), F.R.S. *Tralvels through the Low Countries, Germany, Italy and France*. 1738.

Raymond (John). *Il Mercurio Italico, communicating a voyage made through Italy in the years 1646 and 1647.*
Redi (Francesco). *Osservazioni intorno alle Vipere.* 1664.
Redi (Francesco). *Poesie Toscane.* Florence, 1822.
*Repetti (Emanuele). *Dizionario Geografico Fisico Storico della Toscana.* Florence, 1836.
*Reresby (Sir John). *Memoirs and Travels.* London, 1904.
Ricci (Corrado). *Architettura Barocca in Italia.* Bergamo, 1912.
Robertson (J. G.). *The Genesis of Romantic Theory.* London, 1923.
*Robiony (Emilio). *Gli ultimi dei Medici.* Florence, 1905.
*Rodocanachi (E.). *Les infortunes d'une petite fille d'Henri IV, Marguerite d'Orléans, Grande Duchesse de Toscane.* Paris. (No date.)
Ross (Janet). *Florentine Palaces and their Stories.* London, 1905.
*Ross (Janet). *Florentine Villas.* London, 1901.
Ross (Janet). *Old Florence and Modern Tuscany.* London, 1904.

Schillmann (F.). *Histoire de la Civilisation Toscane (traduction de Jacques Marty).* Paris, 1931.
Scott (Geoffrey). *The Architecture of Humanism.* London, 1914.
Scotti (Francesco). *Il nuovo itinerario d'Italia.* Rome, 1717 ed.
Segneri (P.). *Lettere inedite.*
Smollett (Tobias George). *Travels through France and Italy.* London, 1766.
Solerti (Angelo). *Musica, Ballo e Drammatica alla corte Medicea dal 1600 al 1637.* Florence, 1905.

Taylor (J. A.). *Christina of Sweden.* London. (No date.)
Toffanin (Giuseppe). *L'Eredità del Rinascimento in Arcadia.* Bologna, 1923.

*Vernon (Mrs H. M.). *Italy from 1494 to 1790.* Cambridge 1909.

Weld (Charles Richard). *Florence, the New Capital of Italy.* London, 1867.
Wright (Edward). *Some observations made in travelling through France, Italy, etc., in the years 1720, 1721 and 1722.*

*Young (Colonel G. F.). *The Medici.* London, 1909.

*Zobi (A.). *Storia civile della Toscana dal 1737 al 1848.* 1850.